王茂荫研究系列之一

陈平民 ◎ 著

王茂荫研究

安徽师范大学出版社
ANHUI NORMAL UNIVERSITY PRESS
· 芜湖 ·

图书在版编目(CIP)数据

王茂荫研究 / 陈平民著 .— 芜湖：安徽师范大学出版社,2021.5
ISBN 978-7-5676-4342-0

Ⅰ.①王⋯ Ⅱ.①陈⋯ Ⅲ.①王茂荫(1798—1865)－思想评论－文集 Ⅳ.①K825.34-53

中国版本图书馆CIP数据核字(2021)第074593号

王茂荫研究　　　　　　　　　　　　陈平民◎著
WANG MAOYIN YANJIU

责任编辑：辛新新　　　责任校对：李慧芳
装帧设计：张　玲　　　责任印制：桑国磊
出版发行：安徽师范大学出版社
　　　　　芜湖市北京东路1号安徽师范大学赭山校区
网　　　址：http://www.ahnupress.com/
发 行 部：0553-3883578　5910327　5910310(传真)
印　　　刷：苏州市古得堡数码印刷有限公司
版　　　次：2021年5月第1版
印　　　次：2021年5月第1次印刷
规　　　格：700 mm×1000 mm　1/16
印　　　张：28.75
字　　　数：432千字
书　　　号：ISBN 978-7-5676-4342-0
定　　　价：90.00元

如发现印装质量问题,影响阅读,请与发行部联系调换。

自　序

　　如今，知识界不知道王茂荫的人，恐怕已经不多。"《资本论》中提及的唯一的中国人"，成了王茂荫的代名词。殊不知这个代名词，实为我三十多年前所发表的研究王茂荫处女作的副标题。

　　二十世纪三十年代，人们对王茂荫还一无所知，以至北京大学经济学教授陈启修1930年在中国第一次翻译《资本论》时，竟不知道王茂荫的生平事迹，无法将马克思笔下的Wan-mao-in准确地予以还原。即便是二十世纪七十年代末，甚至于二十世纪末，人们对王茂荫仍然非常陌生。不过郭沫若、王璜、吴晗、侯外庐等人，对早期的王茂荫考证与研究，是做出过贡献的。新中国诞生初期至十年"文革"之前，也有为数不多的学者零星地在报刊发表过关于王茂荫的文章。从郭沫若1936年流亡日本时写《〈资本论〉中的王茂荫》至今，已过了八十多年。

　　我走近王茂荫这个历史人物，始于1974年，当时我在原安徽劳动大学政治系攻读政治经济学。攻读政治经济学，势必要啃《资本论》，而啃《资本论》，就不能不接触马克思提到王茂荫的那个著名的83脚注。王茂荫是徽州人，我也是徽州人，因而比其他同窗对这个历史名人有更深一层的感情，深为马克思能在自己的巨著中提到我们徽州人而感到自豪。我那时就想，马克思在《资本论》中阐述信用货币时特地加一脚注提到中国晚清时期的王茂荫，说明王茂荫的货币理论一定很了得。于是，我决心毕业回徽州以后收集资料，对王茂荫这位乡贤做一研究。

　　几年的大学生活很快结束。1976年10月，我被分配到徽州地委宣传部从事理论工作。这为我实现研究王茂荫的心愿提供了有利条件。

可是当时提到王茂荫，十个人中有八九个不知道这个人。搜集资料也并非我想像得那么简单。利用《清史稿》中的王茂荫本传、1979年版《辞海》王茂荫辞条、有关教科书上的王茂荫章节等二手资料，1980年9月我撰写了一篇题为《王茂荫——我国清代杰出的理财家》的两千字左右的文稿，试着投《安徽日报》《安徽文化报》《解放军报》和中国大百科全书出版社，可惜均被退稿。之后，我将原稿修改补充以后又分别投《江淮论坛》和《学术月刊》。不久，《学术月刊》也退稿了。

四十年前的事，宛如昨天。1980年10月的一日，我正在徽州地委宣传部理论研究室上班，一个身着蓝色中山装、个子高挑的人走进我的办公室。"我叫孙树霖，在《江淮论坛》编辑部工作，利用回屯溪探亲的机会，来和你们这里的陈平民同志谈一篇稿子的事情，请问哪位是陈平民？"一进办公室，他就作了自我介绍。知道他是特意为我稿子的事亲自上门指教的，我立马站起来，热情接待了他。他落座后，语气很和缓地说："你的那篇写王茂荫的稿子，我们编辑部已经收到，同时还收到太平中学一个叫王锷的教师的来稿（他所说的王锷，事后我才知道是王茂荫的玄孙王自力先生）。你的这一篇，基础比较好一点，但也有几点修改补充意见，今天想同你交流一下。"他从文章立意、材料取舍、行文规范等方面都一一提了意见，使我受教匪浅。他的指教，给我启迪最深的是：一定要广泛寻访王茂荫后裔，从他们手头借读王茂荫的集子《王侍郎奏议》等第一手资料；所作的结论，一定要有自己独立的见解；要注意把王茂荫的思想观点放到整个近代思想史当中去考察。

事后，我知道孙树霖先生是屯溪黎阳人，省立休宁中学第四届（1949年）高中毕业生，而休宁中学中也是我的母校，我是"老三届"中的六七届，因而他是我名副其实的学长。他又是"文革"之前北京大学经济系的研究生，他的导师是北大经济系著名教授、经济学家赵靖。

我早有志于研究中国经济史和经济思想史，认识孙树霖先生之后，我更坚定了治学方向，拜他为指导老师。众所周知，从事经济史和经济思想史研究，不掌握第一手资料，便无从谈起。同时，如果没有相关方面的理论素养，那也只能就事论事，而不能就事论理，从而不能揭示事物的本质。为使我增加经济思想史方面的理论素养，以便修改好关于王茂荫的第一篇文章，孙先生回合肥后，专门给我寄来了两本书：一本是巫宝三、冯泽、吴朝林所编，科学出版社1959年11月出版的《中国近代经济思想与经济政策资料选辑（1840—1864）》，这是属于研究资料方面的；一本是赵靖、易梦虹主编的《中国近代经济思想史》，这是属于相关理论方面的。

在孙先生的引荐下，我给北京大学的赵靖教授和上海复旦大学的叶世昌教授去信讨教，他们都回信鼓励我在基层从事理论工作同样可以做社会经济史和经济思想史的研究。二十世纪八十年代初，赵靖教授还把自己的著作《中国近代经济思想史》寄赠于我，叶世昌教授则帮助我在上海买并寄由他与陈绍闻先生主编的《中国经济思想简史》上下册。堂堂的大学教授，给一个在基层利用业余时间做研究的素不相识的青年人复信指导鼓励，赠书或帮助买书，这算是学术界的佳话美谈。孙树霖先生和我国研究中国社会经济史的老前辈李文治、章有义、叶显恩、陈学文、张海鹏等大家寄赠我的书刊或信函，我都一一妥善保存着。我相信随着时间的推移，这些书刊和信函会成为研究中国社会经济史和中国经济思想史的珍贵资料。

偶然寓于必然之中。1980年11月的一天，我记不清什么缘由，与一位同在徽州地委统战部工作的老乡曹慰义谈起了王茂荫。他说："你真是愚得可以，王茂荫的后人远在天边，近在眼前，我们统战部的王自燮先生不就是王茂荫的裔孙嘛，他有个弟弟在屯溪糖业烟酒公司上班。"遇到贵人点拨，我随即拜访了王自燮先生，通过了解，知道他是王茂荫的五代孙（玄孙），1949年5月参加工作，1952年加入民革组织，曾任屯溪市税务局副局长，民革屯溪市委员会副主委、主委等，抽调地委统战部办公，时年已58岁。他知道我研究他的高祖，非常高兴。他说："'文革'前，安徽省社会科学研究所有人访问过我，要去一批资料，十年'文革'之后，材料下落不明。现在你决心研究，作为王氏后人，我表示支持，高祖的遗著《王侍郎奏议》十卷本刻本可以借给你看，我弟弟王珍那里

003

还有一本《子怀府君行状》也让他借给你看。"他的这番话，令我兴奋不已！随后，我便借读到《王侍郎奏议》和《子怀府君行状》。

《王侍郎奏议》十卷本汇集了王茂荫上给咸丰与同治皇帝的奏折一百多个，这是研究王茂荫的重要资料，舍此便成无米之炊；王茂荫儿辈为先父所作的《子怀府君行状》，是研究王茂荫籍贯家业与生平履历的基础资料，比《清史稿》中王茂荫本传的有限文字要详尽不少。我用了近一个月的时间认真钻研这两部文献，对原先撰写的文稿进行了改写或重写。

我清楚地记得，改写后的处女作用复写纸写了三份，一份请宣传部办公室的同事胡泽忠挂号寄《江淮论坛》编辑部，一份寄《经济研究》编辑部，一份应屯溪文化馆主编《屯溪文艺》的汪宗敬先生之约送到他手上。1980年12月23日，徽州地区社科联成立后，要办《徽州社联》会刊，按顶头上司方谊（新四军老战士，时任徽州地区理论研究室主任兼地区社科联副主席、秘书长）吩咐，我又抄写了一份给他，让他编入《徽州社联》（32开本季刊）创刊号。

不久，我研究王茂荫的处女作发表于三家刊物，一是安徽省《江淮论坛》，二是徽州地区《徽州社联》，三是《屯溪文艺》，而且都是1981年第1期。《江淮论坛》发表时，主标题是《王茂荫的货币观点和他的遭遇》，副标题是"谈谈《资本论》中提及的唯一的中国人"，主标题是孙树霖先生径改的，副标题是孙先生与我商定的。这副标题从此成了王茂荫的代名词。记得该文发表后，中国人民大学报刊资料作了复印，上海解放日报社主办的《报刊文摘》与安徽日报社主办的《文摘周刊》分别作了摘编，可谓轰动一时。我将刊物赠予王自燮先生，他十分高兴。

王自燮先生的胞弟王珍，行名王自珍，是个老实正派人，继承先祖遗风，生活简朴，没有不良嗜好，不抽烟不喝酒。从1980年11月与他认识以后，他经常来我办公室和家里，顺便带一两件关于王茂荫研究的资料给我看，我们谈论的都是关于王茂荫研究的话题，彼此引为文友。他写过不少关于王茂荫和徽州社会经济史、文化史的短文。1981年7月，《徽州报》复刊后，他在上面发表了不少文稿。他生于1925年，事后我才知道他于1998年病逝。

我手头的《王茂荫研究纪事》是我居常陆续写成，后期的记叙虽不完整，但大致记着：

1981年2月7日，《经济研究》编辑部函告王茂荫稿初步考虑在近期采用，但事后并没有刊发，也许是《江淮论坛》已经刊发此文的缘故。

在我处女作发表的同时和往后一段时间，曾供职歙县县委宣传部、后调安徽日报社工作的鲍义来，发表了多篇关于王茂荫研究的文章。孙树霖先生建议我们合作，共同研究编著《王茂荫评传》。为此我专程去歙县与鲍义来商谈，他欣然应诺，我们从此成了志同道合的朋友。

1981年2月至3月，鲍义来与我一道去歙县原五七大学访问王茂荫的五世孙女王淑芬和她的母亲，去歙县桂林牌头大队寻访王茂荫的六世孙王芳烈，去原歙县博物馆查阅有关资料，还一道察访与王茂荫研究有关的人、事，又带领孙树霖与我去王茂荫的义成故居考察访问。

1981年5月下旬，我与鲍义来结伴去他母校安徽师范大学图书馆查阅资料，收获了二十世纪三十年代上海出刊的《光明》半月刊上所发表的几篇关于王茂荫研究的文章。

为共同研究王茂荫，孙树霖与鲍义来相约于1982年1月10日（星期天）乘火车去徽州调研。1月11日上午，我陪同孙树霖、鲍义来向时任地委常委、宣传部部长刘希汇报，争取领导支持，下午，访问王自燊先生；12日，与孙树霖一道去地区博物馆查阅资料，其中有王茂荫手迹《水云先生六十花甲图》，副馆长郑惠如接待，查阅不果；13—14日，我与孙树霖、鲍义来在歙县博物馆查阅资料、借书和访问王茂荫后裔王淑芬、王芳烈；15日，我陪孙树霖在屯溪访问王珍；16日，我白天陪孙树霖去屯溪郊区三门呈访问退休教师洪静渊，晚上访问地区博物馆馆长林荫；18—19日，我陪孙树霖先后在地区博物馆、屯溪市图书馆、地委党校借书刊资料。

1982年2月13日，孙树霖来信称"王茂荫的《皖省褒忠录》，省图书馆藏有，什么时候借出来看均可"；同一天，我致信询问1937年2月陪同王璜考察王茂荫义成故居的英子（即王任之先生）；16日，收英子复信；2月20日，雨，星期六，我在徽州师专校长兼地区社科联副主席方前先生带领下，驱车去歙城解放街38—14号，访问当年陪同王璜考察王茂荫义成故居的方言（即方士载先生），从他手上借得《光明》半月刊三期；同一天，孙树霖来信称"省图书馆没有鲍康的《大钱图录》，省博物馆有一本鲍康的《古钱图录》，不知是否一个东西，下星期找一熟人带我去看一下"，并指导说："现在看来，资料基本上都找到了。要认真读，并消化好。"

1982年3月1日，我再次致信询问英子；5日，英子复函；20日，因王茂荫研究事，征得领导同意，我出差去省城合肥；22日，孙树霖在合肥逍遥津省图书馆古籍书库查阅资料，当晚与鲍义来在孙树霖家研究《王茂荫评传》写作提纲；23日，我在省《江淮论坛》编辑部孙树霖办公室阅读有关王茂荫的研究资料；24日晚，鲍义来将鲍康《大钱图录》抄录件送到我下榻的合肥长江饭店；25日上午，我与孙树霖在逍遥津省图书馆古籍书库查阅《清史列传》，当晚与孙树霖、鲍义来拜访英子；26日，上午继续查阅《清史列传》，下午撰写《王茂荫评传》写作提纲，晚上与孙树霖、鲍义来讨论写作提纲和写作分工。

自《江淮论坛》1981年发表我研究王茂荫的处女作至1985年这五年，关于王茂荫的单篇文论，我写了不少，比较有影响的有：《马克思怎么知道和为什么要提到王茂荫》（载1983年7月4日《经济学周报》）、《对〈资本论〉（中文版）第一卷第一编附注83中一个译词的考释》（载《厦门大学学报（哲学社会科学版）》1983年第3期）、《王茂荫及其货币理论》（载《天津社会科学》1984年第2期）、《王茂荫的人才观》（载《安徽师大学报（哲学社会科学版）》1984年第3期）。从1985年初开始，策划《徽州社联》改版创办《徽州社会科学》季刊，负责筹备"徽州地区经济社会发展战略研讨会"和徽州地区社科联第二次代表大会这几件大事，耗费了我太多的时间和精力，身为讲师团的理论干部，还要承担一定的宣讲任务，以致我无法继续完成既定的研究课题《王茂荫评传》，为此，我痛心疾首，心里常常无端地烦燥。

1987年首次职称改革，我因学术研究成果优秀（其中处女作曾获安徽省首届社会科学优秀成果二等奖），在全省讲师团系统破格晋升为政治经济学副教授。这当然是好事。但是，规律究竟无法抗拒。1988年8月，我由地委讲师团秘书被擢升为黄山日报社副社长兼总编辑，由行政正科级提升为正县级，这当然是组织上对我的器重，可是从此主持办报，我更忙了，而且责任十分重大，一点含糊不得。在学术研究方面，我没有很多的精力了。

人生总在得失间。失去的同时是得到，而得到的同时，则意味着失去。我那时的复杂心理，没有多少人能理解，只有我自己心知肚明。

1993年10月，我被调任黄山市委宣传部副部长兼市委讲师团团长，1995年7月任徽州社科联主席，负责筹建正式进入序列的黄山市社科联机构，于1997年正式成立正团级事业单位黄山市社科联，直到2005年由市社科联主席改任党组书记。坦率地说，从1980年12月徽州地区社科联群团诞生之日始，我就是社科联的专职干部，即便调任办报也仍兼任市社科联副主席，到2008年从黄山市社科联退休，为筹备、建立和繁荣发展黄山市的社会科学事业，我付出了很多。直到退休之日，王茂荫研究既定课题仍然是纸上谈兵，为此，我疚恨不已！

退休前后，有位同乡文友对我说："你的王茂荫研究，总要作个了结呀！"这话与其说是对我的勉励，倒不如说是鞭策。

2009年5月，年已七十六岁且在病中的孙树霖先生，将他亲自撰写的王茂荫研究章节，和由他的导师赵靖主编的《中国经济思想史续集——中国近代经济思想史》一书，嘱托他妹夫陈绩生交于我。我深知病中的他仍然希望我把王茂荫研究的课题继续做结。我决不能辜负先生的期盼！

二十一世纪曙光升起，我重新走上了王茂荫研究的路途。发表于2001年第2期《徽州社会科学》上的《王茂荫传略》是一个信号。

然而，命运多舛，正当我为失去的研究青春而悔恨，准备以加倍的努力，作一拼搏的时候，2011年4月清明节前突然染疾脑卒中，我跌进了痛苦的深渊。住院治疗半年，性命虽然保住，但是留下了左偏瘫痪的后遗症。2011年9月30日出院后，为日后还能拿起笔，我与命运进行了顽强的抗争，康复期进行刻苦训练，见者无不为之动容。一天下午，我接到孙树霖先生打来的电话，他声调如旧，但气力明显不足，断断续续地说了很多话，一再鼓励我同命运抗争，以顽强意志训练，争取早日康复，争取把王茂荫研究做到底。事后我才知道，当时他自己已在生命的最后时光。他给我的鼓励，是无法用语言描述的！接完电话，我已泪流满面。我的《自撰年谱》清楚地记载了这么一段话：

2013年6月5日下午去原单位，在市委后门墙上看到贴有孙树霖逝世的讣告，心里为之一惊，往事一幕一幕地浮现在眼前……

孙先生是2013年6月1日凌晨3:40于合肥逝世的，享年81岁。他于1933年11月出生于屯溪黎阳。1948年9月至1951年2月在屯溪中学学习。1951年2月至4月在芜湖皖南革命干校学习。1951年4月至1956年8月先后在中国人民银行旌德、屯溪、绩溪支行任信贷员。1956年8月至1966年4月在北京大学经济系学习，研究生学历。1966年5月至1973年6月在北京中华书局近代史编辑室工作。1973年6月至1977年7月在安徽省委宣传部理论研究室工作。1981年3月加入中国共产党。1984年8月任《江淮论坛》副主编。1992年享受国务院特殊津贴，1993年6月晋升研究员，1995年1月退休。中国经济思想史学会理事。曾获北京大学中国文化学术成果一等奖，北京市社科优秀成果一等奖，安徽省社科优秀成果一等奖，安徽省社科优秀成果二等奖，国家教委优秀教材一等奖，为繁荣发展社会科学事业做出过贡献。

明人朱升说："春深雨足长青草，数亩山田可自耕。"我也有"数亩山田"，其中最牵念的，要数早年拟题的关于王茂荫的系列文稿的完成，以及《王茂荫评传》的写就，还有王茂荫故居和墓茔的修复。

从2013年春季开始，我上午外出训练，下午伏案撰写关于王茂荫的文稿，开始每天只能写两千字，后来增加到三千多字。一开始用炭水笔在稿纸上写，从2014年开始在平板电脑上手写。后来每天平均能写四千字，最多五千字。截至目前，这近十年来总共撰写并发表了50余篇文章，加上得病之前发表的文稿，总共有80余篇。2017年6月，黄山市社科联冠名内部出版的《王茂荫研究文辑》，共选编文稿100篇，分上下卷，总共80余万字。

这次结集出版的《王茂荫研究》选编了我的文稿数十篇，其中一大半是我近十年来在病后康复期撰写，而且大部分已在报刊上发表，已刊文末有撰写时间和发表报刊刊期，读者一看就明白。

近年来，除了耕耘这方山田，我还参与并完成了黄山市有关部门牵头的关于徽州文化研究的重大项目，如参与了已出版的《徽州文化大辞典》《阅读徽州》《徽州故事》《徽州名人家训》；先后完成了市程朱理学研究会策划的《程灵洗与徽州社会》《程元谭与徽州社会》二书共5万字书稿的写作；还主编了由黄山市老新闻工作者协会策划的《徽州楹联精粹》一书。目前，正集中精力完成安徽省社会科学院重大科研项目《皖籍思想家文库》丛书"王茂荫卷"的撰稿任务。

我有切肤之感：人患病不可怕，可怕的是精神状态崩溃。

孙树霖先生博学多通，治学严谨，性狷介，耿直过人，不懂与时俯仰，不会阿谀奉承，从不为立项目、发表文稿或出书去求人，深得学人敬重。他作古已经六年。这六年来，我常常想起他。现在可以告慰孙先生的是：这六年间，我一天都没有懈怠。选编有先生大作4篇的《王茂荫研究文辑》已经内部出版，并将公开出版。《王茂荫评传》虽然没有问世，但是我承担的《皖籍思想家文库》中的"王茂荫卷"，基本上是按照我们早先拟定的提纲撰写的，该书已经出版。先生生前多次甚至病中还特意交待的事，我基本上算做了了结，算是对先生有一个交待了。

王茂荫是一个反对刻书的人，他曾告诫后人："刻书是我所恶，无论何人总要想著书传世，将来必有祖龙再出，一举而焚之也。"在这个问题上，我不能完全苟同王公的意见，愚以为出书只要不是刻意为自己树碑立传，还是写出来的好。将来果有祖龙再出，那也只好随它去。

陈平民

2019 年 9 月

目　录

家世·生平·事迹

政治经济思想

人才管理思想

友谊及其他

家世·生平·事迹

王茂荫二三事

今年（1985年）是王茂荫离世一百二十周年，作为王茂荫的研究者，我将他生平中值得回味的几件事情向读者作一介绍，以为纪念。

敢为商人请命

在封建社会的官场中，轻商观念特别严重，很少有人为商人说话。而王茂荫则是一个例外。他出生于歙南杞梓里一个两代茶商之家，从小就受到商贾思想的影响，步入仕途后，有时便成了商人阶层的代言人。

歙县是徽商的主要发祥地。清道光、咸丰年间，该县外出经商的仍然很多。商人长年游贾在外，家中财产常常被人侵夺，但又无力与人较量，只好忍气吞声。王茂荫做了京官之后，常常出面干涉地方上这种欺凌商人的事情。他在一件奏稿中说，歙县人十家之中有九家是外出经商做生意的，地方歹徒往往借端生事，敲诈勒索商民，名曰"分肥"。这实在是大伤地方元气的坏事。他强烈呼吁地方政府要出面抚恤商民，保障他们的人身和财产安全。

"洪杨革命"时，地方官吏借办团练之名，通过"劝捐"等手法巧夺商民钱财，以行中饱私囊之实。为揭露这些贪官污吏，王茂荫曾接连给咸丰上了好几个奏折，其中最出名的是《论徽州续捐局扰害折》《论徽州练局积弊折》。一次，王茂荫在北京接到家信，得知距离他家乡四十里地的昱岭关，有匪徒拦路抢劫商人钱财，而且是在光天化日之下。他马上给咸丰帝上了《请饬拿办昱岭关等处土匪折》。他说，昱岭关是徽杭陆路通道之咽喉，徽州人外出经商谋食，或外地商旅行人到徽州去，大都要经过这一关隘，如果强盗土匪卡住了这一"咽喉"，那就坏了大事。为此，他请求咸丰下令地方政府把潜聚在昱岭关的强盗土匪全部肃清。

王茂荫的同乡鲍康（歙县岩镇人）在《大钱图录》中提到这样一件事：1853年，咸丰朝发行不兑现的纸币"户部官票"和"大清宝钞"，在流通中受阻。起初，歙县茶商持票向北京崇文门税关纳税，税吏坚持要现银现钱而不收纸币。从那以后，在京的各商帮都对咸丰朝发行的不兑现纸币产生了疑惧。王茂荫当时寓居在北京宣武门外之歙县会馆——这实际上是歙籍商人设在京师的"大本营"。因此他知道这一"崇文门事件"，他也听到了商人的埋怨之声。次年三月，他便以商人持纸币无法兑现银两来置货为主要理由之一，给咸丰帝上了《再议钞法折》，主张纸币兑现，结果被咸丰帝指斥为专利商人，不问国事，而被免去户部右侍郎兼钱法堂事务之职，改任兵部右侍郎。

劝谏咸丰暂缓游圆明园

咸丰皇帝，一生耽于逸乐，面临内忧外患，长期不问朝政，不是携带嫔妃避居热河，便是游玩圆明园。对此，不少大臣都有意见，但谁也不敢犯颜直谏。咸丰五年初，内廷传出咸丰自热河举行谒陵大典回京后，便要临幸圆明园，并驻为行宫。王茂荫听到这一消息，深为震惊。他给咸丰上了《请暂缓临幸御园折》。他说：方今时势如此艰危，太平军席卷东南数省，夷人又常常以此来为恐吓，国家财力已告匮乏，不仅兵勇口粮不能按期发放，连各级官员的薪俸也无从支给，朝政懈驰，人心惶惶。皇上只有"躬忧勤节俭"，才能安定民心，如果仍然"临幸如常"，就只能导致"士卒生心或起嗟叹"，从而大失民心，以至不可收拾。

咸丰看了这个奏折，恼羞成怒，不仅否认自己有"园居"之意，而且传问王茂荫是从哪里听到这个消息的，随后又在王茂荫的奏折上批示说："（朕）并未传旨于何日临幸圆明园，不知该侍郎闻自何人……王茂荫身任大员，不当以无据之词登诸奏牍。着交部议处。原折掷还！"

从此，王茂荫便被安排做了闲官。

王茂荫在仕途上遭受挫折，反对派们幸灾乐祸，常以冷言冷语相讥，而正直的同僚却因此更加尊敬他。与他同时代的湖南沅陵人吴大廷称他"直声高节，上自公卿，下至工贾"，石埭人杨德亨称他"立朝敢言，磊落俊伟，俨如奇男子之所为"。歙县清末翰林许承尧，曾一再声称：王茂荫公单凭《请暂缓临幸御园折》，即足以名留千古！

拒绝为舅兄捐官

太平天国运动爆发的第二年，清政府的财政就已相当拮据。为了增加赋税，各种建议都提出来了，其中最下作的是几个当朝大臣给咸丰出主意，要政府实行捐纳举人生员制度，用今天的话来说，就是要国家把文凭、官职都当作商品来出售，以增加财政收入。

王茂荫知晓这事后，心想这个坏主意如果被钦定执行，国家的"栋梁"岂不都成了不学无术的饭桶了？他决意上疏，陈述利害，劝皇上千万不能采纳这个祸国殃民的建议。

一天，他正在起草给咸丰的奏折，一位很有钱的舅兄来找他。"听说政府要实行捐纳举人生员，我想请你替我捐个举人，再买个知县做做。"舅兄一进门，就说明了来意。王茂荫听后，又好笑又好气，心想："我正在写奏折反对，你却特意来走我的门路，真是看错人走错门了。"

他笑问舅兄："你也想做官？做官有什么好处？我看你还是多读几本书，不然的话，做了官还得请别人代为签名。"

这位舅兄还以为王茂荫是在同他开玩笑，于是也笑着说："哎哟，现在的知县，有几个是书读得多的？听说我们徽州府的府官还叫师爷给他画行字，他还不是照样刮钱。只要有官做，多读书少读书有什么关系，不是说'三年清知府，十万雪花银'吗？"

王茂荫听后，很是生气。"做官就是为了刮钱吗？那老百姓又何必要这个官呢？对不起，这桩事，我办不到，何况我正在写奏折劝皇上不能实行捐纳举人生员制度哩!"他扬扬手中的纸。

这位舅兄碰了一鼻子灰,悻悻离去了。

当天晚上,王茂荫在微弱的烛光下沉思良久,继续奋笔疾书。第二天,他的《驳部议捐纳军功举人生员片》奏折便呈在咸丰皇帝的面前。由于王茂荫的力谏,捐纳举人生员这个既"无益于目前"又"贻讥于后世"的建议,最终被否定了。

(原文载《黄山》杂志1985年秋季号)

王茂荫出生于徽商之家

马克思《资本论》中提到的理财家王茂荫，其财政、货币思想很丰富，这与他出生于徽州茶商之家，是大有关系的。

王茂荫说过："邑人十室九商，商必外出。"他的家乡歙南杞梓里，群山环抱，绿水回绕，山多而田少，加之又地处徽杭陆路交通之要冲，因此明清时期当地务农者稀少，外出经商者颇多。王茂荫的祖父王槐康便是清乾隆中叶一个外出做茶叶生意的徽商。槐康兄弟四人，原均习举子业，槐康19岁成婚时（乾隆三十九年即1774年），重闱在堂，兄弟同灶，吃口人多，生计艰难。为此，槐康不得不弃儒从贾，跟从族人去北京一带做茶叶转贩生意，经营的是徽茶与闽茶。他很有心计，又能吃苦，经常往来于皖、浙、闽、京、津之间。由于重质量，讲信用，因此生意兴隆，贩销量大，往往能赚到大钱，在京师一带很有声望。最初六年，槐康每年回家一趟，但居不数日，便又出门去了。到第七年（乾隆四十五年即1780年），他便利用自己积攒的钱做资本，在北通州创设了"森盛茶庄"（当时他25岁，妻方氏23岁，生有二儿一女，其中长子应矩即王茂荫之父）。王槐康在北通州创设"森盛茶庄"，意在以闽庄制作，京庄销售，联络南北产销开展竞争。由于店业草创，业务繁忙，他接连五年没有回家团聚，不料终因操劳过度，于创设茶庄的第六年病逝于潞河，年仅31岁。槐康病逝后，家境凄惨，"数米而炊"，其他事业无不废弃，唯"森盛茶庄"赖族人照应代管，方得以留存，遗孀方氏每年还可以从茶庄提取年息纹银四百两，作为家用。

王茂荫的父亲王应矩（字敬庵），幼年丧父，由寡母方氏抚养成人，有关史料称他"以贫故废学，即任家政"，又说"敬庵公克承父志"。他没有读什么书便继承了父亲早年创立的茶庄店事。他一生中的义行善举很多，如增祀产、扩祖祠、置墓田、敦宗睦族、恤孤怜贫、造桥修路、兴水利、施医药等。而这些是要花费大量资财的。这也从一个侧面说明，他经营下的茶庄，生意还比较好。

王茂荫本人在步入仕途之前，也管理过一年茶庄。事情是这样的：青年时期的王茂荫，在南闱报考举人，考了多次，都没有考取，直到"而立之年"，还仍然只是一个"秀才"。当时，父辈和他自己都认为仕途无望了，打算弃儒从贾。道光十年（1830年），王茂荫根据家里的决定，由家乡赴北通州管理了一年店务。翌年适逢北闱恩科取士，王茂荫即以监生资格应京兆试，不意竟考中了举人，接着第二年又参加了会试，联捷进士，从此开始了30余年的京宦生涯。

王茂荫步入仕途以后，茶庄由其弟辈管理。王茂荫离世35年以后，"森盛茶庄"仍然在经营，经管人是他的次子王铭慎。"庚子之乱"时，该茶庄毁于兵火。据传，王铭慎抱着账簿而葬身火窟。该茶庄自创设至焚于兵火，历时120年。

（原文载1987年5月16日《徽州报》）

王茂荫传略

马克思《资本论》中唯一提到的中国人王茂荫，在海外早已出名，而在国内却长时期鲜为人知。王茂荫是1865年辞世的，而在这之前，马克思便知道了他的事迹，并在《资本论》第一卷的一个脚注中提到了他。该卷发表于1867年，其中文版最早出现是在1930年，距王氏谢世已有65年。我国第一个翻译《资本论》的是陈启修先生，他把马克思笔下的Wan-mao-in译为"万卯寅"，而日本的学者则译为"王猛殷"或"王孟尹"。1930年以后，由于崔敬伯、王思华、侯外庐、郭沫若、吴晗等人的考证，人们才知道马克思《资本论》中提到的中国人，便是清咸丰朝户部右侍郎王茂荫。他是安徽省歙县杞梓里人，在京师为官三十余载，直声高节，震动朝野。

王茂荫一生中最引人注目的是其货币观点和行钞主张。此外，其家世生平、人才思想、品性行谊亦同样为世人所关注。

家世生平

王茂荫，字椿年，号子怀，清嘉庆三年（1798年）三月十一日生于安徽歙县南乡杞梓里一个徽商家庭。

王氏家族近十代的谱序是：文、德、槐、应、茂、铭、经、桂、自、芳。王茂荫高祖文选公（字遴士），清康乾年间人，敕赠武略骑尉，"以孝义闻于时"。曾祖德修公（字洪烈，一字心培），"少有父风，勇力过人，尝夜过溪桥，马坠，曳其尾上之。中乾隆壬申（1752年）恩科武举人，就兵部试，闻父暴得疾，星夜驰归，设榻卧侧，虽污秽不假手奴婢，十余年来未尝一日离侧。及父卒，绝意进取，孝养其母以终天年。"德修公生四子，次子槐康公（字以和），即王茂荫之祖父。槐康公"少英悟，读书多所通解"。

王茂荫本人说过："邑人十室九商，商必外出。"其祖父槐康公、父亲应矩公（字敬庵），便是有名的大茶商。王槐康19岁完婚后即为家计所迫，放弃举子业，从族人远贾京师一带做茶叶生意，并于乾隆四十五年（1780年）在北通州创设了"森盛茶庄"，时年25岁。他处事精明，本可在商界干一番事业，不料因操劳过度，31岁那年病死于潞河。应矩公因父亲早逝，年轻时便"以贫故废学，即任家政"，去潞河"森盛茶庄"继承先父未竟事业。王茂荫在步入仕途之前，也曾在北通州管理过"森盛茶庄"，但只有年把时间，随后便交由胞弟及他的二儿子铭慎经营。光绪二十六年（1900年），"森盛茶庄"被八国联军烧毁，王铭慎抱着账簿葬身火海。

王茂荫兄弟四人，他居长，生母洪氏；弟茂兰、茂如、茂蔼，均为继母吴氏出。王茂荫虚龄六岁那年，生母洪氏病故，父亲常年经商在外，他是在祖母方氏的照应下长大的。髫龄入私塾，晨入暮归，读书非常用功。舞勺之后，从双溪（昌溪）吴柳山先生游学。吴柳山为乾隆丁酉（1777年）江南解首，故名宿，门下多积学之士。王茂荫相与观摩，益自刻励，挑灯攻读必至三更方寝，天未亮便又披衣起床诵读，严寒酷暑无少间。在名师的熏陶下，学业大进。当时，在紫阳书院任主讲的钱伯瑜先生对王茂荫的文才深为敬佩，并引为契友。青年时期的王茂荫，在南闱报考进士，考了多次均不第，父辈和他自己都认为仕途无望了，打算弃儒经商。道光十年（1830年），他根据家里的决定，赴潞河管理茶庄店务。翌年，适逢北闱恩科取士，王茂荫即以监生资格应京兆试，不意中式举人，次年会试，又联捷进士，并备官户部。捷报传到家乡，75岁的老祖母方氏欣喜万分。当年九月，王茂荫乞假归省，方氏一再告诫孙子说："吾始望汝辈读书识义理，念初不及此，今幸天相余家。汝宜恪恭尽职，毋躁进，毋营财贿。吾与家人守吾家风，不愿汝跻显位、致多金也。"对祖母的告诫，王茂荫终身志之不敢忘。

在官阶方面，王茂荫不仅是晚达的，而且遭受过挫折。他在中进士后长达 15 年的时间内，都只是在户部任"主事""行走"一类的微职闲官，直到 50 岁那年才被升补为户部贵州司员外郎。次年二月，清廷准备擢升他为御史，不料三月间父亲去世，又回家守孝。待他守孝期满，回京供职时，道光皇帝已死，咸丰皇帝继位，太平天国运动爆发了。从咸丰元年至八年，王茂荫担任过许多重要职务，其中最引人注目的是咸丰三年（1853年）十一月被擢升为户部右侍郎兼管钱法堂事务，成为清廷主管财政货币事务的要员之一。在户部右侍郎任内，他提出并坚持自己的行钞主张，对清廷采取的滥发不兑现的钞币、铸造低值铸币等通货膨胀措施，不断提出异议，结果遭到反对派的攻击和咸丰皇帝的申斥。咸丰四年三月，他被调往兵部任右侍郎。咸丰八年七月，他以病请求开缺，在开缺养病期间，曾受聘在潞河书院担任主讲。咸丰十一年七月，咸丰皇帝死于热河。八月，同治皇帝载淳登基，但主持朝政的是慈禧与议政王奕诉，他们为安定局面，起用了一批老臣，王茂荫是其中一个。同治元年（1862年）四月，王茂荫受命代理都察院左副都御史，十一月任工部右侍郎兼管钱法堂事务，次年二月被调任吏部右侍郎——这是他在清廷担任的最后一个职务。

同治二年六月，王茂荫以吏部右侍郎差次山西，接继母吴氏讣音，即奏明回京，绕道奔丧。当时，太平军与清兵在徽州境内激战频仍，王茂荫家乡不靖，其子王铭诏等奉祖母吴氏举家避难江西吴城，舟次南昌府新建县樵舍时，吴氏一病不起。同治三年三月，王茂荫辗转奔抵吴城，瞻拜灵帏，号恸欲绝。不久，江西战乱又起，吴城戒严，王茂荫复挈家来皖省城安庆。当时，在省城安庆为官的歙县同乡柯钺接待安置了他们。同年七月，柯钺卒于省寓，王茂荫深为悲恸，即觉困惫，旋复发热，作呃逆，如是十余日，几殆。服药月余，始复旧。同治四年二月，由吴城扶继母灵柩回籍，四月抵家，经营卜葬事。当时，王氏家乡歙县杞梓里因遭兵燹，里舍成墟，乡民寥落，亲知族党多半流亡。王茂荫暮岁还乡，目睹此情，弥深悲愤。后遂在歙县义成村买下朱姓旧房，挈家迁居。

同治四年六月中旬，王茂荫旧病复发，延医服药，迄不见效。弥留之际的王茂荫口授遗折，以国恩未报，亲丧未葬为憾。六月二十二日午后申时，王茂荫在义成村买下的朱姓旧房中病逝，终年68岁。遗折后由家人委托两江总督李鸿章代奏。七月三十日奉上谕："李鸿章奏侍郎在籍病故，并代递遗折等语，前任吏部右侍郎王茂荫，由部曹历任谏垣，洊跻卿贰，廉静寡营，遇事敢言，忠爱出于至性。于同治二年，在山西差次闻讣，丁忧回籍，方冀服阙来京，重资倚畀，兹闻溘逝，轸惜殊深。王茂荫着加恩照侍郎例赐恤，任内一切处分，悉予开复，应得恤典，着该衙门察例具奏。钦此。"当时给王茂荫送挽联的当朝大臣、生前好友甚多，曾国藩题的挽联是："七旬耆宿，九列名卿，谁知屋漏操修，尚同寒士；四海直声，卅年俭德，足令朝廷悲悼，何况吾曹。"李鸿章题的挽联是："直节誉丹豪，从此朝廷思汲黯；清风高白岳，可堪乡里失袁修。"祁寯藻题的挽联是："谏草逾万言，每读焚余心事，光明照青史；交情获三益，最伤别后手书，感恻念苍生。"

封建社会的京官是可以长期带家眷的，而王茂荫则是一个例外，他在京师为官三十余载，而携眷属至京仅几个月时间，其余月日，皆孑身独处宣武门外之歙县会馆。

货币观点和行钞主张

清咸丰朝实施过两项令人注目的货币改革措施，即发行钞币和铸大钱。王茂荫是咸丰朝行钞的第一个倡导者，铸大钱的坚决反对者。

王茂荫备官户部时期，便十分注意财政、货币问题的研究。特别是1840年鸦片战争之后，在户部做司员的王茂荫，目睹白银外流，银价飞涨，清王朝财政拮据，国库空虚，便花了十余年的时间来考察中国历代货币发行的利弊得失。其后人为他作的《行状》中提到了这一点：府君"见库帑支绌，思所以济国用，乃历考古来圜法利弊，悉心研究，积思十余年"。

咸丰元年（1851年），太平军起事以后，清政府的财政、货币危机进一步加剧。咸丰元年九月，王茂荫在陕西道监察御史任内给咸丰上了《条议钞法折》，正式提出了自己改革币制、缓和危机的主张，即有限制地发行可兑换的钞币。他认为，发行钞币可能会出现一些弊端，因此要使钞币在民间有信用，能顺利流通，必须注意防弊，做到"先求无累于民，而后求有益于国"。他提出的防弊措施主要有三条：一是钞币只是用以辅助金属铸币之不足，而不是代替金属币，钞币发行后，金属币不但不退出流通，而且要以若干倍于钞币的数量和钞币一道流通（这实际是强调所发行的钞币必须以金属币为本位）。二是钞币不可滥发，必须有个"定数"。他说"钞无定数，则出之不穷似为大利，不知出愈多，值愈贱"。三是所发行的钞币必须是可以随时兑取现银、现钱的。王茂荫主张发行钞币，这本身是清政府满意的，他被提升为户部右侍郎兼管钱法堂事务。但是，由于他的行钞方案强调防止通货膨胀，与清政府搜刮民财的方针是相悖的，所以他的方案不能被清政府所采纳。事实上，清政府于咸丰三年发行的"户部官票"和同年底发行的"大清宝钞"，用的皆非王茂荫的原拟方案，都是不兑现的纸币。

王茂荫成为清政府主管财政、货币事务的要员之后，很想施展自己的才能，为缓解清政府的财政、货币危机出力。他上任不到20天，就针对有人提出的添铸大钱的主意，写了《论行大钱折》上奏咸丰皇帝。他的观点很鲜明："钞法以实运虚，虽虚可实；大钱以虚作实，似实而虚。"意思是说，纸币本身虽然没有价值，是虚的，但它如果可以兑换金属币，它就代表了一定的实际价值，因而又是实的。而大钱呢，它本身虽然有一定的价值，但因为它是不足值的，所以它的额面价值是虚假的。在这个奏折中，他还有力地驳斥了国家权力可以任意决定货币价值的偏见。"官能定钱之值，而不能限物之值"，这便是他的一句至理名言。王茂荫还历数了历史上铸大钱所导致的私铸繁兴、物价踊贵、亏国病民的不良后果。可是，咸丰却听不进这一劝谏，仍准添铸当百、当千大钱颁行。

本来，不兑现的"户部官票"发行后，民间就已经出现了混乱，再加上不兑现的"大清宝钞"和各类大钱的滥发，通货膨胀愈演愈烈。当时的北京城物价飞涨，民怨鼎沸，有人竟将钞票戏呼为"吵票"。目睹这种局面，王茂荫焦虑不安，苦苦思量补救之策。咸丰四年三月初五日，他向咸丰上了《再议钞法折》，这实际上是他关于改革币制、缓和危机的第二个方案。这个方案中提的四条补救措施集中到一点，即坚持主张将不兑现的官票、宝钞改为可兑现的钞票。他是企图用兑现的办法来刹住继续增发不兑现纸币的势头，制止通货膨胀，以挽回纸币的信用。当时清政府财源枯竭，银根奇紧，根本没有能力准允纸币兑现。这一点，王茂荫是估计到了的。他在奏折的结尾处申明说：发行钞币是我先提出来的，虽然现行钞币用的不是我的方案，但是吃了银票、宝钞苦头的人都在责怪我，怨恨我。为此，请将我这个户部右侍郎交户部严加议处，以谢天下，而慰人心。果然，咸丰看了这个奏折之后，大发雷霆，指斥王茂荫专受商人指使，把不便于国家而有利商人的意见也奏上来，真是太不关心国事了，并降旨恭亲王奕䜣、定郡王载铨审议。三月初八日，亲王、大臣们在审议报告中又对王茂荫指责了一通。这样，咸丰便下令对王茂荫"严行申斥"。在币制改革上，王茂荫的发言权就这样被解除了。马克思在《资本论》第一卷第一编第三章的83附注中所说的"清朝户部右侍郎王茂荫向天子上了一个奏折，主张暗将官票宝钞改为可兑现的钞票。在1854年4月的大臣审议报告中，他受到严厉申斥，他是否因此受到笞刑，不得而知。审议报告最后说：'臣等详阅所奏……所论专利商而不便于国。'"指的就是这件事。

人才思想

王茂荫的人才思想也很值得我们重视和研究。他的人才思想概括起来说，主要表现在这样一些方面：

——治平之道，用人尤重。在太平天国运动爆发，清政府政治、经济危机日益加剧的情况下，王茂荫认为，扭转颓势，治国安邦，用人、理财是当务之急。他最初上给咸丰的两个折子，一为《条议钞法折》，一为《振兴人才以济实用折》，前者专讲理财问题，后者专讲用人问题。他毫不隐瞒自己的观点："治平之道，在用人、理财二端，而用人尤重。用非其人，财不可得理也。"这与唐太宗李世民的"致安之本，惟在得人"以及清代思想家魏源所主张的"财用不足国非贫，人才不竞之谓贫"的观点是一致的。面对当时的紧张局势，内外臣工辄曰"无法"。王茂荫直言不讳地对咸丰说："国家所以重赖臣工而宠异之者，为其有法耳。若皆以'无法'即何不思访求有法之人而用之？为天下得人难。"咸丰六年，太平天国运动已蔓延至东南数省，清军节节败退。这年八月，王茂荫在上给咸丰的《荐举人才折》中大声疾呼："方今所急在将才，尤在吏才，则该州县自不乱。"他所说的"平乱"，显然是指镇压太平天国运动和其他农民起义，对于一个忠于封建政权的官员来说，他持这一立场，是不足为怪的。他所说的"将才""吏才"，其标准也不可能与我们今天一样，但是作为观察问题的方法，他说得很有道理。

——天下之大，安得无才。北宋欧阳修有言："方今天下之广，不可谓之无人，但朝廷无术以求之耳。"王茂荫也说过类似的话，他说："聪明材力，世所不乏。""天下之大，安得无才？亦在地方有司之留心访察耳。"他竭力主张改革科举制度，选拔有真才实学的人，尤其要重视在科举之外发现人才。这个观点，在今天看来，是平淡无奇的，可是在140多年前，一个出身旧科举的人，能提出这样的改革意见，是难能可贵的。咸丰六年四月，他在上给咸丰的《时事危迫请修省折》中甚至把话说得这样白："天生才以供世用，不在上则在下……唯贤知贤，唯才爱才。"

——百年之计，莫如树人。管仲说："终身之计，莫如树人。"王茂荫说："百年之计，莫如树人。"他们说的是同一个意思。所谓"树人"，即培养造就人才。在王茂荫看来。治国以人才为本，人才以教化为先，有学问者不一定为官，而为官者则一定要有学问。王茂荫对清咸丰朝为解决财政困难而推行的报捐举人制度（即用钱买来"文凭"而做官），是坚决反对的，他认为这种办法不仅"无益于目前"，而且将"贻讥于后世"。他说：举人秀人，天下所贵。天下之士，莫不从攻苦力学以求之，岂能用钱来买？据闻，当年王茂荫的一位很有钱的舅兄曾找他帮忙捐个举人，以便买个知县做做。王茂荫知道舅兄的来意，劝他还是多读几年书再说，否则当了官连自己名字都得找人代签，这岂不是笑话。而他的舅兄却不以为然地说："现在知县有几个是书读得多的？听说徽州府的府官还叫师爷替他画行字呢，他还不是照样刮钱！"王茂荫反驳说："这真是笑话，如果当县官是为了刮钱，那么老百姓又何必要这个官呢？实在对不起，你这个忙我没法帮，况且我对这种捐官的做法持有异议，正要上疏力争呢。"这位舅兄原以为王茂荫是他亲戚，又是当朝大官，这件事一定不难办到，谁知竟碰了一鼻子灰，大不高兴，怒气冲冲地走了。第二天，他的《驳部议捐纳军功举人生员片》的奏折便呈在咸丰皇帝的面前。王茂荫生前还经常告诫子侄：日后子孙非有安邦定国之才，不必出仕，只可读书应试，博取小功名而已。

——简用才能，不拘资格。用人不循常格，这是我国古代人才论中的一个精华。包拯就说过"常格不破，大才难得"。王茂荫主张"破格用人"，"简用才能，不拘资格"，虽为草野之士，只要有才能，也应该破格擢用。他认为，上至军务参赞，将帅之任，下至军营委差，均可由内外大小臣工荐举而委任，没有什么资格可言。这对那种用人论资排辈的陈规陋气，是一个强有力的挑战。咸丰三年（1853年），王茂荫在上给咸丰皇帝的《条陈兵事折》中，再次强调用人不可循资格按名位，而应注重真实才能。他说，如果不考察一个人是否有真实才能，只是视其"名位所在"，而责其带兵打仗，那就肯定有名无实。他举例说：最近听说贼（按：指太平军）至天津，总兵十分恐惧，想逃离天津，而敢于督战者却是一个不出名的知县。总兵者，武职大员也；知县者，文职小员也。由此，他劝谏咸丰说："（用人）不可以资格论矣，伏愿皇上用人不论名位，但问其能。"咸丰八年四月，英法联军打到天津城外，王茂荫给咸丰提了好几条防御措施，其中很重要的一条就是破格用人。"简用才能，不拘资格"这一思想，对王茂荫来说是贯彻始终的。

——简贤任能，得人而任。在王茂荫看来，仅仅注意识别人才和一般地使用人才，那是不够的，还必须给有才能的人委以重任，让他发挥特长，主管一个部门的工作，那才能真正起到作用。他认为，在用人问题上，有三种情况是不幸的：一是将有才之人交于无才之人用。这会造成"上既不知所以用，而下又不乐为用，则有用亦归于无用矣"。二是一般地使用人才，而不能破格重用。他以军旅大事为例说："方今能者不易得，若得之而不用，用之而不使各路之兵皆为所用，则必不济用而不能统全局……终亦与不用同。"三是不能虚衷采纳有才者的意见。他说："有善用之人，或献谋而不见听，或力谏而不见从，则虽有真才，而亦终无以见。今天下多患无才，窃恐湮没于此中者，正不少也。"他认为"聪明材力误用可惜"。

品性行谊

王茂荫识量宏远，寓浑厚于精明，处事以虚心，以求洞悉原委，办事以实心，不肯稍事因循。他牢记祖母的教诲，无论擢升或左迁，均能以国家大事为重，恪尽职守。他颇有古大臣之风，于国计民生得失，知无不言，言无不尽。他前前后后给咸丰、同治皇帝上了一百多个奏折。他曾说过："我之奏疏，词虽不文，然颇费苦心，于时事利弊有切中要害处，存以垂示子孙，使知我居谏垣，蒙圣恩超擢。非自阿谀求荣中来。"他要求子孙后代"他日有入谏垣者，亦不必以利害之见存于心，能尽此心，自邀天鉴，可以望做好官"。他谢世后，清穆宗给他的评价是："廉静寡营，遇事敢言，忠爱出于至性。"

王茂荫生活极其俭朴，粗衣粝食处之晏如。他也具有其祖母那种"悯厄穷，拯危难"的品格。淳安王子香先生是他的启蒙老师，后家贫零落，王茂荫遂将王先生的儿子招来勉劳勉励，每届年终必邮金资助。对同僚中的孤苦者，亦按时资给，岁以为常。亲友称贷，必竭力以赴。遇善举，欣然乐为。家乡葺祠宇、通道路、修堤、造桥诸事，无不量力伙助。他为家乡"承庆祠"撰写过这样一副楹联："一脉本同源，强毋凌弱，众毋暴寡，贵毋忘贱，但人人痛痒相关，急难相扶，即是敬宗尊祖；四民虽异业，仕必登名，农必积粟，工必作巧，商必盈资，苟日日徉游不事，匪僻不由，便为孝子贤孙。"

王茂荫天性孝友。他从小跟祖母长大，因此与祖母的感情极深。道光二十年（1840年）十月，他从外地办完公事回京，作述怀诗四首，望云思亲，言之悱恻。次年元旦，王茂荫在京顷接去冬家信，知祖母老景日甚，自恐不久于人世，遂遍告同人，欲乞假归。同人咸劝暂缓，他没有听从，仍急急促装南旋。二月抵家时，闻祖母已于正月初八日见背，抚棺长号，自恨归晚，哀恸不已。在父亲王应矩的口述下，他濡泪和墨，撰写了两千余字的《方太宜人行略》。入京销假后，又请闽公巨儒李宗防先生作传，戴文节、蔡春帆先生并为绘制《贞松慈竹图》，一时名流题咏竟成为巨册，后有《节孝录》之刻。对父亲王应矩，继母吴氏，王茂荫也十分孝顺。他曾对儿子说："祖母（指王茂荫继母吴氏）在堂，叔辈自然孝顺，但汝等须代我尽孝，以免我罪，才算得我的儿子。叔等在上，汝辈须恭敬，一切要遵教训。"父亲70岁时，王茂荫一再禀请归养，但父亲不许，道光二十八年（1848年）二月，王茂荫在京城接父亲病信，急乞假归。甫抵里门，已闻凶耗，悲号擗踊，痛不欲生，以不及侍汤药、视饭含为憾。在家守制期间，他奉父亲灵位于堂上，晨夕奉餐上食如平时，直到咸丰元年（1851年）六月服阕，回京供职。

王茂荫一生严于责己，宽以待人。人有过未尝不正言规劝，然词意温婉。对儿子辈管教甚严，次子铭慎曾一再北上省视，王茂荫辄令其下帷读书，不准其干预外事。恒训儿子以"孝悌"二字为人家根本，失此二字，其家断不可昌。又说："凡人坏品行损阴骘，都只在财利上，故做人须从取舍上起。富与贵是人之所欲章，所以从此说起也。此处得失利害关头，人心安能无动？惟当审之以义，安之以命。……古云：'漏脯充饥，鸩酒止渴。非不暂饱，死亦随之。'当时时作此想，则自然不敢妄取。渴不饮盗泉水，热不息恶木阴。有志者须极力持守，方可望将来有好日"他还告诫儿孙们："莫看眼前吃亏，能吃亏是大便宜，此语一生守之用不尽。"王茂荫生前对自己的评价是："我之人品，自问只算中等人，存心不敢做坏事，而未免存惧天谴、畏人言之心。立意要做好事，而实徒抱智术疏、才力薄之恨。非独经济不足言，即在宗族乡党间亦未有甚裨益。圣贤门前固未望见，即理学诸先儒无所为而为善，无所畏而自不为恶，与夫敬事、慎言、明体、达用都无一毫功夫。倘他日有议从祀朱夫子及从祀乡贤者，儿辈必力行阻止，告以我有遗言，断断不敢从命。我若入此中，必至愧死，儿辈若违此言，以大不孝论。"他还说："吾以书籍传子孙，胜过良田百亩；吾以德名留后人，胜过黄金万镒。自己不要什么，两袖清风足矣！"

（原文载《徽州社会科学》2001年第2期，结集时略有修改）

王茂荫近代世系厘清
和新发现与王茂荫有关的四件藏品

　　王茂荫是马克思《资本论》中提到的清朝咸丰时期以倡行钞币而闻名的人物。本人研究这个历史人物始于二十世纪七十年代末。30多年来，多次实地考察过王氏的祖居地歙南杞梓里和他晚年迁居的歙县义成"天官第"，先后访问过王氏的玄孙王自燮、胞弟王自珍、堂妹王淑芬以及比他们低一个辈分的王芳烈先生。今年正月廿六日，本人又访问了其玄孙王自力先生，他原在太平中学任教，后调歙县桂林中学，任语文老师，退休后居屯溪，现年74岁。虽初次造访，但受益过望。这主要是：一、经王自力先生补充、修改，王氏家族近十代世系基本厘清；二、他收藏的四件藏品是王茂荫资料的新发现，有助于深入研究王茂荫。

一、王氏家族近世谱序和世系厘清

　　在拜访王自力先生之前，本人按早年间访问王氏后人和有关史料记载的王氏家族近十代谱序（即文、德、槐、应、茂、铭、经、桂、自、芳十个辈分），参阅有关资料，将王氏家族近十代列了一份世系图表，准备拜访时请主人修改、补充。经他修订，王氏家族或称"由婺源武口迁居歙南杞梓里王承庆祠"第30世至38世系可拟图如次：

文选 — 德修

槐序　槐广　槐康　槐庭

应绵　应矩

茂蔼　茂茹　茂兰　茂荫

铭镇　　铭慎　　铭诏

经守　　经寀　　经戚　　经宇

桂培　桂鋆　桂崑　桂峯　桂鋬　桂荣　桂堡　桂昌　桂鳌　桂镛　桂鑰欠

过继

自霭　自厚　淑芬（女）　淑玉（女）　自光　自珍　自燮　自沐　自力　自浩　自杰　自春

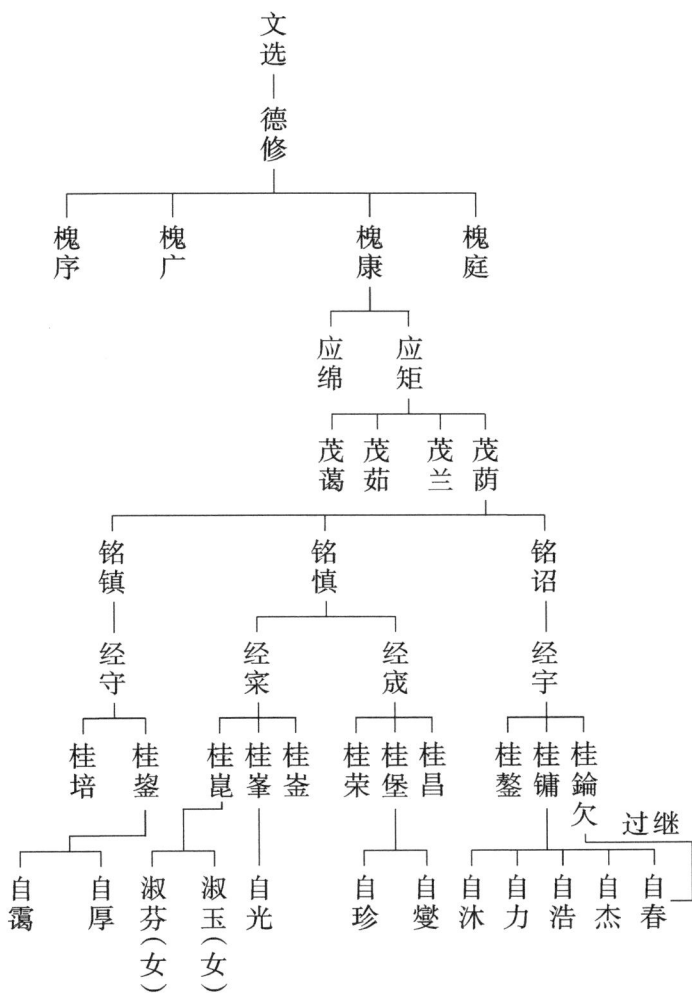

图1　王氏家族第30世至38世系图

《新安名族志》"王"姓"婺源·武口"条下载：王氏出姬姓，周灵王太子晋之子宗敬为周司徒，时人号曰"王家"，因以为氏。后世居晋阳，著望太原郡，至唐散骑常侍仲舒为江南西道观察使，死于洪州，夫人李氏携七子居宣州船莲坞，因巢乱，居歙黄墩。四子弘生扬州民曹参军希翔，迁婺源邑东十里曰武口，号"云谷居士"，是为武口王氏一世祖也。①明洪（武）、永（乐）年间，迁武口王氏第20世名胜英者又自婺源武口迁居歙南杞梓里。上文世系图中第30世文选公系胜英公九世孙。②

30世为"文"字辈。文选，字遴士，国慕长子，清康熙癸酉（1693年）八月廿二日生，乾隆癸未（1763年）八月初九日卒。敕赠武略骑尉，以孝义闻，娶歙北岸吴氏。生子一，名德修。③

31世为"德"字辈。德修，字心培，号静远，考名洪烈，清雍正戊申（1728年）十月廿九日生，乾隆己亥（1779年）四月初一日卒。德修"少有父风，勇力过人，尝夜过溪桥，马坠，曳其尾上之。中乾隆壬申（1752年）恩科武举人，就兵部试，闻父暴得疾，星夜驰归，设榻卧侧，虽污秽不假手奴婢，十余年未尝一日离侧。及父卒，绝意进取，孝养其母以终天年"④。配妻磻溪方氏，生槐庭、槐康、槐广、槐序四子。

32世为"槐"字辈。槐康，字以和，诰赠光禄大夫，乾隆乙亥（1755年）十月初二日生。乾隆乙巳（1785年）五月十八日卒，英年早逝，享寿仅三十有一。兄弟四人原均习举子业，槐康"少英悟，读书多所通解"，因兄弟同灶，吃口人多，家境窘迫，而弃儒从贾，从族人游贾京师，做茶叶转贩生意，积赢余以供甘旨。乾隆庚子（1780年）创"森盛茶庄"于北通州，时年仅二十六岁，妻磻溪方氏二十四岁，膝下两儿一女皆幼（长子应矩即茂荫之父，次子应绵、女儿顺福均早殇）。因操劳过度，槐康公于创设茶庄的第六年突然病死于潞河。

33世为"应"字辈。应矩，字方仪，号敬庵。捐授从九品，诰赠光禄大夫。乾隆丙申（1776年）八月二十五日生，道光戊申（1848年）三月十八日卒。元配聘娶歙阳川洪氏，诰封一品太夫人，乾隆乙未（1775年）二月初十日生，嘉庆癸亥（1803年）五月初二日卒。洪氏为茂荫生母。洪氏初生一子殇，嗣生二女一子，子即茂荫，二女为茂荫两姐姐

---

① ［明］戴廷明，程尚宽等撰：《新安名族志》，黄山书社2004年版，第580页。
② 参阅曹天生点校整理：《王茂荫集》附录三《由婺源迁居歙南杞梓里王承庆祠世谱》，中国档案出版社2005年版。
③ 本文所列王氏近世世系第30世至33世中有关人名字号、生卒年月日、妻配及子女简况，参考《由婺源迁居歙南杞梓里王承庆祠世谱》记载。
④ 民国《歙县志》卷八。

（其中二姐幼失母后亦殇，大姐将嫁而卒）。洪母弃世时，茂荫虚龄六岁。应矩公继娶北岸吴氏，诰封一品夫人，乾隆丙午（1786年）四月十一日生，同治癸亥三月十二日卒于江西南昌府新建县樵舍。茂兰、茂茹、茂蔼均吴氏出（因槐庭公长子绝嗣，茂兰入绍为嗣）。应矩因父早逝，"以贫故废学，即任家政"，继承父业，成了有名的茶商，其孙辈有言："祖（父）敬庵公，克承父志，尤笃于追远报本，修祖祠，置墓田，敦宗睦族，恤孤怜贫，于造桥、修路、兴水利、施医药诸善举，恒以身任其劳，孜孜不倦。"[1]他是乐善好施、贾名儒行的徽商典型。

34世为"茂"字辈。茂荫，字椿年，号子怀，清嘉庆三年（1798年）三月十一日生，[2]同治四年（1865年）六月二十二日在籍病逝。聘洪夫人，为歙国学生洪伯㴸女；配吴夫人，为歙国学生吴大霞之女；继配洪夫人，歙洪观政女。生子三，长铭诏，次铭慎，三铭镇。生女二，长适阳川洪道衔（名本佳）长子承基，次适西溪汪国学生运镳次子优附生宗沂。[3]

35世为"铭"字辈。铭诏，茂荫公长子，歙邑增贡生中书科中书，娶歙方村廪贡生方承诰女；铭慎，茂荫公次子，咸丰己未（1859年）科挑取誊录国史馆义叙盐大使，娶浙江乌程角斜场大使闵廷楷女；铭镇，茂荫公三子，娶歙潭川辛卯科江南解元、曾任来安县教谕汪立权女，继娶歙城附生陈诗女。铭镇三十三岁卒。[4]

36世为"经"字辈，亦即茂荫公孙辈。孙男四：长经守，号善夫，铭镇出，聘方氏；次经宇，铭诏出，聘方氏；三经宬（号寿卿）、四经㝏（号地卿），均铭慎出。孙女八：长适歙吴锡维子邑庠生吴祖植，次适待考，均铭诏出；三适歙城候补知府许长怡子许经生，铭慎出；四适磻溪

---

①［清］王茂荫撰，张新旭等点校：《王侍郎奏议》附录《显考子怀府君行状》，黄山书社1991年版，第186页。

②关于王茂荫之阳历生日日期，1985年8月笔者曾依王氏阴历生日"清嘉庆三年三月十一日"的记载致信中国科学院紫金山天文台咨询，得回复其阳历生日为"1798年4月26日"。

③［清］王茂荫撰，张新旭等点校：《王侍郎奏议》附录《显考子怀府君行状》，黄山书社1991年版，第204页。

④［清］王茂荫撰，张新旭等点校：《王侍郎奏议》附录《显考子怀府君行状》，黄山书社1991年版，第204页。

方县丞衔名增翰子；五适歙城署繁昌县训导江东巨孙国学生江兑子，均铭诏出；六殇，七适待考，均铭慎出；八适待考，铭诏出。①

二、新发现有关王茂荫四件藏品

王自力先生至今仍珍藏四件与王茂荫研究有关的藏品，经他同意，本人鉴赏和拍摄资料图片并撰文介绍给世人。这四件藏品应该是新发现的有关王茂荫的资料，它们分别是：

一为清代画家程奎画赠王茂荫的山水画卷。

该山水画卷高 134 厘米，宽 48 厘米，已装裱。程奎，字春生，清海州（今江苏东海）人，官巡检，工画山水，为清画家罗克昭弟子。罗克昭，号冶亭，清休宁县人，居扬州，曾官湖北兴国知州，为张宗绳高足，焦墨山水，作品沉郁苍秀。（注：上海人民美术出版社 1981 年版《中国美术家人名辞典》中有罗克昭及程奎简况介绍。）程奎画赠王茂荫的这幅山水画，沉郁苍秀，特点尽显。画卷右上方有题款，全文是：

丁酉冬月拟赵大年意于吴山寄云山馆

请子怀大兄大人教正　春生弟程奎

意为清道光丁酉年（1837 年）冬月，仿明代书画家赵大年作品意蕴，于吴山"寄云山馆"作此画，赠子怀先生。"子怀"为王茂荫之号。道光十七年，王茂荫年四十周岁，届于"不惑之龄"，此画至今已传五世，历175 年。

二为清诗人、书法家戈其迈题赠王茂荫的行草横幅。

戈氏祖居浙江嘉兴，明代靖难之役后，应"迁大户实畿辅"之诏，

① [清] 王茂荫撰，张新旭等点校：《王侍郎奏议》附录《显考子怀府君行状》，黄山书社 1991 年版，第 206 页。

戈惟善迁直隶河间府景川连窝镇落实，为北迁戈家始祖。①该书法横幅为横长卷，高33厘米，宽140厘米。卷面文字是戈氏新作律诗三首（含注释）及题款，全文如次：

> 月明未觉夜窗虚，简舍幽人易卜居。
> 生日尚须谋醉酒，来风恰又坐招余。
> 青分苔径遥相引，碧拓蓝田绰有余。
> 珍重䕥龙沐化去，当教留伴旧枌榆。

注：津南馆所居屋下旧有竹一丛，以修造移植墙角，窗外仍留两竿，喜雨点此。此馆经营轮构，南邑张振之先生实主之，先生喜莳竹，尝以"来风"颜其室，属为书额，诗中故及之。

> 蛰蠪难申涸辙旁，隙驹不驻少年场。
> 愁从日日眉心见，（露见字行）老见星星鬓角霜。
> 化蝶漆园春入梦，浴蟾银汉夜生凉。
> 喆朝拟赴游山约，且检台诗旧余囊。

注：旅游杂兴之一。

> 空山寂寂高无那，长啸声中拊髀坐。
> 昂藏漫认苏门翁，前有光怪凌秋虹。
> 匣韬剑气秘不得，付之美人为侍须。
> 美人无是精空俦，与说干将剑繁忱。

注："空山啸剑图"为长白德研香题。承索拙句，苦无存稿本，皆信口拈来，是以随手弃去，兹谨以一二近作录，博大雅一粲，尚希无吝斧

---

① 戈其迈为戈惟善之后，清嘉庆二十二年丁丑（1817年）科进士，曾任江西吉安府知府，又曾留居京师，有"京都名人"美誉。又名德莽迈，是诗人、书法家，曾与何绍基在同一诗社。

削为幸。子怀大兄大人所坛，德莽迈（印）。

该书法横幅上贴着一张小棉纸条，上有王茂荫手书蝇头小楷"弟茂荫敬求书法横幅"九字。戈氏于何时何地书此横幅，待考。

三是王茂荫五十诞辰亲友送礼礼单。

该"礼单"是这样写的：

道光二十七年丁未岁春三月十一日谷旦　　茂荫五十诞辰亲友贺仪预行辞谢仍有数家送来礼物列左……

礼单左边的文字记载中，亲友送来的礼物有金蹄、红烛、吉鱼、生鸡、鸡蛋、鸭蛋、寿糕、寿包、山粉、新茶等。其中有方村方书五送来的寿礼。方书五是茂荫公之亲家翁（铭诏的岳父）。道光二十七年（1847年），阴历三月十一日为茂荫公生日，正值王茂荫年届"天命"之龄，当时他正在户部云南司主事任上。这年"丁未八月，升补贵州司员外郎"。

四为桂坫序王茂荫遗著《王侍郎奏议》之未刊稿。

桂坫（1867—1958），字南屏，广东南海人。名儒桂文灿之子。早年入读广雅书院和学海堂。光绪十七年（1891年）中举人，1894年中进士，入翰林院，授检讨。曾任国史馆撰修官，浙江严州知府。1915年任广东通志馆总纂，先后参加纂修《南海县志》《恩平县志》《西宁县志》（今郁南县）《广东通志》和《广州人物志》。民国以后，经常来往香港、广州之间。擅诗古文辞，著有《晋砖宋瓦实类稿》《科学韵语》《说文简易释例》等。工书，具颜、柳筋骨，有秀拔清雄之誉。偶作篆书，亦得圆劲之致。桂坫出生扬名在王茂荫谢世之后。王茂荫遗著《王侍郎奏议》是其后人刊刻的，咸丰八年（1858年），王茂荫因病请求开缺以后，曾"辑其奏议若干篇，汇为四卷，藏诸巾笥，不以示人"[1]，他谢世后，铭诏、铭慎将先父遗著整理刊刻作为大事。《王侍郎奏议》首次刊刻于世是在王氏谢世后的第三年即清同治六年（1867年），是根据王茂荫生前所辑、后

---

① [清]王茂荫撰，张新旭等点校：《王侍郎奏议》附录《阮陵吴大廷序》，黄山书社1991年版，第206页。

人家藏的抄本刊刻的，共十卷，收入王氏奏稿96篇，刊有吴大廷、吴棠两人分别于咸丰十一年（1861年）和同治五年（1866年）所作的序言。第二次刊刻是在清光绪十三年（1887年），由王茂荫的门生易佩绅为序（光绪十三年丁亥冬十一月）刊刻的，光绪乙酉（1885年）初刻十卷于四川藩署，移任江苏，携版而行，后因从王氏长子铭诏处又"得其所存前抄未尽者"，于是又"刻补遗一卷，合为十一卷也"。[1]此次入著奏稿103篇（其中第十一卷"补遗"新增7篇）。第三次刊刻是在清光绪二十五年（1899年），此次刊刻，王氏孙子一辈出力为多。歙人吴锡纯为之作序，序言第一句是"公之孙女，为纯犹子妇"，说的是王茂荫的一个孙女，嫁给吴锡纯侄子为妻。因此，吴锡纯自称为"姻愚侄"。此次刊刻的本子仍为十一卷。第四个刊本是1991年12月黄山书社出的点校本。该点校本收入王氏奏稿仍为103篇，此外还在"附录"部分收入王茂荫致曾国藩的一封信、《清史稿》王茂荫本传、《显考子怀府君行状》和吴大廷、吴棠、易佩绅、吴锡纯四人的序言。因当时桂垲所写的序尚未被发现，所以未被刊入。桂垲为《王侍郎奏议》作序，事在光绪三十一年（1905年）四月，当时桂垲任浙江严州知府，差次藤川，与在浙经商的王茂荫孙子王经宇相见，得读《王侍郎奏议》十卷，应王经宇所请，为奏议作序，准备日后再行刊刻时入著。但从那以后的八十多年间，一直没有再刊刻，因而桂垲之"序"成了一篇未刊稿。该稿为棉格纸楷书抄写，共四页，全文四百余字，现转录于此，供读者方家研究：

歙县王子怀侍郎奏议序

歙县王子怀侍郎、晋江陈颂南侍御，为道咸间直臣，粹于学而达于时务者也。之二贤者，并与先子交，至契时，以道义相切劘。垲行也晚，不获亲受二贤之教，闻风钦慕，盖亦有年。弱冠后，官京师，得与侍御幼子彦鹏相见，并得读侍御《籀经堂集》十二卷，比乞外到浙，差次藤川，又得与

① ［清］王茂荫撰，张新旭等点校：《王侍郎奏议》附录《易佩绅序》，黄山书社1991年版，第210页。

侍郎之孙经宇相见，并得读侍郎奏议十卷，然则坫虽不获亲受二贤之教，而皆得读其遗书，并得与其后贤相接，亦云幸矣。侍郎直言极谏，章数十上。皆荦荦大端，犯颜谏诤于庙堂之上，拔擢人才于草野之下，努力匡时，一时罕有伦比。至阐明教育，尤谆谆以屏黜小楷、八比为要图，此尤为过人之远识。惜当时狃于故常，风气不开，如公之伟论忠言者，尤不数数，觏言之而不行，行之而不竟其用，耿耿孤忠，为可慨也。坫学识谫陋，何敢僭序公之书，然公之爱才、劝学、救时、行道，实有足为天下后世法，而公之遗书又为坫生平所未见，而乃今得见者，故不禁悦之深而言之切也。

光绪三十有一年四月，南海后学桂坫谨序

桂坫"序"中提到的侍御陈颂南，字庆镛，福建晋江人，与王茂荫同年（道光十二年即1832年）举进士，历任庶吉士，户部主事、员外郎，侍御史等职，"上疏多关大计""直声震海内"①。

（原文载《徽州文博》2013年第2期，结集时略有修改）

---

① 《清史稿》列传第一百六十五"陈庆镛"，民国十七年清史馆本。

王茂荫的一份出借纹银借据
和一份"存款单"

中国晚清时期安徽歙县人王茂荫（1798—1865），是一位直言敢谏的名臣，他在清咸丰年间建议发行可兑现的钞币被马克思写进《资本论》，从此名播中外。目前，王氏健在世间的玄孙仅有一人，其名自力，笔名锷、顽石，是一位年逾古稀、工于书画的退休语文教师。2013年6月的一天，王自力先生告诉我："我手头还有两张先高祖茂荫公经手的金融字据，一张是出借纹银的借据，一张是存放实银的收据，便时带给你看看。"不久，他特意将两张字据带给我看了。现对这两张字据作一介绍。

一、出借纹银借据

出借纹银借据原件系浅黄色条格纸写就，高23厘米，宽12厘米，用毛笔自上而下、自右至左竖写，原文为：

立借据吴橢山今借到

子怀先生处京平松江（九九色）纹银叁百两整，按月一分五厘起息，期至来年五月底，本利一并归缴不误。

此照

见借人王灼卿大兄（画押）

道光二十二年十月初七日吴橢山亲笔（盖章）

借据写明借银日期为"道光二十二年十月初七日",这时距王茂荫在京城高中进士步入仕途已整整十个春秋。王茂荫祖母方太夫人是道光二十一年正月初八日病逝的,《显考子怀府君行状》中说"辛丑(笔者注:指道光二十一年即1841年)元旦,府君忽心动,遍告同人,欲乞假归,同人咸劝暂缓,府君不可,亟促装南旋。二月抵家,则曾大母已于正月初八日见背,抚棺长号,自恨归晚,哀恸不已。"①吴櫺山向王茂荫借这三百两纹银,是在王茂荫祖母去世的第二年十月初七日,当时王茂荫丁祖母忧,正守制在籍。王茂荫孩童时代曾在歙县岔口"梯云书屋","从双溪吴柳山先生游",即从学于吴柳山先生。吴柳山,歙县昌溪人(昌溪古称双溪),系清乾隆丁酉(1777年)科江南解首,为时名儒,门下多积学之士。向王茂荫借纹银的吴櫺山,可能是吴柳山先生的兄弟或同乡宗亲。见借人王灼卿似为杞梓里王氏中有德望之人。

吴櫺山手书这份向王茂荫借纹银的借据,历经170余年,至今仍在王氏后人手中收藏,说明王茂荫生前没有收回借银,而且在他谢世之后,其后人也同样没有收回先人借出的银两。王茂荫是清同治四年(1865年)六月二十二日在籍病故的。这时距借出银两已有二十三年。在如此长的时间里,他没有收回借银,原因无非有二:一是吴櫺山已身故,且无后人代为还债,至人死债烂;二是吴櫺山及其后人实在穷困至极,无力还债,王茂荫出于同情,遂不责其本人或后人偿还,如此,借据虽然留存,亦同于焚毁。

二、存放实银收据

王茂荫经手的存银收据原件,系收银人以深黄色暗凸花纹纸写就,高23厘米,宽12厘米,用毛笔由上而下、自右至左竖写,原文为:

---

① [清]王茂荫撰,张新旭等点校:《王侍郎奏议》附录《显考子怀府君行状》,黄山书社1991年版,第187页。

凭票收到

　　子怀先生旭平松江银叁佰两整。每月捌厘行息，任便支取，银清票缴。

　　此照

　　　　　　　　　　同治二年十二月二十五日

　　　　　　　　　　　立票人吴珥彤（盖章）

　　这是王茂荫本人亲自经手的一笔存银业务，存银数额为实银三百两，存银方式为定活两便，月利率八厘，存银日期为同治二年（1863年）十二月二十五日，此时离大年除夕已经很近。

　　同治二年三月十二日，王茂荫继母吴太夫人在家人侍奉下于江西省南昌府新建县下一个名为"樵舍"的地方雇舟楫避战乱时，因病去世，当时王茂荫正陪同兵部尚书爱清恪等在山西办案。六月间，王茂荫在山西接到讣音即奏明告假奔回京师，再绕道奔丧。王茂荫这笔存银显然是闻继母讣音后奏明回京，绕道奔丧期间办理的，但是在何地何店铺（或银号钱庄）和何人手上办理的，则需要进一步考证。

　　人世间有些事还真是"无巧不成书""有缘却偶然"，正当我为考证王氏这三百两银子究竟存于何地、立票人吴珥彤为何许人这一问题陷入惘然之际，一个偶然的机会，我认识了黄山市人民医院退休外科大夫吴葆乐先生。吴先生系歙县昌溪人（为昌溪太湖吴氏第三十世孙）。他说他的先世与王茂荫家及祖上有数代姻亲关系，他与王茂荫玄孙王自力先生系远房亲戚。其先世自乾隆年间以降，累世在北京开茶庄，后又经营百货和房地产等，生意做得比较大。当我谈起王茂荫这笔存银时，他说当年经办王茂荫这笔三百两存银的吴珥彤正是他高祖父，俚称"太爷"。从他持赠的《歙南昌溪太湖德裕堂吴氏家谱》中，又进一步考得：吴珥彤，行名亦炜（存银收据上所盖篆书方形印章印文正是"吴亦炜印"），号小渔，为歙县昌溪太湖吴氏第二十六世孙，生于清嘉庆二十年（1815年），小王茂荫十八岁。吴亦炜高祖吴永评（字衡品）乾隆间进京经营茶业，为昌溪太湖吴氏游贾京师之先驱之一。吴永评与堂兄吴永辉在京城设茶庄多家，其中以"吴记永和"茶庄最为出名，经济实力雄厚。王茂荫三百两银子便是存于此茶庄。吴珥彤卒于王茂荫谢世五年之后即同治九年（1870年）三月二十二日。吴珥彤生有六子，除次子叶塾早殇外，其余五子俱营商，长子世昌（字炽甫）在清末民国间将吴氏家族商业推向鼎盛。据吴葆乐先生所言，王茂荫这笔实银存款是兑取了的，但收据没有收回，因为是亲戚，清了银两，未缴回票据也无所谓。

王自力先生告诉我，他收藏的这件吴樵山向王茂荫借纹银的"借款单"和王茂荫存蓄实银的"存款单"，有人出两千元一张的价格向他收买，但他始终不愿出手，认为留作纪念更好。笔者以为，这两张字据都是研究中国晚清时期民间借贷利率以及王茂荫的社会关系诸方面问题的珍贵实物史料。

（原文载《徽州文博》2013年第4期，原题为《新发现王茂荫有关银两往来字据》，结集时略有修改）

《王茂荫〈家训和遗言〉》介评

　　王茂荫（1798—1865），字椿年，号子怀，歙县杞梓里人，晚年因桑梓遭兵燹成废墟，而在同邑水南义成村买下朱姓人家旧房，举家迁居。他是晚清清正廉洁，直言敢谏的名臣。他在咸丰朝曾以倡行钞币而被擢升为户部右侍郎兼管钱法堂事务，后又因上疏建言将清政府发行的不兑现的"大清宝钞"和"户部官票"改为可兑换的钞票，而遭到亲王大臣的指责和咸丰皇帝的"申斥"。王茂荫"性恬淡；寡嗜欲，京宦三十载，恒独处会馆中，自奉俭约，粗衣粝食处之晏如"。封建社会的京官是可以长期带家眷的，而他则是一个例外，他在京师为官三十余年，携眷属至京仅几个月时间。他官居二品，家中并未因其显贵而巧取豪夺一瓦一垅。他常告诫子侄：乡里事只可分其劳而不可居其功。他说："吾以书籍传子孙，胜于良田百亩；吾以德名留后人，胜过黄金万镒。自己不要什么，两袖清风足矣。"他生前还断断续续地写有家训和遗言教诲子孙。其谢世后，第三个孙子王经戌曾将《王茂荫〈家训和遗言〉》予以恭录。1983年，王经戌之孙王自珍（亦作王珍）曾将《王茂荫〈家训和遗言〉》重新誊抄见示于笔者。三十多年过去了，现将王自珍抄件文字重新加标点、加注并试作解读，以飨读者。

一

【原文】

　　我此番来京①，因曾经记名御史②，欲得补实，将胸中向来想说的话略行陈奏。坐以二年为期，即行告归，既不想京察③，亦不愿截取，并无贪恋名位之心。不意自上年来，贼④氛日炽，时事日艰。临难而避，实所深耻，遂立意不告归。孟子有言：继而有师命，不可以请。孟子在齐为客卿尚且如此，况我当大一统之时，通籍食禄已廿余年⑤，而敢于军书旁午之时，作抽身而退之计乎！义无可逃，非忘初愿也。

　　祖母在堂，叔辈自然孝顺⑥，但汝等须代我尽孝，以免我罪，才算得我的儿子。叔等在上，汝辈须恭敬，一切要遵教训。孝、悌二字，是人家根本，失此二字，其家断不能昌。切勿因争多论寡，致失子侄之礼。莫看眼前吃亏，能吃亏是大便宜⑦，此语一生守之用不尽。不独家庭宜然，凡与人交皆宜如此，而他日分居时尤宜切记。

---

　　① 王茂荫父亲王应矩（字芳仪，号敬庵，晚清著名茶商）于清道光二十八年（1848年）三月病逝，王茂荫丁父忧回籍，守制三年后，道光皇帝离世，咸丰皇帝继位，太平天国运动爆发。王茂荫于咸丰元年（1851年）六月回京，到户部继续任贵州司员外郎。"此番来京"指此。

　　② 王茂荫丁父忧回籍之当年二月曾奉旨"记名以御史用"。

　　③ "京察"，始于明代的一种考察京官的制度，每隔六年举行一次，清代沿袭了这一制度，并由六年改为三年，按一定标准考核后，分别奖惩，翰林院所属各官京察列一等的，可任知府和道员。

　　④ "贼"，指太平天国将领兵士。王茂荫的奏疏中均将太平天国将士称"匪""盗""贼"或"狗逆""逆贼"。作为朝廷命官，他持此立场与政治态度不足为怪。

　　⑤ 王茂荫自道光十二年（1832年）五月在北闱高中进士后而被授官户部，步入官阶，至咸丰初年，已历仕两朝，食禄二十年。

　　⑥ 此处"祖母"，系指王茂荫继母吴太夫人。"叔辈"指王茂荫的同父异母弟弟茂兰、茂茹、茂蔼。王茂荫六岁时，生母三阳坑洪氏病逝，父亲继娶北岸吴氏，茂兰、茂茹、茂蔼均吴氏出。

　　⑦ 这里晓谕"吃亏"与"得便宜"之辩证法。不肯吃亏，焉能得便宜？名联"快乐每从辛苦得，便宜多自吃亏来""能受苦方为志士，肯吃亏不是痴人"，道尽个中道理。

凡人坏品行损阴骘①，都只在财利上，故做人须从取舍上起。富与贵是人之所欲章，所以从此说起也。此处得失利害关头，人心安得无动？惟当审之以义，安之以命。我命中有时，即不取非义亦有，命里无时，即取尽非义，终归于无。看着当下取来虽见为有，不知非灾横祸出而消耗之必且过于所取。须以当下之不取为消将来之横祸，则此心自放得下。古云：漏脯充饥，鸩酒止渴，非不暂饱，死亦随之。当时时作此想，则自然不敢妄取。渴不饮盗泉水，热不息恶木阴②。有志者须极力持守，方可望将来有好日。恐此后汝辈家产薄、家口多，衣食难度，遂至见利而不能思义，故切切言此，务各紧记为要。

【解读】

　　王茂荫以上三段话书于清咸丰元年（1851年）六月。当时，王茂荫年五十四岁，为父亲病逝在籍治丧和守制三年后刚刚回到京师，继续到户部供职。他在家训遗言中告诉儿孙：他这次重返京城，是因为皇上曾有旨将其记名作御史用，欲得补实成言官，以便将自己"向来想说的话"疏奏皇上（王茂荫举进士备官户部至此已历二十年，如在货币金融和人才使用等问题上他就有很多想说的话，咸丰元年九月他上给咸丰的奏折便是《条议钞法折》和《振兴人才以济实用折》）。已在户部担任了二十年微官闲职的他，原想再供职两年即辞官归里，不想等待"考核提拔"，

---

　　① 阴骘，《书·洪范》："惟天阴骘下民。"意谓天默默地安定下民。骘，定。亦称阴德为阴骘，而谓暗中进行害人的事为"伤阴骘"。
　　② 王茂荫老家杞梓里距他外婆及二姑丈家三阳坑有二十里山路，是一条盘旋曲折的山间小道，为明清时期昌徽官道最险峻的路段之一，又是旱路徽人通往江浙和外人自江浙入徽必经之咽喉。山道最险峻之中岭头有一口清泉，行人至此往往停马歇息饮泉解渴，土匪强盗也往往在此出没。少年时期的王茂荫听说过往商人常常在此遭遇打劫，便把此泉名曰"盗泉"，并在杞梓里和三阳坑两地张贴告示，告诫过往行人"渴不饮盗泉水"，谨防强盗杀人越货。在一段陡峭的山道旁还有一棵漆树，不少过往商人大热天行此，都要在树下歇脚纳凉，结果染生漆疮，皮肤痛痒难熬，苦不堪言。王茂荫听说这个情况，就做了一块木牌立在树旁，上面写着"热不息恶木阴"，警示过往商旅行人。王茂荫因此举被乡人称为善童。"渴不饮盗泉水，热不息恶木阴"是王茂荫为官行事的圭臬。

也无意获取什么爵位功名。不意，道光皇帝死后，咸丰皇帝继位，鸦片战争的创伤巨痛未愈，太平天国运动又爆发了。当此国难之际，"通籍食禄已廿余年"的王茂荫，深感"临难而避，实所深耻"，孟子当年在齐为客卿时都能坚守师命而不请辞，何况大清帝国的朝廷命官呢，就更不可抽身而退了，他必须将这个道理告诉后人，并不是自己贪恋名位，忘记初愿。

孝敬父母，尊敬长辈，这是最基本的家风。"孝、悌二字，是人家根本，失此二字，其家断不能昌"，是经典结论。古人云"孝悌传家远，诗书继世长""读书经世文章，孝悌传家根本"，讲的都是这个道理。王茂荫在这里切切叮嘱儿辈，要守此根本。他告诫儿子切不可与叔辈争多论寡，致失子侄之礼，要吃得起亏，"能吃亏是大便宜"。不仅居家时能吃得起亏，在社会上与人交往，皆宜如此。

"凡人坏品行损阴骘，都只在财利上，故做人须从取舍上起。"这话说得似乎有点绝对，但却是定律。可以说，古今中外，概莫能外。古往今来，大大小小的贪官，哪个不是如此？王茂荫将自己少年时代就践行、成人后为官行事都一直奉为圭臬的两句话——"渴不饮盗泉水，热不息恶木阴"来警示后人，发人深省，震撼人心。王茂荫告诫后人：在利害得失关头，要"审之以义，安之以命"，要懂得"命中有时，即不取非义亦有；命里无时，即取尽非义，终归于无"的道理，以不取当下非义而消将来横祸。

二

【原文】

余以一介乡曲庸人，欣逢圣世，窃取科第，由户曹转御史，蒙上恩超擢太常寺少卿，一身之宠荣至矣！自道光十五年来，叠沐覃恩赠封祖父母、父母、伯祖父母、三四叔祖父母①，一家之宠荣亦至矣！现在逆贼肆乱，我国家列圣深仁厚泽，沦洽人心。今上圣明英武，自当指日荡平。然在事诸臣多不足恃。自揣不能出力杀贼，万一或有他虞，唯有以身报国，诚知不足塞责，然才力有限，舍此则恐有辱国辱身之患，故不能作他想也。身后茫茫，惟听弟辈儿辈自行努力，以期光前裕后，亦复何言。然有恐以不言致误者，随笔略书于后。

【解读】

王茂荫以上这段话书于清咸丰三年（1853年）五月。王茂荫于父亲在世的道光年间就被记名以御史用，咸丰元年六月丁父忧服阕回京后，八月就被补实为陕西道监察御史而成为言官，王茂荫生平上疏的第一道奏折是《条议钞法折》，第二道奏折是《振兴人才以济实用折》，建议改革币制和用人制度，这都是咸丰元年九月间的事。两个奏折中所言，都是他"向来想说的话"，能被补实为言官，他便一吐为快。次年七八月，又先后兼署福建道监察御史、山西道监察御史，咸丰三年三月署湖广道监察御史，四月奉旨补授太常寺少卿。在道光年间，他历经长时期的浮署郎居，咸丰改元之后，虽然年过半百，但却一再被擢迁重用。他对咸丰帝的知遇之恩终生难忘。在以上这段写给后人的家训遗言中，他表达了这个意思。他对大清一朝可谓忠心耿耿。在太平天国运动风起云涌，国事日艰的境况下，他在列数自己和家人所受到的宠荣后，安慰家人：尽管当下"逆贼肆乱"，但大清"深仁厚泽，沦洽人心"，皇上"圣明英武"，"荡平""肆乱"指日可待。王茂荫非常崇尚真才实学，讲究真本事。他所说"在事诸臣多不足恃"，是什么意思？咸丰八年四月他在给咸丰皇帝的奏折中为这句话作了注解："今日在位诸臣，大抵老成醇谨，大奸恶固属绝无，而大才能亦殊不易。"当时，王茂荫已作了最坏的打算，如果有什么不测，"惟有以身报国"，辱国辱身之事他是不会做的。他甚

①此处"祖父母"系指王茂荫的祖父王槐康及夫人方氏；"父母"系指王茂荫的父亲王应矩及原配夫人洪氏和继配夫人吴氏；"伯祖父母"系指王槐康之兄王槐庭及夫人；"三四叔祖父母"系指王槐康的两个弟弟王槐广、王槐序及他们的夫人。

至表达了这样的期望：如果他以身报国了，弟辈儿辈当自行努力，以期光前裕后。

三

【原文】

六月初一又蒙恩擢太仆寺卿，益感惭无地矣！十一月又升侍郎①，六年冬又奉覃恩三代，均请二品封典。

今又忽来外夷之患，事出非常，身任侍郎又奉命办团防事宜，更何所逃？惟有益坚此志而已。

【解读】

王茂荫以上两段话书于咸丰八年（1858年）五月。第一段话是告诉家人和后人知道：咸丰三年六月初一日，他又蒙恩被擢升为太仆寺卿；咸丰三年十一月初二日又被提升为户部右侍郎兼管钱法堂事务，成为清政府主管财政、货币事务的大臣之一；咸丰六年冬季，因王茂荫显贵，其祖宗三代受覃恩被以二品官衔封典。王茂荫奉旨补授户部右侍郎的次日（初三日）曾上《户部侍郎谢恩折》，在奏折中自陈才力不及，恳求辞职，奉旨不许。初四日，咸丰皇帝召见了王茂荫，王茂荫又面陈自己才力不及，咸丰帝曰："汝在部多年，各事熟悉。"足见，咸丰对其了解与信任。咸丰八年（1858年）四月，虎视眈眈的英法联军战船已开到天津城外，距离北京才二百里，情况危急。王茂荫在家训遗言中所言"今又忽来外夷之患，事出非常"，指的就是当时英法联军的入侵。当时身任兵部左侍郎的王茂荫奉命与内阁学士、江苏溧阳人宋晋办理五城团防事宜，王茂荫之子铭诏、铭慎所作《子怀府君行状》中说："是时，海氛不靖，府君愤激特甚，日夕筹思，屡陈封事，并上守备策四条。由是肝气上冲，心烦不寐，腰足作痛，精神疲倦。"指的也正是这一时段。所谓"屡陈封

---

① 此处"六月初一日"，系指咸丰三年（1853年）六月初一日；"十一月"，系指咸丰三年十一月；"六年"，系指咸丰六年。

事"，是指这一时段王茂荫先后给咸丰皇帝上陈了《请密筹防备折》《条陈夷警事宜折》《办理团防广求人才折》《论夷战水不如陆片》《请刊发〈海国图志〉并论求人才折》。所谓"守备四策"即咸丰八年四月十八日在《条陈夷警事宜折》中提出"请皇上暂行进城也""请严守备以固人心也""请广保举以求才能也""激励人心也"。当时清廷面临内忧外患，而咸丰皇帝却在"咸丰三奸"载垣、端华、肃顺的导惑下，长期不问朝政，将圆明园驻为行宫，纵情声色，鸠于逸乐。王茂荫因之深感绝望，自己有病在身，回天无力。咸丰八年六月京城团防撤局，王茂荫始请病假，七月初四日请求开缺调理，奉旨允准。

四

【原文】

日后子孙非有安邦定国之才，不必出仕，只可读书应试，博取小功名而已。

戒色，是第一义，万恶淫为首。汝辈似乎未犯。然当谨终身，且当垂示子孙。

祖父风水我未经营妥当，祖母在堂我未事奉送老①，我之不孝大矣！此二大恨何时可补？天乎！天乎！

我之胞姐，仁孝性成，未嫁而殁。祖父、祖母②尝为痛心，恒言必要做一风水合在身旁，以便子孙无忘祭祀。此愿切记不可忘。

行状不必做。我之行事，尔辈不得知，亦做不来，且天下自有公论，国史亦必有传，无庸做此无用物也！谨记。

---

① 此处系用儿子称谓，"祖父"系指王茂荫父亲王应矩；"祖母"系指王茂荫继母吴太夫人。
② 此处系用儿子称谓，"祖父、祖母"指王茂荫父亲王应矩及继母吴太夫人。

方书五亲家①处存有纹银一千两，本意坐为退归养老之资，身过则以此项作为四房②子孙读书膏火之费。日后当买作淳安田，每年租息所入，凡我兄弟四房后人，自幼学发蒙，酌给若干；初学作文以至应小试、乡会试，各酌给若干。应俟日后看租息多少，读书子弟多少再定。

诸子都已成家，此后各自努力成人，我亦管不了许多。即我身在，儿辈不遵教训，亦属无益、无知、无爹，自责志，思我遗言，听好话，行好事，交好友，则如我在一般也。

我之遗累，只一少女。汝辈当留心访一中等人家，虽填房亦可，切勿存不填房之见。则年纪已大，便难访人家。祖母与汝母皆是填房③，何为不可？惟人家要正派，郎才要学好。尽他身上所有资送出门，便算我心事。铺内④有蓝田玉数十金，亦是坐此用的。（此愿已了，今更无累。八年加批。）⑤

我之人品，自问只算中等人，存心不敢做坏事，而未免存惧天谴、畏人言之心。立意要做好事，而实徒抱智术疏、才力薄之恨。非独经济不足言，即在宗族乡党间亦未有甚裨益。圣贤门墙固未望见，即理学诸先儒所言无所为而为善，无所畏而自不为恶，与夫敬事、慎言、明礼、达用都无一毫功夫。倘他日有议从祀朱夫子及从祀乡贤者，儿等必力行阻

---

①方书五系王茂荫长子王铭诏的岳父，名方承诰，廪贡生，歙县方村人。王茂荫玄孙王珍生前（三十年前）曾言于笔者说他手头"存有方因开设全茂店收歇亏空，商请王茂荫把余钱暂存他处的信"。王珍去世后，此信不知所在。

②"四房"指王茂荫及其弟茂兰、茂茹、茂蔼兄弟四房。

③此处系用儿子称谓，"祖母"系指王茂荫继母歙县北岸吴氏，为王父应矩公继配夫人；王茂荫原聘歙县阳川（三阳坑）洪伯焞之女为妻，该女生于清嘉庆元年（1796年），长王茂荫两岁，也许未过门或过门不久便病逝了，年仅十七岁。后配国学生吴大霞之女、继配洪观政之女。

④该"铺"系指王茂荫祖父王槐康早年开设于北通州、后王家几代人经营的"森盛茶庄"。

⑤"此愿已了，今更无累"八字为王茂荫于咸丰八年在原文头的眉批。王茂荫小女后适歙县西溪汪宗沂。汪宗沂生于道光十七年（1837年），卒于光绪三十二年（1906年），初名沂，字仲伊，号咏村，别称疯癫进士，是清末颇有影响的学者、教育家，博学多能，学兼宋汉，著作等身。汪宗沂子汪律本为同盟会会员，孙汪采白为近代新安画派杰出代表。

止，告以我有遗言，断断不敢从命。我若入此中，必至愧死，儿辈若违此言，以大不孝论。

我自幼多病失学，舞勺后又自不好学，喜看杂书，致荒正业。弱冠后，即日从事制义，于学问二字毫无根底，动笔辄自惭。所存诗文、试帖都无足观，日后有将此等诗文混行刊刻者，以不孝论。

我之奏疏，词虽不文，然颇费苦心，于时事利弊实有切中要害处，存以垂于子孙，使知我居谏垣，蒙圣恩超擢非自阿谀求荣中来。他日有入谏垣者，亦不必以利害之见存于心，能尽此心，自邀天鉴，可以望做好官。惟止可传家，不可传世。断断不宜刊刻，切切是嘱。

刻书是我所恶。无论何人总想要著书传世，将来必有祖龙再出，一举而焚之也。

【解读】

王茂荫以上共十二段家训，断断续续地书于咸丰八年（1858年）七月因病开缺调理至咸丰九年十月这段时间。这十二段家训讲得很具体、很朴素，所言纯粹家事和他个人私事，与政治社会无涉，语言通俗近俚，无须多加诠释。这里仅简略评述几点：一、他告诫子孙后代：如果没有安邦定国的才能，就不得进入仕途，只可读书应试，博取小功名而已。他将这一观点以家训的形式书写下来，足见要求之严格。孔夫子说"学而优则仕"，谓学习好的人可以当官。荀子强调"学则非必为仕，而仕者必如学"，有学问的人不一定当官，但是当官的人必须有学问。显然，王茂荫的观点与荀子是完全一致的。他认为，为官者如果没有真才实学，是没有人服你的，最终会误事误国。据笔者所知，王茂荫的子孙后代对这条家训信守不移，近二百年来，出仕者凤毛麟角，而通过读书应试博得功名者却不止一二。二、王茂荫嘱咐儿辈在他身后不必为他作"行状"。但他作古后，儿子王铭诏、王铭慎还是作了名为《皇清诰授光禄大夫吏部右侍郎加二级谕赐祭葬显考子怀府君行状》，为后人研究王茂荫留下了珍贵的史料。确如王茂荫所料，对他的评价，天下已有公论，《清史稿》载其传。三、王茂荫说他"存心不敢做坏事""立意要做好事"，是因为他"存惧天谴、畏人言之心"。一个官居二品的官员，有如此"敬畏"之心，殊为难得！

【原文】

　　奏为臣病垂危，伏忱哀鸣，叩请天恩事：

　　窃臣皖南下士，一介庸愚，遭遇圣明，滥忝科第，由部曹转御史，洊擢卿贰①，显荣已臻乎极，报效未尽末涓埃。自丁忧回籍以来②，弱植渐形衰朽，比来一病，弥见颓唐，迄今益觉不支。自问万无生理，惟念受恩深重，当永铭诸子子孙孙，瞑目长辞，再矢报于生生世世。所有微臣依恋，感泣愚忱。谨缮遗折，叩请天恩，伏乞皇上圣鉴。

【解读】此为王茂荫同治四年六月二十二日病逝前一日弥留之际口授，由家人记录缮写，由儿辈委托两江总督李鸿章代递上奏的遗折。

　　　　　　（原文载黄山市《求真学刊》2014年第2期，结集时略有修改）

---

　　① 洊：再一次。卿贰：卿，指古代九卿，此处指六部的尚书，卿贰指六部的侍郎。"洊荐卿贰"意为再一次被荐授六部的侍郎。
　　② 指同治四年（1865年）二月从江西吴城扶继母吴太夫人灵柩回籍，四月抵家经营卜葬事。

王茂荫（歙县义成）故居实况考述

　　大凡名人故居，往往引人注目。中国晚清名臣王茂荫，曾以直言敢谏而声震朝野，是马克思《资本论》中唯一提到的中国人，算得上是名人了。清嘉庆三年（1798年）他出生于歙县杞梓里，在京城为官三十余年独居宣武门外之歙县会馆，因病开缺后移居北京东城玉清观，又曾迁居潞河寓所，同治四年（1865年）四月扶继母吴太夫人灵柩回籍安葬时举家迁歙县义成（今歙县雄村乡义成村），并于同年六月在这里谢世。王茂荫的故居有多处。本文考述的是义成故居。之所以要对义成故居作一考述，是因为有关人士和有关媒体在宣传介绍这一故居时没有按照历史的本来面貌说话，让人感到一头雾水。笔者研究王茂荫已经38年，到王茂荫祖居地歙县杞梓里、到歙县义成、到北京宣武门外的歙县会馆作过考察，到义成考察最早、次数也最多。王氏的后人几乎遍访了。

一

　　2001年3月27日《人民日报》海外版第七版"文艺副刊"发表了江志伟先生《探访王茂荫故居》一文，该文告诉人们"王茂荫的故乡安徽歙县现在是全国历史文化名城，他的故居坐落在歙县雄村乡义成村义成街上"，并写道：王茂荫故居建于清代中叶，是王茂荫亲自督工建造的，他将其命名为"天官第"，可惜那块一直悬于门楣之上的"天官第"巨匾在"文革"中不翼而飞。

　　王茂荫义成的故居确实是在这里。笔者到此作过多次考察，第一次考察是在1982年。该故居是否建于清代中叶，笔者未作探究。但据笔者走访王氏后人和参证其他史料确定：该故居决非王茂荫亲自督工所造，王茂荫本是清代晚期人物，即便故居为"清代中叶"所建，他也不可能去"亲自督工"；"文革"之前故居大门门楣上确实悬挂过"天官第"匾额，但"天官第"并非随心所欲命名，而是得到慈禧敕准的。

　　真实的历史过程和人事现象是这样的：歙县有旱南与水南之分，王茂荫的祖居地和他本人出生地都在旱南杞梓里，水南义成是王家晚年迁居地。为官京都的王茂荫回南省亲或奔丧十之占九都是回到杞梓里，唯独最后一回即同治四年（1865年）四月千里迢迢、辗转扶继母吴太夫人灵柩回籍安葬，到的是迁居地义成。歙南民间有王茂荫"跪跪到石壁，哭哭到义成"的说法。①王家迁居义成，是因为祖居地杞梓里在清咸丰末同治初为清兵与太平军激战兵燹所毁，里闬成墟，已无栖身之所，只好背井离乡迁徙。当年王家的迁居很是费了一番周折，原先打算回迁婺源，既而动议迁江西吴城，王茂荫长子铭诏曾奉祖母吴太夫人、母亲及弟妹、儿女等人在战乱频仍之际，赴江西饶州避难，同治二年（1863年）三月饶州又有警，只好雇舟避难，王茂荫继母吴太夫人病死在避难途中，当时王茂荫正差次山西，同治三年（1864年）三月才辗转奔丧至江西吴城。最后决定举家回迁，扶吴太夫人灵柩回歙县安葬。因当时徽州不靖，王茂荫与家人在省会安庆侨居了一段时间，侨居期间王茂荫同乡好友柯钺病逝，王茂荫自己也旧病复发。王茂荫儿子在为父亲所作的行状中记载说：

　　　　乙丑（同治四年即1865年）二月由吴城扶柩回里，四月抵家，即经营卜葬事。时兵燹之后，里闬成墟，人民寥落，亲知族党多半流亡。府君以暮岁还乡，睹此情形，弥深悲愤。②

---

　　①石壁又称石壁坑，歙旱南杞梓里地处高山峻岭，多石壁坑坎。王茂荫祖母方太夫人和父亲王应矩去世，王茂荫奔丧回里到的都是杞梓里，而且途中就得下马行跪。"哭到义成"是指晚年扶继母灵柩到义成经营卜葬事。

　　②[清]王茂荫撰，张新旭等点校：《王侍郎奏议》附录《显考子怀府君行状》，黄山书社1991年版，第202页。

王茂荫玄孙王珍先生生前告诉笔者：茂荫公晚年还乡后，因杞梓里祖居成了废墟，无栖身之所，遂决定由旱南迁水南，原先选址雄村，拟购买曹府都堂公太太的梳妆厅，即原在歙县博物馆工作的曹益丞先生上代的住房，因曹益丞祖母不同意，乃购得义成朱姓旧房，经修葺，举家迁居。同治四年（1865年）六月二十二日，茂荫公在这里病逝。

二十世纪三十年代供职上海《时事新报》的朱曼华是义成人，他写过一篇《王茂荫宅内读书记》，他在该文中写道：

> 义成是歙县南乡一个小小的村落，但它却是新安江上一个最理想的住宅区……村中最盛的时代有三百多人家，洪杨乱后，高大的广厦多变作瓦砾场，居户不满二百。村子里的人家大半姓朱，此外便只有王姓和杨姓了。王姓就只王茂荫一家，"天官第"的缘故，受到村民的尊敬。①

朱曼华在文中还写道：

> 但我生也晚，当我出世的时候，已见不到王茂荫，他的孙王善卿已近六十，重孙王采南已经是三十五六岁的中年人了。王茂荫的住宅就是现在王采南所住的，是义成最大的一间屋子。但这屋并不是王茂荫自己建的，而是由朱姓卖给他的。原来王茂荫的祖居是杞梓里，到了王茂荫祖父手里才搬到义成来的。②这一间屋，我们以及附近四乡的人，统叫它作"天官第"，因为一进大门，就有这一个"天官第"的大匾的。③

---

① 朱曼华：《王茂荫宅内读书记》，载民国廿六年六月十日出版的《光明》（半月刊）第三卷第一号。

② 朱曼华这句话却是说错了。王茂荫祖父王槐康（1755—1785），字以和，弃学从商，游贾京师，经营茶叶，曾设森盛茶庄于北通州，三十一岁病殁于潞河，王家迁居并非在他手里。即便在王茂荫父亲王应矩一辈，王氏家族也仍然居于杞梓里。

③ 朱曼华：《王茂荫宅内读书记》，载民国廿六年六月十日出版的《光明》（半月刊）第三卷第一号。

相信人们看完以上文字便能明白王茂荫义成故居的来龙去脉，它并非在"清代中叶"由"王茂荫亲自督工"建造，而是王茂荫晚年回里时因老家杞梓里房子遭咸丰末同治初的兵燹成了废墟，才在义成买下朱姓旧房，经修葺后，举家迁居。至于"天官第"门匾，那是"文革"期间王氏后人为妥为保护而取下。后由二房（王茂荫第二个儿子）的后人保存。

二

《探访王茂荫故居》一文末尾还写道：

> 据说王茂荫老师吴柳山的儿子曾为他撰过一副挽联："一代名臣，经济勋猷襄大业；千秋禋祀，历年奏牍诏诸昆。"我想，当王茂荫故居经过修缮，正式对外开放时，是应该挂上这副妙联的。

王茂荫少时曾从学于吴柳山，这是史志有载的。吴柳山，单名楈，歙县双溪（昌溪）人，少时曾受学于王茂荫高祖王文选（时文选公课馆杞梓里），为乾隆丁酉（乾隆四十二年即1777年）科江南解首，是为名宿。吴柳山在歙南岔口梯云书屋教授时，王茂荫曾从学于他。但说王茂荫去世后，吴柳山儿子送了挽联，这却是无史料考证的。这副挽联最早见于1981年第十一期《百科知识》所发表的《马克思〈资本论〉中提到的王茂荫》一文中。1982年11月，王茂荫的玄孙王珍先生曾撰文指出此文中把不少根本就不是王茂荫的言论也当作史料向知识界和学术界介绍，他说：

> 王茂荫病故后，其师吴柳山子耀文挽以联云："一代名臣，经济勋猷襄大业；千秋禋祀，历年奏牍诏诸昆。"这也是值得怀疑的。据我所知，我们家传关于王茂荫的史料中，都未见到所谓吴柳山子耀文挽联。况且，先高祖逝世时，其经

济思想（特别是他的货币观点）不仅没有引起朝野的重视和高度评价，反而受到朝廷的严厉申斥，只是到了本世纪三十年代，国人知道马克思在《资本论》中提到王茂荫，这才引起学术界的关注和称道。照此揣测，当时就有"经济勋猷襄大业"的称赞，似乎不大可能。①

王珍当年曾从家乘谱牒中抄录了十余副与王茂荫同朝为官的大臣和乡贤为悼念王茂荫所送的挽联作为资料赠送笔者，其中有祁寯藻、曾国藩、李鸿章、宋晋、马恩溥、洪亮采、吴攸晴、胡季临、程恭寿、柯受丹、徐景轼等人送的挽联，唯独没有所谓吴柳山子耀文的"妙联"。

近些年来，一些媒体在言及王茂荫义成故居时几乎同口一词地说该故居建于"清代中叶"，或云是"在王茂荫之手建的"，或云"是王茂荫亲自督工造的"，并无一例外地提到这副假古人之口杜撰的"妙联"，这实在是一种不幸。笔者曾多次想撰文予以澄清，但一直没有动笔，现在终于写出来了。尽自己所知将真情告白天下比三缄其口好，这是凭学术良心和尽学者责任。相信有关作者和有关媒体发现自己在宣传王茂荫义成故居上有舛误或偏差定会予以纠正。

笔者1982年第一次去该故居考察时，王茂荫后人早已散居四方，人走楼空，萧条破败。后听说房子又转卖他人。作为名人故居能加以修缮，供人参观，这当然好。但笔者认为：如果有朝一日真的得到修缮，要在故居内挂对联，前面说到的那副"经济勋猷襄大业"的所谓"妙联"就不要挂了。否则，既无益于当下，更遗讥于后世。

（原文载《度假旅游》2015年第8—9期）

---

① 王珍：《应该根据客观史料研究历史人物——一篇关于王茂荫的文章读后》，见《徽州社联》（双月刊）1982年第6期。

王茂荫生平事迹和国人对他的研究

我走近王茂荫这个人物，始于二十世纪七十年代中期在安徽劳动大学攻读《资本论》的岁月，当时我二十七八岁。岁月蹉跎，光阴荏苒，四十年过去，弹指一挥间。三十年前，我在《徽州报》上撰文《中国经济思想史上的一颗明星》，纪念王茂荫逝世120周年。最近，《黄山日报》连载了我撰写的《清风高白岳，德名留千古》一文。黄山市社科联又专门举办了纪念王茂荫逝世150周年座谈会。作为一个学者，这里我简略介绍王茂荫的生平事迹和国人对他的研究。

王茂荫生平事迹

一个人在海外早已出名，而在国内长时期鲜为人知，这种情况在历史上也是有的。王茂荫的情况就是这样。

王茂荫是清同治四年农历六月二十二日（公历1865年8月13日）在歙县义成村去世的。而在这之前，马克思便知道了他的事迹，并在《资本论》第一卷一个标号83的脚注中提到了他。《资本论》第一卷首次发表是在1867年，其中文版最早出现是在1930年，这时距王茂荫作古已有65年。我国第一个翻译《资本论》的是陈启修先生，他把马克思笔下的Wan-mao-in姑译为"万卯寅"，而日本的学者则译为"王猛殷"或"王孟尹"。1930年以后，由于中国学者崔敬伯、王思华、侯外庐、郭沫若等人的考证，世人才知道马克思《资本论》中提到的中国人Wan-mao-in，便是在清咸丰朝任过户部右侍郎兼管钱法堂事务的王茂荫。

随着研究的深入，人们进而得知：王茂荫是徽州人，原居歙县旱南杞梓里，晚年举家迁往歙县水南义成，买下朱姓旧房居住。他原名茂萱，字树之，号蔼甫，三十四岁后改考名为茂荫，字、号也分别改为椿年、子怀。他于清嘉庆三年（1798年）三月十一日，生于茶商之家。

王茂荫的祖父叫王槐康，是乾隆年间徽州人在京师经营茶叶生意的先驱者之一，乾隆四十五年庚子（1780年）在北通州开设了"森盛茶庄"，可惜他三十一岁就因积劳成疾去世了。王茂荫的父亲王应矩"以贫故废学"，继承先父未竟事业，成了远近闻名的大茶商。

王茂荫兄弟四人，他居长，生母洪氏；其弟茂兰、茂茹、茂蔼均继母吴氏出。王茂荫虚龄六岁那年，生母洪氏病故，父亲常年经商在外，他是在祖母方太夫人和被他呼为"小姑"、后嫁三阳坑巨商洪伯成为妻的王氏抚育下成长的。他长大后对祖母和小姑怀有极深的感情。

在学业方面，王茂荫同明正德间出在徽州的状元唐皋，明代大学士歙人许国，百科全书式的著名学者、启蒙思想家休宁人戴震，以及出生在黟县的晚清著名学者俞正燮等人一样，也是早达的，他曾在名师吴柳山门下习经史，学业大进，可是在科场上他却屡遭挫折，参加南闱乡试多次，都不顺利，家人和他自己都认为由科场入仕途没指望了。道光十年（1830年），他赴北通州协助父亲管理"森盛茶庄"。第二年，北闱恩科取士，他改用"茂荫"之名，捐监生应京兆试，不意竟中了举人。次年也就是道光十二年（1832年），他参加会试，又联捷成进士。殿试后被钦点为户部广西司主事，这年他三十五岁。捷报传到家乡，七十五岁的老祖母方太夫人欣喜万分。这年九月，王茂荫告假南归省视，祖母告诫他说：

> 吾始望汝辈读书识义理，念初不及此，今幸天相余家。汝宜恪恭尽职，毋躁进，毋营财贿。吾与家人守吾家风，不愿汝跻显位、致多金也。[1]

---

① 李宗昉：《诰封太宜人王母太宜人传》。笔者二十世纪八十年代初在歙县博物馆查阅手抄件时照录全文。

王茂荫生平事迹和国人对他的研究

她不希望步入仕途的孙子"跻显位，致多金"，而是要求孙子"恪恭尽职，毋躁进，毋营财贿"，这种为官不图发财的思想境界是十分高尚且难能可贵的。祖母八秩荣寿之年（清道光十七年即1837年），王茂荫提前两个月乞假省视，回到家乡，祖母告诫他的仍然是先前那番话。王茂荫的儿子为他所作的行状中也有这样的话：

> 府君高中进士成名，曾祖母为之一喜，但又恒诚府君曰："吾家虽寒素，粗足自给，愿汝善守身，不愿汝积多金也。"府君终身志之不敢忘，盖一生清节，有自来矣。①

在官阶方面，王茂荫不仅晚达，而且遭遇坎坷。他在举进士后长达十五年的时间内，都没有离开户部，只是任主事一类微官闲职，直到五十岁那年，才被升补为户部贵州司员外郎。五十一岁那年二月，清廷准备擢升他为御史，不料三月间父亲去世，按当时规矩，他必须辞官回家守制。待他守制期满回京供职时，道光皇帝已死，咸丰皇帝继位，太平天国运动爆发了。

从咸丰元年（1851年）到咸丰八年，王茂荫所任职务不少，他在吏、兵、户、工四个部中都担任过侍郎。其中最引人注目的是咸丰三年十一月由太仆寺卿擢升为户部右侍郎兼管钱法堂事务，成为清政府主管财政货币事务的要员之一。在任期间，他提出并坚持发行可兑换的钞币，对政府发行不兑换的钞币和低值铸币的通货膨胀措施，不断提出异议，结果遭到反对派的攻击和咸丰的申斥。咸丰四年三月，他被调兵部任右侍郎，旋转左侍郎。咸丰八年七月，他以病请求开缺。咸丰帝死后，同治帝继位，主持朝政的慈禧与议政王奕䜣为稳定局势，起用了一批老臣，王茂荫是其中之一。

王茂荫复出后，同治元年四月代理都察院左副都御史，后任工部右侍郎兼管钱法堂事务。同治二年二月，调任吏部右侍郎，这是他一生中

---

① [清]王茂荫撰，张新旭等点校：《王侍郎奏议》附录《显考子怀府君行状》，黄山书社1991年版，第187页。

最后一个职务。

同治二年六月，办案山西的王茂荫得知为避战乱逃难江西吴城的继母病逝，奏明回京，绕道奔丧。因太平军与清兵激战频仍，道途阻塞，年近古稀自身有病的他吃尽了苦头，在省城安庆侨居了一段时间，同治四年四月，扶继母灵柩回里安葬。因老家杞梓里遭兵火，里舍已成废墟，他只好举家迁居。这年六月中旬，他旧病复发，延医服药，终不见效，六月二十一日，弥留之际的他口授遗折，以国恩未报，亲丧未葬为憾。这个遗折后由家人委托两江总督李鸿章代奏。六月二十二日（公历8月13日）午后，他在义成去世，后人将其葬于义成对面岑山渡御史山的半山之中。

王茂荫终生牢记祖母教诲，无论擢升谪降，均以国事为重，恪尽职守。他为人耿直，遇事敢言，不避权要，有古大臣之风。他在咸丰、同治两朝前后上了一百多个奏折，讲的都是国计民生大事，知无不言，言无不尽，能言他人所不敢言，真正做到郑板桥先生所言："孤忠自许人不语，独立敢言人所难。"

王茂荫坚持讲真话，不惜犯颜直谏。为了币制改革，他一再上疏，力持正论，得罪了户部尚书花沙纳等反对派，得罪了亲王大臣，直至得罪对他有知遇之恩的咸丰皇帝，受到申斥，被调离户部。其实，王茂荫真正得罪咸丰皇帝，致使龙颜大怒，将他安排做闲官的，还是咸丰五年所上《请暂缓临幸御园折》。

王茂荫直言敢谏遭受挫折，正直之士对他表示敬仰。守洁才长又兼通方略的湖南人吴大廷说：王茂荫"直声清节，上至公卿，下至工贾隶圉"。①与王茂荫同朝为官的名臣何璟说："新安王子怀先生，立朝三十年，謇谔尽诚，著于中外。"②石台人杨德亨说：王茂荫"立朝敢言，俨

---

①［清］王茂荫撰，张新旭等点校：《王侍郎奏议》附录《阮陵吴大廷序》，黄山书社1991年版，第206页。

②同治年间安徽按察使何璟（？—1888）为王茂荫出示《王节母方太宜人行略》题识，见2005年中国档案出版社出版曹天生点校整理的《王茂荫集》第302页。

如奇男子之所为"。①清末翰林许承尧曾一再声称：王茂荫单凭《请暂缓临幸御园折》，即足以名留千古！

王茂荫在同治朝复出之初，有道"上谕"肯定他"志虑忠纯，直言敢谏"，他去世前告诫后人这八个字是"皇上天语"，不可遗忘。他去世后，长子王铭诏遵父遗训，选了一方青田冻石，请名家镌刻了题为"直言敢谏之家"的印章。这方印章现存歙县博物馆。②

王茂荫的货币观点乃至经济思想都极具特色，政治、军事、人才、吏治以及管理思想也非常丰富，值得深入研究。就其人才思想而言，我曾归纳为五个方面四十个字，即"治平之道，用人尤重""天下之大，安得无才""百年之计，莫如树人""简用才能，不拘资格""简贤任能，得人而任"。王茂荫任京官三十余年，先后向朝廷推荐各类人才数十人，大都得到考察任用，正如吴大廷所说，王茂荫已经"以博采人才为嗜好"③。

王茂荫的官德官品是出了名的。在他生活的那个时代，当上京官的人是可以长期带家眷的。而王茂荫却是一个例外，他在京师为官三十余年，而夫人至京邸探亲只有一回，不过几个月时间，而且去时把纺纱机也带去了，其余月日，他均只身独居处于北京宣武门外之歙县会馆。

王茂荫严于律己，宽以待人。人有过，他总是正言规劝，言辞温婉。对儿辈管教甚严，次子王铭慎北上省视侍奉，他总是令其下帷读书，不准干预外事。他曾一再告诫子侄们，"对乡里事，只可分其劳而不可居其功"④。他告诫后人还有两段话，至今仍发人深省。一段是："日后子孙

---

① 同治年间侨居安庆的石埭人杨德亨为王茂荫出示《王节母太宜人行略》题识，见2005年中国档案出版社出版曹天生点校整理的《王茂荫集》第346页。

② 据王茂荫玄孙王自珍（1923—1998）生前撰文介绍，此印原由王茂荫曾孙王桂銮（采南）转让歙县雄村人曹益丞。文革期间，曹氏将此印章上交雄村公社，1979年雄村公社将此印章转交歙县博物馆。

③ [清]王茂荫撰，张新旭等点校：《王侍郎奏议》附录《易佩绅序》，黄山书社1991年版，第210页。

④ 鲍康：《恭祝诰封一品夫人王母洪夫人寿序》。

非有安邦定国之才，不必出仕，只可读书应试，博取小功名而已"①。还有一段是："凡人坏品行损阴骘，都只在财利上，故做人须从取舍上起。富与贵是人之所欲章，所以从此说起也。此处得失利害关头，人心安得无动？惟当审之以义，安之以命。……古云：漏脯充饥，鸩酒止渴，非不暂饱，死亦随之。当时时作此想，则自然不敢妄取。渴不饮盗泉水，热不息恶木阴。有志者须极力持守，方可望将来有好日。"②

在王茂荫看来，有学问不一定要当官，但是当官必须有学问，没有治国安邦之才就不必为官从政。王茂荫的后世子孙对这条家训坚守不移，近一个半世纪来，王氏子孙出仕为官者凤毛麟角，而通过读书应试成为人才者却不止一二。王茂荫说"凡人坏品行损阴骘，都只在财利上"，"命里无时，即取尽非义，终归于无"，这话说得太到位了，古今中外的贪官，有哪一个的结局不是如此？！

王茂荫的祖母方太夫人"悯厄穷，拯危难"，在乾隆—道光年间很有名。王茂荫的父亲王应矩急公好义，乐善好施，在桑梓也留下很多佳话。王茂荫继承了先人遗风，生活极为简朴，粗衣粝食处之晏如，而对穷苦者则尽力资助。淳安王子香是他的启蒙老师，后来家道零落，王茂荫将王先生儿子招来，勉劳勉励，年终寄钱资助。对同僚中的孤苦者，也按时资给。宗族修家庙，家乡通道路、造桥和修堤坝，他都量力资助。王茂荫在家训和遗言中告诉后人：他"存心不敢做坏事""立意要做好事"，是因为"存惧天谴，畏人言之心"。一个官居二品的人，有如此"敬畏"之心，实在难得！

王茂荫生前曾说过："吾以书籍传子孙，胜过良田百亩；吾以德名留后人，胜过黄金万镒。自己不要什么，两袖清风足矣！"③

---

① 《王茂荫〈家训和遗言〉》（王茂荫孙子王经成恭录，王经成孙子王自珍标点整理，在1984年第一期《徽州社联》首次刊发。又见2005年中国档案出版社出版曹天生点校整理的《王茂荫集》第357页。）

② 《王茂荫〈家训和遗言〉》（王茂荫孙子王经成恭录，王经成孙子王自珍标点整理，在1984年第一期《徽州社联》首次刊发。又见2005年中国档案出版社出版曹天生点校整理的《王茂荫集》第251页。）

③ 王氏此语最早见之于文字的是王璜撰《王茂荫后裔访问记》一文，该文于民国二十六年（1937年）4月25日发表于上海出版的《光明》半月刊第2卷，第10号。

国人对王茂荫的研究

国人对王茂荫的研究，始于二十世纪三十年代，但真正有研究的时间只有七十余年（十年"文革"时期研究中断）。我将这七十余年时间分为两个时期，一个时期是从二十世纪三十年代初至六十年代中期这三十余年，一个时期是十年"文革"结束之后的二十世纪八十年代初至今这三十余年。

前三十余年的研究，通过对王茂荫姓名、籍贯、生平、履历的考证，进而拓展到对其货币理论的时代特征、历史地位和币制改革的实质进行学术考察，如果说研究王氏的经济思想，那时主要还是集中在货币理论方面。

从1867年《资本论》第一卷发表，直到二十世纪三十年代以前，中国和日本的学者对王茂荫的情况不甚了解，连姓名都翻译不准确，这前面已经说了。1930年，北大教授陈启修（豹隐）第一次用中文翻译《资本论》，他治学甚为严谨，只是将 Wan-mao-in 姑译为"万卯寅"，随后他托人到清史馆去查询考证。

1932年9月出版的《资本论》第一卷上册中，我国著名学者、翻译家王慎明第一次将 Wan-mao-in 正确地翻译为"王茂荫"。1932年，王思华、侯外庐在条件极其艰苦的情况下，秘密地从事《资本论》的翻译出版工作。据侯外庐先生在《韧的追求》一书中介绍：王思华即王慎明，是河北乐亭人，曾留学法国，侯外庐先生当年在巴黎研读《资本论》时，王思华正在里昂大学研习经济学。他们在大学时代都是受李大钊思想启蒙而信仰马克思主义的。从法国回国后，他们便开始共同翻译《资本论》第一卷。侯外庐先生说：

翻译中还有不少疑点有待解决，仅以一个细处为例，第一卷第三章（货币与商品流通）的注释第八十三，马克思引用了《帝俄驻北京公使馆关于中国的著述》所录的一位中国官员的奏折。德本版《资本论》所示这位官员的译名为Wan-mao-in。我的清史知识不够，初译时对这个官员一无所知，在法国时就想查实他的姓名和职务，苦于手头没有材料。回国后，查阅了陈豹隐先生的译本（陈豹隐先生翻译出版过《资本论》前三章，一九三二年时，在北平大学法学院与我是同事），陈先生是音译为"王蒙尹"的。重译过程中，我和王思华请教了研究财政史的崔敬白先生，崔先生愿意和我们一起查材料，最后才确定，马克思提到的Wan-mao-in，是名列《清史稿》列传的户部右侍郎王茂荫。王茂荫和Wan-mao-in音同，是否就能断定无误呢？我还是放心不下，直到买到一部《王侍郎奏议》，研究了王茂荫的经济主张，货币改革主张，这才断定Wan-mao-in即王茂荫无疑。①

侯外庐先生还介绍说，崔敬伯先生是一位非常严谨的学者，为了核实王茂荫，他穷追不舍。他和侯外庐曾有许多讨论王茂荫的通信。可惜，崔先生的来信在他的颠沛流离途中失尽。侯外庐先生说："三十年代，在北平出版书是一桩很烦难的工作，不仅出版费用要著作者自己负担，而且事无巨细都靠自己解决，《资本论》这样的红色书要出版，困难更是可想而知的。""那个时代，出这类书，稿费是没有人去幻想的。"②

1936年，流亡日本的郭沫若写了《〈资本论〉中的王茂荫》一文。他是在没有见到王思华、侯外庐的《资本论》译本的情况下，从《东华录》中直接考证出Wan-mao-in就是王茂荫的。郭沫若《〈资本论〉中的王茂荫》一文，是王茂荫研究史上的第一篇文章。如今七十年过去了，我国学者对王茂荫的研究取得了可喜的成果，郭沫若先生的倡议之功是不能忘记的。在郭沫若的倡议下，张明仁写了《我所知道的〈资本论〉中的王茂荫》，吴晗写了《王茂荫与咸丰时代的新币制》。

这里不能不提到的是：在郭沫若先生的倡议下，当年《徽声日报》

① 侯外庐：《韧的追求》，生活·读书·新知三联书店1985年版，第31—32页。
② 侯外庐：《韧的追求》，生活·读书·新知三联书店1985年版，第33—34页。

副刊编辑王璜特地从上海赶回歙县，两次去王茂荫晚年迁居地歙县义成采访考察，先后在《光明》上发表了《王茂荫的生平及其官票宝钞章程四条》和《王茂荫后裔访问记》。王璜去义成采访考察，是1937年初，他先后去了两次。其中第二次是王任之（英子）和方士载（方言）①陪同他前往的。作为媒体人，王璜等人到王茂荫故居进行考察，这是王茂荫研究史上的第一次。正是在王璜考察之后，在《光明》上披露了有关王茂荫的生平和建议行钞的原始资料，郭沫若又写了第二篇文章《再谈官票宝钞》。王茂荫的同乡、曾在上海大晚报馆当编辑和在上海大光明电影院做翻译的歙县义成人朱曼华，当年也写过一篇题为《王茂荫宅内读书记》的文章，发表在1936年《光明》半月刊上。

1937年3月，吴晗写了《王茂荫与咸丰时代的新币制》一文，原载《中国社会经济史集刊》，后收入《读史劄记》。同一时期，我国另一学者谭彼岸写了《资本论中的王茂荫问题》一文，十四年后修改发表于《岭南大学学报》。

新中国诞生后至"文革"前夕，王茂荫的事迹开始被一些学者写进专著。科学出版社1959年版《中国近代经济思想与经济政策资料选辑》就收入了著名学者、经济学家巫宝三撰写的《略说王茂荫的货币理论》一文。

二十世纪六十年代初，报刊上不时有关于介绍王茂荫的文章发表，其中较有份量的有叶世昌先生发表于《光明日报》上的《王茂荫代表商人的利益吗》和《安徽日报》发表的高鸿志撰写的《王茂荫和他的发行钞币计划》。这些文章都是关于王茂荫经济思想研究的，而1962年《安徽日报》发表的郭因的《鸦片战争时期的王茂荫》，却别开生面，试图就王茂荫抵抗外侮的爱国主义作研究。

十年"文革"期间，王茂荫的研究自然停滞了。前三十几年的情况

---

① 王任之（1916—1988），名广仁，笔名英子，安徽歙县人，著名中医，擅文，曾任安徽省卫生厅副厅长等职。方士载（1915—1990），笔名方言，王任之同乡好友，长于摄影，为黄山市政协原副主席方前先生之父。二十世纪八十年代初，笔者与王任之先生有书信往来。并在方前同志带领下去歙县解放街采访过他父亲方士载。2013年，笔者撰文《王任之方士载是王茂荫研究史上所不能忘记的人物》刊于同年《徽州社会科学》第三期。

大致如此。

下面简略介绍后三十几年的情况（包括我个人所做的一些研究）。

四十年前，我攻读《资本论》时期，仅仅知道马克思提到的王茂荫是徽州歙县人，其他一无所知，我为这位乡贤感到自豪，下决心毕业后收集资料，好好做点研究。1976年毕业回徽州在地委宣传部理论研究室当理论干事，我开始收集资料作点研究。在王茂荫后人王自燮先生和他弟弟王珍的支持与配合下，收集资料比较顺利。在部室领导和有关师友的支持下，在屯溪、歙县等地考察采访王茂荫后裔，去歙县博物馆、安徽师范大学图书馆、安徽省图书馆和合肥逍遥津古籍书库等处查阅资料，都很有收获。特别是得到孙树霖先生的指导，得到北大赵靖教授和上海复旦大学叶世昌教授的鼓励（孙树霖先生是屯溪人，是著名经济学家、北大教授赵靖的学生，时任省《江淮论坛》副主编），我渐渐具备了开展研究的条件和能力。1981年初，我研究王茂荫的处女作《王茂荫的货币观点和他的遭遇》（副标题是"谈谈《资本论》中提及的唯一的中国人"）在三家刊物同时发表了，一是省《江淮论坛》，二是《徽州社会科学》的前身《徽州社联》，三是《屯溪文艺》，都是1981年第一期，各家刊发时标题不一样，文字有多有少。文章发表后，人大复印资料全文转载，上海《解放日报》和安徽《文摘周刊》摘要编发，影响较大。这篇文章是党的十一届三中全会之后国内学术期刊上公开刊发的第一篇研究王茂荫的文章。将王茂荫称为"马克思《资本论》中唯一提及的中国人"正是始于我的这篇文章。该文后来获得安徽省首届社会科学优秀成果二等奖。该文连同后来发表在《厦门大学学报（哲学社会科学版）》《天津社会科学》《安徽师范大学学报（哲学社会科学版）》《经济学周报》上有关王茂荫研究的文章，为我1987年在全省破格晋升副教授，奠定了基础。

从二十世纪八十年代初以降，随着研究资料的进一步发掘，王茂荫研究出现了五个方面可喜的现象：

一是研究资料不断有新发现。王茂荫已故玄孙王自燮、王自珍处藏的星散资料，我大都看过，但我没有做汇集工作，曹天生先生从二十世纪九十年代中期经我介绍认识了王自燮先生后，将星散的资料点校整理，出版了《王茂荫集》，这是一大功劳。王经一先生在民间广泛地收集谱牒和碑刻资料，进行比对研究，最近出版了50万言的《王茂荫年谱》，很不容易，非有心人所不能为。张成权教授，也是研究王茂荫卓有成就的专家，二十世纪九十年代初，他就与张新旭、殷君伯先生点校出版了《王侍郎奏议》；2005年，黄山书社出版了他撰著的《王茂荫与咸丰币制改革》一书；2007年，他在清人刘声木的集子《苌楚斋随笔》中发现了《王茂荫尺牍》一文，同年，他在《安徽史学》上发表《关于王茂荫的一篇佚文》一文。近几年，我也将自己早年收集的资料和近些年从王茂荫后人处、文友处发掘的资料，撰文介评发表。

二是研究领域有新的拓展。二十世纪八十年代初，鲍义来先生也写过两篇文章，一篇是《近代经济改革家王茂荫》，另一篇是与孙树霖先生合写的《浅谈王茂荫的人才思想》，将王茂荫作为近代经济改革家来考察，从人才思想这个角度开展研究，鲍先生是首开先河者。他还写过《马克思提到过的王茂荫》，发表于《人物》。三十多年前，我与孙树霖、鲍义来有过合著《王茂荫传》的设想，写作提纲都商研好了，后来由于我调任黄山日报主持办报工作等原因，这个设想没成为现实，很是遗憾。关于王茂荫的人才思想的探索，我1983年在《安徽师范大学学报（哲学社会科学版）》上发表过《王茂荫的人才观》，曹天生先生也就此作过探索。

从反侵略战争这个角度研究王茂荫，在我收辑的文论中，主要有三个人，一是前述提到的郭因，再就是穆孝天和王自珍，穆孝天先生可能是安徽人，写过一篇《王茂荫论反侵略战争》。王茂荫玄孙王自珍，1983年在《徽州报》上发表了《王茂荫与第二次鸦片战争》和《王茂荫主张抗击英法联军》两篇短文。

最早评论王茂荫"直言敢谏"，是余心言的《马克思提到的一位清代理财官》一文，该文发表于《文物天地》1982年第3期。作者余心言是徐惟诚的笔名，徐氏曾任中宣部副部长，他来徽州考察过，在歙县博物馆看到过那枚"直言敢谏之家"的印章。

王茂荫不仅出生于徽商家庭，更是生长在一个徽商社会里。他的商业经济思想是极其丰富的，极具特色的，关于这个问题，我在二十世纪八十年代中晚期和九十年代初，写过三篇文章：《王茂荫出生于徽商之家》《徽商的代言人王茂荫》《工心计·习俭勤·知人善任》（王茂荫对徽商经营之道的总结），曾在《黄山日报》上连载。

关于政治思想方面，五年前曹天生先生撰写的《王茂荫政治思想研究》是很有份量的，该文有两万余字，刊载于省《徽学丛刊》第八辑。

关于管理思想方面，安徽大学出版社的王先斌先生在《黄山高等专科学校学报》上发表了《王茂荫管理思想简评》一文。

关于品性行谊方面，已经发表的文章也很多，其中有王自珍撰写的《王茂荫崇尚俭朴》；有我撰写的《王茂荫的品性行谊和其祖母方氏的影响》和《对〈清稗类钞〉中三则记载王茂荫嘉言懿行的解读》；有王经一撰写的《王茂荫视姑如母》；等等。

三是不少研究成果已形成专著和高校文科教科书。我国著名学者、中国经济思想史研究专家胡寄窗先生著有《中国经济思想史》上中下三册，1979年他将该著压缩成《中国经济思想史简编》，1982年5月经教育部审定，此书列为高校文科教材，王茂荫的兑换纸币思想被写入该书；著名经济科学专家叶世昌先生著有《中国经济思想简史》上中下三册，上海人民出版社1980年出版的下册将"王茂荫的货币论"专列了一节；著名经济学家赵靖教授主编的《中国经济思想通史续集》（2007年北京大学出版社出版），其中将王茂荫的货币理论专门作为一章写，撰文人为孙树霖先生。将王茂荫研究成果引入专著的还有由任泽锋作序，吴建春主编的《阅读徽州》一书。

四是报刊上出现了争鸣和讨论的可喜现象。比如，关于王茂荫为什么会受到"申斥"，就曾有好几个作者撰文探讨。1983年12月4日《光明日报》上发表了翟屯建先生撰写的《王茂荫为什么会受申斥》一文；1984年第5期《求是学刊》发表了刘孔伏、潘良炽《关于王茂荫受申斥的原因》，文章提出了不同见解；1985年第1期安徽《社联通讯》发表了江磊的《也谈王茂荫为什么会受"申斥"》。真理愈辩愈明，就有关问题开展讨论争鸣有利于学术进步。关于王茂荫货币理论在中国货币理论史上的地位问题，三十年前，叶世昌先生就与王毅先生在《人文杂志》上展开了争鸣。

五是研究和宣传不再是单纯的纸质文字平面，出现了声像字立体态势。随着王茂荫研究的深入和成果转化以及多媒体的出现，王茂荫生平事迹的展示，不再是单一的纸质文字，出现了塑像、石雕，王茂荫的生平简历被镌刻勒石。歙县县城就有王茂荫塑像，屯溪新安江延伸段的照壁就有王氏的石雕像和生平简历，这是我走近这个人物之初始料不及的，这当然好，可惜在有限的文字内，差错不少，石刻的又改不了，实在有点遗憾。

最后，我要说的是：在研究王茂荫的70余年间，撰写文章的人很多，这里我只能有代表性地提到。从二十世纪三十年代以降至今，我已选编了《王茂荫研究文辑》，正待出版。我在有生之年能看到王茂荫的研究及其成果转化取得可喜的成就，心中非常高兴。我坚信随着新的研究资料的发掘，王茂荫的研究乃至全市整个人文科学的研究和成果转化，一定会出现更为喜人的局面，取得更为丰硕的成果。

（原文载《徽州社会科学》2015年第11期，结集时略有修改）

王茂荫往来信函五件原文及解读

王茂荫（1798—1865），是中国晚清时期以清正廉洁、直言敢谏而声播中外的名臣，是马克思《资本论》中唯一提到的中国人。二十世纪七十年代末八十年代初，笔者研究王茂荫之始，王茂荫的玄孙（五世孙）王自燮、王自珍先生就将家乘资料提供研读。这些资料中，有王茂荫的一些往来信函。现将当年抄录的五件往来信函标点整理，并作解读，以飨读者。

往来信函之一：遗札

【原文】

启者：敝府处万山中，天险可守；又地僻粮少，无所可贪，故自古鲜见兵甲。乃今忽遭此难，若非大力救护，几于不可复回。自念生长其间，位至卿贰，于桑梓之地丝毫无补，每至中宵，愧恨不寐。

窃综前后之所闻，推祸难之由致，因思贼之入徽，实青、石之人所招。青、石招贼入徽，关徽勇之奸淫掳掠致之；而勇之所以如此，则以花会之人为之也。夫始借义练之名，以行其花会；继用义练之势，以行其勒捐。冒滥自由，贪残以逞，而人莫谁何者，潘炳照也。彼一庠生，非官长信之任之，胡以至此？岂非达误于前而沈复踵于后哉？！

今合郡之人，怨潘入骨，因并归怨于达与沈。其实，平心而论，不独沈欲保徽，即达亦非祸徽，所以为潘愚者由，达专信门丁李琢堂，沈专信门生汪芷庵也。达信李，而潘结李以通之，沈信汪，潘因结汪以通之；潘固祸魁，而此二人者尤祸魁中祸魁矣。三人不除，何以服人心，而纾公愤？今闻李尚在徽，将谋充新府门丁，其人狡猾神通，设新府竟复用之，害将胡底？自上年屡上书黄寿翁，其时汪尚未出。但请必办潘李，并将义练局收捐之钱，严查勒交；滋事之勇，严重惩酌减。因谓团练之法，贵在劝边界附近各村在团结防守，断不宜用招募。招募之勇宜聚总处，日事训练，以为各路救应，不宜令之散出。乃寿翁听而不听，于捐项虽亦令查，于练勇竟置不问，且属人告侍谓必如其意保徽，不能如其法办事，不用此勇更将何用？若靠民人防守，贼至唯有磕头求命耳。

呜呼，岂知今日练勇能招贼，而不能御贼，固有甚于磕头求命耶。倘听侍言或不至此，今日亡羊补牢，不得不求阁下能好能恶，端赖仁人。此数人者实祸我徽，敢乞图之，恐其闻风逃脱，或反其意以诱致之。再不然即使不敢在徽境，亦稍以介（解）人恨也。无任翘切，伏维垂鉴。

谨又启：闻青、石人不得已而告于贼者六十余纸，所告八名潘炳照、吴玉富、汪芷庵三人为首，其次则江澳、徐廷鉴、曹思模、叶希杰、鲍宗轼。

【解读】

此为王茂荫咸丰五、六年间（1855—1856）所写信札留底，收信人很可能是当时的安徽巡抚或因王茂荫推荐而被清廷任命为筹办徽州池州两府军务的前江西巡抚张芾。"遗札"系原文标题，留底原件为王氏后人手钞。王氏在遗札开篇就开门见山地告诉收信人：徽州地处万山之中，自古少有兵甲，咸丰年间发生的这场灾难性的兵乱，多亏清廷任命张芾大力防堵救护，否则不可收拾。他说他生于徽州长于徽州，想到自己的桑梓地遭此空前劫难，而官居二品的自己却丝毫无补，心中感到十分不安，"每至中宵，愧恨不昧"。

遗札中的"青、石"，为安徽青阳、石埭二县之简称。他明确地告诉收信人，徽州的这场兵祸，实因安徽青阳、石埭人的招惹而导致。他所说的"花会"，是当时一种聚众赌博的集会。据王茂荫咸丰四年（1854年）六月十三日上给咸丰帝的奏折《论徽州续捐局扰害折》披露：花会"其术类灯迷，以厚利诱人，堕其中者，至死不悟。故又称花灯盅。本惟闽、广有之，自道光二十八年（1848年）流入歙，渐远以大盛，延及于休，因而倾家丧身者不知凡几。至三十年，知府达秀激素于众论，亲拿数人惩办，风以顿息。一时士民作为诗歌以称公颂之，谓此毒可永除矣，不意上年乃复炽"。凡花会之众，名为练勇，实为聚赌，既不守险，也不训练，终日四出，奸淫掳掠。

"遗札"中所说的"义练"，是指咸丰元年（1851年）太平天国运动爆发后，清政府为防剿镇压，于咸丰三年谕令各地办团练防剿，徽州知府达秀在郡城（歙县，称徽州府）设守险、守望两局，旋改义练局，后又改团练局。他所揭露的"勒捐"，即强行劝捐，实同勒索。清道光、咸丰间休宁人夏文纯（字雪湄），以课馆授徒为生，长于诗，其中有《劝捐》二首，其一云："捐者哭，劝者笑，哭本人情笑难料。此曹积累始锱铢，省啬用之非不屑。奈何恫吓更恢嘲，局内机关称妙妙。千金万金捉笔书，归来妻子坐相吊。嗟吁呼，昔日富家翁，今日窭人子。贼梳军栉捐愈难，有似敲骨还剔髓。"还有一首《团练难歌》云："团练难难难，未曾驱民害，反觉添民残。养兵千日养你抢，为勇即是为盗端！"这些诗文，反映了咸丰年间徽州所属各邑向老百姓勒捐的真实情景。

"遗札"中提到潘炳照，是歙县人。据王茂荫咸丰四年六月十三日上《论徽州续捐局扰害折》可知，潘炳照是一个"廪生"，"原名杭恩，因迭有控告遂更今名"。此人名义上为地方团练首领，实际上是一个利用花会聚赌的不法无赖，贪利祸害之徒。他所说的"达"，指咸丰年间徽州知府达秀，达秀死于咸丰四年（1854年），生年不详；"沈"，指咸丰年间安徽学政沈祖懋，他在咸同年间，曾任皖南防剿大臣，死于同治九年（1870年），生年亦不详。

"李琢堂"，又作李作塘，为徽州知府达秀之门丁；"汪芷庵"，又作汪致安，黟县人，为沈祖懋之门丁；"黄寿翁"，为咸丰年间浙江巡抚黄宗汉。

"遗札"中的"吴玉富"，王茂荫《论徽州续捐局扰害折》中作"吴日富"，为咸丰年间在徽州利用花会聚赌的一头目，与潘炳照狼狈为奸。"鲍宗轼"，字孟苏，清末歙县城人，贡生，以任侠闻，咸同年间曾出资募乡勇二百人驻歙县西干山训练，并去祁门袭击太平军，擒其守将项天侯，后官江苏知县，著有《淮园诗钞》。许承尧《歙事闲谭》卷九言："鲍宗轼，字梦苏。著《淮园诗存》，光绪间刊行。"又云："清咸丰间，吾徽被兵，残破甚酷，庐舍焚毁，鸡犬绝灭，至今疮痍未复。鲍梦苏《宗轼集》中有《新安吟》四首，记咸丰五、六年间事。"

往来信函之二：家书

【原文】

昨于初七日寄第廿五号安报，琼先送到。兹因燮夫、诵芬出京，特书数行，并将胡季临家信报本寄出，顺可以看。另寄季临信，即言存项未得对会（兑汇），倘度岁急需，惟有在我暂移之说。弟等看如可行，即将此信全寄去；如不能行，即将我信留下，不寄可也。都中无他，惟科场闹事未了耳。此达敬请

母亲大人福安！并问

诸弟全好！

小春十二日椿年手书

燮夫等行后，我拟移居东城玉清观，即任老五所办放粥处，以避西方之酬应。缘辞官虽已三月，而终日尚繁杂不可也。家信虽寄会馆不碍，当告知门役收存。我数日必打发人到西头一走也。科场案因第七名平林朱墨不符，御史参奏而起，至为难是柏中堂，别人可无事。宋老六尤可放心，倘家乡或因见有传集同考官询问之旨，遂生谣言，望为辨别。现问题已定，不用传他。唯不能遽行转里，须听案结后方好南归耳。又书。

【解读】

这是王茂荫于咸丰八年（1858年）十月十二日所写的一封家书。当时他已因病请求开缺三个月。"家书"为原题，为王氏后人手抄件。咸丰八年王茂荫得病后，在京侍候他的，有铭慎、燮夫和诵芬等人。他在家书中告诉家人，燮夫等人因事南归后，他将由长期居住在宣武门外的歙县会馆移居至北京东城区的玉清观，移居的目的是"以避西方之酬应"。这是研究王氏生平所不能忽视的。

家书中的"燮夫"，原名吴元燮，为王茂荫老师吴柳山侄子，歙县昌溪人；"诵芬"又作仲芬，即王茂荫妹夫闵仲芬；"胡季临"，即胡肇智（1807—1871），字季临，号霁林。绩溪城内人，名儒胡培翚之侄，与王茂荫家可能有经济往来，关系比较密切。

家书中提到的"科场闹事"，是指咸丰八年（1858年）发生在顺天府的科场作弊案件。

"椿年"系王茂荫之字。

"柏中堂"，为咸丰八年科场案涉案人户部尚书、文渊阁大学士柏葰，"中堂"是清时对大学士的称呼。

"宋老六"，为王茂荫同乡进士，咸丰八年顺天府乡试监考官宋梦兰。宋梦兰（？—1861），字滋九，俚名"宋老六"，歙县屯田人，咸丰三年（1853年）进士，授翰林院庶吉士，散馆改官编修。

往来信函之三：易佩绅致王茂荫

【原文】

琴舫来函，有谓闻蜀人言，佩绅纵兵骚扰，拥兵不进之说，故复书中叙在蜀之时日更详，大概此类传闻尽系壬戌三月以前巢县、梁山一带之事，此时正各军往来络绎之时，而惺四所带千五百人亦在其内，即日果健营，则皆目为佩绅所带者也。惺四亦非纵兵骚扰与拥兵不进者，但各营官因佩绅未在军，不能尽服，惺四不能尽遵其约束则有之，所以惺四杀后营一营官，实欲因此以惩其余，而反因此成今日不了之案，盖见任事之难也。然佩绅采问夔中百姓云，惺四所带千五百人，比各军安靖百倍，惟同时到蜀各军，以刘廉访（名狱昭，湘乡人）所带之累绞营（其营有七八千人）为最，然刘之各位最著，论者多不敢指目之，其谤多归于惺四，而传闻者又归于佩绅也。佩绅三月廿四日抵夔，并未至梁□，其所过太平东乡以至陕境，迄今称颂不绝，民间闻有易营升勇过境皆款留信（住）宿，其他营过者则闭户而已，佩绅方以虚声为愧，不料其有如琴舫所闻者也。至于所过地方官则多不会，如克复云，安厂贼已大半先遁，佩绅据实禀报，不自以为功，而云阳县令反以函见属，欲佩绅铺张战绩，叙彼帮团得力在内。克复太平县，佩绅亦以救贼入陕，不能尽歼，深自引恨，乃一切失守人员，纷纷从百余里外折回，求叙入其功，郡城及邻县官吏（地方绅团）亦以函属叙其功。其时佩绅早已据实禀报矣。凡此可怪、可恨、可笑、可怜之事，不一而足，而遭谤取忌亦半由此起，即如刘霞轩方伯，端人也，亦如佩绅太平禀报内未叙入太平县令沈令为言，盖沈令，湖南人也，佩绅回南后，所见所闻尝谓湖南诸公乡谊太甚，畛域太甚，以此亦为诸公所悦。又佩绅书中以各弁勇未保举为念，此中亦有分别，下如太平之案，经骆公行知已奉上谕准骆公专案，保举果健营出力员弁矣。而骆公所以未保举者，实有见于放贼入陕，不便以为功，此深得大体，佩绅心服之。在汉南虽辛苦万状，大小百余战，出力者尤多，而讫未得乎，方当论罪，何能言功？惟在湖南之劳，甚不可没，当未克复来凤之先，三大胜仗系湖南大局于一线，毛中丞皆许以专案保举矣。但曾见上谕，凡保举之案，必以克复城池为断，则湖南各案皆当汇入来凤之案矣（佩绅自禀辞保举，而不能不为各员弁求也）。嗣阅邸抄，官节相已将克复来凤之案，专归于刘廉访（狱昭）一军之功，保举极优，此则大为怪异之事。初石逆之未到来凤也，佩绅之军扎茨岩塘，刘廉访之军于十二月距来凤十余里而扎，因打一败仗，于正月初一、二日已退营施南之东门，踉跄万状，及正月初九日，佩绅与湖南各军克复来凤，刘军远在二百二十里之外，何以独擅其功？盖其距鄂省甚近，一探得来凤克复之信，即飞禀宫节相自以为功。节相据本转奏，而湖南各军方汇禀毛中丞，由毛中丞再达于宫节相，虽知其真伪亦如何矣。刘军克复案中并有阵亡，请恤数员。盖先军映月战殁者，特移报于克复案中也。又宣恩县令周□□（偶忘其名），悃吏也，办来凤善后，佩绅见之，方许其人，乃因刘廉访属，渠代禀克复来凤之案。渠谓刘军远在二百二十里外，何能代为附会，遂干刘廉访之忌，摭他事禀揭，因令撤任。周令亦以刘廉访劣迹揭禀上官，为各上官将原禀退回。佩绅过宣恩见其禀，现独存一印禀在佩绅处，此事重大，翻案不易。又佩绅系局中人，以保举热中为嫌，碍于发露，此事关系甚要，使众军解体。又此人若更得志，更为难堪，佩绅目击而不能举发，颇费踌躇也。夫子大人以为当如何？祈训示之，即遵行也。此事复琴舫书中亦未言，若不能明办，即不宜漏泄也。又湖南所不应承之口粮，银有一万八千余两，此佩绅大不得了之事，至请骆公轩咨一禀已透彻极矣，而独然未准，则其无法，今将禀稿附呈，不知都中能转移此事否？立伏乞垂示也。佩绅谨续禀。

【解读】

这是王茂荫的弟子易佩绅写给王茂荫的一封无抬头称呼也无结尾落款的信。原件题为"易佩绅来函"。

信函中的"琴舫""惺四""刘廉访""刘霞轩"生平均不详，待考。"骆公"，指晚清湘军重要将领骆秉章。骆秉章（1793—1866），原名骆俊，字以行，改字籥门，号儒斋，广东花县人。道光十二年（1832年）进士。道光三十年（1850年）任湖南巡抚，入湘十年，位居封疆，治军平乱，功绩卓著。咸丰十一年（1861年）任四川总督。清廷授骆秉章以太子太保衔。同治六年病逝，赠太子太傅，谥文忠。与曾国藩、左宗棠、李鸿章、胡林翼、彭玉麟、曾国荃、沈葆桢并称"晚清八大臣"。

信函中的"毛中丞"，指时兼四川按察使兼布政使毛震寿。毛震寿（1812—1875），号小梧、晓吾，江西丰城人，道光二十三年（1843年）以监生捐知县，分发四川，历任彭水、新津、丹棱、梁山等县知县，涪州知州等，咸丰十一年（1861年）由四川川东兵备道升授四川按察使兼四川布政使司布政使。同治初年任陕西布政使，因贪生怕死、用人不当、治军不严，镇压农民起义军久而无功，被免职。嗣丁内艰，乞假回籍省墓，遂不出。著有《毛氏治谱》《可闲老人随笔》等。

信函中的"石逆"，指太平军"左军主将翼王"石达开。石达开（1831—1863），小名亚达，绰号石敢当，广西贵县（今贵港）客家人，太平天国名将，中国近代史上著名的军事家、政治家、武学名家。他十六岁受访出山，十九岁统帅千军万马，二十岁封王拜相，三十二岁英勇就义于成都。一生轰轰烈烈，体恤百姓民生，事迹为后世传颂。

信函中的"宫节相"，生平不详，待考。

往来信函之四：汪鋆致王茂荫

【原文】

子怀老伯大人安启：

拜别以来，倏经三月。敬帏道履绥康，定符私颂。

南闱揭晓，吾歙获中七人，兵燹之余，有此文运，诚为幸事。且蕴山、端伯皆有连捷词垣之望，春伯此去可以久留都中，更为妙事。仲伊优贡入都，眼界更为扩充，将来定成大器。佺意啸庵，年伯诱掖后进，孳孳不倦，仲伊若执贽门墙，当必大有进境。惟致丞兄再战再届，深为郁悒，而明岁尚有选拔。

致丞兄书法试帖，吾歙万无出其右者，定可必得。至于古学经解，吾歙目下亦复无人，诗古即以试帖法行之，定可高取也。弟北上之行，因程年伯再三劝留，是以中止，其中委曲，鲁托致丞兄面禀。想蒙鉴谅。所致吴漕帅书，附缴沾负，深期实深惶悚耳。徽郡小试，约在何时？敬祈晤学使，时探一确信即行示知。此间地甚清净，惟春伯、仲伊均需北上，同乡甚属寥寥。大形寂寞。回里定于何时，并祈赐示。

仲芬尚未得差使，日初鹤田来金陵，闻现由泰过淮安，不日仍回扬州也。

特此，敬请金安！

愚侄汪鋆谨启

【解读】

信函原无标题，本标题为作者所加。

这是同治三年（1864年）歙县富竭大里人汪鋆写给王茂荫的一封信。信中报告了同治三年歙县一县有关生员在浙闱参加乡试的情况。

汪鋆，原名堨古，字芸石，中浙闱咸丰五年（1855年）举人，记名国子监学正、学录，平生力学，至老不辍，著有《尔雅正名》二卷。

"南闱揭晓，吾歙获中七人"，系指同治三年甲子（1864年）乡试并补行咸丰八年（1858年）戊午科乡试，歙县考中举人七人。其中有信中提到的蕴山、端伯，此外还有歙县西溪人、汪仲伊之从堂叔汪运鑰（1832—1879）。汪运鑰，字迪旃，同治十年辛未（1871年）进士，钦点翰林院庶吉士、翰林院检讨。七人之中还有歙县雄村人曹崇庆，字逸园，后为宣城县教谕；歙县郑村人郑德建，字业卿；歙县大阜人方觐辰，后为户部主事；歙县昌溪人吴亦梁，后任贵池教谕。

信中提到的"蕴山"即吴蕴山（1830—1872），歙县昌溪人，名耀祖，字蕴山，号才嵋，咸丰安宫教习，江苏候补知县；信中提到的"端伯"即汪恩濰（1832—1900），歙县西溪人，原名恩准，字端伯，号子恂，汪仲伊再从堂兄，光绪六年曾署理江西新城知县。

"春伯"，系歙人，具体待考；"仲伊"即汪宗沂（1837—1906），歙县西溪（今属郑村）人，初名恩沂，字仲伊，号咏村，晚号弢庐处士。出于儒商之家，先后从学于程焜（歙槐塘人）、李大理（江西临川人）、刘文淇（江苏仪征人）、方宗诚（安徽桐城人）和翁同龢，综罗百家，所学甚广。咸丰后期为王茂荫小女婿。光绪六年（1880年）举进士，一生无意仕途，曾被曾国藩聘为忠义局编纂，光绪二十一年被赐五品卿衔。又曾任李鸿章幕僚五载，因不能尽其才而辞归乡里兴办教育，门下才俊辈出，有"江南大儒"之称。

信中提到的"啸庵年伯"为汪元方，字友陈，号啸庵，歙县人，道光十三年（1833年）进士，选庶吉士，授编修，历任奉天府丞、鸿胪寺卿、太仆寺卿、通政使、左副都御史、礼部右侍郎、实录馆副总裁。同治五年以左都御史在军机大臣上行走（军机大臣）。翌年十月卒，赠太子少保，谥文端。

信中提到的"致丞"，为王茂荫次子明慎。明慎名钟灵，字安丞，又字致丞，号密斋，捐南北监，更榜名铭慎。咸丰九年，皖省借浙闱开科，王茂荫命侍奉身边的明慎回南赴试。从此信所言可知，明慎在同治三年甲子的乡试中仍未中举。

信中提到的"吴漕帅",指清咸丰间得到杨以增、王茂荫保举,不断得到清廷提拔,咸丰十一年(1861年)由徐州知府擢任江宁布政使、署理漕运总督,督办江北粮台,同治二年(1863年)实授漕运总督的吴棠。同治三年,吴棠署理江苏巡抚,次年升两广总督,因江淮未戢请留而不果行,仍留漕运总督任上。吴棠(1813—1876),虽为晚清安徽盱眙县三界人,但其祖籍为休宁商山。他一生坚持勤能为民,实心任事,口碑甚好。他由七品(清河)知县一直晋升为官届二品的四川总督、成都将军,成为清代皖东唯一的封疆大吏,中国漕运史上的集权总督,安徽清史上屈指可数的名人之一。

往来信函之五: 柯钺致王茂荫

【原文】

再肃者:本营折差甚稀,二月间竹报久远未寄,讣函望后始到,恰有廿二日专差之便一并寄呈,各路军事有十二片,奏一件,附抄备览。初七克复东关,初九克后铜城闸,皆巢县门户最要之地,发报时犹未知也。宪三兄来信暂寓吴城,或赴九江,或还饶州,现尚未定。徽州王沐一军已赴景镇,顷又会李申甫,五营续援景镇,又有席研香三千人将抵饶州,饶防应可万稳。吾徽避乱者多半在饶,将来钧麾南旋,亦可先到饶郡。公寓家乡已成焦土,旱南一隅,三月初三以后,邑尊查至苏村以外,共死三千余人,近又死数千人,则幸存者仅矣。又九江信一件,照人。再叩

老伯大人素安!

侄: 钺 谨肃

四月廿二日

【解读】

信函原无标题，本标题为作者所加。

咸丰十年（1860年），王茂荫家乡歙南杞梓里的房子惨遭兵燹，化为焦土，荡然无存，谱牒、家庙、祖容等都遭焚毁。杞梓里承庆祠《太原王氏世系族谱》记载"咸同年间，粤捻交冲，贼氛遍地，凡在谱牒，悉化劫灰""祠内（祖）容悉被遭毁，而家谱悉化劫灰"。这年四月廿二日，自称侄的柯钺给王茂荫写了这封信。

信中提到的"宪三兄"，指王茂荫长子王明诏，明诏生于道光二年（1822年），卒年失纪，又名祥麟，字宪三，号竹岩，榜名铭诏；"王沐"，似为驻徽清兵头目，具体待考；"李申甫"，清兵头目，具体待考；"席砚香"，清军将领，具体不详。

关于写信人柯钺，这里稍作介绍。柯钺（？—1864），字晓荃，号房瞻，歙南水竹坑人。其父柯华辅，学邃品端，为士林所称。王茂荫三阳坑二姑母之女嫁柯华辅弟柯华瑾为妻，柯钺称姨娘。柯钺继承家学，有夙慧，才名冠一时。道光己酉（1849年）拔贡生，廷试一等第二名，以知县用，改桐城教谕。旋中咸丰辛亥（1851年）恩科举人，官刑部主事。在京留心经济之学，尤负时望。咸丰十年，协防京城，以功加五品卿衔。不久考取军机章京第一，而母亲在家乡死于"贼"（指太平军），以丁内艰回籍，抚膺矢报。会曾国藩罗至戎幕。柯钺熟读兵书，每治军事，动中窾要，知兵宿将，咸为曾国藩折服。然秉性刚直，遇事辄与辨论，曾相国深器之，常说："柯君清才正气，人所不及。"积功加四品衔。同治三年（1864年）四月，丁外艰，自侍疾已病，病中吐血斗余，昏愦中犹呼杀贼。金陵克复后，同年七月病故于省城安庆营次。曾相国特为附奏请恤，称其"以儒生从戎，劬学力行，清正不阿，从公尽瘁，赍志云殂，盖深以大任相期，而惜其早殒也"。得旨赠太仆寺卿，荫其一子为县丞。

（原文载《徽州文博》2016年第3期，结集时略有修改）

王茂荫亲自书写的《请期书》

请期属于婚姻六礼之一。清代徽州，婚嫁迎娶流行的做法是，男方将全家人生肖及新人男女八字一同送合婚命倌推算，再选定吉日良辰，请名儒书写成文书，由主婚人具名，隆重送达女方。这种文书叫《请期书》，民间俗称"送日子"。随同《请期书》送达的，还有男方按当地当时习俗选定的聘礼。

王茂荫（1798—1865）是我国晚清时期以清正廉洁、直言敢谏而声震朝野的名臣，其人才思想和货币理论尤为引人瞩目，是马克思《资本论》中唯一提到的中国人。他的祖居地和出生地在歙县杞南杞梓里，晚年迁居同邑新安江畔义成村。按照杞梓里的习俗，随同《请期书》送达女方的还有四样聘礼，即猪肉四斤、面条四斤、包子四斤，其他干果四斤。

笔者研究王茂荫近40年，与王茂荫玄孙王自力先生常有过从。去年的一天，王自力先生特地将王茂荫亲自书写的三份"请期书"底稿见示。这三份《请期书》底稿相继写于清道光二十八年（1848年）、二十九年（1849年）和三十年（1850年），前两份分别是替堂叔王应孔、同辈族人王茂坚代书，第三份是他为第三个儿子铭镇成婚写给亲家翁汪立权先生的。第三份《请期书》全文如下：

忝眷生吉从王□□薰沐端肃顿首拜
启上

大三元汪衡甫老同年老亲翁老大人台下：

伏以，礼隆奠雁，合二姓以联欢；诗首关雎，启百男而
纪盛。旧圃种琅玕之竹，笋长龙孙；新巢营玳瑁之梁，雏将
燕子。际兹令序思缔良缘，菲贡虔修葵忱敬达，恭维亲翁同
年，簪缨世胄，阀阅门楣，名高蕊榜，早夸弁冕乎。群英秀
起芹宫，更看箕裘之式榖。记昔日香浓桂籍，曾分鸣鹿之荣；
迨后来交契兰言，漫有乘龙之选。既丝萝之许托，遂松柏以
相依。念小儿稚气未除，年已臻夫授室；想令爱壶仪素习，
德定协于宜家。缘荣任之云遥，仿淳于之故事。谨占季夏之
月，喜赋催妆；吉选甲申之月，恭成嘉礼。从此琴耽瑟好，
赋鼋勉以同心，椒衍瓜绵，启昌大于奕世。仰希金诺，俯赐
玉成，谨启。

时龙飞道光三十年岁次庚戌律中仲吕之月榖旦

王茂荫生有三子（铭诏、铭慎、铭镇），这是他为小儿子娶亲写给亲
家翁汪立权的《请期书》，书中所言"仲吕之月"为农历四月，"季夏之
月"为农历六月，"甲申之月"即立秋到白露这一个月。汪立权，字衡
甫，歙县潭石头（今属桂林镇）村人，与王茂荫同庚，道光十一年辛卯
（1831年）科江南解元。王茂荫写《请期书》这年，未过门的三儿媳汪氏
已二十岁。这个年龄还待字闺中未出嫁，在大户人家是不多见的。王铭
镇，又名毓麟，谱名明训（又作铭训），字迪丞、定藩，号敏斋，道光癸
巳（1833年）出生，国学生，授职员，他是与父亲王茂荫同一年（1865
年）去世的，享年仅33岁。他本当早就成亲，因祖父王应矩（王茂荫之
父），道光二十八年（1848年）三月二十八日离世，王茂荫由京师奔丧回
里，并需在籍丁忧三年（实际需守制二年三个月）。因为丁忧期间不能办
喜事，所以铭镇和未婚妻汪氏的婚事必须延期。待到丁忧期将满，王茂
荫便开始将三儿的婚事提到日程上来。

徽州不仅素称"东南邹鲁"和"文物之海"，而且以"礼仪之邦"闻

名宇内。婚丧喜庆之礼仪，也属徽州文化乃至中华优秀传统文化研究的重要内容。王茂荫亲自书写的这三份《请期书》底稿，是研究清代徽州民间婚俗弥足珍贵的史料，这三件文物目前仍由王茂荫玄孙王自力先生收藏。

（原文载《收藏快报》2016年第7期，结集时略有修改）

有关王茂荫的几件珍贵藏品

  王茂荫（1798—1865），字椿年，号子怀，是中国晚清时期以清正廉洁、直言敢谏而声震朝野的名臣，是马克思《资本论》中唯一提到的中国人。笔者从二十世纪七十年代末八十年代初开始研究这个人物，至今近四十年。近期新发现与王茂荫有关的几件珍贵藏品均未在媒体披露和介绍过，有的鉴赏起来还容易生发错觉。这里，特撰文考辨说明，并配图片以飨读者。

藏品之一：王茂荫手书《朱柏庐治家格言》

  朱柏庐（1617—1688），名用纯，字致一，江苏昆山人，他治学教授以程朱为本，提倡知行并进，道德文章为世人敬仰。其以"黎明即起，洒扫庭院"起笔，以"为人若此，庶乎近焉"结尾的516字《治家格言》，世称《朱子家训》，被中国传统教育奉为启蒙读物，影响深远。

  清末民国间，这篇《朱子家训》仍然家谕户晓，妇孺皆知。深受程朱传统儒学影响的王茂荫（1798—1865），将朱柏庐的《朱子家训》奉为圭臬，顶礼膜拜。他将朱柏庐的《治家格言》书写下来，名为《朱柏庐治家格言》，精装裱后悬挂厅堂。他书写的这副《朱柏庐治家格言》钤有印章两方，一为"王茂荫印"，一为"辛壬联捷进士"。后一方印章是王茂荫于清道光十一年辛丑（1831年）在北闱（京师）考中举人，次年即道光十二年壬辰（1832年）应礼部试联捷成进士之后刻制的。王茂荫手书这副《朱柏庐治家格言》，很可能是在道光十二年之后至道光末年（1832—1850）。该藏品系国家文物，现由歙县博物馆收藏。

藏品之二：咸丰皇帝册封王茂荫父母的诰命

在封建社会，父母因子贵而受到诰封，而且是以子之官职诰封，这已成惯例。

道光十二年（1832年），三十五岁的王茂荫高中进士后，先后任户部主事、员外郎。从道光十五年（1835年）起，王茂荫的祖父母、父母、伯祖父母、叔祖父母，一再受到皇上诰封。道光二十八年（1848年），王茂荫奉旨被记名以御史用，同年三月，父亲王应矩病逝，他回家守制。道光三十年（1850年）服阕，咸丰元年（1851年）六月他回京供职，这时道光皇帝已死，咸丰皇帝奕詝继位，经过十多年浮沉郎署，年过"天命"的王茂荫进入仕宦坦途。咸丰元年七月，他被补授户部广西司员外郎，八月补授陕西道监察御史。咸丰皇帝第一次向王茂荫父母颁发册封的"奉天诰命"，是在咸丰二年（1852年）三月初八日。这"奉天诰命"，系印制在淡红与米黄色相间的绫缎上，上印有满文、汉文，文中点明王茂荫当时的官职是陕西道监察御史。一个半多世纪后，这件珍贵藏品现由中国徽州文化博物馆收藏。

王茂荫父母以上三代再次受到册封，是在咸丰六年（1856年）冬，王茂荫在家训和遗言中提到过此事。咸丰三年（1853年）十一月初，王茂荫被擢升为户部右侍郎兼管钱法堂事，官届正二品。咸丰六年冬，其祖宗三代，均覃恩受二品封典。

藏品之三：同治皇帝册封王茂荫父母的诰命

笔者一直以为，王茂荫祖宗三代受到皇帝册封只是道光、咸丰年间的事，他在同治元年（1862年）复出后，直到同治四年六月在籍去世，似乎不再有被皇上册封之荣。事实证明这个推断有误。

2016年7月5日，笔者在歙县博物馆查阅有关资料，据该馆负责人介绍，馆中藏有一件王茂荫父母受晋封的"奉天诰命"，将这件"奉天诰命"图片相赠。经反复考辨，这"诰命"虽然是对王茂荫父母的诰封，但它明显不是咸丰的"诰命"，而是同治的"诰命"。"诰命"中将王茂荫父亲王应矩由"前赠资政大夫"晋封为"吏部右侍郎加二级"，晋赠王茂荫母亲洪氏为"一品夫人"。而"吏部右侍郎"这个职务，是王茂荫同治元年复出之初，先署理（代理）都察院左副都御史、再补授工部右侍郎兼管钱法堂事务之后，才于同治二年二月奉旨调任的。

其实，王茂荫之子王铭诏、王铭慎所作《显考子怀府君行状》中已讲明这件事：

> 府君讳茂荫……三代均以府君贵，封赠如其官。高祖貤赠光禄大夫吏部右侍郎加二级，曾祖、祖均诰赠光禄大夫吏部右侍郎加二级；高祖妣氏方貤赠一品夫人，钦旌节孝；曾祖妣氏方、祖妣洪均诰赠一品夫人，继祖妣氏吴诰封一品夫人。

同治皇帝这件"奉天诰命"，系印于褐、米黄、白等多色相间的绫缎上，原件现藏歙县博物馆。因收藏进馆时原件尾部就已不存，落款年限便无可考得。这"奉天诰命"可能颁发于王茂荫逝世后不久。

藏品之四：吴大廷挽王茂荫诗系叙

吴大廷，字桐云，号小酉腴山馆主人，湖南沅陵人，是一位居官清廉而有魄力的人物。他小王茂荫二十六岁，晚王氏两年离世。他与王茂荫交往始于咸丰八年（1858年），并从学于王茂荫。王茂荫将自己养病期间亲自编辑的四册奏稿"藏诸巾笥，不以示人"，却让吴大廷"尽发其覆而遍读"，相互间心契非同一般。王茂荫曾为吴大廷先父母作传，吴大廷为王茂荫祖母方太夫人和父母作传。

同治四年六月二十二日（1865年8月13日）午后申时，王茂荫病逝于新迁居的歙县水南义成村的"天官第"。他谢世后，给他送挽联挽词的当朝大臣和生前好友甚多，其中有祁雋藻、宋晋、曾国藩、李鸿章等人送的挽联。而与王茂荫心契非同一般的吴大廷、吴棠、易佩绅等人却不见有挽联挽辞（当年王茂荫的玄孙王自珍曾抄录了近二十副缅怀王茂荫的挽联，赠送笔者，亦不见有吴大廷、吴棠、易佩绅等人送的挽联或挽辞），笔者对此一直很纳闷。读王经一先生《王茂荫年谱》，方知当年吴大廷曾送过挽辞。2016年7月5日，在歙县博物馆如愿见到吴大廷当年送的挽辞，原件纵42厘米，横116厘米，挽辞前有叙后有诗。文自上而下、自左而右书写，共20行，每行2~10字不等。落款"吴大廷拜稿"之后，钤有两方印"吴大廷印"与"桐云"。全辞为：

> 余交公京师，在咸丰戊午，其时公已请告，为录其谏章数十藏之。壬戌再起用，以书抵余，访问时事。余就所知者答之，未至京，而公已谪狱山左，羁滞年余，奉讳捉里。甲子三月公归自京师，余适赴皖，不期而晤于安庆，执手唏嘘者久之，阅日别去。今年夏犹屡得公书，不谓遽成古人，伤哉！
>
> 直声清节似公难，再起东山志未殚。
> 芒履麻衣悲皖国，青灯浊酒忆长安。
> 音书断绝绕三月，生死凄凉已万端。
> 犹有谏章留箧笥，编摩他日怕重伤。
>
> 小诗系叙挽子怀先生大人灵次
> 吴大廷拜稿

藏品之五：翁同龢书赠王善夫条幅

二十世纪八十年代初，笔者在歙县博物馆见到一副楹联，上联是"琴书自娱绵之日月"，下联是"松乔协轨宜乎昆仑"，上联题款"善夫一兄大人正之"，下联题款"叔平翁同龢"。当时，笔者知道这楹联书写者翁同龢，便是做过光绪皇帝老师的江苏常熟人翁同龢，其字叔平，别号松禅，是晚清著名的政治家和书法艺术家，而"善夫一兄大人"为何人，则不得而知。1985年10月，全国明史学术研讨会在黄山汤泉宾馆举行，期间应研讨会东道主、时任安徽师范大学校长张海鹏先生之托，笔者以徽州地区社科联副主席兼秘书长、《徽州社会科学》主编身份赴会，协助会务组带领与会专家学者赴全国历史文化名城歙县考察，在歙县博物馆又看到这副楹联，这时我已知道这"善夫"其实就是王善夫（名经守），他是王茂荫的长孙。1995年首届国际徽学学术研讨会在黄山市举办时，我带领专家学者去歙县参观考察，仍然看到这副楹联，并向几个专家学者作了简略介绍。近日，笔者去歙县博物馆查阅有关资料，得到这件藏品（文物）的图片。现特撰文字，作一介绍。

王善夫，行名经守，又名联生，歙南杞梓里人，王茂荫长孙。王善夫生于咸丰二年（1852年）八月十七日，长大后与堂弟王经宇等经商闽浙，左贾右儒，喜交名流，琴书自娱，是一方人物。

抗日战争爆发前，供职上海《时事新报》馆的歙县义成人朱曼华在《光明》半月刊1937年6月10日出版的第三卷第一号上发表过《王茂荫宅内读书记》，其中提到王善夫和他的儿子王采南。朱曼华约生于光绪三十一年（1905年）。他在文中写道："我生也晚，当我出世的时候，已见不到王茂荫，他的孙子王善卿已近六十，重孙王采南已经是三十五六岁的中年人了。"朱曼华家与王茂荫故居"天官第"贴隔壁，父亲亦经商。民国四、五年间（1915—1916），他到王氏宅内读私塾，其时，"王茂荫的孙王善夫还健在，不过下巴已经飘着斑白的胡须"，他是一个"胖胖的挺着大肚皮的老人，手里老是捏着两个连壳都摩挲红了的胡桃。但他顶爱年轻人，当我们在他身前经过时，他总是把那只摩挲胡桃的手掌抚摩我们的头顶"。其子王采南，则"完全是一个书生，那双近视的眼睛却不戴眼镜，看起人来，眼皮几乎眯成一条缝"。文中还透露出一个信息："王善夫和王采南父子俩每天的生活是下棋、看书，在庭院里浇花草。"这恰如翁同龢联中所云"琴书自娱绵之日月"。

王善夫卒年不详，待考。他生有二子，长子王采南，辈名桂銮（采南为号），次子辈名桂培，号丹铭。据传，桂培终生未娶，无嗣。王采南生有三子：自厚、口口（名侍考）、自霭。王采南先生晚景凄凉，三个儿子中，老大老二都死得早，晚年几乎靠卖古书古字画和古董度日。王自厚娶妻江氏，民国四年（1915年）生芳烈。芳烈自幼丧父，生活一向艰辛。他生前曾告诉笔者，其父享年仅二十七岁，祖父王采南弃世于1945年。据闻，王芳烈娶妻张凤仙，亦未育有子女。王芳烈卒于1990年，临终前将先祖王茂荫亲自撰辑的"奏稿"四册捐于歙县档案馆。

（原文载《东方收藏》2016年第10期）

散谈《贞松慈竹图》与《节孝录》

——有关王茂荫研究的一个侧面

　　晚清名臣王茂荫家藏名物典籍甚富，历经咸同兵火、清末民国间战乱以及十年"文革"，幸存十不剩一。在遭毁或散佚的文物中，清道光年间问世的名画《贞松慈竹图》与册页《节孝录》，可以说是最为珍贵的两件。这两件文物，至今不知所终。

　　王铭诏、王铭慎为先父王茂荫所作的《子怀府君行状》中，有这样一段话：

　　辛丑元旦（笔者注：即道光二十一年春节，公历1841年1月23日），府君忽心动，遍告同人，欲乞假归。同人咸劝暂缓，府君不可，亟促装南旋。二月抵家，则曾大母（笔者注：指王茂荫祖母）已于正月初八日见背，抚棺长号，自恨归晚，哀恸不已。爰泣述曾大母苦节及一生事实，缀辑成文。入京销假后，乞大宗伯李芝龄先生作传，赠尚书戴文节公、编修蔡春帆先生并为绘《贞松慈竹图》，一时名流题咏，竟成巨册，于是有《节孝录》之刻。①

　　这是最早提到《贞松慈竹图》与《节孝录》的文字，它明确告诉世人，《贞松慈竹图》《节孝录》都与王茂荫的祖母密切相关。因此，要讲

---

　　① [清]王茂荫撰，张新旭等点校：《王侍郎奏议》附录《显考子怀府君行状》，黄山书社1991年版，第87页。

清《贞松慈竹图》与《节孝录》的来龙去脉，必须从王氏祖母说起。

一

王氏祖母是歙县磻溪人，姓方，名文学①，时人呼为方氏或方太夫人。她是清乾隆年间歙县磻溪国学生方世滨的二女儿。方家世代业儒，书香门第。方文学生于乾隆二十三年（1758年）三月二日，幼读《女训》《女戒》，长后端庄淑慎，聪敏贤慧，心地善良，深明大义。乾隆三十九年（1774年），十七岁的方文学，嫁歙县旱南杞梓里王槐康为妻。这王槐康，便是王茂荫的祖父。

王槐康的祖父叫王文选，字遴士，康乾年间人，敕赠武略骑尉，以孝义闻于时；王槐康之父王德修，字洪烈，一字心培，民国《歙县志》上说他："少有父风，勇力过人，尝夜过溪桥，马坠，曳其尾上之。中乾隆壬申（1752年）恩科武举人，就兵部试，闻父暴得疾，星夜驰归，设榻卧侧，虽污秽不假手奴婢，十余年未尝一日离侧。及父卒，绝意进取，孝养其母以终天年。"②德修公生有四子：槐庭、槐康、槐广、槐序。兄弟四人原来都入私塾，习举子业，老二槐康少年英悟，读书多所通解，很有希望通过科举考试而博得功名，但因为兄弟同灶，食口人多，家境寒窘，不得不弃儒经商。

王茂荫祖父王槐康，字以和，生于乾隆二十年（1755年），二十岁时娶磻溪方文学为妻，新婚燕尔便跟从族人游贾北京，做茶叶生意。开始

---

① 笔者研究王茂荫四十余年，一直未考王茂荫祖母名讳，近读早年抄录《节孝录》上李文森的题识，方知王氏祖母名文学。李文森，生卒年不详，贵州石阡人，嘉庆十五年（1810年）进士，曾官安徽兵备道，代理按察使，在任数年，不营私，不受贿，严格执法，被百姓誉为"小包公"。咸丰十年（1860年），经王茂荫挚友吴大廷推介，李文森在北京东城玉清观认识王茂荫。同治三年（1864年），李文森"以庐凤道奉命榷皖桌"，与扶继母讳归，侨寓省城安庆的王茂荫再次相见。次年春，王茂荫回里治葬事前，出《节孝录》，请李文森题识，李氏写了一篇千余字的题识，称王茂荫为"直臣""天下奇男子""凡有关国计民生，人所不及言不敢言者，公力言之""身在退处，未尝一日忘天下"。题识中有"夫人姓方氏，文学讳，女公名"。引言见曹天生点校整理：《王茂荫集》，中国档案出版社2005年版，第342—343页。

② 民国《歙县志》卷八。

一年回家一趟，后来因为忙，一年回来不了一趟。他很有经商才能，又肯吃苦，乾隆庚子年（四十五年即 1780 年），在北通州创设了"森盛茶庄"，心想在商界干一番事业。讵料因操劳过度，乾隆五十年（1785 年）五月十八日病死潞河，享年仅三十一岁，当时，遗孀方氏年仅二十八，膝下二子一女皆幼：长子王应矩即日后的王茂荫之父，父殁时，方虚龄十岁；次子王应绵，八岁而殇；女儿顺福，十余岁又殇。

王槐康客死他乡的凶耗传到家乡，方氏闻讣，痛不欲生，五天五夜，勺饮不入，决意殉夫。她的母亲得知这一消息，急忙从磻溪赶到杞梓里，谕以姑老子幼诸大节，伯叔也苦苦劝勉，并命娣姒奉杯茗环跪，非得方氏饮而不起。方氏只得饮泣受命。从此，她"上侍重闱"，下育儿女。"上侍重闱"，就是侍候两代婆母即王槐康母亲（王德修夫人）与王槐康祖母（王文选夫人）。她克勤克俭，苦度生涯，曾自撰《长恨歌》，痛述夫君客殁之苦及自己遭际之艰，并养姑教子各情，缠绵悱恻，往复数百言，闻者无不落泪。

方氏初嫁槐康之年，槐康的祖母高龄八十，老卧床第，动必需人。方氏服侍老祖母，最为尽心，从搀扶伺候、递水递药到端尿浆洗，几为她一人所包。因此，老祖母最喜欢她。对婆婆，方氏也很孝敬。槐康去世时（1786 年），婆婆年六十，老年丧子，心情极为悲痛。方氏体谅婆婆的苦衷，对她精心照应，从无半句怨言。当婆婆九十而终时，方氏也将近六十岁了。

封建社会的礼教要求媳妇孝敬公婆，要更胜于孝敬自己的父母，所谓"钦尊姑舅，更胜椿萱"。方氏对公婆、父母一视同仁。她未出嫁时，家中还算殷实，后渐渐败落，以至父母年老时连衣食都不能自给。而这时的王家，在槐康客死他乡之后，也是"家计方窘，数米而炊，日鹿鹿不得饱"[①]，因此也无力资助方家。在这种窘况下，方氏只好经常通宵达旦地做针线活，用以换一二升米，遣家人送给父母。如果十天半个月没给父母送吃的，她就寝食不安，吃饭时，嘴里总是念着："我父母正在饿肚子！"言罢，潸然泪下。父母去世时，初殡浅土，几年之后，殡基倾

---

① 王应矩：《旌表节孝罩恩驰封太宜人显妣方太宜人行略》。

塌，方氏闻之，急忙与兄嫂商议，将父母骨骸另择善地暂厝，以待随后改葬。为此，她借了一笔钱，这笔钱连本带利，数年之后才还清。她八十岁时，儿子王应矩准备给她做寿，孙子王茂荫（时任户部主事）也特地乞假从京城回老家省亲。这本是件高兴事，可方氏却愀然不乐地对儿子说："吾亲尚不能葬，何以寿为？"后待儿子集资将外祖父母的遗骸重新安葬，她才稍感慰藉，接受儿孙们的祝寿。

自己克勤克俭，生计再艰难，也不仰人所给，而对亲戚，无论远近，都尽力周恤提携，这也是方氏的美德。夫君初殁时，伯、叔曾邀亲族书二百金券交方氏留执，以资养孤。但方氏始终没有拿这张"金券"去兑钱用。孤子王应矩刚刚成年，她就将这张"金券"交还于伯、叔们，并说："藐孤可望成立，无所需此。"伯、叔们一再要举金偿宿愿，方氏却婉言谢绝。她有一姐二妹，姐姐嫁阳川（即三阳坑），妹妹一嫁双溪（即昌溪），一嫁定川。她们生活都很贫苦，时常来依附方氏，方氏从不生嗔她们，总是量力予以资助。特别是嫁在双溪的妹妹，早年守寡，年老无依托，方氏遂将她接到自己家中，相依为命十余年。她有一个远房族叔母，早年孀居，无儿无女，年八旬时穷得吃不上饭，方氏对她备加体贴，宁可自己少吃一点，也要天天遣人送饭给她，寒暑无间，历时十二年之久。事后，其子王应矩提及此类事时说：先母"悯厄穷，拯危难，家虽无余，盖有推己食以食之者"[1]。

嘉庆二十二年（1817年），方太夫人值六十花甲，受道光朝旌表。"太夫人寿七十，远方士大夫及徽人士为诗文以表其节孝者，凡二百余人。"[2]七十七岁、七十八岁时，连续被道光朝诰封为太宜夫人。

二

嘉庆三年（1798年），方太夫人四十一岁，王茂荫出生，小名茂萱，对这第一个孙子，她爱之如珍。小茂萱刚断奶，她就抱着孙子同卧起。

---

① 王应矩：《旌表节孝覃恩貤封太宜人显妣方太宜人行略》。

② 李榕：《貤封方太宜人晋赠太夫人方太夫人墓表》。

茂萱虚龄六岁那年，母亲洪氏病逝。从此，祖母对他更加疼爱。

年幼的王茂萱时常闹病，祖母急得食不下咽，寝不交睫。一到夏天，总是坐在孙子身边，不停地挥舞着扇子，驱赶蚊虫。后来，茂萱外出求学，方太夫人总是思念着，每隔一个月，总要让家人将茂萱带回家给她看一看，方才放心。

"积善之家，必有余庆。"方太夫人七十四岁那年，已由茂萱更名茂荫的孙子在北闱考中举人，次年参加京师会试又联捷成进士，备官户部。喜报传到家乡，方太夫人高兴得不得了，但转念京师离家甚远，不能时常见到，又忧闷不乐。王茂荫十分理解老祖母的心情，当年（1832年）九月他乞假回籍省视老祖母。方太夫人见到已经步入仕途的孙子，喜不自胜，她谆谆告诫孙子说：

> 吾始望汝辈读书识义理，念初不及此。今幸天相余家，汝宜恪恭尽职，毋躁进，毋营财贿。吾与家人守吾家风，不愿汝跻显位、致多金也。①

她不希望当了官的孙子"跻显位，致多金"，而是告诫他要"恪恭尽职""毋躁进，毋营财贿"，这种思想境界实在难能可贵。方太夫人八十寿辰那年（1837年），王茂荫提前两个月乞假省亲，回到杞梓里老家，祖母告诫他的仍然是先前那番话。

《显考子怀府君行状》中说：王茂荫"自通籍后，携家眷属至京，仅数月，其余月日，皆子身独处宣武门外之歙县会馆"。王茂荫在北京为官三十余年，而携带夫人至京邸却只有数月，这是什么原因呢？王茂荫的同乡鲍康揭开了这个谜团，他是这么说的：

> 王子怀先生……京官三十年未尝携眷属，闻夫人仅一至京邸，不数月即归。询其故，则先生幼承大母（王茂荫祖母

---

① 见李宗昉：《诰封太宜人王母太宜人传》，又见李榕：《貤封方太宜人晋赠太夫人方太夫人墓表》。

方大夫人）钟爱，致以春秋高，不护就养，赖夫人居里，佐尊嫜奉重闱，凡家政米盐琐屑，悉以一身任之，能得堂上欢，俾先生无内顾忧。先生一归省，大母暨赠公，必戒以王事当重，毋欠膝下。故先生勤劳鞅掌，护尽心职守者，以夫人能代子职耳。[1]

从这段话可以看出，王茂荫当年之所以不带家眷去北京，主要是考虑到祖母年事已高，自己为官京城，不能经常回家省视，为报祖母钟爱、养育之恩，遂将妻室留在故里伺候，这样也可以使自己"恪恭尽职"而无内顾之忧。

王茂荫的儿子们说：府君对于曾祖母之告诫"终身（生）志之不敢忘，盖一生清节有自来矣"[2]。

王茂荫生性恬淡，寡嗜欲，粗衣粝食，处之晏知，终生自奉俭约。做了三十多年的京官，官届二品，家中并未因其显贵而巧取豪夺一瓦一垃。他生前也没给后人留下什么财产，他曾告诫后人说："吾以书籍传子孙，胜过良田百亩；吾以德名留后人，胜过黄金万镒。自己不要什么，两袖清风足矣！"[3]又说："凡人坏品行损阴骘，都只在财利上。故做人须从取舍上起……渴不饮盗泉水，热不息恶木阴。"[4]他继承了祖母"悯厄穷，拯危难"的遗风。淳安王子香，是他的启蒙老师，后王先生家道败落，王茂荫遂将王先生之子招到自己寓中，慰劳勉励。每到年终，都要寄钱给他们。对于同僚中的孤苦者，他也按时资给，习以为常。亲友向他借钱，他尽心竭力。家乡葺祠宇、通道路、修堤坝、造桥梁诸事，他总是慷慨捐资，以助其事。

---

① 鲍康：《恭祝诰封一品夫人王母洪夫人寿序》。

②[清]王茂荫撰，张新旭等点校：《王侍郎奏议》附录《显考子怀府君行状》，黄山书社1991年版，第87页。

③ 转引自朱曼华：《王茂荫宅内读书记》，见民国二十六年（1937年）六月十日出版的《光明》第三卷第一号。

④《王茂荫〈家训和遗言〉》。1983年底，王茂荫玄孙王自珍将其先祖王经成（王茂荫第三个孙子）恭录的《王茂荫〈家训和遗言〉》，重新转录和标点，笔者编发于徽州地区社会科学联合会会刊《徽州社联》1984年第1期。

王茂荫对祖母怀有极深的感情。1840年10月，他从外地办完公事回京，突然接到家信，得知祖母老景日甚，望云思亲，不能自已，当即作述怀诗四首。大年初一，他就想乞假归省，同人劝他暂缓，他没有听从，还是决意南归。当他二月抵家时，知祖母已于正月初八日（1841年1月30日）见背，心情极为悲痛，抚棺长号，自恨归晚。为了表达对祖母永世的怀念，他在守孝期间，在父亲王应矩的口述下，濡泪和墨，以父亲的名义，将祖母一生苦节之事缀辑成文，撰写了两千余字的《旌表节孝覃恩貤封太宜人显妣方太宜人行略》，随后带入京师，请他当年在京兆试考举人时的主考官、当时的大宗伯江苏山阳人李宗昉（1779—1846，字芝龄，嘉庆七年进士，学识渊博，清代名臣）为祖母作了一篇《诰封太宜人王母太宜人传》，又请道光十一年进士、同朝官员、与汤贻汾齐名的山水大画家浙江钱塘人戴熙（1801—1860，字醇士，号鹿床、榆庵、松屏、莼溪、东井居士）和同年进士、翰林院编修、山水画家广东顺德人蔡锦泉（1809—1859，字文渊，号春帆）共同绘画了《贞松慈竹图》。据亲见这幅画的王茂荫玄孙王自力先生回忆，这幅画高约100厘米，宽250厘米，画面上除了松竹画和上下题款外，还有很多名流题咏。

图1-1 浙江钱塘画家戴熙画作

著名学者、北京报国寺旁"顾亭林祠"的倡建人之一张穆曾赋诗纪事，但尚未来得及挥毫书写在画面上就于道光二十九年（1849年）离世了。咸丰同治年间仍有题咏，祁寯藻题于咸丰五年四月，题咏全文是：

《贞松慈竹图》为王子怀侍郎茂荫题并序

子怀奉其大母方太夫人《节孝录》并图属题，图为钱唐（塘）戴侍郎熙所作。吾乡张石州穆曾赋诗纪事，未及书而卒。越数岁，其嗣子孝瞻发箧得之，持还怀翁，不胜喜慰，因为记其颠末。咸丰五年四月。

侍郎忠直秉天性，与我同官夙所敬。嘉谟谠论日敷陈，退食萧然尘满甑。军兴五载筹饷艰，君以一心百虑并。苍松翠竹坚多节，中有所得非外竞。读君手录展君画，乃知阴德有余庆。重闻慈训出贞孝，百尺孙枝耸清劲。良由根本久盘郁，不共群芳斗妍靓。此图传自大戴笔，义取筥心作诠证。张仲亦称孝友士，惜哉赋诗题未竟。缄藏几载复归璧，光采重新如发镜。得毋神灵为呵获，岂独流传付歌咏。嗟余弱质等蒲柳，瞻仰高风迫衰病。愿君葆此岁寒姿，如竹之苞如松盛。①

图1-2　祁寯藻先生画像　　　　图1-3　祁寯藻先生手迹

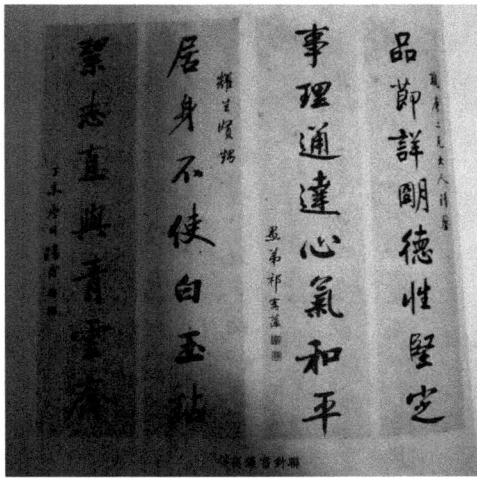

① 祁寯藻："馌馌亭后集卷二·古今体诗五十四首。"见《祁寯藻集》第二册，三晋出版社2011年版，第299页。

王茂荫挚友山西著名学者张穆先生的纪事诗，至今未检得。

三

曾在名画《贞松慈竹图》留白处亲笔题识的，不是一人而是多人，而且都是道光间的名流。王茂荫曾将这幅名画和名流题识一一编辑，付梓在道光年间的《节孝录》中。随后，又有不少名流相继在《节孝录》上题识，直至王茂荫离世的同治四年六月之前。

二十世纪八十年代初期，笔者在歙县博物馆查阅王茂荫资料，曾见有一些残存零散的《节母赞》和《方太夫人行略》题识毛笔抄件，据王茂荫玄孙王自珍介绍，那是王氏后人练毛笔字的习作。因当时馆中没有复印条件，我便对这些练字习作予以全录或摘录，关于赞许王茂荫祖母守寡苦节和王茂荫直言敢谏的题识摘录，现转录于下：

苏州长洲人陶梁有七言诗，有诗句："长恨歌成惜终闭，天锡遐龄八十四。寒霜一夕摧松筠，生为完人没则神。"

江苏常熟人庞钟璐在题识中有言："子怀先生守太夫人之训，恪恭乃职，受天子特达之知，浡陟显位，屹然名臣。太夫人之所望于后者，天既有以偿之……赞曰：神之质耶，冰蘗其心；神之相耶，芝兰其庭；神之所凭耶，黄山之巉巉，与浙江之湛清。"

贵州独山人莫友芝题识有言："贞媛怀清，冰蘗在躬，其洁白艰苦，盖罔或不同……"

浙江钱塘（杭州）人许乃普作《贞蕤慈柏篇》，有言："大好新安山水窟，灵钟贤母幽光发。""食报都从懿行来，名家龙虎识门才。一篇述德盟薇诵，甘节知由苦节回。"

浙江萧山人汤金钊题识："王节母方太宜人守节事姑，备尽孝道，推及父母，善处妯娌，旁及姊妹，慈育侄辈，体恤婢媪，洁清远嫌……克尽为人之道，死必为神无疑。"

江苏常熟人翁心存有五言诗二首，有云："王氏有贤母，节操坚霜筠……峨峨高冈松，不畏风雪皴……文孙誉慈范，绳愆遗训遵。体用学兼备，郁为梁栋臣。立朝惟謇谔，矢念存贞纯。"

福建闽县人刘存仁《题贞松慈竹图》，首言"国家求忠臣，必在孝子门。天意报节孝，乃生贤子孙"，又云："母心慎微凛为则，母德积厚贻来昆。侍郎坚守大母训，清风亮节高台垣。"

歙县人汪元方作七律二首，其一云："琅琊女范迈前贤，绮岁摩笄节操坚。九死贞心盟古井，一篇长恨泣终天。机声辛苦含荼日，灯影凄凉画荻年。不见新安山下路，青青松柏郁寒烟。"

福建闽县人陈濬有《咏德诗六首》，其中"苦节"云："潞水悠悠去，惊心鼍耗传。别来生易死，梦断夜如年。恨与天俱老，愀看月不圆。寒梅消瘦尽，零落倚窗前。"

黟县人黄德华有五言诗一首，有云："能止了凡尘，能定一生死。能戒渐微防，能度苦厄鲜。"

山东荷泽人马新贻有七律诗一首，有云："黄山之巅松万丈，劲节孤标森在望。黄山之旁竹万竿，霜风瑟瑟生秋寒。松有心兮竹有筠，节母之节堪比伦……人心节义原不死，懿德流光耀彤史。请看松竹郁青苍，万古千秋常如此。"

浙江余姚朱兰有五律一首，诗云："世间节烈妇，甘心殉夫死。死难生更难，河清寿无俟……系身宛处女，亮节逾志士。是匪为沽名，辨晰在疑似。方寸不坚持，圭玷从微起……眠此松筠图，闺门万世轨。岂惟式闺门，男儿孰解是。"

福建侯官人林昌彝作《冰雪操》，有云："穆穆黄山高，沄沄皖水碧。皎皎古冰雪，离离女贞实……天不负母心，课孙成白璧。彝鼎黄大廷，家声垂竹帛。煌煌经世才，繄母教之初。读书识义理，无忝先人泽。尽职无躁进，贵以虚心绎。勿为钓名誉，贵以实政辑。勿望尔多金，取与慎出入。万古泉台下，可以慰魂魄。"

满洲正白旗人全庆五言诗，有云："敬读山阳传，永垂金石编。信知孝孙孝，益仰贤母贤。"

浙江钱塘（杭州）人许彭寿五言诗，有言："绮岁失所天，抚孤五十春。守身过处女，不履男子尘。苦节世不乏，慎微节乃真。"

江苏栗阳人宋晋七言诗，诗云："吾友子怀今柱名，万言抗疏胪忠膈，频年忧国鬓须皤，相看惟有泪痕积……推心誓将不独生，夺我所天天胡否。勺饮不入逾礼经，相从地下身何惜。母来视女苦致辞，上有君姑下孱瘠。死者有知惟汝望，汝身讵可轻一掷。殷殷泣向母与姑，忍死儿当尽儿责。为死者生生偶偷，焚香奠告弥哽噎。廿年奉姑兼字孤，昼理米盐夜针刺。每食更念双亲饥，分甘亟向君姑白。举止慎闭谨微嫌，馔不食余行避迹。如冰益清雪益寒，精诚固已神可格。岂惟格神且为神，理可自信言非剧……"

江西南昌人段承实五言诗，其云："我昔过新安，人多尚高节。此邦重孝义，风流嗣往哲。卓哉王母贤，贞操有人说……多情少司马，直声震朝列。待人敦古谊，于我肺肝热。心仪有家范，举动必守辙。时出竹柏图，谆言为补缀……有母孙则昌，有孙母不殁。贞樾千古存，苍翠映碑碣。"

浙江会稽（绍兴）人宗稷辰作《贞樾篇》，其云："黄山天所都，云气郁万重。蔚生后凋姿，笃心坚大冬……复育儿孙枝，养成千尺桐。直节无比伦，古干少附从。"

湖南长沙人谢树铭古风诗，有云："坚冰在壑，辉耀潜灿……贞寿神明，流庆后昆。觥觥文孙，实秉徽教。巍然云光，为国伊召。忠朴其性，肃若其政。"

湖南湘阴人郭嵩焘古风二首，诗云："节士生苦难，声迹日疏辟。炯然贤母心，沈渊鉴白石。""巾箱有旧业，名胄久违盛。直声践台辅，岳立天下庆。"

云南景东人刘崐作古风一首，其中有言："松柏岳岳，孰培其根。江河汪汪，畴浚其源。乃知贤母，实为之前。象仰无极，敢缀新篇。"

清代欧楷大家冯誉骥题识，有云："王子怀侍郎以其先祖母《节孝方太夫人行略》示誉骥……誉骥仰惟太夫人行事，有深合乎古圣贤之用心者，谨书于后，以复于侍郎焉。"

江西新城人陈孚恩："其秉性醇正，为古君子。""耿耿报国之诚，其言与色皆极动人。"

江苏丹徒人张锡庚五言诗，有诗句："节挺凌霄竹，香清入室兰，箜篌耽怨苦，门户任艰难。"

河南商城牛食畈（今安徽牛食畈）人周祖培有四言诗十二首，首首云："黄山巍巍，上有贞木，峻节千寻，经霜弥馥。猗欤贤母，世象芳躅，出自令门，归于望族。"末首云："懿美难罄，用敢择言，家载之乘，朝旌其门，福钟有兆，昌尔子孙，子子孙孙，永矢弗谖。"

安徽人程震佑作七律二首，有言："凛然大节传桑梓，亲见文孙叶凤鸣。""松柏有心能奏假，当年惟此岁寒身。"

咸丰十年（1860年）冬，王茂荫的挚友湖南吴大廷来皖任职前，前往王茂荫养病的潞河旅邸叙别，事后为王茂荫祖母作《王节母传》，为王茂荫父亲作《赠资政大夫敬庵公家传》，又为日后付梓的《王侍郎奏议》作序。在《王节母传》中，吴大廷有言："歙县致仕兵部左侍郎子怀王公，直声高节，震动朝野。"又云："古云'修德必获报'，侍郎为国元老，允堪与司马文正、李忠定相颉颃，以益光大节母之志。"

王茂荫复出的同治年间，为《节孝录》题识的名流仍然很多。如同治二年秋季，河北故城人贾臻就有题识，其言："我友王子怀，当此无愧词……朝廷诸大政，侃侃言无私，尤以人才者，世运之所资……何德而致然，教秉大母慈"。

同治三、四年（1864—1865年），王茂荫赴江西扶继母灵柩回籍安葬，侨寓省城安庆，与何璟、孙衣言、方宗诚、李文森、马恩溥、杨德亨、吴焯等人相见，将祖母行略见示请题识。

广东香山人何璟在题识中说："新安王子怀先生立朝三十年，寒谔荄诚著于外。余官谏垣时，屡以后辈礼见谒接，讽议每及国家大政生民利弊所关辄剀切，为余尽言，忠爱之忱溢于辞表，所谓王臣蹇蹇者矣……"

浙江瑞安人孙衣言："侍郎由甲科为曹郎，即著清节，至为谏官，历卿贰，言事切挚，常以国事成败，人才进退为己忧，既而自知终不见用，奉身而退，无所系恋，可谓始终无恨，无愧夫人之子孙。"

安徽桐城人方宗诚言："侍郎立朝清直，有古大臣风，出处进退一准乎时义之当然，不苟太夫人之教也。"方宗诚在题识中还说："侍郎登第归，太夫人色喜曰：吾始望若读书，念不及此终。愿汝识义理，恪恭乃职，以无忝先人。若跻显位、致多金，非吾愿也。以故侍郎立朝清直，有古大臣风，出处进退，一准乎时义之当然，而不苟太夫人之教也。"

贵州石阡人李文森题识，有言："凡有关国计民生，人所不及言不敢言者，公力言之，虽赖先帝仁圣时加优容，而公言之不已，人无不为公危惧，迨其事之既效，则又以公为哲士，为直臣，或以为天下奇男子，不知皆中之时也。"又言："公虽身在退处，未尝一日忘天下也。"

云南太和（大理）人马恩溥："少宰公嗣历台垣至卿贰，言论风采卓然，不愧于古之名臣。"

安徽石埭人杨德亨题识，有言："先生直声著谏垣，心响慕之……先生貌敦朴，呐呐然若不能出口。而立朝敢言，磊落俊伟，俨如奇男子之所为。吾友桐城方存之录其奏疏四册，每与语及辄为击节。德亨取读之，其间所陈论，大抵皆国家兴衰治乱之要，人所不敢言，亦不能言。"

安徽泾县人吴焯在题识中写道："同治岁甲子，焯自楚北乞假展茔，先生奉讳寓皖，示以大母太夫人节孝事，乃知先生立朝三十年如一日，一禀太夫人训也……"

湖北襄阳人单懋谦在题识中写道："王母方太妇人节行坚苦卓绝，与其事鬻之孝恭仁慈间，为千古闺门极则……太夫人之孙为吾同年王子怀先生，立朝以风节著，屹为名臣，盖明德之所被远矣。"

贵州遵义人黎庶昌在题识中写道："侍郎由侍御洊跻卿贰，果以直节著闻朝野，皆节母之教也……"

四

最早在文章中提到名画《贞松慈竹图》的人是八十年前的王璜，只是当时他没有说明这幅画的名称。

王璜（1915—1972），又名信发，安徽无为人，一个出生和成长于乱世的爱国知识分子，是二十世纪三十年代左翼文艺评论家王淑明的堂侄。民国二十三年（1934年）十一月，弱冠之龄的王璜受徽州友人汪蔚云推荐，先后到歙县《徽声日报》和屯溪《徽州日报》做副刊编辑。抗战前他去了上海，作自由撰稿人。他响应郭沫若关于调研《资本论》中提到的王茂荫的呼吁，于1937年2月从上海匆匆赶回歙县，在王任之和方士载的陪同下，去雄村义成访问了王茂荫后裔。这是有史以来对王茂荫义成故居的第一次实地考察。事后，他在当时洪琛、沈起予办在上海的《光明》杂志上发表了两篇文章。其中一篇为《王茂荫后裔访问记》，正是在这篇文章中，王璜提到了《贞松慈竹图》，他写了这么一段话：

> 我们坐的大厅旁边，也是一个大厅，那里悬挂着王茂荫先生的遗像，因为是正月里，遗像前烧着香，有个老妇人坐在那里，恐是王采南先生的夫人。厅后是住房，看上去很深远，当然房子很是不少。在我们坐的大厅内，正中挂了一幅名画，两旁挂着鲍康亲笔写的王母洪夫人寿序。

王茂荫玄孙王自燮、王自珍兄弟生前告诉笔者：王璜文章中提到的大厅正中悬挂的名画，就是《贞松慈竹图》。名画《贞松慈竹图》仅此一幅，曾悬挂于王氏义成"天官第"故居中堂，《节孝录》则不只一册，各房都有，但不多。

王茂荫生有三子，分作三房，依次为铭诏、铭慎、铭镇。王自燮、王自珍兄弟是二房之后。同治四年（1865年），王家由杞梓里迁居义成时，买下朱姓旧房作"天官第"故居，分三个单元，三房共居。王茂荫身后，各房子孙陆续外迁。

1940年出生的王自力先生，现年80岁，是王茂荫五世孙中唯一健在的，为长房之后。新中国诞生前后，他见过义成故居"天官第"中堂的《贞松慈竹图》以及画面上名流的题识。据他透露，二十世纪五十年代"大跃进""大办钢铁"的年代，号召老百姓捐献，《贞松慈竹图》可能就是当时同其他器物一起捐献了。

关于《贞松慈竹图》与《节孝录》，笔者不得不提起一件往事：

二十世纪八十年代初，笔者撰写的《王茂荫的货币观点和他的遭遇》（副标题是"谈谈《资本论》中提及的唯一的中国人"）在安徽省社科院主办的刊物《江淮论坛》1981年第1期发表后，又接连发表了几篇研究王氏的文章，由于大小报纸的摘编，域内外不少人知道我对王氏"颇有研究"。1984年8月24日，芜湖重型机械厂主治医生许尚武先生为寻找"文革"中遗失的一件关于王茂荫的书画册，写了一封请《江淮论坛》编辑部转致笔者的信。信中称：他祖母为王茂荫之孙女，传给他父亲精心保存有一本王茂荫的手迹，手迹是一本书画册，慈母传略，有花鸟、人物肖像，并注以诗词歌赋。"文革"之前，"家父在徽州地区统战会议上得知郭沫若同志收集关于王茂荫的资料，便将书画册裱装后，准备献出。不幸在"文革"中遗失。十一届三中全会后，恢复了家父的县政协委员身份，家父便在1979年写文字报告要求查找，直到今年元月家父因急病去世，都没有下落"。许先生说，他已向省及有关部门反映了，省政协副主席李清泉也过问了，但没有结果，希望学术界帮助调查。

收到《江淮论坛》转来许尚武的信后，笔者走访了文友王茂荫五世孙王自珍，又到徽州地区博物馆进行了调研。通过走访调研，知道许氏祖母不是王茂荫孙女，而是王茂荫长孙王善夫的女儿，应为曾孙女。王善夫（1852—?），又称善卿，谱名经守，小名联生，三房铭镇之子，经商闽浙，左贾右儒，喜交名流，是一方人物，翁同龢曾赠以联曰"琴书自娱绵之日月，松乔协轨宜乎昆仑"。其有女嫁歙书香门第许氏，陪嫁物有较为珍贵的文物，许尚武曾祖母许王氏传下那本有"慈母传略""花鸟、人物肖像"和"诗词歌赋"的"书画册"，很可能就是珍贵的《节孝录》。1984年10月4日，笔者致函当时的徽州地委统战部（附许尚武来信复印件），并亲自向地委统战部副部长徐冬生反映了事情经过和处理意见。1984年10月6日，给许尚武先生复了信。当时，信中告诉他遗失的"书画册"是《贞松慈竹图》，看来不确切，比较确切的应该是《节孝录》。

许尚武先生的来信原件、笔者致徽州地委统战部和许氏的信件草稿，一直保存至今。

笔者时常想：许尚武曾祖母传给后世，许尚武父亲许普树生前精心保存并且装裱，"文革"中遗失的那件关乎王茂荫研究的"书画册"，不知是否失而复得？

2018年7月31日午后，许尚武先生的胞弟、黄山市人民政府驻沪办事处原主任许坚卓先生打听到笔者住址，突然来访，笔者以为"书画册"有了下落，但据来访者告之，至今仍然是没有下落，而其父亲许普树和长兄许尚武已成古人！

《贞松慈竹图》与《节孝录》啊，而今你们到底还在不在人间？

（原文载《徽州社会科学》2019年第1期）

政治经济思想

王茂荫——我国清代杰出的财政家

马克思《资本论》第一卷第一编第三章中，在阐述纸币和金属铸币的关系时，特地加了一个标号83的附注，其中写道："清朝户部右侍郎王茂荫向天子上了一个奏折，主张将官票宝钞改为可兑现的钞票。在1854年4月的大臣审议报告中，他受到严厉申斥，他是否因此受到笞刑，不得而知。"马克思在《资本论》一至三卷中共提到近七百个人物，但其中的中国人只有王茂荫一个。

王茂荫，字椿年，号子怀，世居徽州歙县杞梓里，生于清嘉庆三年（1798年），道光壬辰（1832年）进士，历仕道光、咸丰、同治三朝，任过户部司员、监察御史、户部右侍郎等职，同治四年（1865年）在籍病故，享年六十八岁，著有《王侍郎奏议》。

王茂荫一生中，最引人注目的是他的货币改革方案。

第一次鸦片战争以后，清王朝由盛而衰，财政危机日益严重，在这种情况下，身为道光朝户部司员的王茂荫，历考中国古来发行钞币的利弊得失，探究济国之策达十余年之久。咸丰元年（1851年）九月，他向咸丰帝上了《条议钞法折》，这是他关于货币改革的第一个方案。这个方案包括十条建议，中心内容是建议政府发行钞币（即纸币）。王茂荫认为，发行钞币"不能无弊"，要使钞币能顺利流通，就必须注意"防弊"，要"先求无累于民，后求有益于国"。他所说的"防弊"和"无累于民"，实际上也就是防止通货膨胀。为了防止通货膨胀，他在方案中强调四点：（一）发行钞币只应是用以"辅银"，"而非舍银而从钞"。这就是说，发行钞币是为了辅助金属币之不足，而不是用以代替金属币，钞币发行后，金属币并不退出流通，而是（钞币）和金属币同时流通。用王茂荫的话来说，就是"以实运虚"。（二）钞币必须"定数"发行，否则"钞无定数，则出之不穷似为大利，不知出愈多，（币）值愈贱"。这就是说，纸币的最高发行额必须严格控制，而且要采取审慎的办法逐渐增发到一定限额，否则发行过滥就会使币值惨跌，物价腾涨。（三）反对铸大钱，即反对铸造表面价值超过本身含铜量所体现的价值的铸币。（四）为了巩固钞币的信用，建议政府准许民人持钞捐官和缴纳钱粮，或持钞到银号兑取现钱（白银和制钱）。由此可见，早在一百三十年前，王茂荫对纸币和金属币之间的关系以及纸币流通的规律，就已经有了某种程度的认识。在马克思的《资本论》尚未问世的时候，王茂荫就有这样的认识，这实在是难能可贵的。

由于王茂荫建议发钞，正中清廷之意，咸丰三年（1853年）他被擢升为户部右侍郎兼管钱法堂事务，成为清政府财政、货币事务的主管官员之一。但是，由于他的方案强调防止通货膨胀，这与清政府企图通过膨胀来榨取民财的方针是相悖的，因此他的方案没有被清政府所采纳。为此，王茂荫一再上书咸丰，要求对他的方案再行详议。如在《论行大钱折》中，他驳斥了"国家定制，当百则百，当千则千，谁敢有违"这种国家创造货币价值的谬论，明确指出"官能定钱之值，而不能限物之值"。这一说法，正确地指出了国家只能规定货币的表面价值，而不能决定它的实际价值，不能任意提高它的购买力。然而，咸丰对王茂荫的劝谏根本听不进去。咸丰三年五月，清廷按照左都御史花沙纳的通货膨胀措施，发行了大量的"银票"，并于同年八月开始铸造"当十""当五十"等大钱，到年底又发行了以制钱为单位的"宝钞"。咸丰四年（1854年）正月，王茂荫针对内务大臣肃顺等人提出的添铸"当百""当千"大钱的主张，再次上书咸丰，指出铸大钱必将导致私铸繁兴，物价踊贵，亏国病民。可是，清廷仍然一意孤行，继续采取饮鸩止渴的政策，于同年三月添铸了"当百""当五百""当千"以上的大钱，从而使通货膨胀愈演愈烈，民怨沸腾。

面对通货膨胀的残局，王茂荫深感忧虑，他决心再做一次努力。咸丰四年三月初五，他向咸丰帝上了《再议钞法折》，这是他关于货币改革的第二个方案。这个方案包括四条建议，中心内容是建议政府将不兑现的"银票""宝钞"改为可兑现的钞币。他是企图通过兑现来刹住继续增发纸币的势头，从而制止已经发生的通货膨胀。由于这一建议深深触及了清廷财源枯竭、国库空虚的痛处，所以咸丰帝大为恼怒，当即降旨恭亲王奕䜣、定郡王载铨审议。三月初八咸丰帝同意了该项审议，指斥王茂荫"专利商贾""竟置国事于不问"，不能与朝廷"和衷共济"，下令给王茂荫以"严行申斥"的处分。数日后，王茂荫即被调离财政部门去兵部任职。这件事曾被当时驻北京的帝俄使节写进《帝俄驻北京公使馆关于中国的著述》一书中。1858年，德国人卡·阿伯尔和弗·阿·梅克伦堡又将该书译成德文并在柏林出版。马克思正是从这本书中知道王茂荫其人其事的。

王茂荫被调离户部以后，对货币改革问题仍然十分关注。直到1857年（第二次鸦片战争前夕）他还上书咸丰，建议"酌量变通钱法"。他认为，只有这样做才能使"夷人无收买之利而民间有流通之资"。他的这种关心时弊、直言敢谏的精神，是令人敬佩的。难怪同治登基后，对他十分器重，不仅称誉他"志虑忠纯，直言敢谏"，而且还任命他担任许多重要职务，特别是任命他担任工部右侍郎兼管钱法堂事务。

现在看来，王茂荫当时遭受申斥，实在是很冤枉的。虽然他在奏折中说过"不应病民亏商"一类的话，但他的本意还是想借助近代商业资本的力量来缓和政府的财政危机，他建议发行钞币本身就是为稳定清政府的财政，巩固清王朝的统治着想的。

王茂荫的货币观点在我国近代经济思想史上是有一定地位的，他不愧为我国近代一位杰出的财政家。

（原文载《徽州社联》创刊号1981年第1期）

王茂荫——我国清代杰出的财政家

王茂荫的货币观点和他的遭遇

——谈谈《资本论》中提及的唯一的中国人

一百多年前，马克思在《资本论》第一卷第一编第三章中，讲到强制流通的国家纸币有代替金或银来执行铸币的职能时，在一个附注中写道："清朝户部右侍郎王茂荫向天子上了一个奏折，主张暗将官票宝钞改为可兑现的钞票。在1854年4月的大臣审议报告中，他受到严厉申斥，他是否因此受到笞刑，不得而知。"①现在谈一谈王茂荫的货币观点和有关他的一些情况。

一

王茂荫（1798—1865），字椿年，号子怀，世居安徽歙县杞梓里。他少幼刻志于学，清道光十二年（1832年）进士，历仕道光、咸丰、同治三朝。他生平研究经史，其货币观点及钞币发行方案最为引人注目。

道光十二年至道光二十年，王茂荫任户部司员等职务。当时清政府在财政上虽有困难，但还过得去。第一次鸦片战争以后，随着外国资本主义的入侵，国内白银源源外流，清政府的财政困难日益严重。面对这一局势，王茂荫深感忧虑，于是他"历考古来圜法利弊，悉心研究，积思十余年"②，以济国之用。太平天国运动爆发后，清政府由于庞大的军费开支，财政上出现了严重危机。这时的王茂荫深深感到理财是当务之

① 马克思：《资本论》第一卷，人民出版社1975年版，第146—147页。
② 王铭诏，王铭慎：《子怀府君行状》，第37页。

急。一八五一年九月初二日，时任陕西道监察御史的王茂荫向刚刚登基的咸丰帝上了《条议钞法折》，建议发行钞币（即纸币）。这是他为缓和清政府的财政危机而提出的第一个币制改革方案。这个方案包括十条建议：（一）"推钞之弊钞之利"；（二）"拟钞之值"；（三）"酌钞之数"；（四）"精钞之制"；（五）"行钞之法"；（六）"筹钞之通"；（七）"广钞之利"；（八）"换钞之法"；（九）"严钞之防"；（十）"行钞之人"。中心内容是建议政府发行由银号出资替政府负兑现责任的钞币。

王茂荫认为，行钞"不能无弊"，只能是在财政极端困难时所采取的一种"不得已之计"，因此要使钞币行得通，必须注意防弊，要"先求无累于民，而后求有益于国"。[1]他所说的"防弊""无累于民"，实质是要防止通货膨胀。他认为，钞币的作用是辅助金属币之不足，而不能代替金属币，发行钞币只应原是用以"辅银"，"而非舍银而从钞"。[2]所以，他特别强调，要发挥金属币对钞币的辅助作用，认为这是维持钞币信誉的一个不可缺少的条件，并把这个条件概括为"以实运虚"。"以实运虚"就是王茂荫解释钞币流通的基本观点，也是他的币制改革方案的立足点。这一观点，是以他对钞币的数量及其价值的相互关系的认识为依据的。他在总结中国历史上发行钞币的经验教训的基础上，指出钞币发行要做到"行之以渐，限之以制"，而且还要有个"定数"，否则，"钞无定数，则出之不穷似为大利，不知出愈多，值愈贱，……种种扰民，皆由此出"，"造钞太多，则壅滞而物力必贵"。[3]王茂荫提出的"以实运虚法"的主要内容，是"以数实辅一虚"。具体做法是：国家发行以制银为单位的银钞（纸币），面额分十两、五十两两种，最高发行额要严格限制，并且采取审慎的办法在若干年内逐渐达到这一最高限额；银钞发行后，白银并不退出流通，而是以若干倍于银钞的数量和银钞同时流通。正是基于这一设想，在第一个方案中，他根据当时清政府每年只有四千万两白银的收支情况，建议政府"每岁先造钞十万两，计十两（面额）者五千

---

① 王茂荫：《条议钞法折》，《王侍郎奏议》第一卷，第2页。

② 王茂荫：《条议钞法折》，《王侍郎奏议》第一卷，第3页。

③ 王茂荫：《条议钞法折》，《王侍郎奏议》第一卷，第2—3页。

张，五十两（面额）者一千张，试行一二年，计可流通，则每岁倍之，又得流通，则岁又倍之。极钞之数，以一千万两为限。"[1]可见，他是主张用限制钞币发行量并使它同白银保持一定的联系的办法，来防止通货膨胀的。

王茂荫强调国家发行钞币必须"以数实辅一虚，行之以渐，限之以制，用钞以辅银，而非舍银而从钞"，认为只有这样才不会出现"壅滞之弊"。[2]这就表明，他对纸币流通规律是有粗浅的认识的。这个规律正如马克思在《资本论》中所阐述的那样："纸币流通的特殊规律只能从纸币是金的代表这种联系中产生。这一规律简单说来就是：纸币的发行限于它象征地代表的金（或银）的实际流通的数量。"[3]在十九世纪中叶，王茂荫对纸币流通的规律就有如此程度的认识，这实在是难能可贵的。但是，王茂荫和所有的金属主义者一样，没有确切地找到钞币和金属币之间的联系，他不了解，只要代替金属币执行流通手段的职能的钞币发行量，没有超过流通中所需要的货币量，即使流通中的货币都由钞币来代替，而完全没有金属币在流通，钞币也不会贬值。王茂荫在自己的方案中还规定，钞币可以向银号兑取现银，从表面看他所主张发行的银钞是可以兑换的，其实不然，因为他的方案中没有明确规定银钞的发行者——国家，应负兑现责任，国库也没有把现银作为兑现的准备金存放在银号中。既然如此，兑现就不可能有真正的保证。王茂荫的货币观点，或者说他的第一个币制改革方案的主要局限性，也正在这里。

二

继王茂荫提出第一个币制改革方案之后，当时的左副都御史花沙纳也提出了他的银票发行方案。花沙纳的方案主张发行面额一两到五十两五种，先发行一万万两，以后随时可以添制。他认为，只要印制银票的

---

① 王茂荫：《条议钞法折》，《王侍郎奏议》第一卷，第2—3页。
② 王茂荫：《条议钞法折》，《王侍郎奏议》第一卷，第3页。
③ 马克思：《资本论》第一卷，人民出版社1975年版，第147页。

铜版一动，"造十万则十万，造百万则百万"①，国家可以用严刑峻法强制发行。显然，这是一种以通货膨胀来残酷搜刮民财的措施。对于这一主张，王茂荫坚决反对。

一八五三年正月初八日，王茂荫就钱法问题给咸丰上了两个奏折，一个是《条奏部议银票银号难行折》，一个是《请将钞法前奏再行详议片》。前一奏折主要是劝谏咸丰不宜采纳花沙纳的主张，后一奏折是要求再次审议自己的方案。他在奏折中指出："夫行钞，首在收发流通。惟收之能宽，斯发之不滞。今银票之发唯以抵存本，而收唯以报常捐，上下均隘其途，安得而流通乎！②"他再次强调国家发行钞币必须做到"行之以渐而限之以制"，否则"一旦骤造数十万，势必不行"。③正月十九日，咸丰根据户部关于要求派员会筹试行钞法的奏请，令花沙纳和王茂荫会同户部官员建议钞法章程，并要求绘出钞币图样呈览。在会筹期间，王茂荫在原则上始终坚持自己的方案，抵制花沙纳的通货膨胀措施，并多次向咸丰劝谏。可是，咸丰却对花沙纳的方案十分赞同，而将王茂荫的方案丢在一边。一八五三年五月，清政府终于按照花沙纳的方案发行了大量的以制银为单位的"银票"（亦称"户部官票"）。同年腊月，清政府又发行了以制钱为单位的"钱钞"（亦称"大清宝钞"），面额最初分为二百五十文、五百文、一千文、一千五百文和二千文等数种，后又增发五千文、十千文、五十千文和百千文等大钞。

虽然咸丰没有采纳王茂荫的方案，但考虑到他是本朝第一个建议发钞的，并且系户部司员出身，对户部事务较为熟悉，因此一八五三年十一月，仍将王茂荫任命为户部右侍郎兼管钱法堂事务。王茂荫上任后不到二十天，就针对当时有人提出的铸大钱主张，给咸丰上了《论行大钱折》。实际上王茂荫在开始建议发钞时就反对铸大钱，他认为发钞和铸大钱都是有弊病的，尤其是铸大钱弊病更多，主张发钞只不过是"两害取其轻"。在《论行大钱折》中，他进一步申述了反对铸大钱的理由，指

---

①《清史列传·花沙纳传》。

② 王茂荫：《请将钞法前奏再行详议片》，《王侍郎奏议》第三卷，第8页。

③ 王茂荫：《请将钞法前奏再行详议片》，《王侍郎奏议》第三卷，第8页。

王茂荫的货币观点和他的遭遇

出："钞法以实运虚，虽虚可实，大钱以虚作实，似实而虚。"①在这里，王茂荫已经比较正确地看出并且说明了钞币和大钱之间的区别。因为在当时的货币制度下，银两和铜（制）钱并用，无主币、辅币之分，所以大钱本身就是货币，只能按照它本身的价值流通。大钱的表面价值超过它本身的价值，就是"以虚作实"，在流通中，它必将回落到它实际所体现的价值。而钞币却是货币符号，它本身虽然没有价值，但只要发行量不超过现实流通中所需要的货币量，它就能代表货币执行流通手段的职能而不至贬值，这也就是王茂荫所说的"虽虚可实"。在这一奏折中，王茂荫还有力地驳斥了"国家定制，当百则百，当千则千，谁敢有违"这种国家决定货币价值的谬论，指出"官能定钱之值，而不能限物之值。钱当千，民不敢以为百；物值百，民不难以为千"②。这一说法，正确地指出了国家只能规定铸币的表面价值，但不能决定它的实际价值，不能决定它的购买力。王茂荫还分析了铸大钱必将导致"私铸繁兴""物价踊贵"。他劝谏咸丰帝说：信用是一国之宝，如准大钱颁行，"民情必深惶惑，市肆必形纷扰，而一切皆不敢信"③。主张行大钱的人虽然甚多，但所论未必正确。

一八五四年正月十二日，王茂荫再次向咸丰上《再论加铸大钱折》。在这一奏折中，王茂荫进一步强调铸大钱将使私铸繁兴，亏国病民。针对"私铸正可增官铸之用"的论调，他驳斥道："若奸人以四两之铜铸两大钱，即抵交一两官银，其亏国将有不可胜计者。""设奸人日销以铸大钱，则民间将无制钱可用，其病民又有不可胜言者。"④这就是说，铸大钱必将搅乱商业活动，危害人民生活，加剧国家的财政危机，最后大钱本身也名誉扫地。

一八五一年，王茂荫提出币制改革方案时指出，过去历史上铸大钱，都是"不三五年即废"。而咸丰朝在一八五三年八月始铸"当十""当五十"大钱的基础上，又于次年三月添铸"当百""当五百"和"当千"以

---

① 王茂荫:《论行大钱折》,《王侍郎奏议》第六卷,第4页。
② 王茂荫:《论行大钱折》,《王侍郎奏议》第六卷,第4页。
③ 王茂荫:《论行大钱折》,《王侍郎奏议》第六卷,第5页。
④ 王茂荫:《再论加铸大钱折》,《王侍郎奏议》第六卷,第15—16页。

上的大钱，结果很糟，还不到五个月就不能流通了。实践证明王茂荫抵制铸大钱的主张是正确的。

三

本来，"银票"发行后，民间就出现了混乱，再加上"宝钞"的大量发行和当百、当千大钱的出笼，通货膨胀就更为严重。当时京城内外银钱铺户纷纷关门，连军兵也拒绝接受银票、宝钞和大钱，币值惨跌，百货奇缺，商店倒闭，民怨沸鼎。面对这种残局，王茂荫"夙夜焦急，刻思有以补救之"。一八五四年三月初五日，他又向咸丰上了《再议钞法折》。这个奏折，实际上是他关于币制改革的第二个方案。这个方案包括四条建议：（一）"拟令钱钞可取钱"；（二）"拟令银票并可取银"；（三）"拟令各项店铺用钞可以易银"；（四）"拟令典铺出入均准搭钞"。他这里所说的"可取钱""可取银"，是指持票（银票、宝钞）人可以到银号、钱庄兑取属于国家的白银和制钱。可见，这个方案的核心内容是建议政府暗将不兑现的银票、宝钞改为可兑现的钞币。到这里，我们已经可以清楚地看出，王茂荫就币制改革所提出的两个方案，都贯穿了一个基本精神，那就是反对通货膨胀。如果说第一个方案是通过事先限制钞币的发行量来防止通货膨胀，那么第二个方案则是要通过兑现来制止已经发生的通货膨胀。

王茂荫是一个特殊的金属主义者。在他看来：钞币是同名金属币的代表，因此它的发行量不能超过能够流通的同名金属币量；如果已经超过了这一限度，那就必须用兑现来加以"补救"；而要保证兑现，国家手里必须有一定数量的同名金属币。正是基于这一认识，他在第二个方案中谈到"宝钞"兑现时，根据当时政府已经发行百数十万"宝钞"这一现状，建议政府责成户部从户局每月解部之钱中扣下十余万串，三个月筹积三十余万串，以应付所发百数十万"宝钞"的兑现需要。他说，"此法每年虽似多费数十万之钱，而实可行百余万之钞"，①为什么三十余万串现钱，就能应付百余万之钞的兑现呢？他认为，"有钱可取，人即不争取"，"有钱许取，人亦安心候取"，甚至"令半年后再取，人亦乐从，经过一次发钱，人知钞不终虚，自不急取"。②这就表明，尽管当时王茂荫思想上还没有明确的"准备金"概念，但他大体上已经认识到国家要保证钞币兑现，就必须有准备金，而且这一准备金的数量可以大大少于钞币的发行额。

从王茂荫关于币制改革的两个方案中还可以看出，这位财政家是力图借助银号、钱庄和商人的力量来推行币制改革的。因为，他目睹封建官僚机构的贪污腐败和不能取信于民，看到"凡民畏与官吏交，而不畏与银号交"，"生弊之人商民为轻，官吏为重"，③所以他认为，要使钞币顺利地进入流通过程，银号、钱庄在民间必须享有威信。因此，在第一个方案中，他曾建议清政府将印好的钞币分发各地银号、钱庄，责成它们代为发行，并给予每库平五十两仅令上缴市平五十两的微利。④在第二个方案中，他更为明确地指出：钞币流通"非有商人运于其间皆不行，非与商人以可运之方，能运之利，亦仍不行"⑤，"现行银票、钱钞，均属天下通行，而行远要以银票为宜，欲求行远，必赖通商，欲求通商，必使有银可取"⑥。这些都直接地反映出，早在一百三十多年前，王茂荫对近代商业资本的力量和作用，就有一定程度的认识。

王茂荫是一个精明人。在《再议钞法折》中，考虑到咸丰和一些亲王、大臣很难采纳他的第二个方案，于是他在奏折的结尾处申明：发行钞币是我最先提出来的，虽然现在用的不是我的方案，但吃了银票、宝钞苦头的人都责怪和怨恨我，因此"请旨将臣交部严加议处，以谢天下，

---

① 王茂荫：《再议钞法折》，《王侍郎奏议》第六卷，第22页。
② 王茂荫：《再议钞法折》，《王侍郎奏议》第六卷，第22页。
③ 王茂荫：《条议钞法折》，《王侍郎奏议》第六卷，第7—8页。
④ 库平是我国古代国库出纳所用的天平，为全国统税的标准衡。市平即社会上一般用的标准衡。库平1两等于市平1.1936两。
⑤ [清]王茂荫：《王侍郎奏议》卷六《再议钞法折》，清光绪十三年刻本。
⑥ [清]王茂荫：《王侍郎奏议》卷六《再议钞法折》，清光绪十三年刻本。

而慰人心"①。果然，咸丰看了他的第二个方案以后，大为恼怒，指责他"只知专利商贾之词，率行渎奏，竟置国事于不问，殊属不识大体"②，并即降旨恭亲王奕䜣、定郡王载铨审议。在一八五四年三月初八日的审议报告中，亲王大臣们不责怪自己无能，反而指责王茂荫出尔反尔，是"以倡议行钞之人，为止阻塞钞路之言"③。咸丰下令"严行申斥"王茂荫。一八五四年三月十二日，王茂荫被调离户部去兵部任左侍郎。马克思在《资本论》中的那个附注所提及的，正是这件事。马克思之所以知道并在自己的经济学巨著中提及这件事，是因为当时驻北京的帝俄使节将这件事写进了《帝俄驻北京公使馆关于中国的著述》一书中，一八五七年该书又被德国人卡·阿伯尔和弗·阿·梅克伦堡译成德文出版发行，马克思在撰写《资本论》的过程中看了这本书，并对王茂荫的货币观点颇有兴味。从马克思的附注可以看出，马克思对王茂荫的币制改革主张基本是肯定的，对王茂荫遭受"申斥"也是表示同情的。王茂荫被调离户部后，对银票、宝钞继续贬值的局面仍然十分关注，直到一八五七年九月，他还特意给咸丰上疏，建议"酌量变通钱法"。他认为只有"变通钱法"，才能"使夷人无收买之利而民间有流通之资"。④

王茂荫曾经说过，"我之奏疏，词虽不文，然颇费苦心于时事利弊，实有切中要害处"。⑤他的儿子们在他身后也有这样的评述："府君……于国计民生政事得失，知无不言，言无不尽"。⑥仅就币制改革而言，王茂荫确实做到了这一点。从一八五一年九月到一八五七年九月这整整六年中，他先后提出两个币制改革方案，中间一再力谏，甚至在被调离财政部门以后，时隔三年半还要就钞币流通中的弊病提出改革意见。这足见他是怎样的遇事敢言、持正不阿！正因为如此，一八六二年，同治帝登

---

① [清]王茂荫：《王侍郎奏议》卷六《再议钞法折》，清光绪十三年刻本。

② 《清文宗实录》，第一百二十三卷，第46页。

③ 咸丰四年三月初八日《军机户部折》，《中国近代货币史资料》第一辑上册，第394页。

④ 王茂荫：《请酌量变通钱法片》，《王侍郎奏议》第九卷，第9页。

⑤ 王铭诏、王铭慎：《子怀府君行状》第39页。

⑥ 王铭诏、王铭慎：《子怀府君行状》第37页。

基后对王茂荫十分器重，称誉他"志虑忠纯，直言敢谏"①，并于同治元年（1862年）四月任命王茂荫署理左副都御史，三个月后又补授工部右侍郎兼管钱法堂事务，次年又调补吏部右侍郎。一八六五年六月王茂荫在籍病故后，同治也感到"轸惜殊深"，不仅指令礼部给王茂荫加恩，而且决定对王茂荫生前"任内一切处分悉予开复"②。

现在看来，当时王茂荫被指责为只知"专利商贾"，而"置国事于不问"，是很冤枉的。他虽然在奏折中说过不应该"病民亏商"一类的话，但其本意是想借助商业资本的作用和力量来缓和政府的财政危机。他主张由银号出资替政府兑现责任，实在是对银号的一笔课税，怎么能说是"专利商贾"呢？在当时白银源源外流，财政支出日益紧张的情况下，他建议发钞，一是想控制白银外流，"使夷人无收买之利而民间有流通之资"③，二是想以此来搜集民财，稳定国家财政。归根到底是为巩固封建政权着想的，这与他所提出的一些防剿太平军的方略是一致的。这又怎么能说"置国事于不问"呢？至于他的币制改革方案没有被采纳以及因此受"申斥"，主要是因为他的发行钞币要有一定数量的金属为本位的观点，以及反对滥发钞币和铸大钱等主张，不符合清政府残酷搜刮民财的要求，特别是他提出的钞币兑现的建议，更是戳到了清政府财源枯竭、国库空虚的痛处。王茂荫希望通过实施他的方案，使清政府有一个比较稳定的财政状况，避免因滥发钞币而引起社会经济混乱。但是，他不了解，在清朝已经腐朽了的社会经济基础上，他所希望的稳定的财政状况是不可能出现的。

综而言之，王茂荫的货币观点，是很值得我们重视和研究的，尽管他的货币观点有一定的局限性，但这种局限性主要是由不发达的社会经济条件和历史条件造成的。按照历史唯物主义的观点看问题，应当肯定王茂荫在中国近代经济思想史上的地位和作用。

（原文载《江淮论坛》1981年第1期）

① 王铭诏、王铭慎：《子怀府君行状》第1—2页。

② 王铭诏、王铭慎：《子怀府君行状》第1—2页。

③ ［清］王茂荫：《王侍郎奏议》卷九《请酌量变通钱法片》，清光绪十三年刻本。

王茂荫及其货币理论

马克思在《资本论》中提到我国清代理财官王茂荫，这已为不少人所知晓。然而，王茂荫究竟是个什么样的人？他的货币理论的主要内容和特点是什么？马克思当年是怎么知道他的事迹的？这并不是很多人都了解的。笔者系王茂荫故乡人，这里根据近几年来所搜集的资料（特别是王茂荫后裔所提供的原始资料），对以上三个问题，作以探研。

王茂荫，字椿年，号子怀，生于清嘉庆三年（1798年）三月十一日，原居安徽歙县杞梓里，为清廷达官后迁居该县义成村。道光十一年（1831年），三十四岁的王茂荫至京师应京兆试，考中举人。次年，京师会试联捷进士。经过二十年浮沉郎署生活的王茂荫，直到太平军起事的第二年，才算踏上仕宦的坦途。咸丰三年（1853年）三月，他署湖广道监察御史，四月奉旨补授太常寺少卿，六月补授太仆寺卿，十一月被擢为户部右侍郎兼管钱法堂事务，成为清廷主管财政货币事务的要员之一。王茂荫担任这个职务虽然只有四个多月，但在理财问题上却有独立的见解。他坚决抵制铸大钱，同时主张发行可兑换的纸币。就为这件事，咸丰四年（1854年）三月，他受到咸丰的严厉申斥，被调离户部去兵部任右侍郎，旋又转兵部左侍郎。咸丰八年（1858年）七月，他以病请求开缺。同治元年（1862年）四月，王茂荫又被起用，奉旨署理都察院左副都御史，七月补授工部右侍郎兼管钱法堂事务。同治二年（1863年）二月调补吏部右侍郎，六月差次山西期间，接继母讣音，绕道回籍奔丧。因战乱不靖，道途受阻，辗转至同治四年（1865年）四月才扶柩归里，方经营卜葬事，旧病又复发且医治无效，同年六月二十二日在籍病逝。

从王茂荫的一生来看，最引人注目的是他的货币观点和币制改革方案。

道光二十年（1840年），鸦片战争爆发以后，随着白银的大量外流，内地银两短绌，银贵钱贱，清政府的财政出现窘况。身为户部员的王茂荫"见库帑支绌，思所以济国用，乃历考古来圜法利弊，悉心研究，积思十余年"。①太平天国运动爆发后，清政府的财政危机日益加剧。当时，主张铸大钱者有之（钱法派），主张无限制发行不兑换纸币者亦有之（钞法派），这实际上都是主张用通货膨胀的办法来缓和财政危机。王茂荫坚决反对这样做。咸丰元年（1851年）九月初二日，他（时任陕西道监察御史）向咸丰上了《条议钞法折》，正式提出自己的币制改革主张，即有限制地发行可兑换的钞币（即纸币）。他认为行钞"不能无弊"，它与铸大钱相比，只是"两利取其重，两害取其轻"，是财政极端困难时的一种"不得已之计"。②因此，要使钞币能顺利流通，必须注意"防弊"，做到"先求无累于民，而后求有益于国"。③他所说的"防弊"，主要是防止滥发钞币而造成通货膨胀。他的"防弊"措施，有三点是值得我们注意的：

一是行钞只应是用以"辅银"，"而非舍银而从钞"④，即钞币是用以辅助金属铸币之不足，而不能代替金属铸币，钞币发行后，金属铸币不但不退出流通，而且要以若干倍于钞币的数量和钞币一道流通。这实际上是强调所发行的钞币必须以金属铸币为本位。

二是钞币的发行必须根据"以数实辅一虚"⑤的原则（他认为钞"虚"银"实"），做到"行之以渐，限之以制"，定数发行。他说："钞无定数，则出之不穷似为大利，不知出愈多，值愈贱……种种扰民，皆

---

① 《子怀府君行状》第37页。该行状为王茂荫儿子铭诏、铭镇所作。
② 《王侍郎奏议》第一卷，第1页。
③ 《王侍郎奏议》第一卷，第2页。
④ 《王侍郎奏议》第一卷，第3页。
⑤ 《王侍郎奏议》第一卷，第3页。

由此出"①，"造钞太多，则雍滞而物力必贵"②。这就是说，钞币必须严格限制在一个最高发行额之内，而且要采取审慎的办法，逐渐增发到最高发行额。否则，就会导致币值跌落，物价上涨。

三是所发行的钞币必须可以随时兑现。他主张钞币发行后，政府不仅要准许民人持钞捐纳官项，缴纳钱粮，而且要准许持钞人到银号、钱庄兑取现银、现钱（金属币）。

王茂荫建议行钞，是正中清廷之意的，加之他在户部任事多年，对各项事务均较熟悉，所以咸丰三年（1853年）十一月，他被提升为户部右侍郎兼管钱法堂事务。但是，由于他的方案强调防止通货膨胀，与清政府搜刮民财的方针是相悖的，所以他的方案自然很难被清政府采纳。事实上，清政府于咸丰三年五月发行的"户部官票"和同年底发行的"大清宝钞"，用的皆非王茂荫的原拟之法，都是不兑现的纸币。

王茂荫在主张发行兑现纸币的同时，坚决反对铸大钱。他出任户部右侍郎兼管钱法堂事务不到二十天，就针对有人提出的添铸大钱的主张，给咸丰上了《论行大钱折》。他的观点很明确："钞法以实运虚，虽虚可实，大钱以虚作实，似实而虚。"③意思是说，纸币虽然没有价值，但如果可以兑换金属币，它就代表一定的实际价值，而大钱本身虽然有一定的价值，但因为它是不足值的，所以它的额面价值是虚假的。这说明他已经初步意识到货币作为衡量商品价值的一种手段，本身就应当具有价值，而且应当是相等的价值，尽管他当时对价值这一范畴还不了解。在奏折中，他还有力地驳斥了国家权力可以任意决定货币价值的偏见。他写道："论者又谓：国家定制，当百则百，当千则千，谁敢有违？是诚然矣。然官能定钱之值，而不能限物之值。钱当千，民不敢以为百；物值百，民不难以为千。"④在这里，他指出了国家权力虽然能规定铸币的名义价值，但不能决定它的实际价值，不能任意提高或降低它的购买力。王茂荫从历史的教训中总结出铸大钱势必导致私铸繁兴，物价涌贵，亏

①《王侍郎奏议》第一卷，第3页。
②《王侍郎奏议》第一卷，第2页。
③《王侍郎奏议》第一卷，第4页。
④《王侍郎奏议》第一卷，第4页。

国病民。他在咸丰四年正月上给咸丰的《再论加铸大钱折》中，着重分析了这一点。他说："若奸人以四两之铜铸两大钱，即抵交一两官银，其亏国将有不可胜计者。""设奸人日销以铸大钱，则民间将无制钱可用，其病民又有不可胜言者。"①可是，咸丰却听不进这一劝谏，仍准于同年三月添铸"当百""当千"的大钱。

本来，不兑现的官票发行后，民间就已经出现了混乱，再加上不兑现的宝钞和各类大钱的滥发，咸丰朝的通货膨胀愈演愈烈。当时的北京城，"凡以钞买物者，或坚持不收，或倍昂其价，或竟以货尽为词，有戏呼为'吵票'者"。②对此，王茂荫"夙夜焦急，刻思有以补救之"。③咸丰四年三月初五日，他向咸丰上了《再议钞法折》，这实际上是他关于币制改革的第二个方案。他的"补救"措施，集中到一点，即主张将不兑现的"户部官票"和"大清宝钞"改为可兑现的钞票。企图用兑现的办法来刹住继续增发不兑现纸币的势头，制止已经发生的通货膨胀。

清政府处于财源枯竭、国库空虚之际，显然是没有可能采纳王茂荫的兑现主张的。这一点，王茂荫是估计到了。所以，他在该奏折结尾处申明，行钞是我先提出来的，虽然现在用的并非我的原拟之法，但是吃了银票、宝钞苦头的人都在责怪和怨恨我，因此请旨将我交部严加议处，以谢天下，而慰人心。果然，咸丰看了这个奏折之后，龙颜大怒，指斥王茂荫"专为商人指使，且有不便于国而利于商者，亦周虑而附于条款内，何漠不关心国事至如是乎？"④并降旨户部军机大臣审议。同年三月初八日，户部军机大臣们在呈给咸丰的审议报告中，也指责王茂荫是"以倡议行钞之人，为此阻塞钞路之言""所论专利商贾而不便于国，殊属不知大体"。⑤这样，咸丰便下令对王茂荫"严行申斥"。在币制改革问题上，王茂荫的发言权就这样被解除了。

咸丰及户部军机大臣指斥王茂荫的钞币兑现主张是"专利商贾而不

①《王侍郎奏议》第一卷，第15—16页。

②鲍康：《大钱图录》。

③《王侍郎奏议》第六卷，《再议钞法折》第21页。

④《中国近代货币史资料》第一辑上册，第393页。

⑤《中国近代货币史资料》第一辑上册，第395页。

便于国", 这显然是不妥当的。因为, "利商"与"便国", 一般说来是不矛盾的。问题就在一个"专"字上。王茂荫的确说过行钞不能病民亏商一类的话, 以至主张给商人一些"微利", 但他的本意并不是"专利商贾", 而是企图借用商人资本的力量来推进政府的新币制, 最终目的还是为了扭转财政颓势。在他看来, 商业的活跃, 钞币的畅行, 国家财政状况的好转, 三者是一致的。如果说有什么矛盾的话, 那就是在对待商业问题上, 清政府是采取抑制的政策, 而王茂荫却主张加以发展, 在搜刮民财问题上, 清政府不惜"杀鸡取蛋", 而王茂荫则主张"养鸡生蛋"。因此, 王茂荫被斥为"何漠不关心国事"。

综观王茂荫的货币理论, 他基本上属于货币史上的金属论者, 但又不是一般的金属论者, 而是一个特殊的金属论者。对于纸币与金属货币的关系, 以及纸币流通规律, 他都是有一定程度的认识的。

当年马克思是怎么知道王茂荫的呢? 原来, 王茂荫遭受"申斥"一事, 虽然是发生在清廷之内, 但是却被当时帝俄驻北京公使馆的提调巴拉第作为情报加以收集, 以后又写进了《帝俄驻北京公使馆关于中国的著述》一书 (俄文版, 以下简称《著述》)。1858年, 《著述》又被德国学者卡·阿伯尔和弗·阿·梅克伦堡译成德文在柏林出版。马克思正是从德文版《著述》中知道了王茂荫的事迹, 并在《资本论》第一卷第一编第三章附注83中提到了王茂荫。

值得注意的是, 马克思是在阐述强制流通的国家纸币有代替金或银来执行铸币的职能时, 特地另加附注的。这一附注的前半文是:

> 清朝户部右侍郎王茂荫向天子上了一个奏折, 主张暗将官票宝钞改为可兑现的钞票。在1854年4月的大臣审议报告中, 他受到严厉申斥, 他是否因此受到笞刑, 不得而知。审议报告最后说, "臣等详阅所奏……所论专利商而不便于国。"①

---

① 《资本论》第一卷, 第146—147页。

马克思这里所说的王茂荫上给天子的"奏折"，指的就是王茂荫于咸丰四年三月初五日上给咸丰的《再议钞法折》。从马克思的附注可以看出，他对王茂荫的遭际是同情的。他甚至担心王茂荫受了刑罚。可以肯定地说，马克思之所以要在《资本论》中分析货币问题时提到王茂荫，是因为在纸币能否兑现问题上，他发现王茂荫的观点与他的观点是一致的。在马克思看来，纸币是以某种贵重金属为本位而发行的，因此它的兑现应当是不成问题的。他在《1857—1858年经济学手稿》中，就清楚地写下了这样两段话：

如果纸币以金银命名，这就说明它应该能换成它所代表的金银的数量，不管它在法律上是否可以兑现。一旦纸币不再是这样，它就会贬值。①

只要纸币以某种金属（一般是一种）本位命名，纸币的兑现就成为经济规律，而不管它在法律上是否可以兑现。②

还值得注意的是，马克思在《资本论》中所阐述的纸币流通规律："纸币的发行限于它象征地代表的金（或银）的实际流通的数量"，正是他在提及王茂荫的同时，正式表达出来的。

（原文载《天津社会科学》1984年第2期）

---

①《马克思恩格斯全集》第46卷下册，第415页。
②《马克思恩格斯全集》第46卷下册，第419页。

徽商的代言人

王茂荫是马克思在《资本论》中提到的唯一的中国人，他是中国近代史上主张发行钞票而出名的理财家，也是徽商杰出的代言人。清咸丰年间，他任过户部右侍郎兼管钱法堂事务。他的老家在歙南杞梓里。祖父王槐康，是乾隆年间有名的大茶商。父亲王应矩善于经商赚了好些钱，热心桑梓公益事业。

王茂荫生于嘉庆三年（1798年）。青年时期勤奋读书，但几次考举人都没考上。他原以为仕途无望欲弃儒从贾。道光十年，过而立之年的王茂荫离家北上去通州经营祖上开设的"森盛茶庄"。岂知此后数年，他先以监生资格应京兆试，中举人后又考取进士，从此开始了三十余年的京宦生涯，直到1865年去世。

王茂荫有浓厚的重商思想，深知经商之道。他曾在给咸丰皇帝的奏折中说："必得商贾流通，百货云集，方足以安民生。"

在中国封建社会里，轻商观念严重，商人处在社会下层，当官的很少有人为商人说话。身为京官的王茂荫却是商界的忠实代言人。1840年，他闲居家乡期间，亲见商贾财产被夺。于是，他在一篇奏稿中反映说，歙邑十室九商，商必外出，家中唯存老弱，地方棍徒往往借端生事，敲诈勒索，呼吁地方政府抚恤商民。为揭露贪官污吏，王茂荫在北京直接上疏咸丰，其中最出名的有这样两个奏折，一是《论徽州续捐局扰害折》，一是《论徽州练局积弊折》。还有一次，王茂荫接到家信，得知昱岭关有匪徒拦路抢劫商人钱物。他就上疏咸丰，请求咸丰下令地方政府把潜藏在这个地方的土匪全部肃清。

长江中下游特别是扬州，是四方商人云集之地，其中又以徽商势力最大。咸丰三年，清政府为筹措军饷，批准了江苏布政使雷以諴的奏请，在长江南北各设一"捐局"，对来往商贩课以百分之一的捐税，并首先在仙女镇（今江都县）设局。可是，到了次年，扬州以下三四百里之内已有十余局拦江而设，敛行商客、假公济私。商民怨声载道。王茂荫对此非常愤恨，他给咸丰呈递奏折，指出："局愈多，民愈困，弊愈滋。"主张将多设的捐局裁撤。这显然是保护商民利益之举。

王茂荫为商人请命最有代表性的一件事情是他在户部右侍郎任内一再上疏咸丰，主张将清政府发行的不兑现的"官票""宝钞"改为可兑现的钞票。王茂荫是清咸丰朝第一个主张发行钞币的，但他主张发行的钞币是可以兑现的，而且是限额发行。可是，清政府后来发行的则是一种不兑现的纸币，而且无限制地滥发，结果在流通中受阻，信用扫地，被商民讥为"吵票"。据有关史料记载，咸丰三年，"官票"刚刚出笼，寓居北京的徽商拿着"官票"去缴税，税吏坚持要现银而不收"官票"，导致各地商帮起哄。为此，他坚决主张纸币官票兑现，于咸丰四年三月初五日再次上《再议钞法折》，主张用兑现办法挽回信用。结果被咸丰指斥为"专利商贾，不问国事"，并在一周之内免去其担任的户部右侍郎兼管钱法堂事务之职务，改任兵部右侍郎，旋又转兵部左侍郎，这就是马克思在《资本论》中提到的那件事情。

（原文载《富园》1988 年第 10 期）

工心计·习俭勤·知人善任

——王茂荫对徽商经营之道的总结

徽商亦称"徽帮",是中国历史上一支很有影响的商帮。关于"徽帮"经营之道的内涵及其特点,应当进行多角度多侧面的总结。一个多世纪以来,特别是近几十年来,国内外学术界不断有人在这方面进行探研。而最先在这方面进行探研的,恐怕要推清人王茂荫了。王茂荫曾在清咸丰朝任过户部右侍郎兼管钱法堂事务等要职,是我国清代著名的理财家、经济思想家,是马克思《资本论》中唯一提到的中国人。王氏老家在安徽歙县杞梓里,晚年迁居义成,祖父(槐康公)、父亲(应矩公)均为有名的大茶商。他本人在做京官之前,也曾在北通州管理过一年他祖上创办的"森盛茶庄"。居官之后,长期住在歙商建于北京原宣武门外的"大本营"——歙县会馆里,有机会同徽商进行广泛的接触。因此,对徽商的经营之道,他是了如指掌的。他曾说过这样一段话:"以商贾之道言之,大抵能创一肆守一业者,其人必工心计,习俭勤,且旦夕以身入其中,而又知人而善任,非是则败。"①

他的这一见解,可以说是对徽商经营之道的一个总结。

所谓"商贾之道",是指商人从事活动所必须遵循的法则、规律和方法。价值规律是商品生产和商品流通的基本规律。商品价格以价值为中心而上下波动,市场供求关系的变化影响商品价格的涨落。一个精明的商人,必须根据市场供求关系的变化,及时调整经营项目、活动范围、价格指数和利润幅度,通俗地说,就是要懂行情。王茂荫所言"工心

---

① [清]王茂荫:《王侍郎奏议》第三卷,《条奏部议银票银号难行折》,第3页。

计"，无疑包括这些方面。

几位徽商代表人物的亲身经历，印证了王茂荫所总结的商贾之道。

《史记·货殖列传》中说，"物贱之征贵，贵之征贱"，"贵上极则反贱，贱下极则反贵"。徽商很是懂得这个道理。明代徽州巨商黄崇德说，经商要懂生意经，而有的"贪贾却昧昧然"，他们"罔识贵贱上极下极之原"，所以"数致贫困"。程德容的经验则是"因俗时变，不规规什一（按："什一"即获取10%的盈利)，务以宽大易纤啬"，"厚往而薄贵"。以计然之策起富的程漕，他不局限于一地做同一种生意，而是因地制宜，数业兼治，甚至把经商与放债结合起来，所谓"东吴饶木棉，则用布；维扬在天下，则用盐策；吾郡（按：指徽州）瘠薄，则用子钱"。有关史料记载称，徽商"因地有无以通贸易，视时丰歉以计屈伸"①"权低昂，时取予"②，意思也是说徽商工于心计，善于谋划。

王茂荫所说的"习俭勤"，其含义是作为一个商品经营者，不论是创业还是守业，都要讲究勤俭，以利资本积累。徽州人是以勤俭出名的，经商在外者大凡亦然，真所谓"勤昧旦，忍嗜欲"，"易衣而出，数米而炊"。周人白圭是治生术的祖师爷，《史记·货殖列传》中说他不讲究饮食，能节制嗜好苦，但对于治生，却像猛兽挚鸟捕捉食物那样掌握时机、勇猛果断："能薄饮食，忍嗜欲，节衣服，与用事僮仆同苦乐，趋时若猛兽挚鸟之发。"歙县《褒嘉里程氏世谱》中对明末弃儒从贾的程善敏，也是这样评价的。明代休宁商人汪材兄弟二人经商在外，以"居安逸而志在辛勤，处盈余而身甘淡泊"作为座右铭。清代歙籍大盐商鲍志道："拥资巨万，然其妻妇子女，尚勤中馈箕帚之。"③

纵观徽商的发展史，完全可以得出这样的结论：从很大的程度上说，徽商的兴盛靠勤俭，而惰奢则势必导致衰败。

随着经营规模的扩大，徽商一般都要雇用代理人，包括掌计（又称家监）和主管（又称伙计）。掌计是代主经商的高级奴仆，执掌商业大

---

① 康熙《休宁县志》卷一，《中国方志丛书》本，成文出版社1970年版。
② 程汝翼等：嘉庆《黟县志》卷七，清同治十年刻本。
③ [清]李斗著，周光培点校：《扬州画舫录》，江苏广陵古籍刻印社1984年版。

权。主管则是出卖劳动力的商业雇佣劳动者。王茂荫在总结"商贾之道"时提出"知人而善任",意即作为一个商人业主在雇用代理人时要十分慎重,必须对其德行和才能作一考察,择优雇用。

司马迁在《史记·货殖列传》中总结范蠡、计然经商之策时说:"善治生者,能择人而任时。"王茂荫显然继承了这一思想。他在另一场合还说过:"治平之道,在用人、理财二端,而用人尤重。用非其人,财不可得理也。"[1]一个国家是这样,一个商人(或商人集团)也是这样。所以,他警告说:一个商人业主纵然"有资本巨万,偶用非人,不数年而全覆者矣"。[2]

"知人而善任"这一思想,在王茂荫来说,是渗透在各个方面,而且是贯彻始终的。就经商而言,他提出"知人而善任"不仅是对前人思想的继承,而且是对徽商经营的大量史实的理论总结。笔者所接触到的有关徽商的史料,其中评论徽商善于用人的记载太多,这里略举几例:明歙人黄存芳是个积资巨万的大盐商,他的致富之策是"审积著,察低昂,择人而任时"[3]。明歙人吴彦先"七世业盐策",他的经验是"权货之轻重,揣四方之缓急,察天时消长,而又知人善任"[4]。再如,明休宁人孙从理,他最初在浙江吴兴县开设典铺一家,数年之后"迭增凡百"。他的发迹也同样是在善于使用商业代理人,并根据他们不同的劳绩给予不同的待遇:"慎择掌计若干曹,分部而治。良者岁受五秉(按"秉"为古计量,一秉即十六石米),次者三之,又次者二之。"[5]

(原文连载于1991年2月19日、3月16日、4月20日《黄山日报》,结集时略有修改)

① [清]王茂荫:《王侍郎奏议》第一卷,《振兴人才以济实用折》,第9页。
② [清]王茂荫:《王侍郎奏议》第三卷,《条奏部议银票银号难行折》,第3页。
③ 歙县《竦塘黄氏宗谱·东庄黄公存芳行状》。
④ 《丰南志·明处士彦先吴公行状》。
⑤ 汪道昆:《太函集·南石孙处士墓志铭》。

晚清名臣王茂荫家风故事数则

家风是指一个家庭的风气、风格和风尚。它是一种显现与潜在结合的垂范力量，包括生活习惯、情感态度、精神情趣与思想意识等方面的综合性特征。家是小小国，国是千万家，家风总是联系着族风乡风、行风与政风，甚而关乎于党风与国风。晚清名臣王茂荫（1798—1865），出于世代行善、隐德不扬的商贾家庭。王氏的经典家风对王茂荫影响至深，他在京城为官三十余年，以清正廉洁、直言敢谏而声震朝野，著名中外。关于王家的经典家风，这里讲几则故事，与读者分享。

渴不饮盗泉水，热不息恶木阴

王茂荫生前曾断断续续地留下家训和遗言，太平天国运动爆发的咸丰元年，他写下这样一段话：

凡人坏品行损阴骘，都只在财利上，故做人须从取舍上起。富与贵是人之所欲章，所以从此说起也。此处得失利害关头，人心安得无动？惟当审之以义，安之以命。我命中有时，即不取非义亦有，命里无时，即取尽非义，终归于无。看着当下取来虽见为有，不知非灾横祸出而消耗之必过于所取。须以当下之不取为消将来之横祸，则此心自放得下。古

云：漏脯充饥，鸩酒止渴，非不暂饱，死亦随之。当时时作
此想，则自然不敢妄取。渴不饮盗泉水，热不息恶木阴。有
志者须极力持守，方可望将来有好日。

王茂荫的家乡在歙南杞梓里，这里距他二姑妈家所在的三阳坑有20
里蜿蜒山路，这是明清时期昌徽官道最险峻的路段之一，是外出经商的
徽州人通往江浙的咽喉。山道最险峻的地段叫中岭头，那里有一口清泉，
过往行人至此，常常停马歇脚，饮泉解渴。但这里经常有强盗出没，杀
人越货。相传，年少的王茂荫听说过往商人，经常在饮泉歇脚时遭强盗
打劫，便把这山泉名为"盗泉"，并在杞梓里与三阳坑等地张贴红绿告
示，告诫过往行人"渴不饮盗泉水"，谨防强盗杀人越货，一时被乡人称
为善童。

杞梓里至三阳坑这条陡峭的山道旁，曾长有一株茂盛的漆树。不少
过往商人大热天都要到树下歇息躲阴，因此染上漆疮，皮肤痛痒难耐，
以至耽误行程。年少的王茂荫听说这个情况，又做了一块木牌，上面写
着"热不息恶木阴"，插立树旁，以警示过往行人。

"渴不饮盗泉水，热不息恶木阴"，成了王茂荫一生为人做官行事的
圭臬与准则。

勤政不营贿，不图致多金

清道光十一年（1831年），王茂荫在京城考上举人，第二年又联捷成
进士，备官户部，当年九月，他乞假南归探亲，75岁的老祖母方太夫人
见到已经步入仕途的孙子，喜不自胜，她谆谆告诫孙子：

吾始望汝辈读书识义理，念初不及此，今幸天相余家。
汝宜恪恭尽职，毋躁进，毋营财贿。吾与家人守吾家风，不
愿汝跻显位、致多金也。

老祖母这番话的大意就是：我开始只是希望你们这辈人通过读书，懂得为人的要义和做事的道理，压根没想到你能高中进士进入仕途，这可是老天爷眷顾我们王家才有的荣幸啊！你必须忠于王事，恪尽职守，切不可私营财贿。我们要共同坚守王家的好家风，不图你在仕途上谋取显著官位，也不图你赚取多少钱财。

她不希望孙子升官发财，"跻显位，致多金"，而是希望孙子勤廉从政，"恪恭尽职，毋躁进，毋营财贿"，这种思想境界，难能可贵。方氏八十寿辰那年（道光十七年即1837年），王茂荫提前两个月乞假省亲，回到家中，祖母告诫他的仍然是先前这番话。她一再叮嘱孙子："吾家虽寒素，粗足自给，愿汝善守身，不愿汝积多金也。"王茂荫的儿子们也说，王茂荫对祖母的告诫"终身志之不敢忘，盖一生清节，有自来矣"。

王茂荫的祖母"悯厄穷，拯危难"，在乾隆至道光间是出了名的。王茂荫的父亲王应矩也以乐善好施而远近闻名，他的先祖因终生积德而被称为善人。这些传统家风对王茂荫深有影响，他曾为王氏宗祠题写过"祖德流芳"匾额。淳安王子香是他的启蒙老师，后家贫零落，王茂荫遂将王先生的儿子招来勉劳勉励，每到年底必邮金资助。对同僚中的孤苦者，按时资给，习以为常。亲友向他称贷，必尽心竭力。家乡有善举，他欣然乐为，诸如葺祠宇、通道路、修堤、造桥，无不尽力而为。晚清时期，官场腐败相当厉害，"一任清知府，十万雪花银"。王茂荫身为二品大员，但家中并未因其显贵而巧取豪夺一瓦一垅。他生前并没给后人留下什么财产，生前曾告诫后人："吾以书籍传子孙，胜过良田百亩；吾以德名留后人，胜过黄金万镒。自己不要什么，两袖清风足矣！"

反对奢侈，崇尚俭朴

王茂荫的桑梓地歙县旱南杞梓里，是一个"山深不偏远，地少士商多"的地方。旧时，这里的人们生活俭朴，性情刚直。这种生活习惯和精神情趣，王茂荫一直保持到京城。他没有特殊嗜好，寡营欲，反对奢侈，崇尚俭约。他儿子向世人介绍说，王茂荫"性恬淡，寡营欲，京宦三十载，恒独处会馆中，自奉俭约，粗衣粝食，处之晏如"。

王茂荫生活的那个时代，京官是可以带家眷的，而王茂荫却是一个例外，他在北京为官三十多年，始终只身居住在宣武门外的歙县会馆中。因病开缺养病的几年，甚至还迁居北京东门的玉清观和北通州潞河寓居。他不是不想把夫人吴氏带往京城，而是考虑祖母、父亲、继母年事都已高，遂将夫人留在老家侍候，以代他尽孝。有一年，他夫人吴氏到京城探亲，也同住会馆房舍，而且去的时候把老家日常劳作的纺纱车也带去了，可是在京才待几个月，便又匆匆南归，回到老家侍候公婆。

王茂荫有个亲戚叫方水云，夫妻同庚，花甲之年要做寿庆祝，请了正好探亲在家的王茂荫。按习俗惯例，王茂荫要送上寿礼，可是他却什么也没送，只是作了一首诗，亲笔题写在《水云先生六十花甲图》上，并在席间念给乡友听。他崇尚俭约，并身体力行，在乡党间留下美谈。

子孙非有安邦定国之才，不必出仕

咸丰八年王茂荫因病开缺在京疗养，这年他又先后写下了八段话告诫家人。其中第一段话是：

> 日后子孙非有安邦定国之才，不必出仕，只可读书应试，
> 博取小功名而已。

王茂荫的后世子孙严守这条训戒。从王茂荫本支及旁支至今，已历七代人，经商者有，做店员者有，当教师者有，务工、务农者亦有，而步入仕途谋得一官半职者却凤毛麟角。王茂荫玄孙王自力先生，是个从教一生的无党派爱国人士，是当下王氏裔孙中辈分最高的唯一健在者。笔者曾采访过他，他透露了这样一件事：他在歙县桂林中学执教时，歙县县委曾有意安排他为县政协委员。此事让他时任黄山市民革主委、市政协副主席的堂兄王自燮先生知道了。王自燮特地打电话给王自力说："雷海（王自力小名），听说歙县县委要安排你做县政协委员，你是不能

做的呀，高祖有明确吩咐，你到我这里来一下。"王自力先生电话中说：
"我不能做，你当民革主委和政协副主席怎么又可以呢？"王自燮说："我
从小过继给姨妈家，只能算王家的半个子孙了，而你是完全的王家子孙，
所以不能做。"事后，王自力先生听从了堂兄劝阻，没有答应做县政协
委员。

王自力先生说："我是严格遵循家训的。高祖要求子孙后代不是人才
特别出众就不必当官从政，这是对的。能读书应试，博取点小功名就已
经相当不错了。我儿子义华是1985年屯溪一中理科高考状元，那年他才
15岁，后录取在中国科技大学少年班，现在国外，一年中，半年在美国，
半年在新加坡。我有个侄孙叫王晖，北京钢铁学院毕业，现在在加拿大。
我们后人能走到这一步，也算是有成就的了。"

<h2 align="center">永葆直言敢谏之家风貌</h2>

王茂荫的远祖唐时太原人王仲舒（字弘中），曾任江南西道观察史，
他自幼丧父，事母以孝闻，居官左拾遗敢于直言极谏，因阻止"矫诞大
言，中伤贤良"的裴延龄为相，而累转尚书郎。《旧唐书》有他的传。王
茂荫的高祖王文选（字遵士），是康乾间人，"以孝义行于时"。王茂荫的
曾祖王德修（字心培，号静远，考名洪烈），乾隆间武举人，有资格再考
进士拜官，因父亲突然得病，他亲自侍候十余年，为此而绝意进取，孝
养母亲以终。王茂荫的祖父王槐康（字以和），因兄弟多食指繁，弃儒从
商，游贾京师做茶叶生意，因操劳过度，31岁病死潞河。王茂荫的父亲
王应矩是晚清贾名儒行的大茶商。王氏先人重孝义和为官直言极谏的遗
风，王茂荫是完完全全地弘扬光大了。他居官之日，先后给咸丰皇帝和
同治皇帝上了一百多个奏折，讲的都是关乎国计民生的大事，能言他人
所不能言、所不敢言，"于时事利弊实有切中要害处"，真正做到"孤忠
自许众不与，独立敢言人所难"。同治皇帝曾谕称他"志虑忠纯，直言敢
谏"。同治四年（1865年）六月二十二日，他在弥留之际，仍告诫儿孙要
世代遵循皇上"志虑忠纯，直言敢谏"的天语。他去世后，长子王铭诏

根据他生前遗训，选青田冻石请名手镌刻"直言敢谏之家"印章一方。该印章外雕云龙纹，阴文白字。王家曾将其置于王茂荫灵堂之右，以垂示子孙永以为训。王茂荫玄孙王自珍（1925—1998）生前撰文介绍，该印章后由王茂荫曾孙王桂鋆（号采南）转让给歙县雄村人曹益丞。"文革"期间，曹氏将此印章上交雄村公社，1979年转交到歙县文管部门，今存歙县博物馆。二十世纪八十年代初，时任中宣部副部长的徐惟诚来徽州调研，在歙县博物馆见过这方印章，并以余心言笔名撰文《马克思提到过的一位清代理财官》在《文物天地》上发表。

（原文载 2017 年 11 月 11 日《黄山日报》）

重商恤商与借助于商人资本

重商恤商

　　王茂荫不仅出身于徽商家庭，更是成长生活在一个徽商社会里，重商恤商观念十分浓厚，他的借助商人资本推进币制改革的思想，相对于同时代的士人而言，也深刻得多，高明得多。

　　徽州保界山谷，山多地少。人口不断增长，而可耕获的土地却不能相应增多，人口与土地的矛盾日益尖锐。为了生存与发展，外出经商或做手艺，是旧时徽民的第一选择。明人金声就说过，徽州人不是生来就善于经商做生意，而是这个地方田狭人稠，情势逼迫而已①，因而当地向有"前世不修，生在徽州，十三四岁，往外一丢"之俗。

　　王茂荫的老家歙南杞梓里，是有名的大山区。明清时期，这里外出经商的人特别多。道光二十一至二十三年，王茂荫丁祖母忧在籍期间，在社会调查的基础上，写了一篇《歙邑利弊各事宜》，文中例举了当时歙县地方经济社会发展中的十六条弊端，其中很重要的一条就是商民的生命财产安全在地方得不到保障，呼吁地方官府予以"护恤"，他说：

---

　　① 他的原话是："郡邑处历山，如鼠在穴，土瘠田狭，能以生业着于其地者，什不获一。苟无家食，则可立而视其死，其势不得不散而求食于四方，于是乎移民而出，非生而善贾也。"（见康熙《徽州府志》卷八《蠲赈·金声与徐按院书》）

邑民十室九商，商必外出，家中惟存老弱。地方棍徒往往借端生事，肆为欺凌。或诱其年久分析之，不肖亲房将伊田产盗卖，虚填契价，勒令取赎，否则强行管业；或诱其族邻以无据之账，挟同逼索，以便分肥。种种栽害，难以枚举。商民仗身谋生，多属帮伙，非能殷富，外出既无能与较，暂归念将复出，自顾身家，亦不敢与较。隐忍含泪不知凡几，愿有以护恤之。[1]

封建社会等级森严，"士农工贾"，商贾处于社会下层，官场士林中公开为商贾讲话、反映商贾诉求的人很少，而出身于商贾之家的王茂荫却是一个例外。

王茂荫上给咸丰的奏折中，为商贾利益请命的话真不知讲了多少。

咸丰三年正月初八日，在《条奏部议银票银号难行折》中，他针对户部为推销"户部官票"，建议咸丰实行"用银票之法，请于各省当杂各商生息帑本内，每酌提十分之三，解交藩库，报部候拨，户部核明银数，应造一百两、八十两、五十两之票若干张，汇发该省，按原提本银数目分给各该商。准令该省捐纳、封典、职衔、贡监之人，向各商买票报捐，归还原提银款，其各商应缴息银，仍如其旧。于商无亏，于事有济"等语，他作了详细地分析，指出：

臣闻各省州县皆有典规，岁数千两至万两不等。即平居无事。已视典商为鱼肉。今令州县以提帑本发部票，则必以火耗、脚价、部费为借口，而收钱有费，发票有费。费之轻重，固视官之贪廉。然官即能廉，吏亦断无空过之事。此商之一亏也。商之缴银也，限以三月。由州县而藩司，而报部，不知几月。迨部中核明银数，造票有时，发票有时，由该省

---

①《歙邑利弊各事宜》原为王茂荫的一篇佚文。1984年，王茂荫五世孙王自珍将该文检出，断句标点，以《王茂荫的一份手稿》为题，在1984年第2期《歙县志坛》上首次发表。2005年中国档案出版社出版曹天生点校整理的《王茂荫集》收入该文。这段引文见该集第173页。

以行至州县，分给各商，又不知几时。窃计自商缴银之日，以至领票之日，至速亦须一年。此一年中，该商等本银已缴其三，而息银仍如其旧，此息的竟从何来？此商之亏又一也。商领银票，准令该省捐纳封典、职衔、贡监之人，向各商买以报销，归还原款。窃计捐生有银报捐，何必必欲买票？且买票入手，不知有无真伪；持票上兑，不知有无留难；何如持银上兑之可恃？苟非与该商素识，委曲代计补亏，断不向实。设领票年余，而素识中竟无欲捐之人，其票必悬而无着。则商之亏又一也。由前二亏，亏固难免；由后一亏，于更无期。于此而谓于商无亏，恐未可信。

咸丰三年（1853年）三月，太平军已攻占南京，建立了以南京为首都的太平天国农民政权，五月起分兵北伐和西征。对清政权来说，形势是十分严峻危迫的。政治形势的不稳定，必然导致经济萧条，必然反映在百姓日常生活的各个方面。实际上，早在咸丰三年二月，京城就出现了"钱店关闭者多，民心惶惶，几于不可终日"，时隔不久，"各项店铺之歇业者，竟自日多一日……恐有罢市之势"①。鉴于这一局面，署湖广道监察御史王茂荫给咸丰上了《请筹通商以安民业折》，搞活流通，振兴商业，与稳定人民群众就业与百姓日常生活，这几者之间有着怎样直接与密切的关系，王茂荫在折子中作了十分经典的表述，他说：京城为根本重地，必得商贾流通，百货云集，方足以安民生。②

完全可以想象，如果没有坚固的民本思想和相当的商业知识，他既看不到问题的严重性，也没有这样的认识。

当时各项店铺之所以纷纷歇业，王茂荫的分析是："大抵因买卖之日微，借贷之日紧。夫买卖多寡，由于时势，非人所能为也。而借贷之日

---

① [清]王茂荫撰，张新旭等点校：《王侍郎奏议》卷三《请筹通商以安民业折》，黄山书社1991年版，第48页。

② [清]王茂荫撰，张新旭等点校：《王侍郎奏议》卷三《请筹通商以安民业折》，黄山书社1991年版，第48页。

紧，则由银钱帐局。各财东自上年以来立意收本，但有还者，只进不出，以致各行生意不能转动。"①又说："臣愚以为，各行店铺之歇业，患在帐局收本。而帐局所以收本，虑在各行店铺之将亏其本而不能收。"②

关心国计民生的王茂荫不仅反映问题，而且提出了解决问题的建议。他说：

> 拟请旨通行晓谕各银钱帐局，务宜照常各按旧章，到期收利券。不宜将本银收起。其换券利息，亦不宜较前加增。倘各行店铺有不能交利者，准报官为严追。若店铺现在开设，不得立追本银。如此，则各行店铺可以暂保。再请将欠债律条酌改加重，倘将来各店铺有亏帐局借本者，照律严办，务为追还。如此，则各帐（局）财东亦可恃以无恐，而不必遽收。③

对王茂荫的建议，咸丰写了很长一段"上谕"：

> 御史王茂荫奏，近日京城银钱帐局，立意收本，不肯借贷，以各项店铺歇业居多又典铺多不收当，贫民益难谋生等语。京师根本重地，必得商贾流通，方足以安民业。著步军统领、顺天府、五城剀切晓谕，凡挟资经运之人，均各照常出纳，毋得故意习难，致使贫民失业。至开典铺，原以便民，应如何设法开导，令其照常交易之处，妥筹办理将此谕令知之。钦此。④

---

① [清]王茂荫撰，张新旭等点校：《王侍郎奏议》卷三《请筹通商以安民业折》，黄山书社1991年版，第48—49页。
① [清]王茂荫撰，张新旭等点校：《王侍郎奏议》卷三《请筹通商以安民业折》，黄山书社1991年版，第48—49页。

② [清]王茂荫撰，张新旭等点校：《王侍郎奏议》卷三《请筹通商以安民业折》，黄山书社1991年版，第49页。

③ [清]王茂荫撰，张新旭等点校：《王侍郎奏议》卷三《请筹通商以安民业折》，黄山书社1991年版，第49页。

④ [清]王茂荫撰，张新旭等点校：《王侍郎奏议》卷三《请筹通商以安民业折》，黄山书社1991年版，第50页。

咸丰三年五月初三日，身为太常寺少卿的王茂荫再次上《关闭钱铺
请展追限折》。当时通行的做法是：钱铺一旦关闭，官府即将该铺户押
追，能在两个月内将银钱全数开发者免罪，若逾限不完，送部照诓骗财
物律计赃，准窃盗论。一百二十两以上，发配附近充军。王茂荫认为这
种做法不仅对商人对民生不利，对国家也是不利的。他上奏的目的就是
"请暂展（关闭钱铺）追限，以恤商而利民"①。咸丰完全同意王茂荫的
建议，命步军统领衙门、巡城御史体察情形，酌核办理。

咸丰三年八月十七日，王茂荫接到家信，得知昱岭关有匪徒拦路抢
劫商人钱物。他情系乡里，激情上陈，奏请咸丰谕示地方政府，把潜藏
在这个由徽入杭或由杭入徽的咽喉地带的土匪全行拿获。

长江中下游特别是扬州，自古为四方商贾云集之地。咸丰三年，清
政府为筹措军饷，批准了江苏布政使雷以諴的奏请，在长江南北各设一
"捐局"，对来往商贩课以百分之一的捐税，并首先在仙女镇（今江都县）
设局。可是，到了次年，扬州以下三四百里之内已有十余局拦江而设，
以敛行商过客、假公济私，名曰"捐厘"，实同收税。这些"捐局"，有
私设者，有假公济私者，商民怨声载道。王茂荫对此非常愤恨，他给咸
丰呈递奏折，指出："局愈多，而民愈困，弊愈滋矣。"②对于"捐局"滥
设的弊端，王茂荫作了分析与揭露：

> 闻商贩莫盛于米粮，扬州府属泰州等处为出米之区，商
> 民装载。苏出茧，置货而归，往来不空，稍获微息。兹以各
> 局报捐，计米一石，成本制钱二千，历十余局捐厘，便加至
> 千文，价不偿本，渐成裹足。苏杭储积不充，势必采买维艰，
> 商力因此而疲，民食由此而匮。他如杂货有税，银钱有税，
> 空船有税；至于烟土、私盐，久干例禁，今则公然贩运，止

---

①［清］王茂荫撰，张新旭等点校：《王侍郎奏议》卷四《关闭钱铺请展追限折》，黄山书社1991
年版，第56页。

②［清］王茂荫撰，张新旭等点校：《王侍郎奏议》卷八《江南北捐局积弊折》，黄山书社1991年
版，第122页。

须照数捐厘，便可包送出境，伤国体而厉商民，莫甚于此。①

　　他主张将那些假公济私的捐局先行裁撤禁止，将私设捐局和假公济私的捐局每月收捐号簿查获，按簿追赃充饷；尔后，再于江北、江南各设一正经捐局，分别接济扬州军营和镇江军营。这个主张，于商于国显然都有利。

　　王茂荫为商民为国家请命最具代表性的一件事情，是他在户部右侍郎任内一再上疏咸丰，主张将清政府发行的不兑现的"官票""宝钞"改为可兑现的钞票。王茂荫是清朝第一个主张发行钞币的，但他主张发行的钞币是可以兑现的，而且是限额发行的。可是，清政府后来发行的，则是一种不兑现的纸币，而且无限制地滥发，结果在流通中受阻，信用扫地，被商民讥为"吵票"。据有关史料记载，咸丰三年，"官票"刚刚出笼，有商人拿着"官票"去缴税，税吏坚持要现银而不收"官票"，导致各地商帮生疑。为此，他坚决主张纸币官票兑现，于咸丰四年三月初五日再次上《再议钞法折》，主张用兑现办法挽回信用。结果被咸丰指斥为"专利商贾，不问国事"，并在一周之内免去其担任的户部右侍郎兼管钱法堂事务之职务，改任兵部右侍郎，旋又转兵部左侍郎。

　　平心而论，咸丰指斥王茂荫的行钞方案是"专利商贾，不问国事"，未免冤枉了这位大臣。他建议行钞的初心，就是为了能解决或减轻清王朝的财政危机和货币危机，同时一再强调要防止因行钞而引发的通货膨胀，导致剧烈的社会动荡。他主张实行的钞币发行方案，有着双重目的，即"无累于民"又"有益于国"。正如已故著名学者孙树霖先生所言，这些正表明王茂荫对清王朝的耿耿孤忠，怎么能说他"置国事于不问"呢？

　　在成为清政府主管财政货币事务的大臣前后，王茂荫的确说过不少重商护商的话，他的所言所行，与国家利益和社稷安危也是密切相关的。试想，一个商品流通和货币流通渠道不畅、商运不昌、市场混乱、经济萧条的国家，其国运能昌盛吗？我们常说，经济是一个国家发展的根本。

　　①［清］王茂荫撰，张新旭等点校：《王侍郎奏议》卷八《江南北捐局积弊折》，黄山书社1991年版，第122页。

重商恤商与借助于商人资本

这话虽然没有什么错，但说得还不够到位，应该说，商业流通的规模化和程序化，才是一个国家经济发展的根本。

借助商人资本推进币制改革

王茂荫不仅不愿意通过发钞来损害商人利益，相反，他是极力企图借助商人资本，尤其是银号、钱庄等旧式金融行业的经营活动，来推行币制改革，将国家发行的纸币投入流通，并使商人在这种活动中得到某些实际经济利益。

关于借助商人资本推行币制改革，王茂荫的理论和实践主要体现在三个方面：

一、主张让国家发行的钞币通过私营银号、钱庄而进入流通。

货币的产生，是人类社会发展史上的一次里程碑式的飞跃。货币是人类社会物物交换的产物。货币产生以后，人们之间交换劳动不再是原始的物物交换，而是通过货币这个一般等价物（特殊商品）进行交换（商品交换）。而货币交换的背后，无疑是推动交易行为的无数商人。

国家发行钞币，一般都是国家金融机构的事。中国在唐朝时，已经出现了办理金融业务的机构，但经营范围比较单一。明朝中期出现的钱庄和清朝出现的银号、票号，实际都具有银行的性质。中国第一家民族资本银行，清光绪二十三年（1897年）才成立。光绪三十一年（1905年），清政府成立户部银行，是中国最早的国家银行。在国家金融机构尚未出现的情况下，王茂荫清楚地看到私营银号、钱庄是货币流通的枢纽，主张国家发行钞币，应借助银号、钱庄来发行。

同时，他也清楚地看到晚清时期的官场贪腐已病入膏肓，发行钞币、推行币制改革这样的事切不可由官吏插手，而应借助近代商人资本的力量，由私营银号、钱庄代政府发行钞币。因此，他在咸丰元年九月提出的币制改革第一个方案《条议钞法折》中列举行钞之弊时，就将"官吏出纳，民人疑畏而难亲"①作为问题提出。他深知清朝官吏贪腐难以杜绝，防不胜防，因而他的行钞主张"力为设法，不经官吏之手"②。

王茂荫有些话，讲得相当深刻，非常到位，他说："自来法立弊生，非生于法，实生于人。顾生弊之人，商民为轻，官吏为重。商民之弊，官吏可以治之；官吏之弊，商民不得而违之也。"③正因为如此，在国家银行尚未成立的情况下，他极力主张将国家发行的钞币交由私营银号、钱庄发行。他看到银号在民间享有好的信誉，"凡民畏与官吏交，而不畏与银号交"，借助银号发行钞币，民间"疑畏之弊益除矣"④。

在币制改革的第二个方案《再议钞法折》中，王茂荫进一步阐释了钞币流通"非有商人运于其间皆不行"⑤的观点。他说，"现行银票、钱钞，均属天下通行，而行远要以银票为宜，欲求行远，必赖通商"⑥。已故著名学者孙树霖先生评论称，王茂荫"对私营银号、钱店在发行纸币中的作用的认识和信赖，超过了对国家政权力量的信赖"⑦。这个评论是精当的。

二、借助银号、钱庄发行钞币，必须给银号、钱庄以经济利益。

王茂荫认为，国家发行钞币不仅"非有商人运于其间皆不行"，而且"非于商人以可运之方，能运之利，亦乃不行"⑧。王茂荫在币制改革的

---

① [清] 王茂荫撰，张新旭等点校：《王侍郎奏议》卷一《条议钞法折》，黄山书社 1991 年版，第 2 页。

② [清] 王茂荫撰，张新旭等点校：《王侍郎奏议》卷一《条议钞法折》，黄山书社 1991 年版，第 6 页。

③ [清] 王茂荫撰，张新旭等点校：《王侍郎奏议》卷一《条议钞法折》，黄山书社 1991 年版，第 6 页。

④ [清] 王茂荫撰，张新旭等点校：《王侍郎奏议》卷一《条议钞法折》，黄山书社 1991 年版，第 5 页。

⑤ [清] 王茂荫撰，张新旭等点校：《王侍郎奏议》卷六《再议钞法折》，黄山书社 1991 年版，第 102 页。

⑥ [清] 王茂荫撰，张新旭等点校：《王侍郎奏议》卷六《再议钞法折》，黄山书社 1991 年版，第 103 页。

⑦ 孙树霖《王茂荫》，见赵靖主编、北京大学出版社 2004 年版《中国经济思想通史续集》，第 78—79 页。

⑧ [清] 王茂荫撰，张新旭等点校：《王侍郎奏议》卷六《再议钞法折》，黄山书社 1991 年版，第 102 页。

重商恤商与借助于商人资本

两个方案中表述的通过银号、钱庄发钞收钞的各项措施，是他为商人营运方便提供的条件。他认为，这些条件就是商人周转的"可运之方"。在王茂荫看来，既然要借助商人资本来推进币制改革，那么给商人一定的经济利益，也是必须的，这符合商业的原则，也符合资本运作的原则。在币制改革的第一个方案《条议钞法折》中，虽然规定银号必须在领钞后次月以现银向国库缴纳钞价，并承担钞币的兑现，这看起来是要银号承担双重责任，但他认为如果钞币能在流通中畅行无阻，钞币的兑现不会出现。尽管这一设想过于理想化，但他还是给银号一定的补偿：即"银号领钞，准予微利，每库平五十两者，止令缴市平五十两；库平十两者，止令缴市平十两"①。

三、要使钞币"如环无端"顺利周转，关键在于钞币（银票、钱钞）可以兑现。

银号、钱庄代国家发行钞币，并不是一件绝无金融风险的事情。要加大防御和抗拒风险的系数，必须准许持钱钞人随时兑取现钱（以制铜为本位的货币），准许持银票人随时兑取现银（以银两为本位的货币），同时准许钱钞（大清宝钞）与银票（户部官票）可以互相兑换。这是钞币"如环无端"顺利周转的关键，也是币制改革成功的关键。如果说，王茂荫在币制改革的第一个方案中提及的"兑现兑换"问题讲得不够透彻，那么他的第二个方案中所提的四条建议，则是将"兑现兑换"作为补救措施提出来的。他作过这样的分析：

> 查银钱周转，如环无端。而其人厥分三种：凡以银易钱者，官民也；以钱易银者，各项店铺也；而以银易钱，又以钱易银，则钱店实为之枢纽焉。各店铺日收市票，均赴钱市买银，而钱店则以银卖之。今请令钱店，凡以买票银者，必准搭钞，则各店铺用钞亦可易银，而不惮于用钞矣。各店铺不惮用钞，则以银易钱之人无非用之于各店铺，凡令钱店开

---

① [清]王茂荫撰，张新旭等点校：《王侍郎奏议》卷一《条议钞法折》，黄山书社1991年版，第4页。

票者亦可准令搭钞矣。各钱店开票亦可搭钞，则以银买各店铺之票而亦不惮于用钞矣。凡以三层关节为之疏通，使银钱处处扶钞而行，此亦各行互为周转之法。①

（原文载《徽州社会科学》2018年第6期，题为《重商恤商与借助于商人资本力量——王茂荫经济思想介评（中）》）

重
商
恤
商
与
借
助
于
商
人
资
本

----

① [清]王茂荫撰，张新旭等点校：《王侍郎奏议》卷六《再议钞法折》，黄山书社1991年版，第104页。

养护元气与藏富于民

养护地方元气，藏富于民——这是王茂荫经济思想中的一个重要观点，一个半多世纪来，他的这一观点一直没有引起世人的重视。

王茂荫公开亮明自己的这一观点，是在咸丰二年七月十四日上给咸丰的《条陈事务折》中，他在奏请咸丰"请严禁州县假劝捐以肥己"时说："上年（指咸丰元年）户部奏请准商民出资助饷，此诚国家保卫民生不得已之计。部臣亦深虑州县抑勒，吏胥需索，行文各省，如有此项情弊，即行据实严参。乃臣闻，山西州县，有藉劝捐为肥己者。如富民愿捐五百，必勒令捐一千。迨至遵捐一千，则又止令书五百。其余五百但令缴纳，不令登写，明为公捐，暗饱私囊……富民深惧抗违转益滋累，委曲隐忍。蠹国病民，莫此为甚。"①

在列举这一事实之后，他毫无隐晦地亮明自己的观点："富民为地方元气，事多依办，若不养其余力，则富亦立穷。"②王茂荫这个思想观念，由来已久。早在道光二十一年至二十三年（1841—1843）他在丁祖母忧期间，就利用居家的机会，做了一番社会调查，写了一篇著名的《歙邑利弊各事宜》，文中对歙县当时所存在的经济社会发展中的各种弊端列了十六条，其中前十条他注明为"抚字之宜"，后六条注明为"催科之宜"，很可能是分别呈送徽州府衙和有关部门查办的。因该文未收入其集子，

① ［清］王茂荫撰，张新旭等点校：《王侍郎奏议》卷一《条陈时务折》，黄山书社1991年版，第19页。

② ［清］王茂荫撰，张新旭等点校：《王侍郎奏议》卷一《条陈时务折》，黄山书社1991年版，第20页。

可以视为他的一篇佚文。1984年，王茂荫的五世孙王自珍将该文检出，断句标点，以《王茂荫的一份手稿》为题，在1984年第2期《歙县志坛》上首次发表。2005年中国档案出版社出版的曹天生点校的《王茂荫集》收入了该文。该文第一段话是：

> 请保富民。邑尚多殷实，近二十年以来，日就颓坏，不及前十分之一，其仅有存者，愿有以保全之。缘富户为地方元气，贫穷可藉以谋生，饥荒可劝以捐助，设被书吏讼棍更行陷害，并此失之，则邑民更不堪苦矣。①

元气，也称"原气"，本为中医概念，指人体组织、器官生理功能的基本物质与活动能力。可以说，元气是生命之本、生命之源。元气一词始见于汉代哲学著作《鹖冠子·泰录》，称"天地成于元气，万物成于天地"。《论衡》中亦有"万物之生，皆禀元气"之说。如果引伸释义，元气也可以是指一个国家、地区、宗族或社会团体赖以生存和发展的物质基础和精神力量。

在王茂荫看来，一个地方的殷实富裕之家，是这个地方经济社会发展的元气和原动力，穷苦民众借贷谋生，国家和社会团体劝捐、赈灾救济、兴办公益事业等，都要依靠他们。

就王茂荫的家乡徽州而言，太平天国军兴之前，特别是道光二十年（1840年）鸦片战争之前，城乡殷实富裕之家还比较多，他们大都是商人家庭。这些徽商家庭，一个共同的特点是乐善好施，勤于社会公益慈善事业。王茂荫父亲王应矩本人就是晚清时期乐善好施的大茶商，他"笃于追远报本、修祖祠堂、置墓田、敦宗睦族、恤孤怜贫，于造桥、修路、兴水利、施医药诸善举，恒以身任其劳，孜孜不倦"②。王应矩，字方仪，号敬庵，人称应矩公或敬庵公，是个德高望重之人，乡里不少公益

---

① 曹天生点校整理：《王茂荫集》，中国档案出版社2005年版，第173页。

② ［清］王茂荫撰，张新旭等点校：《王侍郎奏议》附录《显考子怀府君行状》，黄山书社1991年版，第186页。

事业都公推他董事。王茂荫四十岁那年即道光十七年（1837年），已逾花甲之龄的王应矩不负乡党重托，出面醵金董建了歙县三阳坑至叶村的部分石板路和叶村至昱岭关的桥梁"关桥"。当时独资出银五千余两的胡祖裡，为歙县北岸七贤村人，道光年间著名的茶商。据史料记载，该胡氏后世子孙在道咸时期还修了七贤至深渡的石板路，父子孙曾四代人经商致富后弘扬祖德家风，为民众谋福祉，做了许多好事。王应矩董建"关桥"竣工之后，又于道光二十年董建了歙南著名的"横山古道"，这次捐银两修古道的是歙县三阳坑的"洪灵椿堂"和王茂荫的二姑丈、巨商洪梅庵。"洪灵椿堂"系三阳坑洪源授的五个儿子洪伯镶、洪伯烋、洪伯成、洪伯林、洪伯海家族所拥有的堂名，曾在江苏南通设立徽商老字号"洪立大茶庄"。老商号创办人洪源授，与王茂荫祖父王槐康同庚，是王应矩妹夫洪梅庵的父亲。为修横山古道，洪灵椿堂捐银400两，洪梅庵个人捐银800两。

这些富商大户在乡邦遭遇自然灾害等待赈济时，或在举办社会公众事业而举步为艰之际，仗义乐为，慷慨解囊，俨然为地方百姓坚实的靠山。因此，在王茂荫看来，保障地方富民财产，也就是养护元气，藏富于民，这是一件非常要紧的事，地方政府要将此作为自己的责任予以担当。

清咸丰朝（1851—1861）是中国历史上百姓遭殃最烈的时期之一，这十一年间有自然灾害，更有战乱。天灾人祸的恶果最终都摊到人民百姓的头上。正如王茂荫咸丰三年八月在一则奏折中所言："数年以来，民苦于贼，又苦于水，又苦于贪黩之地方官。兼之兵马之过境，不能不资于民；团练之经费，不能不出于民；军饷之捐输，不能不藉于民。"[①]这里所说的"贼"系指太平军，"水"系指黄河水患[②]。咸丰元年（1851年）

---

① ［清］王茂荫撰，张新旭等点校：《王侍郎奏议》卷四《再请宽胁从以信恩旨折》，黄山书社1991年版，第69页。

② 咸丰元年八月，黄河在江苏北部丰北段发生了大规模的决口，黄河水像脱缰的野马下泄，江苏、山东两省一片汪洋，数百万灾民流离失所，灾难深重。据《清文宗实录》载：南河总督杨以增奏报："（咸丰元年）八月二十日寅时，风雨交作，河水高过堤顶，丰下汛三堡迤上无工处所，先已漫水，旋致堤身坐蛰，刷宽至四五十丈。"一个月后，决口已扩大至三四百丈。

太平天国运动爆发后，在不长时间内，大半个中国都处在战争的内乱中，期间水患不息，老百姓处在水深火热之中，他们不仅苦于水患、苦于兵革、苦于地方官的盘剥，还要提供过境的清兵军需，缴纳地方办团练的经费，筹措清军兵饷，老百姓真是苦不堪言。王茂荫的家乡徽州，是清咸同年间清兵与太平军长时期拉锯的战略要地，老百姓遭受的损失与苦难比之于一般地方，不知惨烈多少倍。可以说，清咸同时期，是徽州人民有史以来最伤元气的一个时期。

太平军起事之年，为了筹措军费，清政府的户部就"奏请商民出资助饷"，非常时期清政府都是这个套路，把目光盯住富商大贾。用王茂荫的话说，"此诚国家保卫民生不得已之计"①，可以理解，无可厚非。令人担忧的是"劝捐商民"的政策出台后，"州县抑勒""吏胥需索"的问题也随之发生了。这就势必大伤元气。咸丰二年，王茂荫在《条陈时务折》中就揭露了这个问题，称山西、江苏等地借劝捐"勒民"已出现了人命问题。

打着"劝捐"的旗号，对地方富户进行勒索、盘剥，伤害地方元气的贪黩行为，应进行严肃追究查处。咸丰三年，清政府根据咸丰的谕令，命各地办团练防剿太平军。办团练，经费从哪来？美其名曰"劝捐""义练"。时间不长，强行劝捐即勒捐之风，在东南各省城乡刮起，闹得乌烟瘴气。道咸年间休宁塾师夏文纯在一首题为《劝捐》的诗中写道：

> 捐者哭，劝者笑，哭本人情笑难料。此曹积累始锱铢，省啬用之非不屑。奈何恫吓更恢嘲，局内机关称妙妙。千金万金捉笔书，归来妻子坐相吊。吁嗟呼！昔日富家翁，今日窭人子。贼梳军栉捐愈难，有似敲骨还剔髓。

诗文反映了当时百姓中的富户遭受勒捐的真实情景。对这种打着"劝捐"的旗号，对地方富户进行勒索、盘剥、伤害地方元气的贪黩行

---

① [清]王茂荫撰，张新旭等点校：《王侍郎奏议》卷一《条陈时务折》，黄山书社1991年版，第19页。

为，王茂荫痛恨万分，《东华续录》咸丰卷二十七有这样的记载：

> 咸丰四年六月，据王茂荫奏称：徽州知府达秀信任门丁李姓并廪生潘炳照于捐输团练，多方扰累。该处民捐钱不下十数万，因被经手人冒销用尽。乃复立续捐局，按户诛求，怨声载道。所雇乡勇多花会中人，于祁门、黟县市镇奸淫抢掠。两邑之民群起公愤，欲竖义旗以抗勇。请饬黄宗汉就近查办。

咸丰《东华续录》中之所以有这样揭露性的文字记载，是因为咸丰四年六月十三日王茂荫给咸丰上了《论徽州续捐局扰害折》，正是在这道奏折中，王茂荫揭露说：仅歙县一县于咸丰三年劝捐"统计不下十数万"制钱，"因经手之人冒销不可胜计，现在均已成空，乃复立续捐局，用不肖绅衿数人，按户诛求。有不遵者，或带勇登门以扰之，或锁押牵连以逼之。有老幼同系者，有弃房变产者。数日之间，集有三万，又声称要五十万。区区一邑，何能堪此！现在怨声载道，叫苦连天，民情惶惶，不可终日，此患之甚者。"[1]当时王茂荫对贪黩的徽州知府达秀和安徽巡抚绥靖地方已经失去信心，他奏请咸丰密饬公正廉明的浙江巡抚黄宗汉，迅委贤员赴徽，先将前后捐数查定，俾无隐没，再与核算。建议"立即除勒捐锁押之威，以安民心；严拿花会[2]肆扰之勇，以除民患；去不肖之绅衿而延访公正有才之士与商，劝捐带勇，扼要为防"[3]。

王茂荫民本思想浓厚，桑梓情怀亦非一般士人可比。为了彻底清算

---

[1] ［清］王茂荫撰，张新旭等点校：《王侍郎奏议》卷七《论徽州续捐局扰害折》，黄山书社1991年版，第110页。

[2] 花会：一种聚众赌博的集会。其术类灯谜，以厚利诱人，堕其中者，至死不悔，故又称花灯盅。本惟闽、广有之，自道光二十八年（1848年）流入歙，渐以大盛，延及于休，因而倾家丧身者不知凡几。至三十年，知府达秀激于众论，亲拿数人惩办，风以顿息。一时士民作为诗歌以称颂之，谓此毒可永除矣，不意咸丰三年复炽。凡花会之众，名为练勇，实为聚赌，既不守隘，也不训练，终日四出，奸淫掳掠。

[3] ［清］王茂荫撰，张新旭等点校：《王侍郎奏议》卷七《论徽州续捐局扰害折》，黄山书社1991年版，第112页。

残害徽州祸本，恢复地方元气，身居高位的王茂荫，曾专门致信札于能掌控徽州局势的官界人士，又于咸丰五年六月二十八日，再次向咸丰上《论徽州练局积弊折》。在这个奏折中，他奏请咸丰皇帝密旨浙江、安徽两抚，转饬徽州新任知府：一是彻底清查数年间强行勒捐"总不下七八十万串"的制钱去向；二是彻底清除徽州练勇中害群之马潘炳照、吴玉富、李作塘、汪致安等，整顿义练局。

（原文载《徽州社会科学》2018年第7期，原题《保护富民与养护地方元气——王茂荫经济思想介评（下）》，结集时略有修改）

王茂荫的政治思想

　　中国封建社会的士大夫，无不尊崇"三纲五常"之说。所谓"三纲"即君为臣纲，父为子纲，夫为妻纲；所谓"五常"即仁、义、礼、智、信。这是中国儒家文化中的重要思想，儒教正是通过"三纲五常"的教化来维护社会的伦理道德、政治制度。三纲之中的"君为臣纲"，对应的行为规范是"忠"，所谓"忠"，就是为臣者对君主尽心竭力，忠贞不二；"父为子纲"，对应的行为规范是"孝"；"夫为妻纲"，对应的行为规范是"节""义"。

　　王茂荫是中国封建社会晚期的一个臣子，他的政治思想既有封建士大夫的共性，也具有其独具特色的个性。他的政治思想集中体现在三个方面：忠君匡君，直言敢谏；师夷制夷，抵御外侮；绥靖地方，稳定社会。

忠君匡君　　直言敢谏

　　饱读儒家经典、学问早达的王茂荫，政治思想观念中浸润了儒学精神。他对儒家的纲常伦理思想信奉不移，他居官尽忠，居家尽孝，力求忠孝两全。他的忠君，并非一般的愚忠，而是坚持"文死谏，武死战"，既忠君又匡君。

　　王茂荫进入仕途时已经三十五岁，经过十几年浮署郎居，也只是升补为户部贵州司员外郎，"奉旨以御史用"（从五品）。咸丰即位的第二年为咸丰元年（1851年），太平天国运动爆发。当时，王茂荫正丁父忧在籍，年已五十四岁的他对自己的仕途，已没有过多的系念，倒是对遭受外患内忧的国家和民族忧心忡忡，对社稷面临之危放心不下。他希望有机会把自己忧国忧民的心思和救国救民的一些想法陈奏皇上。咸丰元年六月，他服除后回户部供职，在家训和遗言中明确告诉后人：

> 我此番来京，因曾经记名御史。欲得补实，将胸中向来想说的话略行陈奏，坐以二年为期即行告归，既不想京察，亦不愿截取，并无贪恋名位之心。不意自上年来，贼氛日炽，时事日艰。临难而避，实所深耻，遂立意不告归。孟子有言：继而有师命，不可以请。孟子在齐为客卿尚且如此，况我当大一统之时，通籍食禄已廿余年，而敢于军书旁午之时，作抽身而退之计乎！义无可逃，非忘初愿也。①

面临内忧外患，忧国忧民，有心分忧解难，这本身就是对人君和百姓的一片忠诚。如果不是太平天国运动爆发，并无贪恋名位之心的王茂荫很可能会提前告老还乡。而在太平天国运动已经爆发的情况下，他认为一个已领取了二十余年官俸的人在国家民族大难临头之际，抽身而退，实在是一件可耻的事情。这是一种很难得的政治品格。

在整个咸丰朝，身为言官的王茂荫直言敢谏，不避权贵，先后给咸丰上了一百多个奏折，涉及人才、理财、军事、时务、吏治、管理等各个方面，"于国计民生政事得失，知无不言，言无不尽"②。王茂荫因主张钞币兑现而遭申斥和被调离主管财政货币事务的岗位，仍然对钞法变通关心有加，不断提出意见和建议。同治初年复出后仍然遇事敢言，对

---

① 曹天生点校整理：《王茂荫集》，中国档案出版社2005年版，第168页。

② [清]王茂荫撰，张新旭等点校：《王侍郎奏议》附录《显考子怀府君行状》，黄山书社1991年版，第202页。

治国理政提出整治主张，以至同治对他有"忠爱出于至性"①的盖棺定论。

王茂荫裔孙至今仍然珍藏着王茂荫的一些课稿，这些课稿是王茂荫年轻时期研习儒家经典奉师命所作的"作文"（体会性文章）。其中《忠焉能勿诲乎》一篇，比较能集中表明青少年时期的王茂荫对忠君匡君已有相当程度的认识。"忠焉，能勿诲乎？"本为孔夫子《论语·宪问》中的后半句，全句云："爱之，能勿劳乎？忠焉，能勿诲乎？"原意是：我爱护他，能不为他付出辛劳吗？我忠于他，能不劝谏他行正道吗？在《忠焉，能勿诲乎？》课稿中，王茂荫明确地说："今夫人臣之事君也，长其恶者善乎，抑匡其失者善乎。则必曰，匡其失者，顾俟其失而后匡之。"②进入仕途之后，特别是成为御史言官之后，他就是按自己的这一价值观念行事的。

王茂荫忠君匡君最具影响的事，莫过于咸丰五年（1855年）二月二十九日给咸丰上《请暂缓临幸御园折》。

载垣、端华、肃顺是野心勃勃的"咸丰三奸"。咸丰皇帝是有清一朝第七代君主，他从道光三十年（1850年）正月继皇帝位到咸丰十一年（1861年）七月病死于热河，十余年间，内忧外患，真是一个"遭难的皇帝"。在载垣、端华、肃顺的导惑下，咸丰一生耽于逸乐，面临内忧外患，战乱频繁，依然纵情声色，不问朝政，不是携嫔妃避暑热河，便是游玩圆明园。对此，不少大臣都有意见，但都三缄其口，谁也不敢犯颜直言。咸丰五年初，内廷传出咸丰帝自热河举行谒陵大典回京后，便要临幸圆明园，并驻为行宫。王茂荫得知这一消息，深为震惊。于是，他给咸丰帝上了《请暂缓临幸御园折》。他说：方今时势如此艰危，太平军

---

① 同治四年六月二十二日，王茂荫在籍去世后，王氏后人请两江总督李鸿章代递王氏遗折，同年七月三十日奉上谕："李鸿章奏侍郎在籍病故，并代递遗折等语，前任吏部右侍郎王茂荫，由部曹历任谏垣，荐跻卿贰，廉静寡营，遇事敢言，忠爱出于至性。同治二年，在山西差次闻讣，丁忧回籍，方冀服阕来京，重资倚畀，兹闻溘逝，轸惜殊深。王茂荫着加恩照待郎例赐恤，任内一切处分，悉于开复，应得恤典，着该衙门察例具奏。钦此。"（见〔清〕王茂荫撰，张新旭等点校：《王侍郎奏议》附录《显考子怀府君行状》，黄山书社1991年版，第185页。）

② 曹天生点校整理：《王茂荫集》，中国档案出版社2005年版，第211页。

席卷东南数省，夷人又常常以此来恐吓。国家财力已告匮乏，度支之绌，筹拨无从，"南北各大营兵勇口粮不能时发，有积至数十万者，往往给以期票"，"各衙门公项，各省概不解到，书吏应领饭食多二三年未给"[①]。皇上只有"躬忧勤节俭"，才能安定人心，否则仍然"临幸如常"就必然导致"士卒生心，或起嗟叹"，从而大失民心，以至不可收拾。

　　咸丰看了这个奏折，恼羞成怒，不仅否认自己有"园居"之意，而且令军机大臣传问王茂荫是从哪里得知这个消息的，他在"上谕"中说："王茂荫奏请暂缓临幸御园一折，现在并未传旨于何日临幸圆明园，不知该侍郎闻自何人？令军机大臣传问，王茂荫坚称得自传闻，未能指实，殊属非是。在廷诸臣陈奏事件，如果确有见闻，朕必虚衷采纳。若道路传闻，率行入奏，殊非进言之道。王茂荫身任大员，不当以无据之词登诸奏牍，着交部议处，原折掷还。钦此。"[②]从此，王茂荫被安排赋闲，在咸丰朝再也没有受到重用。与王茂荫同时代的石埭人杨德亨曾评论说，王茂荫"立朝敢言，磊落俊伟，俨如奇男子所为"，歙县清末翰林许承尧一再声称：王茂荫公单凭《请暂缓临幸御园折》，即足以名誉千古！

　　王茂荫的门生弟子易佩绅称王茂荫"以思格君心为性命，以求苏民困为家事，以博采人才为嗜好"[③]，这话是毫无一点夸张的。《请暂缓临幸御园折》被咸丰掷还后，仍然不罢休。咸丰六年（1856年）四月初三日，他再次上《时事危迫请修省折》。这个奏折的灵魂之音是：天象奇异，地震发生，国家经济形势和军事形势处于危迫，为人君者要加强"省己""听言"与"用人"，以"求天心之早转"。王茂荫不愧为一个极言敢谏的人，匡君有术之臣，他讲了不少其他言官所不敢讲的话，如：

　　　　皇上御极以来……乃前之言者见多，而今之言者则见少，
　　盖臣下敬畏天威，非诱之使言，即多有不敢言者……且用人

　　①［清］王茂荫撰，张新旭等点校：《王侍郎奏议》卷八《请暂缓临幸御园折》，黄山书社1991年版，第129页。

　　②［清］王茂荫撰，张新旭等点校：《王侍郎奏议》卷八《请暂缓临幸御园折》，黄山书社1991年版，第130页。

　　③［清］王茂荫撰，张新旭等点校：《王侍郎奏议》附录《易佩绅序》，黄山书社1991年版，第210页。

进退之际，臣子有难言之隐，盖惧于圣怒而见斥者意犹浅；
惧激圣心而难回者意实深。进言献纳之际，臣子又有难言之
隐：盖获听，则人皆翕然而美于上者喜固深；不获听，则人
将哗然而归美于下者惧尤深。用人听言，著乎视听，而关乎
民心者至大，往往有因不用而民愈望之，因不听而民愈称
之者。"①

宋人唐介任台官时，疏奏宰相之过失，惹得宋仁宗发怒，将其谪为
英州别驾，朝中士大夫多人写诗为他送行，其中李师中所写的七律《进
退格》与众不同，其诗云："孤忠自许众不与，独立敢言人所难。去国一
身轻似叶，高名千古重于山。并游英俊颜何厚，未死奸谀骨已寒。天为
吾君扶社稷，肯教夫子不生还？"

王茂荫同宋人唐介十分相似，他真正做到了"孤忠自许众不与，独
立敢言人所难"。

对王茂荫所上《请暂缓临幸御园折》《时事危迫请修省折》这两个著
名的奏折，吴大廷作了这样的评论，他说：王茂荫的这两个奏折"拳拳
以格君为心，几乎程朱正心诚意之遗风焉。使果一一能用其言，蠢兹潢
池，朽箨而定之足矣，又何至东南涂炭，使夷狄乘虚而入，骎骎乎成燎
原之势哉！惜乎言虽切直而不获见诸设施，不得已引疾以退，而时事遂
渐不可支矣。"②

王茂荫以病请求开缺调理始于咸丰八年七月。咸丰十年冬月，吴大
廷在北京潞河寓所拜会王茂荫时，"询及上不次超擢，其意盖将大用也，
何以言不见用如此"，王茂荫告诉他说"以谏临幸御园一疏积忤上意，因
称辜负天恩，复俯案泣涕，不能自已"。吴大廷为此大发感慨："先生已
投闲散，而恳款悱恻，犹如疾痛切身，非真忠君爱国，足以质天地而泣

①［清］王茂荫撰，张新旭等点校：《王侍郎奏议》卷八《时事危迫请修省折》，黄山书社1991年
版，第136—137页。

②［清］王茂荫撰，张新旭等点校：《王侍郎奏议》附录《阮陵吴大廷序》，黄山书社1991年版，第
207页。

鬼神，其能若此乎！"①

师夷制夷　抗御外侮

　　第一次鸦片战争爆发之年，已逾不惑之龄的王茂荫入仕供职户部方才九年，从现有的文字资料中还看不出他当时的政治态度。但从第一次鸦片战争之先他在京城参与的有关集会考察，以及从他在第二次鸦片战争期间的言行去研究，可以清楚地看到这位晚清名臣、思想家是主张抗御外侮的，有强烈的爱国主义思想。这主要表现在：

　　第一，受明末清初思想家顾炎武"天下兴亡，匹夫有责"思想的影响，道咸年间在京积极参与"顾亭林祠"会祭活动。

　　顾炎武是中国十七世纪杰出的爱国活动家和唯物主义思想家、经学家、史地学家、音韵学家，与黄宗羲、王夫之并为"明末清初三大儒"。顾炎武学识渊博，为清一代学术宗师与开山祖。他的《日知录》在他身后被学界尊为精品，成为文史大家一再疏证论辩的显学。正是基于顾氏在学界、思想界的巨大影响，道光二十三年（1843年）十月，山西著名学者张穆与他的国子监同窗何绍基发起，在北京广安门内报国寺旁建成"顾亭林祠"，号召世人弘扬顾炎武倡导的"天下兴亡，匹夫有责"精神与研究边疆保卫国家的学说。顾祠创建以后，每年有春祭、秋祭与顾氏生日三次公祭活动，前后持续了80年（1843—1922），其间因太平天国运动与八国联军侵华而数度中止。张穆、何绍基创建顾祠的这年，王茂荫正丁祖母忧在籍，次年即道光二十四年服阕，返京销假，重新供职户部。参与了九月九日顾祠秋祭，这是他第一次参与会祭，与祭者中有他的同乡郑复光。

　　据资料记载，到道光二十七年为止，王茂荫连续三年参加了顾祠春秋两季的会祭，道光二十七年还参加了顾氏的生日祭。道光二十八年二月二十八日，他在京接到父亲患病的家信，次日是顾祠春祭之日，他仍

---

　　①［清］王茂荫撰，张新旭等点校：《王侍郎奏议》附录《阮陵吴大廷序》，黄山书社1991年版，第207页。

然坚持参与。参加这次春祭之后，他便告假匆匆离京南归。当时交通甚不方便，从京城到徽州老家有几千里路程。等他赶到老家歙南杞梓里时，"甫抵里门，已闻凶耗"，父亲已病逝。治完父亲丧事，他便开始了三年守制。待他服除，准备回京复职，道光皇帝驾崩，咸丰皇帝继位，继鸦片战争外患之后，太平天国运动爆发了。道光二十六年，王茂荫参加顾祠秋祭时，任户部云南司主事，次年升补户部贵州司员外郎。咸丰二年，他参加了秋七月顾祠会祭，从此直到同治四年去世，期间，他因倡导币制改革，擢升为户部右侍郎兼管钱法堂事务，成为清廷主管金融财政工作的要员，事务繁忙，随后又受到"申斥"，突然得病、开缺疗养，以及在同治朝复出后办案山西和奔继母丧事回籍等原因，他没有机会再参加会祭。他参与顾祠会祭总共十次。

除了参与规模会祭之外，王茂荫还与个别好友单独去顾祠祭祀。顾祠倡建人张穆离世十周年，又值张氏生日之际，他与清大臣祁寯藻特意去顾祠祭祀。事后，祁氏作《十月九日故人张石州生日也，与王子怀祀于顾祠，归饮小斋，七叠前韵》："雨后重寻九日花，拾遗况得伴王嘉。酒从东郭携来便，山到西台尽处斜。叹息故交存俎豆，摩抄陈简出麻沙。（原注：与子怀互校《毛诗》郑笺疑字）苍松偃蹇工看客，应笑吾生也有涯。"[1]

第二，第二次鸦片战争期间，王茂荫反"逆夷"入侵的爱国主义立场坚定，思想倾向鲜明。

1856年，西方资本主义列强为了进一步打开中国市场，扩大侵略权益，爆发了第二次鸦片战争。第二次鸦片战争发生之后，王茂荫针对入侵的"逆夷"野心，接连上了好几道奏折，从不同的角度提出了自己的战略和策略：

（一）在《请酌量变通钱法片》中，他提出："请钱法酌量变通，使夷人无收买之利，而民间有流通之资。"[2]

[1] 祁寯藻《𫗧馚亭集》卷十七《古今体诗七十三首已未》，(清)祁寯藻著，任国编总主编：《祁寯藻集》第2册，三晋出版社2011年版，第468页。

[2] ［清］王茂荫撰，张新旭等点校：《王侍郎奏议》卷九《请酌量变通钱法片》，黄山书社1991年版，第145页。

（二）在《请密筹防备折》中，他提醒说"夷船已到天津"，"天津距京才二百里，朝发夕至，无险可扼"，"愿皇上与左右大臣，早为密筹而备预之，似为目前急务"，提醒确保京城和圆明园："城内似宜严加防守，而御园在城外，尤非城内之比，虽门禁均极森严，然恐处无事而有余者，遇有事而犹或不足。"①后来事态的发展证明，他的提醒不是多余的。

（三）在《条陈夷警事宜折》中，他再次提醒"夷船已到天津城外"，情况紧急，提守城计策四条："请皇上暂行进城""请严守备以固人心""请广保举以求才能""请激励人心"。他特别指出：入侵"逆夷"迫切要求有二，即进城与传教，这是最不能允许的事，"应请将此二事如何包藏祸心，如何毒害生灵，如何狂妄无理，明降谕旨，恺切宣示，使百姓闻之，人人愤怒，然后加温谕以拊循之，加恩赏以鼓舞之，自然民争效命"②。他的见解颇为特殊：在京城设防，"战而胜固善，即战不胜，退至城外，亦可以守。臣料该夷孤军，但敢乘不备而来，不能久离船而住。如其竟敢舍舟从陆，则另调外师焚其船，而传各路之兵内外合攻，必使无返"。③

（四）在《办理团防广求人才折》中，强调办理五城团防关键是广求人才，群策群力。在《论夷战水不如陆片》中，他讲了《孙子·谋攻篇》中反复强调的道理："知彼知己，百战不殆。"他说：大战当前，"以定人心为主，而人心之奋勉，以知敌势为先"。他分析入侵"逆夷"凭借坚船利炮，在海上有优势，而在内河和陆地上，他们就发挥不了作用，因而失去优势，以此灭"逆夷"威风，长我方志气。

（五）在《请刊发〈海国图志〉并论求人才折》中，他提出了"知夷""制夷"的思想。在奏折中，他首先提出"逆夷"入侵以后，大小臣僚都说抵御"无法"，只能采取主和或投降政策，"专于主抚"。然而"抚

① [清]王茂荫撰，张新旭等点校：《王侍郎奏议》卷九《条陈夷警事宜折》，黄山书社1991年版，第145—146页。

② [清]王茂荫撰，张新旭等点校：《王侍郎奏议》卷九《条陈夷警事宜折》，黄山书社1991年版，第148页。

③ [清]王茂荫撰，张新旭等点校：《王侍郎奏议》卷九《条陈夷警事宜折》，黄山书社1991年版，第148页。

王茂荫的政治思想

虽已就，而难实未已"。是不是真的山穷水尽，毫无办法了呢？王茂荫认为未必如此。正是在这样的背景下，他特意向咸丰推荐爱国主义思想家魏源主编的《海国图志》一书。如何对付洋人的侵略，该书提出了"守之法、战之法、款之法"。他建议皇帝重印此书，使亲王大臣"家置一篇"，人手一套，并令宗室亲贵、八旗子弟"以是教以是学，以是知夷难御而非竟无法之可御"[1]。他强调通过研习此书，并进一步探索创新，可免"无法之患"。

魏源编撰这本书的目的，是"师夷长技以制夷"。"师夷""制夷"的前提是"知夷"，而要想"知夷"又莫过于此书。晚清的帝王将相由于长期闭关锁国，普遍骄傲自大而又愚昧无知，不了解世界大势。鸦片战争爆发后，道光皇帝慌忙打听英国的状况。甚至还问出了一个十分可笑的问题：英人是否和俄国接壤。而那些享受着厚禄的高官们一个个竟然都"不知其来历"。当时姚莹就指出：英人对中国的地理人事探讨了几十年，无所不知。而中国却无一人留心海外局势，故而战争未发，其胜负之数早已昭然若揭了。王茂荫在奏折中特地询问咸丰皇帝：曾否御览？林则徐是近代以来第一个睁眼看世界的人，他曾组织人翻译了一部系统介绍世界地理的书，书尚未编就，就遭革职流放，他中途把这些资料交给好友魏源，魏源经过不懈努力，编成了《海国图志》。王茂荫推荐此书时特别提到早已被清王朝"打倒"的林则徐与此书的关系，这是需要胆识和勇气的。虽然王茂荫对于知夷、制夷、御夷重要性的认识，要比林则徐、魏源晚一些，可是与其他官僚相比，他却超出流辈甚远。

第三，王茂荫反对在已经签订的不平等条约上修改，以维护国家主权，免遭进一步的侵略。

清王朝曾一度将天主教视为异端邪教，严令禁止，而后由于畏惧洋人，这一政策逐渐松动。同治元年（1862年）四月十日，总理各国事务衙门上奏朝廷，认为《天津条约》已规定"向来所有或写、或刻奉敬天主教各明文，无论何处，概行宽免"，而今天主教开始弛禁，所有各项明

---

① [清]王茂荫撰，张新旭等点校：《王侍郎奏议》卷九《请刊发〈海国图志〉并论求人才折》，黄山书社1991年版，第151页。

文应当查明并一并革除，相关条款中"宽免"字样要改为"革除"。而当权者认为，保护洋人传教，或可换取法国协同镇压太平军，因人防而谕令各省：凡涉教民事件，务必迅速按新规办理。王茂荫得知后，于四月初十日上《和约不可改字片》，明确表示："该国之所争者，盖国体也。臣思他事可从，兹事看似无关紧要，而断不可从。国之所以为国，专在此等处。"①这体现了王茂荫明确的主权意识。如果清廷对待洋教的态度，也要为洋人意志所左右，这无疑是丧失主权。晚清大臣当中有这种明确意识的人很罕见，王茂荫是其中的一个特殊。他提醒说，在国体问题上不能有丝毫含糊，"将来类此者，竟恐尚多"，如果不坚持原定条约，洋人"志不可厌，将要求无尽"②，欲壑难填。此后帝国主义者对中国的侵略不断加深，特别是甲午战争之败，使中国陷入了半殖民地的深渊，遭遇了"四千年而十朝未有之奇变"，几乎到了万劫不复的境地。反观王茂荫所言，我们不得不承认他是远见卓识的。王茂荫关心国体这个原则问题，是他在因病开缺调理期间，他真正是身在退处，心忧天下。

绥靖地方　稳定社会

身在京城为官的王茂荫，无时无刻不关注着地方。大凡地方上的不安定因素，他都不轻易放过，利用言官身份，及时写成奏章。他深知社会不稳定，流寇盗贼祸害乡里，闹得社会不安宁，最终遭殃的是平民百姓。因而，他处理任何事情，总是以"无累于民"与"有益于国"为双重标准。他的绥靖地方的社会固基思想，值得我们借鉴。

第一，推崇节烈，为地方为社会树立表率。

在封建社会里，很是鼓励妇女殉烈守节，重视寡妇守节抚孤侍奉公婆，对她们的表彰一直延续到民国初期。徽州为"程朱阙里"，历朝历代的节妇烈女特别多。王茂荫的祖母方太夫人，二十八岁守寡，六十岁受

　　①［清］王茂荫撰，张新旭等点校：《王侍郎奏议》卷十《和约不可改字片》，黄山书社1991年版，第162页。

　　②［清］王茂荫撰，张新旭等点校：《王侍郎奏议》卷十《和约不可改字片》，黄山书社1991年版，第162页。

旌表，八十岁建坊，是徽州历史上史不绝书的有名节妇节母。道光二十三年（1843年），王茂荫丁祖母忧在籍期间，在父亲口述下，他濡泪和墨，以父亲的口气将祖母抚孤守寡的感人事迹写成二千余字的《旌表节孝覃恩貤封太宜人显妣方太宜人行略》，回京后又请名儒李宗昉为祖母作传，请当时有名画家戴熙、蔡锦泉同绘《贞松慈竹图》，一时名流题咏，竟成巨册，后有《节孝录》之刻。王茂荫决不仅仅是在为自己的祖母立传，更重要的是为一位伟大的母亲树立光辉不朽的形象。在为祖母守孝期间，他还将《歙县志》中自唐代以来共计八千余名孝贞节烈妇女，详细汇总，报送清廷旌表。道光二十八年（1848年），为父亲守孝期间，他又在原籍会同邑绅，为那些虽得旌表但尚未造祠建坊者，造祠建坊。

第二，主张将兴利除弊作为地方为政大事。

道光二十二年（1848年），王茂荫丁父忧在籍，对歙县经济社会状况作了调查，写出《歙邑利弊各事宜》一文，该文总共列了十六条，前十条讲当时当地社会弊端，后六条专讲当地经济状况。前十条是："请保富民""请恤商民""请拿讼棍""请拿土棍""请革颓风""请严捕各乡盗贼""请严禁残害厝坟""请严禁尾滩拦索""请照例以办命案""请用猛以警顽梗"；后六条为"粮房户房征收册籍与板串宜清查""税书宜饬按年造办推收进册""粮差包甲使费之弊宜除""欠粮宜先惩稍多之户""板串之费宜减""契之费宜减"。

王茂荫将当时当地社会弊端总结为：书吏讼棍陷害地方富民；商人在家老小遭地方书吏讼棍栽赃陷害；讼棍结交吏役拨弄是非；土棍扰害乡里；颓风严重；土贼与讼棍勾结；毁厝盗坟；于河道拦船勒索；由于地方官办案不就例，民轻犯法，命案无数；乡民群而哗哄。王茂荫认为这些地方弊端应当革除。如何革除？王茂荫认为总体应以"抚"字为宜。

后六条中，王茂荫指出了歙县地方经济的种种弊端：书吏侵吞浮银；一些地方权势者买卖税书以多方需索；粮差包甲需索使费；多粮户带头逃避纳粮；吏胥私加板串之费，取民脂膏；税契较重，造成隐而不税之风等。如何革除这些弊端，王茂荫认为只有采用"催科"的办法，所谓"催"，就是采取各种手段反复催缴，直至"利归于上"。

纵观《歙邑利弊各事宜》全文，我们不难领会到，在王茂荫看来，他并不主张用"刑威"的办法来解决经济问题，除非万不得已，他认为按经济运行本身的办法来解决经济问题，比较稳妥；即便施用刑威，也是要区别对待，首恶必办，胁从不问。

第三，主张"剿匪"要"趁初起"，以免"酿成巨患"。

捻军，是与太平军同时期活跃于长江以北皖、苏、鲁、豫四省部分地区的反清农民武装。"捻"，本为淮北方言，意为"一股一伙"。捻军起于"捻子"。咸丰初年（1851年），皖北、豫南一带有游民捏纸，将油脂点燃、烧油捻纸以"作法"，于节日期间聚众表演，声称为人驱赶灾难，以从中牟利，后来也有恐吓取财勒索而与盗贼无异的行为，所谓"居者为民，出者为捻"，清朝官方称之为"捻匪"。咸丰二年，皖北大旱，入捻农民增多，亳州人张洛（乐）行等结捻聚众攻占河南永城，后在雉河集（今安徽涡阳）歃血为盟，推张洛行为盟主，起义抗清。咸丰三年春，太平军连克武汉、安庆、江宁，皖北捻党纷纷响应，以至太平军北伐时，捻军从分散斗争趋于联合作战。王茂荫从一开始就看到"捻匪四起"，与太平军"勾结而弭患"，对清政权构成严重威胁的趋势，咸丰三年二月二十五日上《请速剿捻匪折》，他在奏折中说：

> 伏读本月十五日抄，见豫抚陆应谷因安徽宿州、蒙城、亳、寿处捻匪四起，临淮之磨盘山聚集多名，肆行劫掠，奏请调兵防堵。窃思皖省庐、凤等处，民气素称强悍，匪徒聚集多人，往往扰害村镇。上年虽经该督抚奏请委员严拿惩办，而未经拿办者正多。所聚或千余人，或数百人，平时劫掠，肆行无忌。近闻粤匪窜扰，安庆、江宁先后失守，自更毫无畏惮。若不乘其初起，急行剿除，则盘踞日久，勾结愈多，必致酿成巨患。况庐、凤界连豫省，接壤淮、徐，现值筹防粤匪之时，非先将此数捻匪剿除净尽，万一粤匪潜行勾结，更为心腹之忧。且河南捻匪素多，难保不闻风而起，豫省、

淮、徐防堵，正不可恃。①

咸丰三年八月十七日，王茂荫接到家信，得知同年"七月初九日，有杭州信足五人，带洋钱信物三担，于午未间行过昱岭关里许，突见山林中跳出匪徒十余人，持刀截阻，刀伤二人，将担劫去。该信足等奔十余里，至老竹岭脚村庄，鸣保喊救。该村邀集多人，寻踪追捕。当日傍晚，即于穷崖绝壑中，拿获匪徒六人。次日早间，该处附近百丈崖下，有匪二人，一已跌毙，一伤而未毙，逃往昌化之都亭。地方当时将拿获六人，送县究办。供出此案共十三人，党羽共有二十余人，多系邻近县匪徒。现来三十余人，分为两班，一班在昌化临安县地方，一班在昱岭左近地方，均做小本营生，使人不疑。"②为此他谏议"趁此初起"，将此股土匪一网打尽。为了"清匪之源"，他提出三策：一是"贵用土人"，因为土人情况熟，较官兵更易捉拿小股土匪；二是发布谕旨，"重立赏格"，重赏之下，必有勇夫，赏钱之支出大大少于动用官兵开支的费用；三是在查清匪党人员后，责令匪徒所在居住地方之祠族立限交人。在《请饬拿办昱岭关等处土匪折》中，王茂荫并且指出及时拿办了昱岭等处土匪，不但可以安靖歙县和浙江交界地方，而且还起到防止"逆匪勾结"（即与太平军联合）的作用，可见王茂荫的考虑决不单单是拿办土匪，还有深谋远虑。

咸丰四年十二月初四日，王茂荫在《论贵州土匪情事折》中，再次申明了处理匪乱内患必须趁早的思想，他说："伏思现在畿辅未清，三江未靖，何能筹饷调兵，远顾黔省。然该省界连西粤，粤匪方张，必将连结，若不早灭，亦且蔓延。该省地瘠民贫，兵单饷乏，众所共见，办诚非易。然果先得能办之人，亦必有可办之法。闻桐梓贼初起时，不及千人，过鸡喉关四五千人，近在雷台山万余人，纷扰绥阳者四千人，往黔

---

① ［清］王茂荫撰，张新旭等点校：《王侍郎奏议》卷三《请速剿捻匪折》，黄山书社1991年版，第45页。

② ［清］王茂荫撰，张新旭等点校：《王侍郎奏议》卷五《请饬拿办昱岭关等处土匪折》，黄山书社1991年版，第72页。

西者千余人。此见办理贵速，方免蔓延之验。"①

第四，军兴时期要宽贷胁从，法外施仁。

王茂荫站在封建统治阶级的立场上，在上给皇上的奏折中，将太平天国兵士一律蔑称为"逆贼""贼"或"匪"，这是很自然的，不难理解的。他一再呼吁被太平军追获或威胁奴役的人如果逃脱出来，清军官兵和清廷有关部门一定要予以宽贷矜恤，切不可再予以治罪。他解释说："所以胁从者，盖被胁而久经从贼之人也。"对这样的人，理应"特施法外之仁"。咸丰三年七月二十八日，他在上给咸丰的《请宽贷贼中逃出难民折》中分析说：那些"不甘从逆，乘间即逃"的难民，"其意中知有国家，知有王法，已可宽贷。若复律以谋叛入伙，是使遇贼被胁之难民，更无可还之路也；是使现在贼营之难民，益坚从贼之心也"②。这一奏章，没有得到咸丰谕批，他"中心惶迫，夙夜难安"，八天以后，再上《再请宽贷胁从以信恩旨折》。他上奏咸丰说：

> 伏念贼营胁从难民，本年自正月以来，迭奉恩旨，许以自拔来归，均从宽贷。今遇贼中被胁逃回之人，复拿交刑部治罪，是使恩旨不信于天下矣。夫信，国之宝也，民无信不立。圣人虽至去食去兵，而终不敢去信。以皇上之圣明，岂不知此！③

作为封建社会的一个思想家，王茂荫策略意识极强。他认为宽贷一两个从太平军营中胁从的难民，虽然是件小事，但它产生的影响是巨大的："释一二人之事虽小，而所关甚大。"④

① ［清］王茂荫撰，张新旭等点校：《王侍郎奏议》卷八《论贵州土匪情事折》，黄山书社1991年版，第121页。

② ［清］王茂荫撰，张新旭等点校：《王侍郎奏议》卷四《请宽贷贼中逃出难民折》，黄山书社1991年版，第64页。

③ ［清］王茂荫撰，张新旭等点校：《王侍郎奏议》卷四《再请宽贷胁从以信恩旨折》，黄山书社1991年版，第67页。

④ ［清］王茂荫撰，张新旭等点校：《王侍郎奏议》卷四《再请宽贷胁从以信恩旨折》，黄山书社1991年版，第69页。

第五，主张旌表死难士民，以彰义烈而励人心。

咸丰三年十月二十三日，身任太仆寺卿的王茂荫，鉴于清军与太平军连续作战已有三年，地方文武官员及百姓死伤较多，不少被害较烈，专门给咸丰上疏《殉难士民请旌折》。该折说："凡被难地方，士庶人等或负义不屈而致残，或被胁不从而遭害，甚或全家罹难，阖室自焚。虽智愚贵贱之不同，实节义忠贞之无愧，此固国家厚泽深仁之所致，要亦下民敷天率土之真忱。我国家劝善褒良，凡平日节妇义民，无不仰叨钦奖，则此时忠魂毅魄，尤宜上荷旌扬。臣闻向来各省死难士民，恩许建祠合祀，其被害最烈者，或从优另予封表。"①凡"于遇贼死节之士民妇女等，有姓氏可查者，悉查明题请旌表，准予祠祀；实系无姓氏可查者，则统书难民总牌社会祔祀；其中或有蹈节最著、被害尤烈者，另行优请旌恤之处，出自逾格天恩。俾守义不渝者，皆沐褒嘉之典，斯闻风知感者，咸深激励之心，则众志可以成城，而群丑无难殄灭矣"②。

对王茂荫的这一疏请，咸丰作了好长一段谕批，表明："准其奏明，请旨分别赐恤。"中国建立君主制几千年，乡村社会比较看重名节，正如有关学者所言，这实质是"大多数成员尊重和顺从君王本位的心态和意向"③。

很多人都知道，《王侍郎奏议》是王茂荫的主要著作。应该说，这是不错的，但不完全不完整，完全完整地说，王茂荫还有一本主要著作，那就是他在咸丰年间写成的《皖省褒忠录》。

（原文载《徽州社会科学》2018年第8期，结集时略有修改）

---

① [清]王茂荫撰，张新旭等点校：《王侍郎奏议》卷五《殉难士民请旌折》，黄山书社1991年版，第86—87页。

② [清]王茂荫撰，张新旭等点校：《王侍郎奏议》卷四《再请宽贷胁从以信恩旨折》，黄山书社1991年版，第69页。

③ 程歗：《晚清乡土意识》，中国人民大学出版社1990年版，第128页。

王茂荫的军事思想

既有的王茂荫研究，几乎都没有注意对他的军事思想进行研究，这是一个缺憾。其实，王茂荫的军事思想很值得我们研究。一部十一卷的《王侍郎奏议》，共收王氏奏折103个，其中专门谈论军事进攻与防御的奏折就有53个，占所收奏折的一半。此外，在其他谈论人才与时务的奏折中，他也同时谈论到军事问题。他的这些关于军事问题的奏折，上奏在咸丰二年（1852年）至同治元年（1862年）这十年间，这一时期，正是太平天国军兴以后，清王朝处于严重的内忧外患时期。

扼要地说，王茂荫的军事思想集中在四个方面：一是"行军打仗，选将为先"；二是"战略要地，兵家必争"；三是"知己知彼，百战不殆"；四是"骄兵必败，自古为戒"。

行军打仗　选将为先

太平天国运动爆发的第三年（咸丰三年即1853年），承平日久，腐败无能而又因循粉饰的清廷方将选将练兵提上议事日程。这年二月初二日，咸丰皇帝在一则"上谕"中说："令各旗营官兵，挑选精壮，实心简练，并令该营大臣常川督率，阅兵大臣分班亲阅，使马、步、火器一律严整。等因，钦此。"

咸丰三年二月十二日，时任监察御史的王茂荫看到这一谕旨，即给咸丰上《选将练兵折》，在这道奏折中，他原文抄录了咸丰的"上谕"，以"仰见圣谟深远，自足大振军威"十二字过渡，紧接着说出了掷地有声的话语：

> 唯是练兵必先练将。将不知兵，虽日事操演，亦似无益。现在承平日久，各旗营大臣曾经行阵者少，未必尽属知兵。但令循例奉行，未免徒成故事。当此时事孔亟，伏乞皇上令各旗营大臣，或选择曾经出师、历过行阵之员，以资教导，兵丁虽年纪已老，亦堪任用；或延访素习武略、谋勇兼优之士，以资讲求调度，虽出自草野，亦许保举。庶几冀得将材，足胜御侮……天下之事，多坏于因循粉饰。①

咸丰三年七月二十日，王茂荫上给咸丰帝的《论怀庆兵事折》，可以说是一篇阐发其军事思想的优秀檄文。有道是"兵熊熊一个，将熊熊一窝"。在这篇檄文中，他依据自己独特的人才观，对行军打仗必须首先选择好将帅作了明确的强调，他说：

> 窃臣闻三军之命，系于一将。将得其人，则军用命；不得其人，则军不用命。故行军必以选将为先。国家简贤任能，岂不欲得人而任。然而承平日久，军旅之事，在群臣既多未学，行阵之际，非历试亦无由知。能者固难期，不能者亦难辨。军兴数载，贼氛日炽，皆由将未得人故也。②

王茂荫还劝谏咸丰："为巨室必使工师，治玉必使玉人。况军旅大事，安得不任能者！军中得一能人，未必即足济事；而任一不能人，则

---

① [清]王茂荫撰，张新旭等点校：《王侍郎奏议》卷三《选将练兵折》，黄山书社1991年版，第44页。

② [清]王茂荫撰，张新旭等点校：《王侍郎奏议》卷四《论怀庆兵事折》，黄山书社1991年版，第60页。

必足以误事。各路统兵情形如此。"①

尤为难得的是，同治元年四月二十日，他开缺养病多年刚刚复出署都察院左副都御史，得知四川与河南的太平军进击陕西，非常忧虑，即上《请饬潘铎办理陕西军务折》，他在奏折中说："办理军务，贵得其人。"陕西巡抚瑛棨"未经兵事，恐非御侮之才"。而代理云贵总督潘铎在湖南时"守城御贼有效，兵机将略，年来尤为究心"。他建议旨敕潘铎办理陕省军务，而令瑛棨以员弁兵饷资给之，与张芾分投剿办。三人同心协力，庶可迅速蒇功"，同时推荐熟悉军务的陕省陇川知州邵辅和陕西富平县知县江开"交潘铎差委"②。因陕省军务告急，有关大臣决定调拨尚未正规训练过的"南苑兵"入陕，同时任命虽然为战将但却"非独当一面之才""负乘偾事"（《清史稿》论曰）的德兴阿为统领，王茂荫得知之后，深为震惊，又立即上《请止调南苑兵赴陕折》，他在折子中说："臣闻陕西军事，现调拨南苑兵，又命德兴阿为之统领，闻者人人诧异。夫将者，三军之司命也。君不知将，谓之弃其国；将不知兵，谓之弃其师。盖古人之慎重若此。德兴阿前在扬州、天津偾事，有明征也，何以保其此后之不偾事乎？现在可称为完善省分者有几？国家之有陕西，实不堪再为尝试矣。"③同一时期，他还上奏说"将得其人则利，不得其人则害"。④

通过观察、分析与判断，王茂荫比较看好当时怀庆战场追剿北伐太平军的四路清军官兵中胜保率领的一支，有由他担任怀庆前线总指挥的意向，他说：

> 方今能者不易得，若得之而不用，用之而不使各路之兵

　　①［清］王茂荫撰，张新旭等点校：《王侍郎奏议》卷四《论怀庆兵事折》，黄山书社1991年版，第62页。

　　②［清］王茂荫撰，张新旭等点校：《王侍郎奏议》卷十《请饬潘铎办理陕西军务折》，黄山书社1991年版，第163—164页。

　　③［清］王茂荫撰，张新旭等点校：《王侍郎奏议》卷十《请止调南苑兵赴陕折》，黄山书社1991年版，第164—165页。

　　④［清］王茂荫撰，张新旭等点校：《王侍郎奏议》卷十《论成明不可赴军营请用宝山折》，黄山书社1991年版，第165页。

皆为。用，则必不济；用而不能统全局而大胜大破之，终亦与不用等。幸得一胜保，能既已见，用即宜专。伏望特旨，命恩华与胜保合为一军。恩华为宗室懿亲，必有推贤让能之美，而无嫉贤妒能之心，胜保有功即恩华之功。其总统讷尔经额，但令遥作声援，不必勉强轻动。而其所带弁兵与各路弁兵，均饬听胜保调遣，有畏缩者许以军法从事。庶可克期并举，四面进攻矣。贼在怀庆，如在肘腋，一日不灭，北方一日不安。不独各路进剿之兵其费难计，即京师与直隶东西各省防堵之费，亦甚难计。择能而使，行军胜负之机，即天下安危之机。破此一股，然后可及他股。伏祈皇上立奋乾断，勿更瞻顾周旋。军机大臣祁寯藻忠荩有余，刚断不足，语言唯恐伤人，知胜保之能，亦未必即敢力言。用人大柄，专赖宸裁，天下幸甚。①

战略要地　兵家必争

战略要地是指对战争的进程乃至全局有决定性影响的地区，又称战略重地。自古交战双方，都十分重视对战略要地的争夺和控制。清军官兵防剿太平天国运动初期，王茂荫虽然不是清军指挥员，但却十分关注军事问题，选拔军事将领是他最关心的事。此外，他也反复强调，战略要地的争夺与控制。

太平军占领江宁（南京）是在咸丰三年（1853年）二月，在这之前，至少有三个战略要地——安徽的小孤山、江西的九江、湖南的岳州，王茂荫是念念不忘，一再提醒的。

关于严防死守长江防线中的安徽小孤山，王茂荫大声疾呼过多次。

咸丰二年（1852年）十月初九日，他在上给咸丰的《筹备安徽防剿事宜折》中，第一次提出要守小孤山。事后实践证明，他当时对军事形

---

① ［清］王茂荫撰，张新旭等点校：《王侍郎奏议》卷四《论怀庆兵事折》，黄山书社1991年版，第62页。

势的分析判断，完全正确。他说："安省与两湖一水可通，湖南大兵剿贼，贼必将四窜，一或窜入湖北，则顺水乘风，三四日可到。"①他强调说：

> 防必期于扼要，饷始免于虚縻。安省防堵，不在省城，而在安。府属之宿松。该县与湖北黄梅、江西彭泽均属交界。大江中流，特耸一小孤山，俨为门户，非独安省之扼塞，实亦全江之锁钥。自来元、明御贼，使不得过安庆，全在于此。此处善为设防，贼断无从飞越。顾臣所虑者，不在设防之难，而在得人之难。②

第一次提出严防湖南岳州，第二次提出死守小孤山，是在咸丰二年（1852年）十一月十二日上给咸丰的《请严防岳州以固荆武折》中。在这道奏折中，王茂荫开门见山称其上奏是为了湖南贼匪虽窜，未知所向，急宜严防岳州、荆州、武昌，并请严饬大帅迅速兜围事。他说：

> 臣读日抄，知湖南贼匪于十月十九日黎夜纷奔，有窜至守乡。说。而署督徐广缙分饬员弁，防其窜入常德、宝庆。常德固商贾聚集之区，该匪或不无歆羡；宝庆则退回广西之路，该匪自广西来，岂不知该处菁华已尽？臣以为，宁乡逼近沅江，直达洞庭，其窥伺岳州，势所必至⋯⋯
>
> ⋯⋯倘岳州稍有疏失，则湖北必为大震。大江顺流而下，既无水师，又无厚饷。臣前奏请办安徽防堵，扼守小孤山，未知曾否准行？倘江西与安徽江防稍疏，只以不扰民为高，不以先弭患为要，则由长江而下江西之九江，安徽之省城一

---

① [清]王茂荫撰，张新旭等点校：《王侍郎奏议》卷二《筹备安徽防剿事宜折》，黄山书社1991年版，第26页。

② [清]王茂荫撰，张新旭等点校：《王侍郎奏议》卷二《筹备安徽防剿事宜折》，黄山书社1991年版，第26—27页。

王茂荫的军事思想

水可通，并无阻遏，恐江淮人心亦复震惊。况荆州为古力争之瞰地，康熙年间，吴逆构乱，逼扰岳州当国家鼎盛之时，亦费全力以取之，现在更宜加谨可知。①

王茂荫所说的"岳州"，即湖南之岳阳，古称巴陵。其实，他前一奏折上陈之时，湖南岳州已被太平军攻占。实践证明，王茂荫对局势的判断是准确的。

岳州陷落，湖北告急！长江东下一线岌岌可危！

咸丰二年十一月十九日，王茂荫再上《筹备湖北水陆防堵事宜折》，他在奏折中说：

> 唯长江东下，由江西九江，过安徽省城，直指江宁，顺流扬帆，不过旬日。漕、盐两务，皆在东南，国家养命之源，一经骚动，关系匪轻。此一路所以最宜防也。陆路一由孝感达河南之信阳，一由襄阳达河南之南阳与陕西之南山。贼若由孝感三里城至信阳一路，南北通衢，可以直犯中原。右由襄阳至南阳，则河洛震惊，若至陕西之南山，则尤宜出没。此两路皆所以宜防也。
>
> 防水路之法，请以江西兵勇调至九江驻扎，以江南水师调至安徽之小孤山，拦江截守。以安徽绿营兵弁调扎小孤山之两岸。此处江面最狭，不过里许，而小孤山壁立中流，水师依山据险，迎头奋击；两岸兵弁，枪炮夹攻，贼匪自难飞渡。唯小孤山南岸皆山，有险可守；北岸旷野，非得重兵掘濠修垒，不足以资堵御。且北岸宿松、望江一带，亦系通衢，不可不一律兼防。②

---

① ［清］王茂荫撰，张新旭等点校：《王侍郎奏议》卷二《筹备安徽防剿事宜折》，黄山书社1991年版，第28—29页。

② ［清］王茂荫撰，张新旭等点校：《王侍郎奏议》卷二《筹备湖北水陆防堵事宜折》，黄山书社1991年版，第30页。

这里，王茂荫再次提到要守小孤山。他第三次吁请防守九江、防守小孤山，有一个专门奏折，即著名的《请严守小孤山片》，这个奏折是咸丰二年十二月十四日上奏的。《请严守小孤山片》只有350余字，现全文照录：

再，臣闻安庆大江，唯小孤山可守。从前元、明之守，载在史册，至今地方犹传。安庆大员，唯臬司张熙宇能办事。以张熙宇守小孤山，似为得宜，而虑其独力难支，故尝迭奏，请用周天爵。乃近闻督臣陆建瀛以小孤山为不可守，今又闻抚臣蒋文庆欲撤小孤山之守，真不可解。舍小孤山不守，不知欲守何地。以为守省城耶？是舍门户而守房室也。省城周围不过九里，倚山临江，无论未必能守，即能守，而贼舍之不攻，亦可直达江宁矣。是不守小孤山，直欲开门而延盗也。然督抚两大员有此意见，一臬司何以当之？即或勉力支撑，必且动成制掣肘。贼一过九江，此地恐不可问矣。此地不守，而贼即在江宁矣，天下大局可为寒心。伏乞皇上严饬督臣以必保九江，严饬抚臣以必保小孤山。两处有失，唯该督抚是问。并请钦派可靠大员，于小孤山协同防堵，使贼必不得过，江南幸甚！天下幸甚！谨奏。[1]

从战略位置考察，江西九江是太平军沿江东下直取安庆的必经要隘，安徽小孤山是安徽省城安庆的门户，而安庆又是江宁的门户。太平军欲取江宁，必先占安庆，欲先占安庆，必先克小孤山，欲图小孤山，必先克岳阳与武昌，再克九江。正因为战略位置如此重要，所以王茂荫一而再再而三地劝谏，不厌其烦、声嘶力竭地吁请防守这些战略要地，可惜始终不被最高统治者所重视，随着战局的变化，结果必然不妙。

果然，咸丰三年正月初二（1853年2月9日），太平军自武汉顺长江

① [清]王茂荫撰，张新旭等点校：《王侍郎奏议》卷二《请严守小孤山片》，黄山书社1991年版，第35页。

王茂荫的军事思想

东下，十四日冲破清军宿松防线，向安徽省城安庆推进，十七日，太平军渡江进攻安庆，杀巡抚蒋文庆，缴获库银34万余两，制钱4万余串，仓米3万余石，大炮189尊。十八日，太平军拔营东去，进军江宁。同年二月初十日（1853年3月19日），太平军攻克江宁，并定都为"天京"。

王茂荫关于抢占和控制战略要地的思想，还可以从他所论关于徽州与宁国的防御利害关系举例说明。

徽州位于皖南山区腹地，情况与其他地方有所不同，军事防御应从当地实际情况出发，因地因势制宜。王茂荫在一封《遗札》中说：徽州"处万山中，天险可守，又地僻粮少，无所可贪，故自古鲜见兵甲"。①清咸同年间，徽州之所以为祸难所被，依王茂荫的说法，系由青阳、石台人招引之。他原话如此："窃综前后之所闻，推（徽州）祸难之由致，因思贼之入徽，实青、石之人所招。青、石之招贼入徽，实徽勇之奸淫掳掠致之。而勇之所以如此，则以花会之人为之也。"②咸丰四年正月，太平军零星小部"攻扰祁、黟，劫财物，掳民人，其势方炽，一闻浙有援兵即至，遂惊走退去"③，而在这之前，王茂荫就提醒过，徽州防御的战略要地不在府衙县城，而在四处关山要隘，尤其是与江西饶州接壤的婺源边界和祁门边界，以及毗邻江北安庆的黟县、太平边界。咸丰三年八月二十二日，他在上给咸丰的奏折中说：

> 臣闻现在江西逆贼，窜扰饶州、乐平等处，该处与徽州之婺源、祁门紧相连接。徽处万山之中，四面交界之处，多有崇山峻岭、天险可守。守徽州与他郡不同，他郡务在守城垣，徽州务在守边界。边界守得住，全郡可保；若边界不守，全郡即将糜烂。城垣卑薄，亦断无能保之法。本年自春以来，臣迭以此意致在籍绅士，江西有警，务请本府赴婺源、祁门

---

① 王茂荫《遗札》，遗札原件藏王茂荫裔孙处。据该著作者所考，该《遗札》拟为咸丰末同治初王茂荫写给当时带清军驻守江南老营祁门的曾国藩的信文底稿。

② 王茂荫《遗札》。

③ ［清］王茂荫撰，张新旭等点校：《王侍郎奏议》卷七《请将徽州暂隶浙江折》，黄山书社1991年版，第106页。

督办团练防御。乃至今仅闻休、祁两县竭力设防，而婺源无闻，知府亦未曾到祁、婺等处。若知府坐守府城，置边界要隘于不问，将来势必不保。[1]

咸丰四年四月初六日，他在上给咸丰的奏折中，第一次提出守徽保浙的战略思想，他说：

> 徽处浙上游，为浙之西路门户，若有疏虞，顺流而下，以达于杭，实有建瓴之势。唯入徽之境，率皆崇山峻岭，能保徽州，方能保浙。况苏、杭素称富庶，久为逆匪觊觎，其所以不即攻扰者，以常、镇一路有向荣以扼之。上年扰及饶州，本年扰及祁、黟，未必非窥伺浙省之意。臣愚以为为今之计，似宜稍为变通，以徽郡暂归浙江管辖，缓急相援，可以借浙之力保徽，亦可借徽之力保浙。唇齿相依，庶期得力。[2]

咸丰四年闰七月初九日，在《请保护徽宁以固苏杭片》的奏折中，王茂荫进一步阐述了守徽保浙的战略思想，指出：

> 臣思浙江虽似完善，而兵单饷竭，人所共知。该抚臣尚能将本届全漕运津，京师人心藉以安定。即苏省本年未经办漕，若年复一年，浙之嘉、湖近苏诸郡，势必效尤，抗不完纳。是今必得早奉严旨，饬下新任苏抚臣，督属预筹新漕事宜。况该省岁收丰稔，积谷必多。今贼匪已觊觎及此，岂可不急为之防。保护浙、苏，必先保护徽、宁；欲徽、宁之晏

---

① [清]王茂荫撰，张新旭等点校：《王侍郎奏议》卷五《请饬徽州知府驰赴婺源防堵片》，黄山书社1991年版，第73—74页。

② [清]王茂荫撰，张新旭等点校：《王侍郎奏议》卷七《请将徽州暂隶浙江折》，见黄山书社1991年版，第106页。

王茂荫的军事思想

169

安，必先于江面上游太平、芜湖、池州三口岸，派委水师得力将弁，多带师艇、拖罟，红单各船，于各口岸堵剿兼施，联络上下声势。但能不令一匪船阑入内河，则所以保苏、杭，以保全明岁南漕者，为功实大。倘此三口不能扼守，而徽、宁稍有疏虞，则顺流入浙，不日可至杭州。浙江未经战阵之兵，即该抚训练激励，不至畏葸，而力不敌众，有堪深虑者。彼时大江南北两帅，以收复镇江空城、瓜州破垒为捷报，臣窃谓所得万不偿所失也。伏望谕知向荣，严饬水师，多派师船，横截太平、芜湖江口；仍望特饬琦善，分拨水师，溯流而上，直达安庆对渡之池州大通河口，实力戒击，与太平、芜湖两口之师船联为一气，不得稍存畛域之见。[①]

关于宁国在全局中的战略位置及其防御策略，王茂荫的战略眼光也决非一般的军机大臣和军事将领所能企及。咸丰五年二月二十二日，他在《请饬张芾往徽宁一路防堵片》中，作了这样的分析：

再，臣闻徽州现又被贼，贼屡窥此，意必有在。此地倘为贼破，则以建瓴之势东下浙江，固在意中；而西道江右之饶州，一湖相望，又将与九江声势联络。且由徽而与池、太之贼，三面以攻宁国，宁国势不能守。宁国不守，则安省之江南四府已为打成一片，而苏、杭处处皆通，于大局甚为可虑。徽州处万山中，四面崇峻，原自有险可守。无如府县皆甫到任，而本地绅士又鲜御侮之才。学政沈祖懋闻现带勇赴渔亭防堵，素少经练，恐亦难恃。即浙抚极力维持，亦止能固东方一面。窃见前任江西巡抚张芾，曾奉旨交和春、福济差委，江北大员颇多，可否请敕将张芾派往徽、宁一路，择

① [清]王茂荫撰，张新旭等点校：《王侍郎奏议》卷七《请保护徽宁以固苏杭片》，黄山书社1991年版，第115—116页。

要驻扎，筹办团练防堵等事。资其声威，加以董劝，当较得力。①

随着战略要地的反复争夺与战局的纵深发展，在长江一线中，江西九江与江苏浦口的战略防御显得尤为突出。关于九江，王茂荫认为：

窃谓南方之势全在长江，长江之要全在九江。此陆建瀛当日之败逃。所为关东南全局也。夫以曾国藩、塔齐布水陆两军，三日而克武汉，长驱直下，势如破竹，独于九江数月不下者，盖贼以九江为扼要，故悉全力以守之，如扬州瓜步，虽屡挫败，终不肯舍之。今之分窜汉口，正欲使我师回救，彼乃得保九江而无忧耳。若曾国藩等一行回救，不独前此之功废于一旦，即后此欲复至九江城下，窃恐难矣。何则？贼惩前失，但得我师一动，必悉九江之全力以上拒，使我不能下行也。贼势之盛，全在得长江千数百里之地恣其游行，数省沿江郡县恣其劫掠。兵无阻处，粮无断处，故得肆行无忌。今自汉口至九江，其间亦六百里。我兵驻九江不退，则此段江面为我有；虽不回救，而与上游声势联络，尽可调兵拨船于其间，贼终有畏忌，不能往来自如。一退，则全江皆为彼有，下游消息不通，纵留兵于九江，亦必被其拦截。此九江之所以万不可舍，而回救之非策也。……为今之计，唯有专心一志，力图九江。九江未下，不独将不可轻动，即兵亦不可多分。九江既下，亦必多用兵勇，扼要驻扎，以成重镇。②

关于江苏浦口，王茂荫认为这里最为扼贼北窜之要，咸丰三年太平

①［清］王茂荫撰，张新旭等点校：《王侍郎奏议》卷八《请饬张芾往徽宁一路防堵片》，黄山书社1991年版，第128页。
②［清］王茂荫撰，张新旭等点校：《王侍郎奏议》卷八《论长江形势请急图九江折》，黄山书社1991年版，第126—127页。

王茂荫的军事思想

171

军窜皖、豫、晋而至直隶，即由此驱入。咸丰六年春，有关统兵偶将浦口防兵调移至扬，结果导致太平军乘机大股而来，攻陷浦口，径趋六合围城，如果不是张国梁救援之速，血战之力，杀退贼兵，很快收复浦口，六合早已不可保。王茂荫由此得出结论，"可见贼情固日思由此北窜，专伺隙而动也；是可见浦口防兵万不宜轻有移动也"。当时，张国梁克复浦口时，水路亦赖有叶常春等艇师在江面截杀。浦口这一战略要地，不仅陆营之兵不可动，水路之兵亦不可动，前车之鉴，后人之师。咸丰七年九月王茂荫上奏折说：

> 近闻浦口防兵有调往瓜、扬之说，该处仅留兵五百名，并将久驻浦口得力之水师一并调开，绝无防堵，不独对岸下关观音门之贼船，可以扬帆而至浦口，即江浦城内之贼，亦可出而与南来之贼并攻六合。窃思六合坚守数年，贼之垂涎甚久，结恨甚深。若此自撤藩篱，倘一旦有警，救援不及，不独该县忠义之民尽成灰烬，可为悯惜；且六合不守，则由泗达淮，毫无险守，贼将直趋而北，尤为可虑。不知统兵大臣何以出此？如谓调守瓜、扬，则瓜、扬守已数年，并非兵少，何以必撤浦口之兵？如谓防贼北窜，则浦口亦北窜之路，何以反行撤防？此事利害安危所关甚巨，臣偶有所闻，甚为焦虑，不敢不以上陈，务求皇上迅饬统兵大臣，不宜专顾扬州一面，必须通顾全局，即将所调浦口之营兵与水师，赶紧仍发回浦口防堵，以杜贼心窥伺之萌，以免上年窜扰之失，是为至幸。①

知己知彼　百战不殆

　　"知己知彼，百战不殆"，这个话出自中国春秋时期军事家孙武的军

---

① ［清］王茂荫撰，张新旭等点校：《王侍郎奏议》卷八《论浦口防兵不宜调动折》，黄山书社1991年版，第143—144页。

事著作《孙子兵法》之"谋攻"篇，原话是："知己知彼，百战不殆；不知彼而知己，一胜一负；不知彼，不知己，每战必殆。"意为在军事纷争中，既了解敌人，又了解自己，百战都不会有危险；不了解敌人而只了解自己，胜败的可能性各半；既不了解敌人，也不了解自己，每战都有失败的危险。王茂荫将"知己知彼"中的"知己"解释为"审己力"，而将"知彼"意会为"揣敌情"。他的原话是这么说的："臣闻行军之道，贵揣敌情，尤贵审己力，所谓知己知彼，百战百胜。"①

这里不能不提到晚清名将僧格林沁。僧格林沁（1811—1865），博尔济吉特氏，蒙古科尔沁旗（今属内蒙古）人，成吉思汗二弟哈布图哈萨尔的第26代孙，善骑射，道光五年（1825年）入嗣袭扎萨克多罗郡王，旋入京为御前行走，道光十四年（1834年）授御前大臣，后历任领侍卫内大臣、正蓝旗蒙古都统、镶白旗满洲都统等职，颇得道光、咸丰二帝宠信。咸丰三年受命为参赞大臣，率骑兵防堵太平天国北伐军，咸丰五年俘获林凤祥、李开芳，晋封为博多勒噶台亲王。此人比较善于治军，所部亦为清军精锐，在与太平军、英法联军作战中，战功卓著，是清廷倚重的大将，但他气性骄横，不谙敌情，恃勇少谋，作战往往只图近利，而少远虑，终在同治四年（1865年）五月于山东菏泽高楼寨之战中，中捻军伏击，全军覆没。

咸丰三年八月，林凤祥、李开芳等率领的北伐太平军攻入京畿重地，钦差大臣讷尔经额师溃临洺关，河北正定告急，咸丰帝诏授惠亲王绵愉为奉命大将军，僧格林沁为参赞大臣，亲自将清太祖努尔哈赤使用过的宝刀授予僧格林沁，命其率军进剿。咸丰三年九月二十一日，王茂荫上《请催僧格林沁迅速赴剿折》之时，僧格林沁正受命为参赞大臣，统领劲旅出京防堵北伐的太平军，驻防紫荆关。王茂荫在奏折中说："逆贼北来，意在窥我虚实，以图大举入寇。观其屡次窥窃渡河，竟由温而至怀庆，迫为胜保所迫，势不能北，乃入山西，由山西曲折奔驰，不窜陕境，

① [清]王茂荫撰，张新旭等点校：《王侍郎奏议》卷五《请催僧格林沁迅速赴剿折》，黄山书社1991年版，第79页。

王茂荫的军事思想

而仍窜直境,其情可见。"①对僧氏统全军会剿,同许多大臣一样,王茂荫也寄以厚望,不意僧氏率部于九月中旬行至涿州便安营扎寨,各路亦皆不前。而太平军自九月初六渡河以后,亦迁延于深晋之间。王茂荫在奏折中称:"臣闻参赞勇优长,想其在涿,自有深意,非寻常所能窥。"他揣测说,僧氏如果是"欲遂为防守,则臣窃谓非计"。因为,"自逆贼窜出广西,至今皆为守字所误。远而衡岳,近而临洺,何处不防?何处能守?此前车之至鉴。夫守所以防贼来,我能杀贼,贼从何来?我不杀贼,贼来又焉能守?向之言守者,皆怯也。且守亦必审时势,果使贼众我寡,贼盛我衰,锋不可当,力不能制,因而持重以老贼师、疲贼力,待贼粮尽,然后一举灭之,此亦有说。今贼自怀庆窜逸,止于数千,即有裹胁,亦不过万,而我军不啻数倍,是贼寡我众也。贼既屡败,又奔驰数千里,其众已疲惫不堪,而我军蓄锐既久,一鼓作气,是贼衰我盛也。我方操此胜算,而贼以疲惫无援之孤军远来送死,不即灭之,而何待耶?况战则利在我,而守则利在贼。时至今日,有万不可以言守者。贼住一日,既可养息亦便裹胁。我住一日,锐气日堕,精气日销。贼人所过劫掠,行不持粮。我军需饷甚繁,部库告匮,坐守一日,糜饷不知若干。设贼不遽来,亦不遽去,进不敢战,退不敢撤,如此数月,饷绝兵溃,不待贼至,而已自困矣。遑言守乎?"②王茂荫先以主张防守的口气称:现在主张防守的人可能会说,剿贼之任还是由胜保来完成吧。岂不知胜保所带之兵,在怀庆攻剿两月余,在山西又奔驰月余,其力亦至疲矣。善御马者,不竭马之力;善用兵者,不竭兵之力。胜保之竭力如此,由他进剿并不妥。他说:"总之,此番之贼,断不可使有一人得返,有一南返,贼必轻我而更来。为今之计,贼方以怯疑我,即因其情而用之。"③紧接着,依据兵不厌诈的原理,他亮出自己"声东击西"与"明

①[清]王茂荫撰,张新旭等点校:《王侍郎奏议》卷五《请催僧格林沁迅速赴剿折》,黄山书社1991年版,第79页。

②[清]王茂荫撰,张新旭等点校:《王侍郎奏议》卷五《请催僧格林沁迅速赴剿折》,黄山书社1991年版,第80页。

③[清]王茂荫撰,张新旭等点校:《王侍郎奏议》卷五《请催僧格林沁迅速赴剿折》,黄山书社1991年版,第81页。

修暗渡"的战术，以图出奇制胜之效，他的原话是：

> 愿皇上密饬王大臣等，明发号令，按兵防守；阴选敢战之将、敢死之士数千人，潜师疾趋，昼夜兼行，离胜保营数里驻扎，暗与会合。俟胜保攻战急时，陡出参赞旌旗，挥兵直出。贼众狃于官兵逗留之积习，必不料我骤至，一旦出其不意，不啻从天而降，于惊惶失措之余，一鼓灭之，使各路之贼咸知大皇帝之威灵，参赞之谋勇，京营劲旅之利害，心悸胆栗，不敢更生北窜之念矣。①

据《清史稿》僧格林沁本传透露，当年十月，北伐的太平军攻陷静海，窥视天津，僧格林沁率部在天津南王家口与北伐军开战，北伐军损失惨重，被迫退到连镇一带。（咸丰）四年正月，僧格林沁会同钦差大臣胜保军乘夜越壕燔其垒，太平军南逸，被追击至子牙镇南，擒斩其众，因大败北伐军，被咸丰帝赐予"湍多巴图鲁"②称号。接着，又连败北伐太平军于河间束城村、献县单家桥、交河富庄驿。在胜保的配合下，后在连镇大败北伐太平军。

实践证明，在"审己力""揣敌情"之基础上，王茂荫主张僧格林沁与胜保联手会剿的战略方针，不失为正确的战略方针。《清史稿》所云"僧格林沁围林凤祥、李开芳于连塘，久未下，命胜保回军会剿"③，显然是咸丰采纳了王茂荫的谏议。

---

① ［清］王茂荫撰，张新旭等点校：《王侍郎奏议》卷五《请催僧格林沁迅速赴剿折》，黄山书社1991年版，第81页。

② "巴图鲁"为满语中"英雄""勇士"一词音译，与蒙古语的"巴特尔"同源。元明时期，音译为"拔都""拔都鲁""八都儿"与"把都儿"。清代对于有武略、武功过人的勇士，命为"巴图鲁"，获此嘉赏者有至上的荣耀。康熙大帝为"大清第一巴图鲁"。清初，鳌拜也曾被称呼为"巴图鲁"。

③《清史稿》列传第一百九十。

骄兵必败　自古为戒

"骄兵必败"，这是兵家常识，意为骄傲的军队或将士必定打败仗。班固《汉书·魏相传》云："恃国家之大，矜民人之众，欲见威于敌者，谓之骄兵，兵骄者灭。""骄兵必败"这个成语出于此。

王茂荫讲"骄兵必败"，是在咸丰四年（1854年）闰七月初九日上给咸丰的《论胜保折》中，其原话为："人心一有自喜之念，则骄矜不期而生。由是谀言日至，善言下闻，一切措施皆误而不自觉。故骄兵必败，自古为戒。"①

王茂荫是在分析评论晚清将领胜保时作以上表述的。

先介绍一下胜保。胜保（？—1863），字克斋，苏完瓜尔佳氏，满洲镶白旗人，道光二十年（1840年）举人，考授顺天府教授，迁赞善，以大考二等，擢侍讲，迁国子监祭酒，屡上疏言事，甚著风采，历光禄卿，内阁学士。咸丰二年（1852年），上疏论时政，言甚切直，咸丰三年，任江北大营帮办军务大臣，截击太平军北伐，因兵解怀庆之围有功，加都统衔，赐黄马褂，予"霍銮巴图鲁"名号。后又因战功，"授钦差大臣，代讷尔经额督师，节制各路，特赐康熙朝安亲王所进神雀刀，凡贻误军情者，副将以下立斩以闻"②。林凤翔、李开芳等率领的北伐太平军转入直隶境，因督师讷尔经额师溃临洺关，胜保追贼不力，诏命惠亲王绵愉为大将、科尔沁郡王僧格林沁为参赞大臣，驻军涿州，直隶军务仍责胜保专任。胜保久攻高唐不克，遭革职，遣戍新疆。咸丰六年，召还，发往安徽军营差遣，七年，复授副都统衔，帮办河南军务，赴淮北剿捻军。八年，招降捻军首领李兆受、苗沛霖。咸丰十年，在河北通州八里桥抗击英法联军，战败。次年，擢兵部侍郎，支持慈禧、恭亲王发动"辛酉政变"，后赴山东招降捻首宋景诗。同治二年，授钦差大臣，督办陕西军务，镇压回民，作战不力，接连战败。自以为在"辛酉政变"中有功，

①［清］王茂荫撰，张新旭等点校：《王侍郎奏议》卷七《论胜保折》，黄山书社1991年版，第114页。
②《清史稿》列传一百九十。

专横跋扈，拥兵养寇，糜费军饷，遭众大臣弹劾。同年十二月初四日，慈禧密诏多隆阿率部前往陕西，将其押送回京。次年七月，以"讳败为胜，捏报战功，挟制朝廷"等多条罪状，赐令自尽。

胜保就是这样一个因骄横而堕落，最后成为"败保"的人。

王茂荫在奏稿中专就一个将领而发表议论，同时在其他奏稿中又屡屡提及的，唯胜保一人而已。正是因为他看中胜保治军之前的直言敢谏及其他的善战，思才若渴的王茂荫才在咸丰皇帝面前一再举荐胜保，正如他自己所说："臣于该大臣初无素识，然爱之重之，亦尝称其能军矣。"①咸丰三年七月二十日王茂荫所上《论怀庆兵事折》，可以说是特意向咸丰推荐胜保将才的一个折子。

王茂荫对胜保一直关注着。时间推移还不足一整年，耳闻朝野上下各方面对胜保功过是非的评论，深感胜保"举动日非，声名日坏，诚恐将以骄矜致误大事，而该大臣亦不得保其功名"②，于是向咸丰皇帝上了《论胜保折》，直陈所闻。王茂荫上这个奏折的出发点仍然是珍惜人才："伏愿皇上激励裁抑之，又从而提撕警觉之，使之憬然有悟，翻然改为，由战将而进跻于大将焉，则国家幸甚，该大臣亦幸甚。"③

王茂荫禀告咸丰：胜保之所以久攻"贼数无多之高唐"而不克，是因为据闻胜保"谓高唐破后，必责以破连镇，责以南下而破金陵、镇、扬，彼自计不能，因而养此小寇以自安"；又听说胜保不再有新的战功是因"为小人所惑，现已耽于声色玩好，日饮酒为乐，不以军务为重"。王茂荫说，"该大臣素以报国自命，当不至此"。话是这么说，其实胜保这方面的问题是很严重的。

最令王茂荫为之震惊的，是胜保"不得三心"。

一是"不得民心"。道光十二年（1832年）举人四川新都人谢子澄，大挑一等，历官直隶青县、静海、邯郸、卢龙、滦州、无极县知县，所至皆有惠政，咸丰三年调天津，擢直隶州知州，留视县事，时北伐的太

① [清]王茂荫撰，张新旭等点校：《王侍郎奏议》卷七《论胜保折》，黄山书社1991年版，第115页。
② [清]王茂荫撰，张新旭等点校：《王侍郎奏议》卷七《论胜保折》，黄山书社1991年版，第115页。
③ [清]王茂荫撰，张新旭等点校：《王侍郎奏议》卷七《论胜保折》，黄山书社1991年版，第115页。

平军由河南进攻山西、河北，谢子澄募津勇三千人拒之，战死，"天津之
人爱如父母"。胜保到津后，本该将谢子澄的事迹保奏，将乡勇从优请
奖，以收民望而鼓舞士气，但他却没有这么做，因而"津人之心遂不属
之矣"；再者，咸丰四年深得民望的山东巡抚苏北人张亮基，正带兵勇守
临清之际，突被钦差大臣胜保以"取巧冒功"而弹劾革职，而"（山）
东人之心又不属之矣"。

二是"不得将心"。胜保被擢为统帅，因年纪轻资历浅，很多宿将难
免轻视，胜保"既不能谦冲以用群才，又未能调度出奇，如周瑜之有以
服程普，故其不甚听令处有之"。第一次鸦片战争期间领导台湾军民抵抗
英军的爱国将领达洪阿，被大学士穆彰阿弹劾，清军中不少将领都想不
通，胜保与诸将很少见面，很少沟通，"每日但传令派某军出队，其出队
之如何运谋，如何制胜，即领军人不知，其余将弁又安能识大帅之心？"。
王茂荫尖锐指出："不能得心，安能应手？夫分营围剿，其间距数里、十
数里不等，必待令而动，则南营战而北（营）坐观，东面攻而西袖手，
固无足怪。然兵至于不相救应，岂有胜理！军务机宜，间不容发，贼虽
诡谲，岂无间隙可乘？有可乘而莫之乘，往往都成错过，则不得将心之
过也。"①

三是"不得兵勇之心"。王茂荫说，胜保"其待兵勇也，厚薄不免歧
视，故勇多不为用。至兵宜为用矣，而又以宽纵失之。当其闻令不进，
见贼辄退，未尝不肆口痛骂，极称要杀；而一经求免，即止不问。夫军
令如山，大帅一言不可苟。苟可下杀，不宜轻出诸口；业经出口，则令
出唯行，乃所为必罚也。杀而可以求免，其兵尚可用乎？"②

通过分析，王茂荫指出，以上"三心"，有一不得，就足以偾事了，
而胜保竟"不得三心"。他的结论是胜保并非所谓"转战无前，所向克捷
者"。为什么这么说呢？王茂荫指出：

---

①［清］王茂荫撰，张新旭等点校：《王侍郎奏议》卷七《论胜保折》，黄山书社1991年版，第
113—114页。

②［清］王茂荫撰，张新旭等点校：《王侍郎奏议》卷七《论胜保折》，黄山书社1991年版，第
114页。

臣尝细加访闻，知该大臣喜人称颂战功，又时以百战威声、一腔血愤自负，而窃有以得其故矣。人心一有自喜之念，则骄矜不期而生。由是谀言日至，善言不闻，一切措施皆误而不自觉。故骄兵必败，自古为戒。夫勇往直前，冲锋不避，此该大臣之能也，然此乃战之能也。古之大将不矜己能，不伐己功，集群谋而必使无隐，用群力而务尽所长，该大臣岂未前闻，而遽以自足耶？①

王茂荫以深为惋惜的口气说："昔诸葛亮兵数败衄，自咎不闻其过，谓诸君攻亮之过，则兵决可胜。田单以破燕之威，攻狄三月不能下，一闻鲁仲子言而下之。"②王茂荫是多么希望胜保能向三国时著名军师诸葛亮学习，向战国时期齐将田单学习，去其骄气，虚心博采人言，憬然有悟，翻然改为，实现由战将到大将的转变。但是，不幸的是，一代战将胜保终因骄横而最终身败名裂。胜保被慈禧责令自尽之时，正是王茂荫重新复出之年，他一定是为胜保走向反面而深深遗憾的。

《清史稿》撰官论曰："胜保初以直谏称。及出治军，胆略机警，数著功绩。然负气凌人，虽僧格林沁不相下。自余疆臣共事，无不龃龉互劾。文宗严驭之，屡踬屡起，盖惜其才也。始终以客军办贼，无自练之兵，无治饷之权；抚用悍寇而紊纪律，滥收废员而通贿赂，又纵淫侈不自检束。卒因袒庇苗沛霖，与楚军不相能，朝廷苦心调和而不之喻，遂致获罪，功过固莫掩也。"③

（原文连载《徽州社会科学》2019年第3期、第4期）

---

①[清]王茂荫撰，张新旭等点校：《王侍郎奏议》卷七《论胜保折》，黄山书社1991年版，第114页。

②[清]王茂荫撰，张新旭等点校：《王侍郎奏议》卷七《论胜保折》，黄山书社1991年版，第114页。

③《清史稿》列传第一百九十。

王茂荫的经济思想

王茂荫的经济思想富有特色，集中体现在三个方面：货币观点与币制改革；重商理念与金融调节；养护元气与藏富于民。

货币观点和币制改革

王茂荫举进士后长时期供职户部，对户部事务较为熟悉。有清一代，他不是建议发行钞币的第一人，却是清咸丰朝倡议发行钞币的第一人，指导其行钞思想的基本理论观点是"以实运虚"①，这也是他主张币制改革的基本立足点。他在主张行钞的方案以及币制改革中，一再申明这一点。"纸虚银实"，这是中国历史上货币金属论者的一贯观点。王茂荫基本上也是货币金属论者，但他是其中的一个特殊。

太平天国运动爆发的前十余年间，供职户部的王茂荫，"历考古来圜法利弊，悉心研究，积思十余年。及入谏垣，即上钞法十条，为权宜济用之计"②。

咸丰元年（1851年），清政府为了镇压太平天国运动，财政入不敷出，作为币材的铜因主要产地云南受战乱影响而无法运输，这就使清政府的财政危机和货币危机日益严重，以至难以为继。一向关心国计民生

---

① [清]王茂荫撰，张新旭等点校：《王侍郎奏议》卷六《论行大钱折》，黄山书社1991年版，第92页。

② [清]王茂荫撰，张新旭等点校：《王侍郎奏议》附录《显考子怀府君行状》，黄山书社1991年版，第203页。

的王茂荫，这时深感理财是当务之急。太平天国运动爆发时，王茂荫正丁父忧在老家，这年六月，服除回京到户部述职，七月十一日，补授户部江西司员外郎，八月初四日补授陕西道监察御史，九月初二日，他向登基不久的咸丰帝上了《条议钞法折》，建议发行钞币（即纸币）。这是他为缓和清政府的财政危机提出的第一个币制改革方案。

在这个奏折中，王茂荫开宗明义地说："粤西之军务未息，河工之待用尤殷，国家经费有常，岂能供额外之用？""理财亦正不容缓。"①但如何理财，解决国家财政危机，这却是有讲究。当时户部大臣"有开捐例之议"，所谓"开捐例"，就是政府实行捐纳举人生员和入赀拜官制度，用今天的话来说，就是要国家把文凭、职位公开当作商品出售，以此增加财政收入。王茂荫认为"开捐例"弊病实在太多，不可实行。他说："臣观自汉以来，不得已而为经国之计者有二：一曰铸大钱，一曰行钞币"②。铸大钱和行钞币，都是既有利也有弊的。经过"两利取其重，两害取其轻"之权衡，他认为还是以行钞币为上策。深思熟虑之后，他拟定了发行钞币方案。

这个方案主要包括十个方面的内容：

一为推钞之弊；二为拟钞之值；三为酌钞之数；四为精钞之制；五为行钞之法；六为筹钞之通；七为广钞之利；八为换钞之法；九为严钞之防；十为行钞之人。

方案的核心是建议政府发行由银号出资替政府负兑现责任的钞币。

王茂荫认为，行钞"不能无弊"，只能是在财政极端困难时所采取的一种"不得已之计"，因此要使钞币行得通，必须注意防弊，要"先求无累于民，而后求有益于国"。③他所说的"防弊""无累于民"，实质是要防止通货膨胀。他认为，钞币的作用是辅助金属币之不足，而不能代替

---

① [清]王茂荫撰，张新旭等点校：《王侍郎奏议》卷一《条议钞法折》，黄山书社1991年版，第1页。

② [清]王茂荫撰，张新旭等点校：《王侍郎奏议》卷一《条议钞法折》，黄山书社1991年版，第1页。

③ [清]王茂荫撰，张新旭等点校：《王侍郎奏议》卷一《条议钞法折》，黄山书社1991年版，第2页。

王茂荫的经济思想

金属币，发行钞币只是"用钞以辅银，而非舍银而从钞"①。所以，他特别强调，要发挥金属币对钞币的辅助作用，认为这是维持钞币信誉的一个不可缺少的条件，并把这个条件概括为"以实运虚"，这个"以实运虚"，就是王茂荫解释钞币流通的基本观点，也是他的币制改革方案的立足点。这一观点，是以他对钞币的数量及其价值的相互关系的认识为依据的。他在总结中国历史上发行钞币的经验教训的基础上，指出：钞币发行要做到"行之以渐，限之以制"②，而且还要有个"定数"，否则，"钞无定数，则出之不穷，似为大利，不知出愈多，值愈贱……种种扰民，皆由此出"③，"造钞太多，则壅滞而物力必贵"④。王茂荫提出的"以实运虚"法的核心内容是"以数实辅一虚"。具体做法是：国家发行以制银为单位的银钞（纸币），面额分十两、五十两二种，最高发行额要严格限制，并且采取审慎的办法在若干年内逐渐发行到这一最高限额；银钞发行后，白银并不退出流通，而是以若干倍于银钞的数量和银钞同时流通。正是基于这一设想，在第一个方案中，他根据当时清政府每年只有数千万两白银的收支情况，建议政府"每岁先造钞十万两，计十两者五千张，五十两者一千张。试行一二年，计可流通，则每岁倍之；又得流通，则岁又倍之。极钞之数，以一千万两为限。盖国家岁出岁入，不过数千万两"⑤。显然，他主张用限制钞币发行量并使它同白银保持一定联系的办法来防止通货膨胀。

王茂荫强调国家发行钞币必须"以数实辅一虚，行之以制，限之以渐，用钞以辅银，而非舍银而从钞"，认为只有这样才不会出现"壅滞之

---

① ［清］王茂荫撰，张新旭等点校：《王侍郎奏议》卷一《条议钞法折》，黄山书社1991年版，第3页。

② ［清］王茂荫撰，张新旭等点校：《王侍郎奏议》卷一《条议钞法折》，黄山书社1991年版，第3页。

③ ［清］王茂荫撰，张新旭等点校：《王侍郎奏议》卷一《条议钞法折》，黄山书社1991年版，第3页。

④ ［清］王茂荫撰，张新旭等点校：《王侍郎奏议》卷一《条议钞法折》，黄山书社1991年版，第2页。

⑤ ［清］王茂荫撰，张新旭等点校：《王侍郎奏议》卷一《条议钞法折》，黄山书社1991年版，第3页。

弊"①。这就表明，他对纸币流通规律是有粗浅的认识的。这个规律正如马克思在《资本论》中所阐述的："纸币流通的特殊规律只能从纸币是金的代表这种联系中产生。"这一规律简单说来就是：纸币的发行限于它象征地代表的金或银的实际流通的数量。②

在十九世纪中叶，王茂荫对纸币流通的规律就有这样的认识是难能可贵的。但是，王茂荫和所有的金属主义者一样，没有确切地找到钞币和金属币之间的联系，他不了解，只要代替金属币执行流通手段的职能的钞币发行量，没有超过流通中所需要的货币量，即使流通中的货币都由钞币来代替，而完全没有金属币在流通，钞币也不会贬值。王茂荫在自己的方案中还规定，钞币可以向银号兑取现银，从表面看他所主张发行的银钞是可以兑换的，其实不然，因为他的方案中没有明确规定银钞的发行者——国家，应负兑现责任，国库也没有把现银作为兑现的准备金存放在银号中。既然如此，兑现就不可能有真正的保证。王茂荫的货币观点，或者说他的第一个币制改革方案的主要局限性，也正在这里。

继王茂荫提出第一个币制改革方案之后，咸丰二年（1852年）六月和九月，福建巡抚王懿德和署镶红旗蒙古都统花沙纳，也分别疏请行钞。在王茂荫、王懿德、花沙纳三人的相继奏请之下，清政府便决计施行。咸丰三年初，在太平军占领武昌之时，咸丰帝旨派左都御史花沙纳和陕西道监察御史王茂荫会同户部堂官，速议钞法章程，奏明办理。

王茂荫的行钞方案是一种力图防止通货膨胀的有限的行钞计划，按照他所说的审慎发行、逐步增加的办法，需要较长时间才能达到最高限额，这对当时财源枯竭的清政府来说，根本不能满足胃口，因而他的方案被搁置一边，采纳花沙纳的方案，这也是意料中的事。花沙纳主张发行面额一两到五十两五种，先发行一万万两，以后随时可以添制。他认为，只要印制银票的铜版一动，"造十万则十万，造百万则百万"③，国家可以用严刑峻法强制发行。显然，这是一种以通货膨胀来残酷搜刮民

---

① [清]王茂荫撰，张新旭等点校：《王侍郎奏议》卷一《条议钞法折》，黄山书社1991年版，第3页。

② 马克思：《资本论》第一卷，人民出版社1975年版，第147页。

③ 《清史列传·花沙纳传》

财的措施。王茂荫对这一主张，虽然持不同意见，但它却是走投无路的清政府所需要的。

咸丰三年（1853年）正月初八日，王茂荫就钱法问题又给咸丰上了两个奏折，一个是《条奏部议银票银号难行折》，另一个是《请将钞法前奏再行详议片》。前一奏折主要是劝谏咸丰帝不宜采纳花沙纳的主张，后一奏折是要求再次审议自己的方案。他的观点很鲜明："夫行钞，首在收发流通，惟收之能宽，斯发之不滞。今银票之发，惟以抵存本，而收惟以报常捐，上下均隘其途，安得而流通乎！"①他再次强调国家发行钞币，"其要，尤在行之以渐，而限之以制。若一旦骤造数十万，势必不行"②。他说得很对："事非通筹大局，深究始终，未易得其要领。"③咸丰三年五月，清政府终于按照花沙纳的方案发行了大量的以制银为单位的"银票"（亦称"户部官票"）。同年腊月，又发行了以制钱为单位的"钱钞"（亦称"大清宝钞"），面额最初分为二百五十文、五百文、一千文、一千五百文和二千文数种，后又增发五千文、十千文、五十千文和百千文等大钞。

尽管咸丰帝没有采纳王茂荫的方案，但考虑到他是本朝第一个建议行钞之人，并且系户部司员出身，对户部事务较为熟悉，因此咸丰三年十一月初二日，仍将王茂荫擢任为户部右侍郎兼管钱法堂事务，成为清政府主管财政货币的大臣之一。

王茂荫成为主管清政府财政货币事务要员不到二十天，就针对当权大臣奏请添铸当百、当五百、当千三种大钱的主张，以及咸丰朱批"所奏是，户部速议，具奏"的局势，给咸丰上《论行大钱折》，表示反对意见。实际上，王茂荫在开始建议行钞时就反对铸大钱，他认为行钞和铸大钱都是有弊病的，尤其是铸大钱弊病更多，主张行钞只不过是"两害取其轻"。在《论行大钱折》中，他进一步申述了反对铸大钱的理由，指出："钞法以实运虚，虽虚可实，大钱以虚作实，似实而虚。"④在这里，

① [清]王茂荫:《王侍郎奏议》卷三《请将钞法前奏再行详议片》,清光绪十三年刻本。
② [清]王茂荫:《王侍郎奏议》卷三《请将钞法前奏再行详议片》,清光绪十三年刻本。
③ [清]王茂荫:《王侍郎奏议》卷三《请将钞法前奏再行详议片》,清光绪十三年刻本。
④ [清]王茂荫:《王侍郎奏议》卷六《论行大钱折》,清光绪十三年刻本。

王茂荫已经说明了钞币和大钱之间的区别。因为在当时的货币制度下，银两和铜（制）钱并用，无主币、辅币之分，所以大钱本身就是货币，只能按照它本身的价值流通。大钱的表面价值超过它本身的价值，就是"以虚作实"，在流通中，它必将回落到它实际所体现的价值上。而钞币却是货币符号，它本身虽然没有价值，但只要发行量不超过现实流通中所需要的货币量，它就能代表货币执行流通手段的职能而不至贬值，这也就是王茂荫所说的"虽虚可实"。在这一奏折中，王茂荫还有力地驳斥了"国家定制，当百则百，当千则千，谁敢有违"这种国家决定货币价值的谬论，指出"官能定钱之值，而不能限物之值。钱当千民不敢以为百；物值百，民不难以为千"①。这一说法，正确地指出了国家只能规定铸币的表面价值，但不能决定它的实际价值，不能决定它的购买力。王茂荫还分析了铸大钱必将导致"私铸繁兴""物价踊贵"。王茂荫尤其反对铸颁当百当千大钱，他劝谏咸丰说：

> 信为国之宝，现行大钱、钞票，皆属权宜之计，全在持之以信。守而不改，庶几可冀数年之利。今大钱分两式样，甫经奏定，颁行各省，大张晓谕，刊刻成书，未经数月，全行变更。当五十者，较向所见而忽大轻，当一百者，较向之五十而犹见轻。且当五百当千，纷见错出，民情必深惶惑，市肆必形纷扰，而一切皆不敢信。行钱为人人日用所必需，裕国便民，所关甚重。万一如臣所虑，诚恐贻悔。②

为使咸丰帝明了铸颁大钱的后患，他还将历代大钱兴废资料，附于奏折之后供咸丰御览。

咸丰四年正月十二日，王茂荫在看到当百以上三种大钱式样之后，再次上《再论加铸大钱折》。在奏折的开头，他就说："臣职管钱法，惟当力求铸造精工，期能行，以仰副圣意，何容更有所言，顾臣于此事夙夜筹

---

① ［清］王茂荫：《王侍郎奏议》卷六《论行大钱折》，清光绪十三年刻本。

② ［清］王茂荫：《王侍郎奏议》卷六《论行大钱折》，清光绪十三年刻本。

思，实觉难行。"①接着，他进一步阐述铸大钱最大之患是导致私铸。针对"私铸正可增官铸之用"的论调，他驳斥道："若奸人以四两之铜，铸两大钱，即抵交一两官银，其亏国将有不可胜计者。旧行制钱，每千重百二十两，熔之可得六十两，以铸当千，可抵三十千之用。设奸人日销以铸大钱，则民间将无制钱可用，其病民又有不可胜言者。"②这就是说，铸大钱必将导致亏国病民，严重搅乱商业活动，加剧国家财政危机和货币危机，最后大钱本身名誉扫地，官府信用扫地。最后，他把话说得很绝："方今官票、宝钞，其省远过大钱，其利亦远过大钱，有一能行，利已无尽。大钱之铸，似可以已。"③可是折子上呈后，仍被置之不理。

咸丰元年王茂荫提出币制改革方案时指出，过去历史上铸大钱，都是"不三五年即废"。而咸丰朝在咸丰三年八月始铸"当十""当五十"大钱的基础上，又于次年三月添铸"当百""当五百"和"当千"以上的大钱，结果很糟，不到五个月就不能流通了。实践证明王茂荫抵制铸大钱的主张是正确的。

本来，"银票"发行后，民间就出现了混乱，再加上"宝钞"的大量发行和当百、当五百、当千大钱的出笼，通货膨胀更加严重。当时京城内外银钱铺户纷纷关门，连军兵也拒绝接受银票、宝钞和大钱，币值惨跌，百货奇缺，商店倒闭，民怨沸鼎。著名历史学家罗尔纲先生藏书中记载有当时人记述的情况："民间于钞法不知其利，而宣传其害，竟畏之如虎。十余日来，钱铺已关闭三十余处。昨日内外城一昼夜间陡然关闭者又不下二百余处之多。即素日资本富厚，最著名的钱铺亦皆关闭，粮店亦间有关闭者。街市扰攘，人人惊危。"④大钱有当十、当五十、当百、当五百、当千五种，均为低值铸币。官票、宝钞均为不兑现的纸币。这些货币因无信用可言，滥铸滥印滥发，在流通中必然受阻，最后在民间成为"吵票"。当年在京研究钱币的专家歙县人鲍康亲眼见证了这一现

---

① ［清］王茂荫：《王侍郎奏议》卷六《再论加铸大钱折》，清光绪十三年刻本。
② ［清］王茂荫：《王侍郎奏议》卷六《再论加铸大钱折》，清光绪十三年刻本。
③ ［清］王茂荫：《王侍郎奏议》卷六《再论加铸大钱折》，清光绪十三年刻本。
④ 罗尔纲藏钞本《道咸奏稿》。转引自北京大学出版社2004年版《中国经济思想史续集》，第81页。

象，他在《与阎当初论钞书》中如实记载了当时北京城钞币贬值的现状："凡以钞买物者，或坚持不收，或倍昂其价，或竟以货尽为词。有戏呼为'吵票'者……市肆情形又几于不可终日，商贾皆视钞法为畏途……争端纷起，讼版滋多。"[1]

面对这种残局，王茂荫"夙夜焦急，刻思有以补救之"。咸丰四年三月初五日，他向咸丰上了《再议钞法折》。这个奏折，实际上是他关于币制改革的第二个方案。

这个方案包括四条建议：一、拟令钱钞可取钱；二、拟令银票并可取银；三、拟令各项店铺用钞可以易银；四、拟令典铺出入均准搭钞。

他所说的"可取钱""可取银"，是指持票（银票、宝钞）人可以到银号、钱庄兑取属于国家的白银和制钱。可见，这个方案的核心内容是建议政府将不兑现的银票、宝钞改为可兑现的钞币。

到这里，我们已经可以清楚地看出，王茂荫就币制改革所提出的两个方案，都贯穿了一个基本精神，那就是反对通货膨胀。第一个方案是通过事先限制钞币的发行量，来防止通货膨胀，第二个方案则是要通过兑现，来制止已经发生的通货膨胀。

王茂荫是一个特殊的金属主义者。在他看来：钞币是同名金属币的代表，因此它的发行量不能超过能够流通的同名金属币量；如果已经超过了这一限度，那就必须用兑现来加以"补救"；而要保证兑现，国家手里必须有一定数量的同名金属币。正是基于这一认识，他在第二个方案中谈到"宝钞"兑现时，根据当时政府已经发行百数十万"宝钞"这一现状，建议政府责成户部从户局每月解部之钱中扣下十余万串，三个月筹集三十余万串，以应付所发百数十万"宝钞"的兑现需要。他说，"此法每年虽似多费数十万之钱，而实可多行百余万之钞"，[2]为什么三十余万串现钱，就能应付百余万之钞的兑现呢？他认为，"有钱可取，人即不争取""有钱许取，人亦安心候取"，甚至"令半年后再取，人亦乐从；

① 鲍康：《大钱图录》。

② [清]王茂荫：《王侍郎奏议》卷六《再议钞法折》，清光绪十三年刻本。

经过一次发钱，人知钞不终虚，自不急取"。①这就表明他已经认识到国家要保证钞币兑现，就必须有准备金，而且这一准备金的数量可以大大少于钞币的发行额。

从王茂荫关于币制改革的两个方案中还可以看出，他主要是借助银号、钱庄和商人的力量来推行币制改革。他之所以要这么做，是因为他目睹了晚清时期封建官僚机构的贪污腐败，已经不能取信于民，看到"凡民畏与官吏交，而不畏与银号交"②，"生弊之人，商民为轻，官吏为重。商民之弊，官吏可以治之；官吏之弊，商民不得而违之也"③，商民交易，力为设法不经官吏之手。他认为，要使钞币顺利地进入流通过程，银号、钱庄在民间必须有威信。因此，在第一个方案中，他曾建议清政府将印好的钞币分发各地银号、钱庄，责成它们代为发行，并给予每库平五十两仅令上缴市平五十两的微利。④在第二个方案中，他更为明确地指出：钞币流通"非有商人运于其间皆不行，非与商人以可运之方，能运之利，亦仍不行"⑤，"现行银票、钱钞，均属天下通行，而行远要以银票为宜，欲求行远，必赖通商，欲求通商，必使有银可取"⑥。这些都直接地反映出，早在一个半多世纪前，王茂荫对近代商业资本的力量和作用，就有相当程度的认识。

在《再议钞法折》中，王茂荫考虑到咸丰和一些亲王、大臣很难采纳他的第二个方案，于是他在奏折的结尾处申明：发行钞币是我最先提出来的，虽然现在用的不是我的方案，但吃了银票、宝钞苦头的人都责怪和怨恨我，因此"请旨将臣交部严加议处，以谢天下，而慰人心"。

咸丰看了这个方案后，大为恼怒，先是在朱批中斥责说："王茂荫身任卿贰，顾专为商人指使，且有不便于国而利于商者，亦周虑而附于条款

---

① [清]王茂荫：《王侍郎奏议》卷六《再议钞法折》，清光绪十三年刻本。
② [清]王茂荫：《王侍郎奏议》卷一《条议钞法折》，清光绪十三年刻本。
③ [清]王茂荫：《王侍郎奏议》卷一《条议钞法折》，清光绪十三年刻本。
④ 库平是我国古代国库出纳所用的天平，为全国统税的标准衡。市平即社会上一般用的标准衡。库平1两等于市平1.1936两。
⑤ [清]王茂荫：《王侍郎奏议》卷六《再议钞法折》，清光绪十三年刻本。
⑥ [清]王茂荫：《王侍郎奏议》卷六《再议钞法折》，清光绪十三年刻本。

内，何漠不关心国事，至如是乎？并自请严议以谢天下，明系与祁隽藻等负气相争，读圣贤书，度量顾如是乎？……看伊奏折，似欲钞之通行，细审伊心，实欲钞之不行。且有挟而求必应。照伊所奏，如是欺罔，将谓朕看不出耶？此折着军机大臣详阅后，专交与恭亲王、载铨速行复议，以杜浮言。"[1]亲王、大臣在咸丰四年三月初八日的审议报告中，不责怪自己无能，而是指责王茂荫出尔反尔，是"以倡议行钞之人，为止阻塞钞路之言"[2]。三天后咸丰又发上谕："王茂荫由户部司员，经朕洊擢侍郎，宜如何任劳任怨，筹计万全。乃于钞法初行之时，先不能和衷共济，只知以专利商贾之词，率行渎奏，竟置国事于不问，殊属不知大体，复自请严议，以谢天下，尤属胆大……王茂荫着传旨，严行申斥。"[3]三月十二日，王茂荫调任兵部右侍郎，币制改革的发言权被解除了。

王茂荫被咸丰帝传旨严行申斥，是他一生政治经历中一件重要的事，也是当时轰动朝野的一件大事。这一事件被当时俄国外交人员搜集了去，向沙皇政府作了报告，写进了《帝俄驻北京公使馆关于中国的著述》。1858年该书又被德国人卡·阿伯尔和弗·阿·梅克伦堡译成德文出版发行，马克思在撰写《资本论》的过程中看了这本书。马克思《资本论》第一卷83号脚注中说："清朝户部右侍郎王茂荫向天子上了一个奏折，主张暗将官票宝钞改为可兑现的钞票。在1854年4月的大臣审议报告中，他受到严厉申斥，他是否因此受到笞刑，不得而知。"[4]指的就是这件事。

从马克思的这段脚注可以看出，他对王茂荫遭受"申斥"是表示同情的。可以肯定地说，马克思之所以要在《资本论》中阐述货币问题时提到王茂荫，是因为在纸币能否兑现问题上，他发现王茂荫的观点与他的观点是完全一致的，因而对王茂荫的币制改革主张特别是"将官票宝钞改为可兑现的钞票"这一主张，是肯定的。在马克思看来，纸币是以某种贵重金属为本位而发行的，因此它的兑现应当是不成问题的。他在《1857—1858年经济学手稿》中，就清楚地写下了这样两段话：

①《东华序录》咸丰三十三，清光绪刻本。
②咸丰四年三月初八日《军机户部折》，《中国近代货币资料·第一辑》，第394页。
③《东华序录》咸丰三十三，清光绪刻本。
④《马克思恩格斯全集》第23卷，第146页。

王茂荫的经济思想

如果纸币以金银命名，这就说明它应该能换成它所代表
的金银数量，不管它在法律上是否可以兑现。一旦纸币不再
是这样，它就会贬值。①

只要纸币以某种金属（一般是一种）本位命名，纸币的
兑现就成为经济规律，而不管它在法律上是否可以兑现。②

值得注意的是，马克思在《资本论》中所阐述的纸币流通规律——
"纸币的发行限于它象征地代表的金（或银）的实际流通的数量"——正
是他在提及王茂荫的同时，正式表达出来的。

王茂荫被调离户部后，对银票、宝钞继续贬值的局面，仍然十分关
注，直到咸丰七年九月，他还上疏咸丰，建议"酌量变通钱法"。他认为
只有"变通钱法"，才能"使夷人无收买之利而民间有流通之资"③。

王茂荫曾经说过："我之奏疏，词虽不文，然颇费苦心于时事利弊，
实有切中要害处，存以垂示子孙，使知我居谏垣，蒙圣恩超擢，非自阿
谀求荣中来。"④他的儿子们在他身后也有这样的评述："府君……于国计
民生政事得失，知无不言，言无不尽。"⑤仅就币制改革而言，王茂荫确
实做到了这一点。从咸丰元年九月到咸丰七年九月这整整六年中，他先
后提出两个币制改革方案，中间一再力谏，甚至在被调离财政部门以后，
时隔三年半还要就钞币流通中的弊病提出改革意见。这足见他是怎样的
遇事敢言，持正不曲！正因为如此，1862年同治帝登基后对王茂荫十分
器重，称誉他"志虑忠纯，直言敢谏"⑥，并于同治元年（1862年）四月

①《马克思恩格斯全集》第46卷下册，第415页。

②《马克思恩格斯全集》第46卷下册，第419页。

③［清］王茂荫撰，张新旭等点校：《王侍郎奏议》卷九《请酌量变通钱法片》，黄山书社1991年
版，第145页。

④［清］王茂荫撰，张新旭等点校：《王侍郎奏议》附录《显考子怀府君行状》，黄山书社1991年
版，第204页。

⑤［清］王茂荫撰，张新旭等点校：《王侍郎奏议》附录《显考子怀府君行状》，黄山书社1991年
版，第202页。

⑥［清］王茂荫撰，张新旭等点校：《王侍郎奏议》附录《显考子怀府君行状》，黄山书社1991年
版，第185页。

任命王茂荫署理左副都御史，三个月后又补授工部右侍郎兼管钱法堂事务，次年又调补吏部右侍郎。1865年六月王茂荫在籍病故后，同治也感到"轸惜殊深"，不仅指令礼部给王茂荫加恩，而且决定对王茂荫生前"任内一切处分悉予开复"[①]。

当时王茂荫被指责为只知"专利商贾"，而"置国事于不问"，是很冤枉的。因为，他虽然在奏折中说过不应该病民亏商一类的话，但其本意是想借助商业资本的作用和力量来缓和政府的财政危机。他主张由银号出资替政府负兑现责任，实在是对银号的一笔课税，怎么能说是"专利商贾"呢？在当时白银源源外流、财政支出日益紧张的情况下，他建议发钞，一是想控制白银外流，"使夷人无收买之利而民间有流通之资"，二是想以此来搜集民财，稳定国家财政。归根到底是为巩固封建政权着想的，这与他所提出的一些防剿太平军的方略是一致的。这又怎么能说"置国事于不问"呢？至于他的币制改革方案没有被采纳以及因此受"申斥"，主要是因为他的发行钞币要有一定数量的金属为本位的观点，以及反对滥发钞币和铸大钱等主张，不符合清政府残酷搜刮民财的要求，特别是他提出的钞币兑现的建议，更是触及了清政府财源枯竭、国库空虚的痛处。王茂荫希望通过实施他的方案，使清政府有一个比较稳定的财政状况，避免因滥发钞币而引起的社会经济混乱。但是，他不了解，在清朝已经腐朽了的社会经济基础上，他所希望的稳定的财政状况，是不可能出现的。

王茂荫的货币观点，很值得我们重视和研究，尽管他的货币观点有一定的局限性，但这种局限性主要是由不发达的社会经济条件和历史条件造成的。按照历史唯物主义的观点看问题，应当肯定王茂荫在中国近代经济思想史上的地位和作用。

（未刊稿）

王茂荫的经济思想

---

① ［清］王茂荫撰，张新旭等点校：《王侍郎奏议》附录《显考子怀府君行状》，黄山书社1991年版，第185页。

人才管理思想

王茂荫的人才观

王茂荫（1798—1865），字椿年，号子怀，安徽歙县人，是马克思《资本论》中提到的清代理财官。长时期以来，人们评介这个历史人物，主要集中在他的货币观点方面，殊不知他的人才观点也是值得我们重视的。本文试对他的人才观加以评介。

治平之道　用人尤重

王茂荫从三十五岁举进士之后，历仕道光、咸丰、同治三朝，但成为清廷的显宦，则是在咸丰年间。这一时期，正是清政府政治危机和经济危机交迫最甚，国事艰难的一个时期，王茂荫直言敢谏，对于"朝政之得失，人才之贤否，军事之利害，知无不言，言无不详"。[①]咸丰登基不久，太平天国运动爆发，清廷财政危机日益严重。王茂荫认为，要扭转颓势，治国安邦，当务之急是用人、理财两大问题。他最初上给咸丰的两个奏折，一为《条议钞法折》（一八五一年九月初二日），一为《振兴人才以济实用折》（一八五一年九月二十日）。前者专讲理财问题，后者专讲用人问题。在咸丰的面前，他毫不隐瞒自己的观点："治平之道，在用人、理财二端，而用人尤重。用非其人，财不可得理也。"[②]在国家财政窘迫的境况下，王茂荫认为理财固然刻不容缓，但与用人相比，则

　　① 方宗诚：《光禄大夫吏部左侍郎王公神道碑铭》，见缪荃荪编《续碑传集》卷11。
　　② [清]王茂荫：《王侍郎奏议》卷一《振兴人才以济实用折》，清光绪十三年刻本。

用人显得更为重要。这与唐太宗李世民的"致安之本，惟在得人"，以及清代思想家魏源所主张的"财用不足国非贫，人才不竞之谓贫"的观点，是一致的。

王茂荫十分懂得人才在治国安邦中的作用。他说："臣见今日之天下，似未可作晏然无事观也，外则英夷之祸心包藏而未知发于何日也，内则粤省之贼势滋蔓而遂以至于今日也。山野则有匪，河海则有盗，隐匿讳饰所不能尽者，月或数闻焉。治盐，而盐之利未可必兴；治漕，而漕之费未能尽革；治河，而河决又见告矣。此犹得谓无乏才之虑乎？"①他在分析时势的同时强调人才问题，其思才安邦之心，不可谓不诚矣！

面对当时的紧张局势，外内臣工辄曰"无法"。对此，王茂荫深感忧虑，他说："国家所以重赖臣工而宠异之者，为其有法耳。若皆以为'无法'，即何不思访求有法之人而用之？为天下得人难。"②这话说得够有份量。

咸丰六年（1856年），太平军已蔓延东南数省，清军节节败退。这年八月，王茂荫又给咸丰上了《荐举人才折》，强调说："方今所急在将才，尤在吏才。盖得一将才，可以平乱；而得一贤督抚，则该省自不乱；得一贤牧令，则该州县自不乱。"③他这里所说的"平乱"，显然是指镇压太平天国革命和其他农民起义，对于一个忠于封建政权的官员来说，他持这一立场，是无足怪的。他所说的"将才""吏才""贤督抚""贤牧令"，标准也不可能与我们今天一样，但是作为观察问题的方法还是有道理的。

天下之大　安得无才

王茂荫认为："聪明材力，世所不乏，务于有用，则用得其力"。④"天下之大，安得无才？亦在地方有司之留心访察耳。"⑤这大意是说：经

---

① ［清］王茂荫：《王侍郎奏议》卷一《振兴人才以济实用折》，清光绪十三年刻本。
② ［清］王茂荫：《王侍郎奏议》卷一《振兴人才以济实用折》，清光绪十三年刻本。
③ ［清］王茂荫：《王侍郎奏议》卷九《荐举人才折》，清光绪十三年刻本。
④ ［清］王茂荫：《王侍郎奏议》卷一《振兴人才以济实用折》，清光绪十三年刻本。
⑤ ［清］王茂荫：《王侍郎奏议》卷一《振兴人才以济实用折》，清光绪十三年刻本。

邦济世之才，什么时候都会有。关键在于发现人才，使用人才，重用人才。

那么，如何振兴人才呢？王茂荫在《振兴人才以济实用折》中提出五条建议：

一是"请乡、会试务期核实，以拔真才"。乡试、会试是旧科举取士制度中的初试，成绩出色者方有资格参加殿试（朝考），从而取得"文凭"，阶身仕途。如果初试不核实，就难以选拔到真才。王茂荫认为，乡试、会试一定要重经策，舍此不能辨学之虚实。他建议策问要分五门发题：一曰博通史鉴；二曰精熟韬钤；三曰制器通算；四曰洞知阴阳占候；五曰熟谙舆地情形。应考者可以自选一门答题，成绩出色者方可拔魁登选。这实际上是主张考生必须在史学、军事、实用科学、天文学、地理学中任选一科，做出答卷。这个意见，原是道光二十二年（1842年）两广总督祁垍提出来的，因守旧派反对未被通过。而王茂荫却在九年之后奏请咸丰按这个意见改革科举制度，以便振兴人才。

二是"请殿试朝考务重文义，以式多士"。这是针对当时考生大都端致于摹墨卷练小楷，而将群书束之不观这一相沿的积习提出来的。他请咸丰饬令各阅卷大臣，今后不能只讲究字体工拙、笔画偶疏，而应专取学识过人之卷，进呈钦定。

三是"请遴选岁贡，以勖人才"。

四是"请广保举，以求真才"。即请各级官员推荐人才。王茂荫在《振兴人才以济实用折》中说：道光三十年谕旨内外臣工荐举人才，然而被荐举者皆是已登仕版之员，科举之外的草野之士则没有一个得到荐举，这样势必会"淹没"人才。为此，他建议："拟请令各省、州、县并教官，留心察访或博通古今，才识非常，或专门名家，精通一艺，或膂力过人，胆勇足备者。访验得实，无论士民，准于学政按临时备文将该生所长申送考试，学政就所长考验得实，文则奏明送国子监，武则奏明送督抚标均许官给盘费廪饩。国子监与督抚标考试一年，果有过人之能，

王茂荫的人才观

奏明送礼部引见，随材酌用，不称者发回原籍州县。"①在人才发掘上，王茂荫主张扩大视野，留心察访，无论士民，用人以一艺之长，特别要注意从未登仕版的"草野之士"中发现人才，"随材酌用"。这一见解，是十分高明的。这实际上也就是前人所主张的"隐处求才"。两晋文学家左思在一首《咏史》诗中说："英雄有迍邅，由来自古昔。何世无奇才，遗之在草泽。"注意从"草野之士"中发掘人才，这是一种极明智的做法。

五是"请造就宗室八旗人才，以济实用"。

将王茂荫提出的这五条办法加以综合，可以看出，他主张改革科举制度，选拔有真才实学的人，尤其要重视在科举之外发现人才。一百三十多年前，一个出身于旧科举的人，能提出这样的改革意见，是颇有见识的。

王茂荫的上述改革意见，在当时并没有完全得到实施。也许正是这一缘故，咸丰六年（1856年）四月初三日，他在一个奏折中再次大声疾呼："今天下才实不足，久在圣鉴之中，此诚可忧之事也，然莫谓天下无才也。天生才以供世用，不在上，则在下……唯贤知贤，唯才爱才。皇上尝谕令各督抚广为谘访矣，诚恐各督抚有见而不能知，知而不能用者。"②人才"不在上，则在下"，"唯贤知贤，唯才爱才"，这话说得何等好啊！身为督抚者，本有谘访、荐举人才之责，倘若对人才"有见不能知，知而不能用"，那就不是一个好督抚，就会给国家造成损失。

百年之计　莫如树人

春秋时齐国政治家管仲在《权修》篇中说："终身之计，莫如树人。"王茂荫也有这样的思想，他说："百年之计，莫如树人。"③

在王茂荫看来，治国以人才为本，人才以教化为先。他说："自来非

①［清］王茂荫：《王侍郎奏议》卷一《振兴人才以济实用折》，清光绪十三年刻本。
②［清］王茂荫：《王侍郎奏议》卷八《时事危迫请修省折》，清光绪十三年刻本。
③［清］王茂荫：《王侍郎奏议》卷一《振兴人才以济实用折》，清光绪十三年刻本。

常之才，有不必从学出者，然从学出者千百，不从学出者一二，即蜀后汉臣诸葛亮亦有'学须静，才须学'之言。"①这个观点是正确的。成才的基础是立志于学，发愤攻读。从历史上看，有不少人才是由科举出身，也有不是科举出身的，但有一点是相同的，那就是这些人从小就好学笃远，讲究真才实学。王茂荫认为，一个官吏，是必须有学问的，尤其要精通经史。一个生员如果为应对科举考试，重字不重文，成天去练字，即使练出了好字，但将群书丢在一边不读，无真才实学，这样的人是不能成为治国之才的。

这里，要着重提到的是，王茂荫对咸丰朝为解决财政困难而推行的报捐举人制度（按：通俗地说，就是用钱买得"文凭"而做官），是坚决反对的。咸丰二年（1852年）九月初二日，他在上给咸丰的一个折子中说，报捐举人附生，不仅"无益于目前"，而且将"贻讥于后世"。他说："举人秀才，天下所贵，天下之士，莫不从攻苦力学以求之，岂能用钱来买？"他说："入赀拜官，虽非善政，然自汉以来有之。至报捐科名，则古所未有。臣闻筹国大臣于此一事惧阻人言，谋之甚秘，发之甚速，以为可以立致千万，故甘冒千古之不韪而不辞，其用心固亦良苦。而考之未详，虑之未深，将来无益度支，而徒伤国体。窃恐诸大臣之终将悔之而已无及也！"②据传，王茂荫在上这一奏折之前，他的一位很有钱的舅兄曾来找他帮忙捐个举人，以便买个知县做做。王茂荫知道舅兄的来意后，劝他还是多读几年书再说，否则当了官连自己的名字都还得请人代签，这岂不笑话。而他的舅兄却不以为然地说：现在知县有几个书读得多的？听说徽州府的府官还叫师爷替他画行字呢，他还不是照样刮钱。王茂荫反驳说：这真是笑话！如果当官是为了敛财，那么老百姓又何必要这个官呢？第二天，他的《驳部议捐纳军功举人生员片》奏折，便呈在了咸丰皇帝的面前。

王茂荫的人才观

---

① [清]王茂荫：《王侍郎奏议》卷一《振兴人才以济实用折》，清光绪十三年刻本。

② [清]王茂荫：《王侍郎奏议》卷二《驳部议捐纳军功举人生员片》，清光绪十三年刻本。

简用才能　不拘资格

用人不循常格，这是我国古代人才论中的一个精华。包拯就说过："常格不破，大才难得。""选素有才能公直廉明之人充职，不以资序深浅为限。"王茂荫继承了古代人才论中的精华，主张"破格用人"①"简用才能，不拘资格"。②

咸丰二年十二月十四日，王茂荫在《条陈军务事宜折》中请求咸丰宣谕："有能精通谋略，善晓兵机，可以参赞军务者，或才能出众，智勇足备。可当将帅之任者，或专门名家，精于一艺，可备军营之用者，无论内外大小臣工，均许各举所知。不能自奏者，呈该管衙门代奏，以备试用"。③既然，上自军务参赞、将帅之任，下至军营委差，均可从内外大小臣工中选拔，那是没有什么资格可论的。这对封建社会沿袭的那种"循资格"用人的陈规陋习，是一个强有力的挑战。果能如是，那些"虽出草野"但"素习武略，谋勇兼优之士"，就有可能被破格擢用了。

次年十月十二日，王茂荫上《条陈兵事折》，再次强调用人不可循资格按名位委任，而应注重真实才能。他说，如果不考察一个人是否有真实才能，就凭其"名位所在"而责其带兵打仗，势必有名无实。他举例说：近闻贼（按：指太平军）至天津，总兵十分恐惧，欲逃离天津。而敢于督战者，却是一个不出名的知县。总兵者，武职大员也，知县者，文职小官也。由此，王茂荫得出结论说："（用人）不可以资格论矣！伏愿皇上用人不论名位，但问其能。"④咸丰八年（1858年）四月十六日，在英法联军打到天津城外时，王茂荫给咸丰提了好几条防御措施，其中很重要的一条就是破格用人，他说："今日在位诸臣，大抵老成醇谨，大奸恶固属绝无，而大才能亦殊不易。彼夷所来之人，必极彼国之选。于此……若按名位为委任，势必至于误事，非彼好为误，其才能限之也。

---

① ［清］王茂荫：《王侍郎奏议》卷二《条陈军务事宜折》，清光绪十三年刻本。
② ［清］王茂荫：《王侍郎奏议》卷五《请将臧纡青随同吕贤基办团折》，清光绪十三年刻本。
③ ［清］王茂荫：《王侍郎奏议》卷二《条陈军务事宜折》，清光绪十三年刻本。
④ ［清］王茂荫：《王侍郎奏议》卷五《条陈兵事折》，清光绪十三年刻本。

……应请诏令廷臣，各举所知，无论资格例，得奏事者自行具奏，不能者具呈长官代奏，以期群策群力之效。"①王茂荫是在六十一岁时说这番话的。居官三十余载，"简用才能，不拘资格"这一思想，是贯彻始终的。

简贤任能　得人而任

王茂荫认为注意识别人才和一般地使用人才，那还不够，还必须委以重任，让他发挥特长，主管一个部门的工作，那才能真正起到作用。他以军队的情况为例指出："三军之命，系于一将，将得其人，则军用命，不得其人，则军不用命。故行军必以选将为先。国家简贤任能，岂不欲得人而任？"②他认为，在使用人才上，有三种情况是最不幸的：

一是将有才之人交无才之人用，因而造成"上既不知所以用，而下又不乐为用，则有用亦归于无用矣"。③

二是只是一般地使用人才，而不能破格超擢，这与不用人才没有什么不同。他仍然以军旅大事为例说："方今能者不易得，若得之而不用，用之而不使各路之兵皆为所用，则必不济用，而不能统全局……终亦与不用同。"④

三是不能虚衷采纳有才者的意见。他说："有善用之人，或献谋而不见听，或力谏而不见从，则虽有真才，而亦终无以见。今天下多患无才，窃恐湮没于此中者，正不少也!"⑤

所以，王茂荫的结论是："聪明才力，误用可惜。"他所说的"误用"，既包括未能及时选用人才，也包括一般地使用人才而不能破格擢用，委以重任，以便其施展才能。不论何者，皆属人才浪费。而人才浪费，是最可惜的事情。

---

① [清]王茂荫：《王侍郎奏议》卷九《条陈夷警事宜折》，清光绪十三年刻本。
② [清]王茂荫：《王侍郎奏议》卷四《论怀庆兵事折》，清光绪十三年刻本。
③ [清]王茂荫：《王侍郎奏议》卷五《条陈兵事折》，清光绪十三年刻本。
④ [清]王茂荫：《王侍郎奏议》卷四《论怀庆兵事折》，清光绪十三年刻本。
⑤ [清]王茂荫：《王侍郎奏议》卷九《荐举人才折》，清光绪十三年刻本。

在对王茂荫的人才观做了上述评价之后，必须指出：王茂荫毕竟是一个封建社会的官吏，他强调理财也好，强调用人也好，目的都是为巩固清王朝的政权。在太平天国运动爆发之际，他强调人才问题，又主要是从"平乱"考虑问题的，这与他的政治态度是一致的。用历史唯物主义的观点来分析，这是不足为怪的。"观今宜鉴古"。不论怎么说，王茂荫人才观中的积极方面，总还是值得我们借鉴的。

（原文载《安徽师大学报（哲学社会科学版）》1984年第3期）

王茂荫 "以博采人才为嗜好"

——以疏荐徽州绩溪人邵辅为例

    王茂荫（1798—1865）是清一代以清正廉洁、直言敢谏而声震朝野的名臣。他出于公心为朝廷推荐人才，一生中推荐数十人，所荐之人大都得到录用。其儿辈为他作的《显考子怀府君行状》①中说他"于国计民生政事得失，知无不言，言无不尽"，"以时事方殷，人才为重，故于宏奖风流，尤注意焉。前后荐剡不下数十人。凡所敷陈，多蒙采纳；凡所推荐，多蒙录用"。②为王茂荫遗著《王侍郎奏议》作序的易佩绅有三句话说得十分到位，他说王茂荫一生中"以思格君心为性命，以求苏民困为家事，以博采人才为嗜好"③。

一

    王茂荫荐举之人，来自五湖四海，即便无一面交，他也唯才是举。如咸丰年间疏荐安徽合肥人、刑部郎中李文安（李鸿章之父）回乡办团练，疏荐江苏举人臧纡青随安徽旌德人吕贤基回乡办团练，疏荐吴棠等。特别是吴棠，他由七品（清河）知县一直晋升至官届二品的四川总督、成都将军，成为清代皖东唯一的封疆大吏，与直隶总督李鸿章、两江总

---

    ① "子怀"为王茂荫之号。王氏谢世后，其子铭诏、铭镇作《显考子怀府君行状》，请曾国藩填讳。

    ② [清]王茂荫撰，张新旭等点校：《王侍郎奏议》附录《显考子怀府君行状》，黄山书社1991年版，第202—203页。

    ③ [清]王茂荫撰，张新旭等点校：《王侍郎奏议》附录《易佩绅序》，黄山书社1991年版，第210页。

督曾国藩、陕甘总督左宗棠等疆臣齐名的名人，他仕途通达主要是本人坚持勤能为民，实心任事，清正廉明，但与王茂荫的保举也有关系。

据笔者所考，王茂荫所荐举的人员中，能称徽州籍的有两人，一个是吴棠，吴棠祖上在明代就由休宁商山迁安徽盱眙县三界市（今属安徽省明光市三界镇老三界行政村）。另一人便是邵辅。邵辅较王茂荫年轻十岁，属于同一时代，是地道的徽州府属绩溪东乡纹川人。

清同治元年（1862年）四月，湖南和四川境内的太平军攻入陕西，对清王朝构成严重威胁。刚刚复出的王茂荫对陕西省军事防务极为关注，深知"治平之世人才尤重"的他，向清廷举荐了一批有将帅之才的人。邵辅就是他当时推荐的才俊之一。

熟悉王茂荫生平的人都知道，清咸丰八年（1858年）至同治元年（1862年），原任兵部左侍郎的王茂荫因病请求开缺，在京疗养。同治皇帝继位后，起用了一批老臣，王茂荫是其中之一。同治元年四月十一日，王茂荫被任命署理都察院左副都御史，这是他复出后的第一个职务。他复出之时，陕西省的军情正吃紧。在半个多月内，他就陕西省的军事防务接连上了四个奏折，其中四月二十日上的第一个奏折就是《请饬潘铎①办理陕西军务折》。王茂荫在奏折中开门见山地说：

> 伏读日抄，知川匪已窜赴阳平，豫匪亦窜越富水，现在各省，唯山、陕稍为完善，京饷兵饷多取资于此，若陕省再有窜匪，则山西恐亦难保。必得设法堵御，赶紧剿灭。因思办理军务，贵得其人。该抚瑛棨未经兵事，恐非御侮之才。臣闻署云贵总督潘铎，行为贼阻，现驻陕西。该抚前在湖南，守城御贼有效，兵机将略，年来尤为究心，现既阻陕，则云南军事鞭长莫及，可否请旨敕下潘铎，就近先行办理陕省军务，而令瑛棨以员弁兵饷资给之，与张芾分投剿办。三人同

---

　　①潘铎（1793—1863），字木君，号振之，江苏江宁（今南京）人，与王茂荫同年（道光十二年）进士，历官河南、湖南巡抚，署理云贵总督，咸丰十一年（1860）在云南任上，处理布政使邓尔恒被杀案及汉回关系，甚为得法，颇有政声，后被杜文秀部杀害。

心协力，庶可迅速葳功。①

为使潘铎等员办理军务顺手，王茂荫还推荐了三个人供他委差。他说："办理之法，先熟悉地方形势。臣所识有陕西蒲城举人权以巽，于该省形势险要，言之详尽，谨将该举人所著《保关陕说》恭录进呈御览"。②接着，王茂荫荐举了邵辅和江开③：

> 再，该省陇州知州邵辅，于军务颇能用意讲求。咸丰十年，见川省有事，虑及陕省，曾上保卫关中十策，深为切中，而当时不用，以至于今。夫事未至而先虑及，非有心人不能。又，富平县知县江开亦娴军务，而才不甚纯，然驾驭得宜，用其才而不为所用，于事未必无补。该二员均安徽举人，与臣同乡。昔唐臣崔祐甫有言：非亲旧孰知其才？臣为大局力亟起见，不敢引避小嫌，请饬交潘铎差委，试其能否，如其不能，则请罢之。④

此时的邵辅在陕西陇州知州任上。

二

邵辅曾祖父名云灿，邑庠生，封奉直大夫。祖父名树基，做过训导，封朝议大夫。曾祖母、祖母原配均出筻墩程氏之门。邵辅之父名念周，

① ［清］王茂荫撰，张新旭等点校：《王侍郎奏议》卷十《请饬潘铎办理陕西军务折》，黄山书社1991年版，第163—164页。

② ［清］王茂荫撰，张新旭等点校：《王侍郎奏议》卷十《请饬潘铎办理陕西军务折》，黄山书社1991年版，第164页。

③ 江开，字千里，号龙门，安徽庐江人，他比邵辅大七龄，为道光十五年（1835年）举人，历陕西周至、紫阳、咸阳、富平等县知县，诗书画皆精，主修过《槎山江氏宗谱》，著《浩然堂诗集》《浩然堂目下刍言》两卷，同治二年（1863年）去世。

④ ［清］王茂荫撰，张新旭等点校：《王侍郎奏议》卷十《请饬潘铎办理陕西军务折》，黄山书社1991年版，第164页。

为国学生，封朝议大夫，母方氏为绩溪塄关人，湖北按察使方体（字道坤，乾隆五十五年进士）之女。嘉庆十三年（1808年）夏六月，邵辅出生于江西九江府署，时外祖方体在九江知府任上。邵辅初名伯营，行名开壹，字清斋、仁叔，读私塾，十八岁聘歙南碛溪方南枝长女为妻。后两番授经于碛溪。歙南碛溪是新安著姓方姓聚居的古村落之一，王茂荫的曾祖母、祖母均出于歙南碛溪方氏之门。

道光二十四年（1844年），邵辅在南闱乡试中举，次年春，赴京应礼部试，从此"遂客京师，经纪绩溪会馆事"。他在京与乡贤王茂荫相过从始于斯时，邵辅后人所作《清斋府君年谱》中记载：

> （道光）二十六年，公居京师……所与过从者歙南王子怀先生。同年怀远林远村先生（之望），六安涂海南三先生（宗瀛），及方石卿、汪葆卿诸上舍为多。闰五月甲辰，同年陆少愿先生（增福）卒于京师，公祭而哭之，为诗四章。为子怀先生作行钞议陈利害十事凡万余言。

王茂荫中进士后在道光朝先后授户部主事、户部广西司行走、云南司主事、贵州司员外郎，奉旨记名以御史用。道光二十八年三月，王茂荫父亲王应矩病逝，他在家守制三年。等他服阕回京供职时，道光帝已死，咸丰帝继位，太平天国运动爆发了。咸丰初期，他先后被补授户部江西司员外郎、陕西道监察御史、署山西道监察御史，署礼科掌印给事中、兵科给事中、署湖广道监察御史、太常侍少卿、太仆寺卿等职。他备官户部时期较长，有十五年之久。其后人为他所作的《显考子怀府君行状》中说：

> （王茂荫）自为司员时，见库帑支绌，思所以济国用，乃历考古来圜法利弊，悉心研究，积思十余年。及入谏垣，即

上钞法十条，为权宜济用之计。①

这几句话与《清斋府君年谱》记载道光二十六年邵辅与王茂荫交往时曾"为子怀先生作行钞议陈利害十事凡万余言"，可互为印证，这里透露了两个信息：一、王茂荫鉴于清廷财政窘况，于咸丰元年（1851年）第一个疏请发行钞币（即主张币制改革），是经过深思熟虑，有思想准备和理论准备的；二、同王茂荫一样，邵辅对中国历代发行钞币的利弊得失也是作过考察和研究的，并受王茂荫之托为他"历考古来圜法利弊"提供过相关资料。

三

自古英才多磨难。历史上很多有真才实学的人往往屡试不第。远的不说，明正德状元歙人唐皋和大学士许国是这样，清代著名思想家、著名学者休宁人戴震是这样，清代著名学者黟县人俞正燮也是这样。王茂荫、邵辅也同样有这样的人生经历。

在学业上，王茂荫是早达的，可是他在南闱乡试报考多次，到三十三岁连举人都没考上。家人和他自己都以为仕途无望，打算弃儒从贾。三十四岁那年（道光十一年即1831年），由家乡赴北通州经营祖父王槐康创办、父亲王应矩成人后克绍其业的"森盛茶庄"。当年正值北闱辛卯恩科取士，他以捐监生资格应京兆试，"无心插柳柳成荫"，他不仅中式举人，而且在次年的礼部会试中一举联捷成进士，从此步入仕途。这年是道光十二年，他年已三十五岁。

邵辅弱冠之龄补诸生，后报考南闱乡试多次，直到三十七岁（道光二十四年即1844年）才考上举人。次年春，应礼部试客京师已三十八岁。随后，应礼部试也不顺利。道光二十八年应黟县西递人胡元熙之聘，课馆休宁剡溪精舍。道光三十年春再应礼部试，仍然不顺利，直至咸丰三

① ［清］王茂荫撰，张新旭等点校：《王侍郎奏议》附录《显考子怀府君行状》，黄山书社1991年版，第203页。

年（1853年）春应礼部试，报罢大挑二等，才被授予一个教谕之职，这时他差四岁就年届半百了。据《清斋府君年谱》记载：咸丰三年春，邵辅在京应罢礼部试，报罢大挑二等授教谕。夏四月自京师南归，洪秀全既陷江宁，复陷镇江、扬州，他一路艰难辗转南归绩溪，"家居习火器，谋练乡兵御贼（指太平军），为守望议万余言"。王茂荫在荐举他的奏折中说他"事未至而先虑及，非有心而不能"，此语不虚。

咸丰四年（1854年），邵辅被简发广西知县，旋擢知州待选。次年六月，任陕西葭州知州，在任关心民瘼，行仁政，民大悦。当时，"州大患狼，所食数十百人，公视事使民逐捕狼一头，予钱千，逐捕不力而狼食人者罪里正，狼应时散走出界"①。咸丰七年闰五月，陕西巡抚曾望颜檄行保甲之法，邵辅上《议十事》，深得曾望颜称许，报曰"所议甚是，即照议行"②。同年秋七月，调任陕西陇州知州。"州旧有书院颇废，公始至经纪之，劝富民出分田收其谷赡诸生。诸生弦诵其中者数百人，公自教之，聚经史诸书三万卷，自为诸生讲开诱之，而州学校大盛。"③咸丰八年（1858年）秋，为陕甘乡试同考官。咸丰九年（1859年），遭陕西巡抚曾望颜弹劾被解职"赴省听"，后诬得白，仍还陇州视事。咸丰十年（1860年），"英人法人连兵犯畿旬，粤寇张甚，河南、四川盗大起，陕西东南边皆警，将帅讨贼久无功"，④时署陕西巡抚的谭廷襄甚为忧虑，向僚属问计何以保关中，邵辅进陈"十策"（即王茂荫荐举其奏折中所言"上保卫关中十策"），这十条策略分别是"当大任""举贤才""联官民""习士卒""清内奸""御外侮""审地势""察缓急""信赏罚""奋刚断"。遗憾的是，王茂荫也认为"深为切中"的这十条谋略，谭廷襄巡抚未采纳，以至关中形势愈益复杂，急转直下。咸丰十一年（1861年）秋，邵辅至西安，再度充任陕甘乡试同考官。

---

① 邵作模、邵作舟、邵作藩：《清斋府君年谱》。
② 邵作模、邵作舟、邵作藩：《清斋府君年谱》。
③ 邵作模、邵作舟、邵作藩：《清斋府君年谱》。
④ 邵作模、邵作舟、邵作藩：《清斋府君年谱》。

四

邵辅后人为他所作的《清斋府君年谱》中有这样一条记载："穆宗毅皇帝同治元年春正月，公还州。二月吏部侍郎王茂荫疏荐公有将帅才，请征赴京师召见加委用，报闻。"①这里所说的"二月"实为四月，"吏部侍郎"应为署理都察院左副都御史。因王茂荫疏荐邵辅是同治元年（1862年）四月二十日奏疏《请饬潘铎办理陕西军务折》中言及的，当时王茂荫的职务是署理都察院左副都御史，吏部右侍郎是同治二年（1863年）二月才授予的职务，这是他一生中最后的职务。显然，《清斋府君年谱》中的这条记载是以王茂荫最终职务言事的。

王茂荫在京疏荐邵辅以后，邵辅便奉命与时任陕西巡抚瑛棨，陕西泾阳人原任左副都御史、奉命督办陕西团练的张芾等人共同防御陕甘纷乱。同治元年四月，进入陕西的太平军扶王陈得才部联合捻军直逼西安，蓝朝柱起义军也由四川进入汉中，全陕震动。陕西巡抚瑛棨和奉命在陕督办团练的大臣张芾慌忙调集各地团练堵御。因团练中的回勇不愿与太平军作战，而不善于处理民族矛盾的瑛棨、张芾等便采取镇压手段，因而激起回民族人民反抗，最终爆发起义。

王茂荫在复出前后的一段时间，对陕甘纷乱问题特别敏感，他深知民族矛盾如处理不好，将会酿成内乱。从同治元年（1862年）四月初二日至五月二十九日，他写了十九天的《陕西军务日志》，他特别强调"汉回互斗，持平办理"。所谓持平办理，即处理问题秉持公道，不偏不倚。遗憾的是，瑛棨、张芾等并没有按这个方针办，没有持平处理，结果导致矛盾激化。清廷曾急令荆州将军多隆阿率军援陕，但多隆阿当时正被太平军牵制在江淮间。直隶提督成明也曾率五千京兵和豫勇驰援，结果在洛水南岸为回勇所败。

而邵辅在处理陕甘纷乱问题上，策略高明，比较得法，能够驾驭全

---

① 邵作模、邵作舟、邵作藩：《清斋府君年谱》。

王茂荫『以博采人才为嗜好』

209

局，靖绥一方。正因为如此，同治元年（1862年）闰八月，督办陕西军务的兵部侍郎胜保、陕西巡抚瑛棨曾疏奏邵辅这方面的功绩，建议对他封赏升用，其奏疏中有这样的话：

> 奴才查该州距省较远，大军势难分顾，而知州邵辅当匪纷扰之时，竟能搜简军实，激励乡军，奋勇驰击破贼巢，并能驾驭境内良回，不使从贼，非平时实意抚绥，讲求战守，久与兵民联为一气，断不能如此奋勉图功。实属在陕省中尤为出色之员，合无奏。恳恩施俯准将陇州知州邵辅以知府尽先升用，先换顶戴，并赏戴花翎，以示鼓励。该州功绩系奴才等明查暗访，确有所见，不敢不据实奏闻。[1]

胜保、瑛棨上奏之后，诏赐邵辅"冠孔翎，以知府先用"。

为平息内乱，身为陇州知州的邵辅亲自上阵，在赤延镇身遭重创，力竭阵亡，时年五十五。后巡抚瑛棨将邵辅阵亡消息禀报朝廷，朝廷震悼，切责陕抚所奏过略，令详具状以闻。诏赠太仆寺卿，予祭葬，世袭云骑尉。赙银四百两，有司护丧归葬，立专祠于陇上，春秋致祭。同死诸将士皆附祀。同治三年（1864年）冬十月，邵辅遗孀章淑人及子作舟、作模、作藩自陇州奉邵辅之灵柩以归，次年（1865）春二月殡于绩溪纹川家庙，夏四月安葬。

王茂荫是以清正廉洁、直言敢谏而声震朝野的一代清官名臣。同王氏一样，邵辅官陕期间亦"自持峻甚，秋毫无所染"。所著有《否庵读易》二卷、《书小笺》二卷、《春秋征》一卷、《葭州纪略》一卷、《秋草编》二卷、《否庵文集》三卷、《候虫吟稿》四卷等。"回难既起，公日治军书，夜则坐室中综论经义未尝释所著，《史学分纂》诸书亦十余万言，未成书而及于难。"[2]邵辅次子邵作舟（1851—1898），行名运超，字班卿，为清末著名学者，他虽非朝廷命官，但久参北洋幕府，究心当世之

---

① 邵作模、邵作舟、邵作藩：《清斋府君年谱》。
② 邵作模、邵作舟、邵作藩：《清斋府君年谱》。

务，于政治、哲学、经济、军事、舆地、水利、铁道、音韵、文章学等领域靡不研究，且有建树，其《邵氏危言》最为著名。

（原文载《江淮文史》2016年第4期，结集时略有修改）

一代清官廉吏王茂荫

清朝同治四年六月二十二日午后申刻，一位身任京官三十余年、官届二品的大员在其新迁居地——徽州府歙县义成村"天官第"家中与世长辞，终年六十八。他就是清一代著名的清官廉吏王茂荫。

提到王茂荫，很多人都会说其货币观点乃至经济思想怎样极具特色，称其为理财家，或称其为经济学家或经济改革家，这都言不为过，他是"马克思《资本论》中唯一提到的中国人"。此外，其政治、军事、人才、吏治以及管理等方面的思想也很丰富，值得深入研究。但就这个人物的本质特征而言，他首先是一个典型的清官廉吏，一个直言敢谏、不避权贵的名臣。他病逝后，同治帝在谕批中肯定他"廉静寡营，遇事敢言，忠爱出于至性"。不少当朝大臣给他送来挽联，其中，曾国藩撰送的挽联是："七旬耆宿，九列名卿，谁知屋漏操修，尚同寒士；四海直声，卅年俭德，足令朝廷悲悼，何况吾曹。"李鸿章撰送的挽联是"直声誉丹毫，从此朝廷思汲黯；清风高白岳，可堪乡里失袁修。"①

清嘉庆三年（1798年）三月十一日申时，王茂荫出生在徽州歙县旱南杞梓里。他从三十五岁高中进士步入仕途，历官道光、咸丰、同治三朝三十余载，身为京官，始终不携眷属，孑身独居北京宣武门外的歙县会馆。他在户部任司员、主事、员外郎多年，后任陕西道监察御史，又先后代理福建道监察御史、山西道监察御史和湖广道监察御史，在户、兵、工、吏四个部担任过侍郎，晚年还代理过都察院左副都御史，终官

---

① 王经一:《王茂荫年谱》，安徽人民出版社2015年版，第271页。

吏部右侍郎，官届二品。因杞梓里故居毁于咸同兵燹，晚年扶继母灵柩回里安葬，只好在歙县义成村买下朱姓的旧房迁居，并在这里弃世。他身任京官三十余载，始终牢记祖母方太夫人关于为官不可图发财的教诲，坚持堂堂正正做人，干干净净为官。王茂荫之清正廉洁主要表现在以下方面：

一是清静寡欲，自奉俭约。

歙县旱南杞梓里，是一个"山深不偏远，地少士商多"的地方。旧时，这里人民生活生产条件相对艰难，他们吃杂粮穿土布习以为常，生活俭约，性情刚直。这种俭约、刚直的习性对王茂荫深有影响，他没有什么特殊嗜好，寡营欲，崇俭约，其儿辈向世人介绍说："府君性恬淡，寡嗜欲，京臣三十载，恒独处会馆中，自奉俭约，粗衣粝食处之晏如。"①

二是痛恨贪赃，抵制腐败。

晚清时期官场贪腐之风已经相当严重，民间有"一年清知府，十万雪花银"之说。王茂荫身在官场，洞若观火，痛恨万分。他极力反对实行捐纳举人生员和入赀拜官制度。鸦片战争之后，特别是太平天国运动爆发后的第二年，清政府面临内忧外患，财政状况十分窘迫。为了增加财政收入，各种建议主张都提出来了，其中有几个当朝大臣建议咸丰帝实行捐纳举人生员和入赀拜官制度。用今天的话来说，就是要国家把文凭、官职当作商品出售。时在监察御史任上的王茂荫知道此事后，深为震惊。他决意抗疏劝谏。一天，他正准备起草给咸丰帝的奏折，他的一位很有钱的舅兄为捐官的事来请他帮忙。"听说政府将要实行捐纳举人生员制度，我想请你替我捐个举人，再买个知县做做。"舅兄一进门，就说明了来意。王茂荫听后，既好笑又好气，他笑着问舅兄："你也想做官？做官有什么好处？我看你还是多读几本书，不然的话，做了官还得请别人代为签名。"这位舅兄还以为王茂荫在同他开玩笑，于是也笑着说："哎呦，现在的知县有几个是书读得多的？听说我们徽州府的府官还叫师

① [清]王茂荫撰，张新旭等点校：《王侍郎奏议》附录《显考子怀府君行状》，黄山书社1991年版，第203页。

爷给画行字呢，他还不是照样刮钱。""什么？当官是为了刮钱？如果是
这样，老百姓何必要这个官？真是笑话。对不起，这桩事我办不到，何
况我正在写奏折劝谏皇上不能批准实行捐纳举人生员制度哩。"王茂荫真
有点生气了。舅兄原以为王茂荫是当朝大官，请他帮忙捐个举人，再花
钱买个知县，一定不难办到，不料却碰了一鼻子灰，便悻悻地离去了。
当天晚上，王茂荫在微弱的烛光下沉思良久，继而奋笔疾书，第二天，
他反对实行捐纳举人生员制度的奏折便呈送在咸丰皇帝的面前。这是流
传徽州民间的传说，是否确有其事，现已难考究，但是向以国计民生为
重、直言敢谏的王茂荫在咸丰二年（1852年）九月初二日，给咸丰帝上
过《驳部议捐纳军功举人生员片》的奏章，却是真实的历史。在这个奏
章中，王茂荫说话掷地有声，如同空谷喊音。咸丰帝最终没有批准这个
制度实行。

　　王茂荫主张严查地方官员假劝捐之名以肥私。鸦片战争以后，清朝
国库渐形空虚，太平天国军兴以后，清政府军费开支骤增，财政支出捉
襟见肘，难以为继，咸丰初期，诏谕各地"劝捐"办团练，即动员社会
各界之人捐款组建地方防御武装。国家有难，社会各界帮助渡过难关，
这本是情理中事，问题在于有人假劝捐之名而中饱私囊。咸丰二年
（1852年）七月十四日，王茂荫在上给咸丰帝的《条陈时务折》中，就开
诚布公地劝谏咸丰帝要"严禁州县假劝捐以肥己"，他揭露说：山西州县
就有假劝捐为肥己者，"如富民愿捐五百，必勒令捐一千。迨至遵捐一
千，则又止令书五百，其余五百但令缴纳，不令登写，明为公捐，暗饱
私囊"。他说，"且山西如此，他省恐亦不免，如上月江苏铜山县文童周
凤楼，京控官用印贴派捐经费、私押毙命一案，在道光三十年，彼时并
未劝捐，尚有假公勒捐致毙人命之事，现在奉有劝捐部文，官役更不知
如何逼勒"[①]。王茂荫当年上奏的《论徽州续捐局扰害折》《江南北捐局
积弊折》和《论徽州练局积弊折》，就是在这类"假公勒捐"背景下上奏
的，他主张对种种假劝捐以肥私的"蠹国病民"官吏严参治罪。同治初
年，王茂荫复出后，还写过一个名为《为查办废员张秉德盘踞书院折》

---

① ［清］王茂荫：《王侍郎奏议》卷一《条陈时务折》，清光绪十三年刻本。

的奏折（此折未收入《王侍郎奏议》），揭露山西省介休县绵山书院，被一个捐纳教职、声名狼藉的废员张秉德盘踞十余年，以至将一个培养人才之区，据为私产和养奸之地，为害一方，败坏士风。他奏请"严饬认真查办，以重文教"。

三是反对"奔竞"，不搞团伙。

所谓"奔竞"，是指为功名利禄奔走争竞，类似所谓"跑官""要官"。《南史》颜延之本传有"外示寡求，内怀奔竞，干禄祈迁，不知极已"[1]之评论。官场上的攀龙附凤，拉帮结派，团团伙伙，结党营私之风由来已久，晚清之时，尤为突出，腐败至极。同治初年遭到惩处的"咸丰三奸"之一的肃顺，曾权倾一时，王茂荫官户部右侍郎时，肃顺拉拢了不少当朝大臣。当时居住歙县会馆的王茂荫也险些被拉拢。晚清举人徐珂在其《清稗类钞》中以《王茂荫不附肃顺》为题，记载了这件事："歙县王子怀，名茂荫。咸丰初，为御史，抗疏直言，于国家大计多所建白。未几，洊升户部侍郎，遇事力持正论，朝贵为之敛迹。时肃顺柄国，颇忌惮之，遣客通殷勤。王意颇动，订于某日偕谒。客待于外堂，车驾矣，衣冠而出。过厅事东偏，有巨镜，忽对镜立，瞻顾一周，拈须自语曰：'焉有堂堂王子怀，而为权臣屈节者乎！'遽谢客。客还报，肃恚甚，将谋所以中伤之，乃引疾归。"[2]王茂荫在关键时刻拒绝肃顺拉拢，保持了晚节。如果王茂荫当时被拉拢，则晚节不保。王茂荫大女婿洪承基的堂侄洪澧在《秋树轩见闻录》中写道："未几，肃顺败，查抄信札。门下附和者多得罪，而子怀先生独免。同治朝，官至吏部侍郎。观此足见人生利达，并不关乎奔竞也"[3]。"人生利达，并不关乎奔竞"，这位洪氏的感悟，甚有见地。王茂荫不愧为謇谔之士，同治元年（1862年）三月，因病开缺六个年头尚未正式复出的王茂荫给清室新主上了《条陈时务折》，就治国理政提了五条建议，其中一条仍然是"奔竞之风，宜杜其渐"。

---

① [唐]李延寿：《南史》卷三十四列传第二十四,清乾隆武英殿刻本。
② 徐珂编撰：《清稗类钞》第7册,中华书局1984年版,第3044页。
③ 王经一：《王茂荫年谱》,安徽人民出版社2015年版,第98页。

四是悯怜厄穷，拯救危难。

王茂荫的祖母方太夫人是歙县磻溪人，年二十八守寡，孀居守节五十六年，享寿八十四岁，道光间受旌表，她在清乾道年间以端庄淑贤、深明大义、"悯厄穷，拯危难"而闻名。王茂荫之父王应矩是晚清有名的大茶商，终生乐善好施，贾名儒行。王茂荫继承了祖母、父亲遗风，自己生活极为俭朴，而对穷苦者则尽力救济。淳安王子香是他的启蒙老师，后来家道中落，王茂荫将王先生的儿子招来，勉劳勉励，年终邮金资助。对同僚中的孤苦者，按时资给，习以为常。宗族修祠宇，家乡通道路、修堤、筑坝和造桥事，也都量力捐资。

清歙人徐景轼在《草心阁自订年谱》中有他与王茂荫、汪慕杜、吴燮夫等人紧急酿金赎回沦落为人婢的同邑凌氏姐妹的记载：歙县人凌二溪，业医，其子凌溥"以医术糊口于京师，术不盛行，日就困顿"，咸丰五年（1855年），"乃鬻其二女为人婢，而自窜匿于外"。徐景轼访实凌氏姐妹下落后，"乃走告王子怀先生、汪慕杜太史（皆与二溪丈熟识者也），谋集资赎还"，"同邑吴燮夫亦极力赞成之，遂遍告同邑官、商之在京者，助钱数百千，先赎其幼女归。复往南城察院递公呈请备文行涿州牧，赎其长女归。以幼女与同邑茶商王某为女，以长女与同邑茶商口某为媳。赎款所余为二女办衣饰送之。"徐景轼特别提道："非得子怀、慕杜、燮夫三先生见义之勇，几何不使衣冠之后沦落青衣哉？"①

王茂荫曾为杞梓里家庙"承庆祠"写过这样一副楹联："一脉本同源，强毋凌弱，众毋暴寡，贵毋忘贱，富毋欺贫，但人人痛痒相关，急难相扶，即是敬宗尊祖；四民虽异业，仕必登名，农必积粟，工必作巧，商必盈资，苟日日佟游不事，匪癖不由，便是孝子贤孙。"②王氏家庙毁于咸同兵燹，后裔族人已蕃衍了好几代，他们至今仍不忘这副楹联。孟子说过"古之人，得志，泽加于民；不得志，修身见于世。穷则独善其身，达则兼善天下"。王茂荫二十五岁时，曾为歙县璜蔚人胡鹏程处士作

① 徐景轼《草心阁自订年谱》，见［清］段玉裁、鲍桂星等撰，薛贞芳主编：《清代徽人年谱合刊》（下），黄山书社2006年版，第787页。

② 王经一：《王茂荫年谱》，安徽人民出版社2015年版，第98页。

传，其中说："自古四民职业，士为其首。士也者，农工商贾之表率也"，为士者应"穷则独善其身，达则兼善天下"。士者应当成为农工商各业的表率，这与为官者应当成为人民的公仆的理念比较接近，"表率"当然是指好的表率，而不是坏的表率。有志为官之人在穷困时要独善其身，发迹之后要为天下人谋利益。王茂荫不仅这么想这么说，而且终生这么做，一个封建社会的官员能有这样的境界和品行节操，殊为不易！

五是严以律己，守身如玉。

王茂荫"责人贵宽，人有过未尝不正言规劝，而词意温婉"，而"律己甚严"。他终生守身如玉，保持洁身自好，不占公家一点便宜。咸丰末同治初，清兵与太平军在徽州激战频仍，王茂荫家乡杞梓里故居因兵燹所被，里闾成墟，亲族乡党离乡背井，四处避难。王茂荫复出的同治初年（1862年），长子铭诏等奉祖母吴太夫人、母亲洪氏、弟妹及家人辗转流离，客寓江西饶州吴城避难。正值王氏家人流离失所之际，与王茂荫同朝为官、带兵驻扎祁门（江南老营）的两江总督曾国藩得知这个情况后，便着人前去赠送银两，以示体恤。这使王氏家人极为感动，遂在家信中将情况告诉了在京的王茂荫。王茂荫知情后，于同治元年（1862年）端午节后二日，给曾国藩写了一封信，信中说："晚适得家书，正值流离之际，荷蒙远赐多金，涸辙之鱼再生同庆，感激之下，不禁涕零。"这是表示感谢之情，完全可以理解。接着，王茂荫笔锋一转，直白地说："惟是尊赐可以救急，而兵饷不敢虚糜，将来在京有需用之处，务希示知，尽管来取，万勿存客气之见。皖家中虽已焚毁，外间尚有一茶业，舍弟辈勉强支持得来也。"[1]王茂荫律己甚严，不占公家一点便宜，由此可见一斑。

王茂荫对子侄辈管教甚严。他有三个儿子，铭诏、铭慎、铭镇，老大和老三自幼在里，老二铭慎虽然一再北上省视，王茂荫"辄令下帷读书，概不准预外事"[2]。咸丰八年七月王茂荫因病乞准开缺调理，铭慎随

---

[1] 中国社会科学院近代史研究所资料室编：《曾国藩未到往来函稿》，岳麓书社1986年版，第220页。

[2] ［清］王茂荫撰，张新旭等点校：《王侍郎奏议》附录《显考子怀府君行状》，黄山书社1991年版，第185页。

侍在京。次年，皖省借浙闱开科取士，王茂荫命铭慎回南参加考试，铭慎以侍奉无人推辞，但王茂荫硬是不允许。对家乡的公益事，王茂荫不仅本人十分关心，乐于奉献，而且要求子侄辈也要这么做。鲍康在为王茂荫继配夫人洪氏作的《六十寿序》中所写的一段话，给我们以很大的启示，他说："军兴以来，一邑一乡率举行团练为固守计，乡有显宦，其子若弟，无不一积劳，登荐牍，遂印累累，绶若若，习以为故常，独先生之教诸子也，但以读书安分，俾奋迹科名，地方公事，分其劳而不可居其功。"①

六是为国荐才，不图报答。

王茂荫以"博采人才为嗜好"，坚持施恩不图报。王茂荫任京官三十多年，前后向朝廷推荐各类佐国安民人才数十人，均被朝廷考察任用，有些还得到重用，为治国理政作出了贡献。李鸿章的父亲李文安从侍郎任上回皖省办团练，就是王茂荫推荐的。最值得一提的是，由七品清河知县一直升为官届二品的四川总督、成都将军、清代皖东唯一的封疆大吏，与曾国藩、左宗棠、李鸿章齐名的清安徽盱眙县三界市人吴棠，就是王茂荫在只闻其名其事而不相知的情况下向咸丰帝举荐而受到重用的。对受恩者而言，知恩图报是一种美德。而对施恩者来说，施恩不图报，那更是一种难得的君子境界。据传，同治四年王茂荫扶继母灵柩回乡以后，吴棠曾派人向王氏赠送五百金，以表荐举之恩，王茂荫没有接受，他坦然地说："保举，公也；涉于私，则不足道也。"

七是直言敢谏，不避权要。

王茂荫为太原王氏迁江南始祖王仲舒之后。王仲舒系唐朝人，其"事母以孝闻"和上疏极论裴延龄，阻其为相，《旧唐书》中有文字记载②。从王仲舒以降，直到王茂荫的高祖王文选、曾祖王德修、祖父王槐康、父亲王应矩，都是徽州地方志上有文字记载的"以孝义闻于时"之人。王茂荫完完整整地承继了列祖列宗重孝义与直言极谏的遗风。

---

① 鲍康《恭祝诰封一品夫人王母洪夫人寿序》。鲍氏"寿序"遗墨原挂王茂荫义成故居"天官第"中堂，二十世纪六十年代中期仍存，后不知所终。二十世纪八十年代初，笔者在歙县博物馆得见王氏后人的文字抄件，遂录得全文。

② 《旧唐书》卷一百九十下《王仲舒传》。

王茂荫生性耿直，遇事敢言，在咸丰、同治两朝，他先后上了一百多个奏折，讲的都是国计民生大事，知无不言，言无不尽。宋人唐介任台官时，曾疏奏宰相之过失，宋仁宗发怒，将其谪为英州别驾，朝中士大夫有人写诗为他送行，李师中所写的七律《进退格》与众不同。其诗云："孤忠自许人不与，独立敢言人所难。去国一身轻似叶，高名千古重于山。并游英俊颜何厚，未死奸谀骨已寒。天为吾君扶社稷，肯教夫子不生还？"①诗的大意是：大凡孤忠自许之人，大家都很不认同，但世间缺少的正是能够独立谏言的人。离开国都，便如落叶离树，飘然而去，真正留下的是先生的千古高名，重于泰山。同朝为官的才俊们缄口不语，奸臣未死，忠骨已寒。上天如果真是为了皇上扶持社稷，怎么肯让夫子你不活着回来呢？王茂荫真正做到了"孤忠自许人不与，独立敢言人所难"。对于国计民生政事得失，他坚持讲真话，力持正论，不惜犯颜直谏。咸丰朝实行过两项币制改革，一是发行钞币，二是铸颁大钱。王茂荫是发行钞币的首倡者，铸颁大钱的反对者。他因主张行钞而被擢升为户部右侍郎兼管钱法堂事务，成为主管清政府财政货币事务的要员之一，又因反对和制止通货膨胀，主张钞币兑现一再上疏，决不妥协，因此得罪了户部尚书花沙纳等反对派，得罪了亲王大臣，直至得罪对他有知遇之恩的咸丰皇帝，结果受到申斥，被调离户部。这件事在当时震动很大。其实，王茂荫真正得罪咸丰皇帝，致使龙颜大怒的，是他在咸丰五年（1855年）所上《请暂缓临幸御园折》。王茂荫因直言极谏而遭受挫折，幸灾乐祸者难免，而正直之士无不对他表示欣佩。与王氏同朝为官的名臣何璟说："新安王子怀先生，立朝三十年，謇谔尽诚，著于中外。"②歙县清末翰林许承尧一再声称：王茂荫单凭《请暂缓临幸御园折》，即足以名留千古！

　　如果说耿直刚正是王茂荫与生俱来之秉性，清廉俭朴与忠诚醇厚是其立身之基，那么，直言敢谏则是其必然表现。一个清正廉洁之士，不一定都能做到直言敢谏，但大凡能直言敢谏者，他一定是个为官清廉之

---

① [宋]张师正：《倦游录》，商务印书馆民国十九年本。

② 王经一：《王茂荫年谱》，安徽人民出版社2015年版，第261页。

人。若一个官员自身腐败，他怎么去要求人家啊？打铁还需自身硬。这是基本的道理。

王茂荫身为京官几十载，没有因官位显贵而巧取豪夺一瓦一垅，晚年因杞梓里故居毁于兵燹，只好在歙县义成村买下朱姓旧房栖居。曾国藩在挽联中说"谁知屋漏操修尚同寒士"，指的正是这件事。一个当朝二品大员，故居在兵燹中毁于一旦成焦土，只好几经周折，买下民人旧房迁居，这是很多人想象不到的。王茂荫生前除了买下义成朱姓人家旧房以外，并没有给后人留下什么遗产。他从咸丰元年起，曾断断续续地作有家训和遗言，其中交待后人："方书五亲家处存有纹银一千余两，本意作为退归养老之资，身过则以此项作为四房子孙读书膏火之费。""铺内（指北通州的森盛茶庄）有蓝田玉数十斤"是作为小女嫁妆存放的，再就是留下了他终生研读的一批书。他离世前坦然地告诉世人："吾以书籍传子孙，胜过良田百亩；吾以德名留后人，胜过黄金万镒。自己不要什么，两袖清风足矣！"

（原文载《新安》2016 年第 4 期）

王茂荫的吏治思想

吏治，旧时指地方官吏的作风与治绩。治国理政，吏治是关键，吏治腐败，亡国亡民。王茂荫的吏治思想堪称丰富，卓尔不群，集中体现在三个方面：

民为邦本　良吏勤民

王茂荫继承光大古代思想家政治家"民惟邦本"的思想，希望为官者将百姓视为衣食父母，善待他们。据《王侍郎奏议》载，他最早使用"良吏"一词，是在《条议钞法折》中强调行钞之法，同"保甲法""社仓法"施行一样，必须有好官监督执行，才能生效，所谓"良法具在，苟非良吏，亦终不行"。①但是，表述"良吏"的一般标准，则是在咸丰六年八月十七日上给咸丰的《荐举人才折》中，讲到人才治国特别是"吏才"在治理乱世中的作用时提出的，他的原话是这样讲的："凡为良吏，皆志在勤民，而不在获上，必不效趋承，不为阿顺，不事钻营，非求诸三者之外则不见。"②

在王茂荫看来：凡能称为"良吏"之人，都是深得民心的"循吏"。

"循吏"之名最早见于《史记》的《循吏列传》，后为《汉书》《后汉

①［清］王茂荫撰，张新旭等点校：《王侍郎奏议》卷一《条议钞法折》，黄山书社1991年版，第6页。

②［清］王茂荫撰，张新旭等点校：《王侍郎奏议》卷九《荐举人才折》，黄山书社1991年版，第140页。

书》直至《清史稿》所承袭，成为正史中记述那些重农宣教、清正廉洁、所居民富、所去见思的州县级地方官的固定体例。除正史中有"循吏""良吏"的概念外，到元杂剧中又有了"清官"乃至民间的"青天大老爷"的称谓。

所谓"良吏"，说白了就是老百姓所讲的好官。这样的好官，他们的志向和用心，并不在"获上"，讨好和取宠上官，而是始终定位在勤勤恳恳为民众谋利益上。这样的好官，他们不懂得也不想学会趋炎附势、阿谀奉承和投机钻营。如果不以这样的标准衡量，就很难说是"良吏"。

在封建专制的背景下，王茂荫能向皇帝提出"良吏"的概念和标准，难能可贵，也反映出民本主义理念在他的头脑中已经根深蒂固。

"民惟邦本"，这是中国古代思想家、政治家反复强调的道理。"民本"一词，最早出自《尚书·五子之歌》，原句为："皇祖有训，民可近，不可下。民惟邦本，本固邦宁。"意思是说，民众是国家的根本，统治者要敬民、重民、爱民，认识到民众的力量，懂得自我约束，进德修行，慎重处理民事、国事；民众是国家的根本，根本稳固，国家方得安宁。

"民惟邦本，本固邦宁"的理念，对谙熟儒家经典的王茂荫来说，是青少年时代就已形成，入仕之后一直践行，并且贯彻始终。《论语·为政》有这么一段话："哀公问曰：何为则民服？孔子对曰：举直错诸枉，则民服。举枉措诸直，则民不服。"邪不压正，道理出于此。王茂荫青少年时期，作过一篇《则民服》的课稿，在这篇课稿中，他认为举直错枉，亲贤远佞，与普通民众也大有关系。他说，好德之心，人皆有之，每当贤者寂处茅庐，民众皆引领望之，常思奋不顾身引荐贤能；每当贤才得以任用，人民无不欢欣鼓舞，悦服于帝王洞鉴之明。又说，恶恶之情，人皆有之，每当大奸巨滑尚未执国柄，人民皆怀生灵涂炭之忧；每当奸邪之人被摒逐，顺民心得民意，人人皆敬服于帝王知人之哲。在课稿中，他还阐述了"小民"不可欺的道理。时隔多年以后的咸丰六年四月初三日，他在《时事危迫请修省折》中，则以孔子以举直错枉奏对鲁哀公的典故劝谏咸丰皇帝，他说：

昔鲁君以民服为问，而孔子对以举直错枉。夫举错何关于民？乃一直举而民快然若所亲，一枉错而民快然若所仇，岂必尝有德怨哉！盖斯民也，三代之所以直道而行也。故《大学》言：'平天下，唯在公好恶。'汉高祖封雍齿而斩丁公，盖当进者虽所不喜亦必用，当罪者虽所甚喜亦必诛，正以收人心也。皇上诚察民之所好者好之，则好一人而可得千万人之心；察民之所恶者恶之，则恶一人而亦可得千万人之心。"①

深受民本主义思想影响且在任有治绩的循吏好官，深得百姓敬畏，在民间有很好的口碑，他们一般不会激起"民变"，不会被造反。激起"民变"，被造反的官吏，一般都是些贪官污吏和奸佞臣僚。王茂荫虽然是站在封建统治阶级的立场上，但他看问题还是比较客观的，他说过："伏思民变总是由州县之办理不善，以致激成事端。但能开诚晓谕，惩治为首之长，余民即可解散，与逆匪（笔者注：指太平军、捻军等）之轻重难易迥不相同。"②包括太平天国运动在内的历代农民起义，开始都缘由一般的"民变"。起义的农民军对有循吏好官执政的地方，都退避三舍。咸丰三年二月，王茂荫在《请速剿捻匪折》中，就指出了这一点，他说：

庐、凤、颍三府，正在剿办捻匪吃紧之时，尤在守令得人，方足以固民心而资捍御。从前三省教匪案内，有居官素好之刘清，所到贼即退避。上年粤匪在湖南，有五县不犯，曰："此其县有好官。"是可见州县官好，不独本境之匪不起，

①〔清〕王茂荫撰，张新旭等点校：《王侍郎奏议》卷八《时事危迫请修省折》，黄山书社1991年版，第135—136页。

②〔清〕王茂荫撰，张新旭等点校：《王侍郎奏议》卷三《请饬江忠源瞿腾龙驰赴滁凤协剿折》，黄山书社1991年点校版，第53页。

王茂荫的吏治思想

即他境之匪亦不来。①

他劝谏咸丰皇帝降旨，将庐凤一带府县贪鄙昏庸、不能称职的官员严行参办，以"治贼之源"。"非独庐、凤各府，亦非独皖省，而实为各省所宜实行。应并请旨，通饬直省各督抚，一体遵照办理，将贪官污吏严行参劾，免致为贼借口，实方今切要之务。"②

太平天国军兴方炽、捻军又起之际，王茂荫主张把参办直隶和各省昏庸不职之员，作为"治贼之源"和防剿的"切要之务"，这不是一般谏臣考虑得到和说得出口的。

"民惟邦本，本固邦宁"，在王茂荫的头脑中是根深蒂固的，青年求学问道时期打下烙印，入仕之后执着地践行，一直贯彻始终。咸丰年间，他倡行币制改革，首先考虑的是推行钞法是否会"扰民"和"疑民"，他担心为发行纸钞"禁用银而多设科条，未便民而先扰民……谋擅利而屡更法令，未信民而先疑民"③。他以为推行币制改革，基本原则必须是"先求无累于民，而后求有益于国，方可以议立法"④。他上书言事，都是关乎国计民生的大事，知无不言，言无不尽。咸丰年间，他不止一次劝谏咸丰颁旨：当今之民苦难深重，为官者应多多轸念民生⑤。

---

① [清]王茂荫撰，张新旭等点校：《王侍郎奏议》卷三《请速剿捻匪折》，黄山书社1991年版，第45—46页。

② [清]王茂荫撰，张新旭等点校：《王侍郎奏议》卷三《请速剿捻匪折》，黄山书社1991年版，第46页。

③ [清]王茂荫撰，张新旭等点校：《王侍郎奏议》卷一《条议钞法折》，黄山书社1991年版，第2页。

④ [清]王茂荫撰，张新旭等点校：《王侍郎奏议》卷一《条议钞法折》，黄山书社1991年版，第2页。

⑤ 咸丰三年八月初六日，他在《再请宽贷胁从以信恩旨折》中说："数年以来，民苦于贼，又苦于水，又苦于贪黩之地方官。兼之兵马之过境，不能不资于民；团练之经费，不能不出于民；军饷之捐输，不能不藉于民。"咸丰六年四月初三日，他在《时事危迫请修省折》中又说："今日之民，苦至极矣。苦贼、苦兵、苦水灾，捻匪转徙无常，存亡莫定，流离穷迫，莫罄形容。皇上诚悯民生之苦，念切恫瘰，至诚恻怛，深自咎责，于随时随事，皆深视民若同胞。"

惩治腐败　急收人心

晚清时期的官场，贪污腐败已到了病入膏肓的程度。王茂荫身在官场，洞若观火，痛恨万分。贪腐成风与吏治不振，互为因果。

打铁还得自身硬，反对腐败和主张大力惩治贪腐的人，首先自己要堂堂正正为人，干干净净做事，决不贪腐，王茂荫就是坚持这么做的。他知黑守白，严以律己，守身如玉，他没有什么特殊嗜好，"性恬淡，寡嗜欲，京宦三十载，恒独处会馆中，自奉俭约，粗衣粝食处之晏如。"①他在家训和遗言中告诫后人的一段话，讲得极为妙绝，他说：

> 凡人坏品行损阴骘，都只在财利上，故做人须从取舍上起。富与贵是人之所欲章，所以从此说起也。此处得失利害关头，人心安得无动？惟当审之以义，安之以命。我命中有时，即不取非义亦有，命里无时，即取尽非义，终归于无。看着当下取来虽见为有，不知非灾横祸出而消耗之必且过于所取。须以当下之不取为消将来之横祸，则此必自放得下。古云：漏脯充饥，鸩酒止渴，非不暂饱，死亦随之。当时时作此想，则自然不敢妄取。渴不饮盗泉水，热不息恶木阴。有志者须极力持守，方可望将来有好日。②

他还说过："吾以书籍传子孙，胜于良田百亩；吾以德名留后人，胜过黄金万镒。自己不要什么，两袖清风足矣。"他是有清一代典型的清官。

王茂荫曾极力反对实行捐纳举人生员和入赀拜官制度，他认为这容易助长腐败。鸦片战争之后，特别是太平天国运动爆发后的第二年，面

---

① [清]王茂荫撰，张新旭等点校：《王侍郎奏议》附录《显考子怀府君行状》，黄山书社1991年版，第203页。

② 曹天生点校整理：《王茂荫集》，中国档案出版社2005年版，第169页。

临内忧外患的清政府，财政状况十分窘迫。为了增加财政收入，几个当朝大臣建议咸丰帝实行捐纳举人生员和入赀拜官制度。用今天的话来说，就是要国家把文凭、官职也当作商品来出售。如果这个建议被钦定执行，势必导致腐败。时在监察御史任上的王茂荫知道此事后，深为震惊，他决意抗疏劝谏。徽州民间相传，王茂荫的舅兄为捐官的事来请他帮忙被王茂荫拒绝。并且向咸丰皇帝呈上反对实行捐纳举人生员制度的奏折。这一传说是否确有其事，现已难考究，但是向以国计民生为重的王茂荫在咸丰二年（1852年）九月初二日，给咸丰帝上《驳部议捐纳军功举人生员片》的奏折，却是历史的真实。

王茂荫主张严查地方官员假劝捐之名以肥私。太平天国军兴以后，清政府军费开支骤增，财政支出捉襟见肘，难以为继，皇上诏谕各地"劝捐"办团练，即动员社会各界捐款组建地方防御武装。国家有难，社会各界帮助渡过难关，这本无可厚非，问题在于有人假劝捐之名而中饱私囊，这就是腐败了。咸丰年间各地的"劝捐"中，就出现了这类腐败，王茂荫主张严肃查处。

咸丰四年六月十三日，王茂荫在《论徽州续捐局扰害折》中反映"为民捐徒费，民患转深，势恐激变"，他揭露说：咸丰三年歙县一邑民捐制钱统计不下十万，"因经手之人冒销不可胜计，现在均已成空，乃复立续捐局，用不肖绅衿数人，按户诛求。有不遵者，或带勇登门以扰之，或锁押牵连以逼之。有老幼同系者，有弃房变产者。数日之间，集有三万，又声称要五十万。区区一邑，何能堪此！现在怨声载道，叫苦连天，民情惶惶，不可终日"[1]。又说："国家劝捐，原不忍竭民之力。果所捐为报国家之用，即竭力亦所当然。若以民捐之钱养勇，即以所养之勇害民，竭良善之脂膏，供无赖之鱼肉，贼不来而肆行无忌，贼一至而避匿无踪，则民命堪怜，钱款尤可惜。"[2]由于安徽巡抚军务方殷，又苦于鞭长莫及，他恳请咸丰降旨，密饬一向公正廉明的浙江巡抚黄宗汉派员潜

①［清］王茂荫撰，张新旭等点校：《王侍郎奏议》卷七《论徽州续捐局扰害折》，黄山书社1991年版，第110页。

②［清］王茂荫撰，张新旭等点校：《王侍郎奏议》卷七《论徽州续捐局扰害折》，黄山书社1991年版，第111页。

驰赴徽勘查，并立除勒捐锁押之威，以安民心。

咸丰年间，王茂荫上《江南北捐局积弊折》，既是从恤商考虑，更是为了整治大江南北设立捐局抽厘助饷中出现的假公济私腐败行为。咸丰五年六月，王茂荫之所以再上《论徽州练局积弊折》，是因为徽州从咸丰三年开始劝捐办团练，加上各种"捐厘"，前后筹款"统计以钱合算，总不下七八十万串"，到咸丰五年初即称饷匮，"其中隐存者甚多"，王茂荫上书请旨，主张"即行查办"。①

王茂荫还曾写过一个名为《为查办废员张秉德盘踞书院折》的奏折，此折未收入《王侍郎奏议》，它反映的是山西省介休县"绵山书院"，被一个捐纳教职、声名狼藉的废员张秉德盘踞十余年，将培养人才之区，据为私产和养奸之地，为害一方，败坏士风。他奏请"严饬认真查办，以重文教"。

人心向背，决定一切。在王茂荫看来，太平天国官兵都注意"收人心"，大清政权要维护自己的统治，就更要急收人心。咸丰二年，他在《条陈军务事宜折》中说："臣闻贼（笔者注：太平军）之所至，专示假仁假义。其到汉口也，先使人安抚市肆，令如常买卖，毋得关闭。其买市物也，照常市价，无有短少，市人安之。而官兵（指清军官兵）一到，反多残害。近闻直隶、山东，亦有官兵骚扰之事。"他接着说：夫民为邦本，贼以不扰诱我民，而兵以骚扰迫我民，是驱民心以向贼也。民心一去，天下将谁与守?"②

整肃纲维　振兴吏治

早在咸丰登极的第二年，王茂荫就在《条陈时务折》中用六句话二十四字分析了当时的国内形势：方今"粤匪未平，河决未合，吏治不振，

　　①[清]王茂荫撰，张新旭等点校：《王侍郎奏议》卷八《论徽州练局积弊折》，黄山书社1991年版，第131页。

　　②[清]王茂荫撰，张新旭等点校：《王侍郎奏议》卷二《条陈军务事宜折》，黄山书社1991年版，第33页。

盗风不戢，人才不兴，庶务不治"①。"吏治不振"是一大时弊。他不仅提出问题，而且根据自己的思想观点，提出了解决问题的建议和主张。他曾上过两个《条陈时务折》，前一个是咸丰二年上给咸丰帝的，后一个是同治元年上给同治帝的。咸丰六年，还给咸丰上了《时事危迫请修省折》。他的整肃纲维，振兴吏治的思想观点集中反映在这三个奏折中。

在提出"良吏论"和主张惩治腐败的同时，王茂荫还有六个方面的建言：一是最高统治者要注意"修省"；二是议政王与军机大臣要"务宜专一"；三是要"言官宜务优容"；四是京城"府尹不宜兼部务"；五是反对"奔竞之风，宜杜其渐"；六是杜绝"奔竞"与团伙。

所谓"修省"，即修身反省。咸丰皇帝年方二十继位当国，前期重用汉族大臣，励精图治，严惩贪腐，改革力度不仅超过道光，也超过嘉庆，但他在大变革的时代对世界大势缺乏了解，加之后期在载垣、端华、肃顺几个奸臣的诱惑下，面临内忧外患，长时间纵情声色，不问朝政，最终颓废而招致骂名。王茂荫在第一个《条陈事务折》中说"皇上御极以来，励精图治，夙夜不遑，凡在臣工，所共闻见"，即便如此，朝野关于咸丰的"浮言"仍然没有尽息，王茂荫引述乾隆三年清高宗弘历息"浮言"的谕旨，劝谏咸丰"止谤莫如自修""法祖省躬，益儆不迩声色之戒"。②王茂荫如此极谏，与其"忠君匡君"的思想完全一致。咸丰五年正月，在内忧外患的局势下，咸丰帝仍然准备临幸圆明园，并驻为行宫，对此，王茂荫给咸丰帝上了《请暂缓临幸御园折》，劝谏皇上效法古代帝王，"躬忧勤节俭"，"以乾健不息者，心体而力行之"③。这实质是劝谏咸丰帝修身反省，以《易》经中的"天行健，君子以自强不息"鞭策自己，为天下做榜样。咸丰六年，王茂荫给咸丰上《时事危迫请修省折》称"皇上轸念民生，勤求治术……早为天下共见，而效顾未著者，何

---

① ［清］王茂荫撰，张新旭等点校：《王侍郎奏议》卷一《条陈时务折》，黄山书社1991年版，第17页。

② ［清］王茂荫撰，张新旭等点校：《王侍郎奏议》卷一《条陈时务折》，黄山书社1991年版，第16页。

③ ［清］王茂荫撰，张新旭等点校：《王侍郎奏议》卷八《请暂缓临幸御园折》，黄山书社1991年版，第129页。

也?"他的回答是"天心未转，唯念修省有未尽"，委婉地劝谏咸丰进一步修省："愿皇上之更益深思而内省也。"①同治元年三月，刚刚复出的王茂荫上了第二个《条陈时务折》，建言献策五条，其中第一条就是"天象示警，急宜修省"，他说："臣伏愿皇太后、皇上与议政王交儆于微，毋忽于近，随时随事，皆存戒谨恐惧之神，增一分修省，则减一分灾异，增十分修省则减十分灾异"②。

在前《条陈时务折》中，王茂荫提出"请于军机大臣责以重大，而宽其琐细"，"昔之重且大者，责在宰相，而今则在军机大臣"③，又说"凡军机大臣之管部务……琐细之事少一分纷扰，即于枢密重大之务增一分心力"④。在第二个《条陈时务折》中，他进而强调，"议政王宜专心机务，其余事件，综其大纲而已"⑤。这实际上是强调官员大臣要抓纲综目，以求纲举目张。这不仅是领导方法问题，更是振兴吏治的一个关键。

王茂荫所说的"言官宜务优容"，强调的是优奖谏臣（言官），广开言路。兼听则明，偏信则暗。古往今来，开明的人君，都能从谏如流，择善而从。为鼓励言官直言进谏，王茂荫主张发扬民主，优奖言官，给言官言事创造良好的舆论氛围。王茂荫身为二品大员，居官谏垣几十年，他提出"优容言官"的思想观点，是为振兴大清吏治全局和国家社稷考虑的。正如他自己所说，"臣为天下计，非为一人计也"⑥。

在后《条陈时务折》中，王茂荫建言"府尹不宜兼部务"，是对当时京兆尹即顺天府尹石赞清兼任刑部侍郎的成命提出异议。从振兴吏治的

---

① [清]王茂荫撰，张新旭等点校：《王侍郎奏议》卷八《时事危迫请修省折》，黄山书社1991年版，第135页。

② [清]王茂荫撰，张新旭等点校：《王侍郎奏议》卷十《条陈时务折》，黄山书社1991年版，第156页。

③ [清]王茂荫撰，张新旭等点校：《王侍郎奏议》卷一《条陈时务折》，黄山书社1991年版，第17页。

④ [清]王茂荫撰，张新旭等点校：《王侍郎奏议》卷一《条陈时务折》，黄山书社1991年版，第18页。

⑤ [清]王茂荫撰，张新旭等点校：《王侍郎奏议》卷十《条陈时务折》，黄山书社1991年版，第156—157页。

⑥ [清]王茂荫撰，张新旭等点校：《王侍郎奏议》卷十《条陈时务折》，黄山书社1991年版，第157页。

角度考虑，他认为这一个官员身兼多职是不合适的。

在后《条陈时务折》中，王茂荫还建言"奔竞之风，宜杜其渐也"。所谓"奔竞"，是指为功名利禄奔走争竞。类似"跑官""要官"。《南史》颜延之本传有"外示寡求，内怀奔竞，干禄祈迁，不知极已"①之评论。

官场上的拉帮结派，结党营私之风由来已久，晚清时，尤为突出。

同治初年遭到惩处的"咸丰三奸"之一的肃顺，曾权倾一时，王茂荫官户部右侍郎时，肃顺拉拢了不少当朝大臣，王茂荫也险被拉拢。晚清举人徐珂在其《清稗类钞》中以《王茂荫不附肃顺》为题，记载了这件事。但王茂荫在关键时刻拒绝肃顺拉拢，保持了晚节。如果王茂荫当时入了伙，则晚节不保。王茂荫大女婿洪承基的堂侄洪澧在《秋树轩见闻录》中写道："未几，肃顺败，查抄信札。门下附和者多得罪，而子怀先生独免。同治朝，官至吏部侍郎。观此，足见人生利达，并不关乎奔竞也。"②

"立法贵能行""令行禁止"，这也是王茂荫为整顿吏治，在前一个《条陈时务折》中的建言。令行禁止，意为下令行动，就立即行动，下令停止就立即停止，形容法令严正，毫不含糊。这个成语出自《管子》"立政"篇，原文"令则行，禁则止，宪之所及，俗之所被。如百体之从心，政之所期也"。《韩非子·八经》也说："君执柄以处势，故令行禁止。"南朝梁武帝《断酒肉文》亦言："令行禁止，莫不率从。"整顿吏治，如果没有令行禁止之效，甚而上有政策，下有对策，那就是吏治的失败。王茂荫的观点很明确："夫致治纲维，端由诏令。令有不行，则天下不可得而治。"③在他看来，立法下令要从实际出发，要讲究可行性和严肃性。要么不立法，既已立法，就得有法必依，违法必究；要么不下令，既下令则必行而后已；要么不言禁，既言禁则必止而后已。

（原文载《徽州社会科学》2019 年第 5 期，结集时略有修改）

---

① ［唐］李延寿：《南史》卷三十四，列传第二十四，中华书局 1975 年版，第 879 页。

② 王经一：《王茂荫年谱》，安徽人民出版社 2015 年版，第 155 页。

③ 曹天生点校整理：《王茂荫集》，中国档案出版社 2015 年版，第 16 页。

王茂荫的管理思想

管理思想，是人们在社会实践中对管理活动的思考所形成的观点、想法和见解的总称，是人们对管理实践中种种社会关系及其矛盾活动自觉地系统地反映。生于徽州茶商之家的王茂荫，入仕前饱读诗书，谙熟儒家经典中关于管理的知识，有过亲身管理茶庄的经历，入仕后又长时期供职户部从事管理，因而管理经验丰富，思想观点非同一般。这里，对其管理思想择要予以评介。

以人为本 知人善任

管理学的基本原理之一是"人本原理"，是一种以人为核心的管理思想。中国儒家十分重视人在管理过程中的地位，将人的管理和施行管理的人作为儒家理论的核心。这种观点和儒家的哲学是分不开的，孔夫子就说过："天地之性，人为贵。"人为贵的思想，是儒家的一个根本观念。儒家认为天地之间只有人是最宝贵的，是万物之灵。

王茂荫继承了儒家的这一思想，他的治国理政理念始终贯穿了管理学中的"人本原理"。王茂荫的人才思想卓尔不群，与管理思想自然是相融合的。太平天国运动爆发的那一年即咸丰元年，他在上给咸丰皇帝的《条议钞法折》中，第一句话就是："用人理财，二者固分本末，然当务为急，今日之需为急矣，而理财亦正不容缓。"①

在著名的《振兴人才以济实用折》中，他又开门见山地说："治平之道，在用人理财二端，而用人尤重。用非其人，财不可得理也。"②

文治国，武安邦，靠的都是人。人才断层，后继无人，任何管理都将成为空谈，更不待说治国理政了。任何社会形态下高明的管理者，总是把培养人才放在首位。王茂荫所说的"百年之计，莫如树人"③，就是这个道理。

善于认识人的品德和才能，合理地予以任用，这叫知人善任，也是自古以来对百官任用和人事管理最起码的要求。但是在实践中真正能做到，并不容易。首先，"知人"这一步就比较难。王茂荫也认为："知人则哲，自古为难。故虞书纪辟四门，必继以明目达聪，盖诚虑耳目有未周，即用人有未当。而欲合天下之聪明以为一人之聪明也。"④

王茂荫在上给咸丰的奏折中还讲过这么一段很经典的话，他说：

> 今且以商贾之道言之，大抵能创一肆、守一业者，其人必工心计，习俭勤，旦夕以身入其中，而又知人而善任。非是则败。盖有创立数年，买卖甚旺，一旦身离其地而顿亏者矣；有资本巨万，偶用非人，不数年而全覆者矣；有日习其中，而计虑未精，业仍销歇者矣。臣所见闻，不知凡几。⑤

这里，王茂荫根据自己的亲身经历和诸多耳闻目染，对一个成功商

① ［清］王茂荫撰，张新旭等点校：《王侍郎奏议》卷一《条议钞法折》，黄山书社1991年版，第1页。

② ［清］王茂荫撰，张新旭等点校：《王侍郎奏议》卷一《振兴人才以济实用折》，黄山书社1991年版，第7页。

③ ［清］王茂荫撰，张新旭等点校：《王侍郎奏议》卷一《振兴人才以济实用折》，黄山书社1991年版，第9页。

④ ［清］王茂荫撰，张新旭等点校：《王侍郎奏议》卷八《时事危迫请修省折》，黄山书社1991年版，第136页。

⑤ ［清］王茂荫撰，张新旭等点校：《王侍郎奏议》卷三《条奏部议银票银号难行折》，黄山书社1991年版，第37—38页。

贾的经营管理经验进行了理性总结，认为一个商贾之所以能成功，基本经验至少有三条：一是工于心计；二是勤俭节约，且亲自参与管理；三是知人善任。历史上徽州商帮的营商之道又何尝不是如此？

"工心计"，多含贬义，但王茂荫这里所讲的"工心计"，意指懂谋略、用计谋。一个成功的管理者，是必须懂谋略的。

"习俭勤"是讲勤与俭，就商贾而言主要是勤于任事，注意节省资本。一个成功的管理者，是必须讲勤俭的，只勤不俭不行，只俭不勤也不行。节省资本，讲究效益，也符合管理学上的"效益原理"。

王茂荫所说的一个成功的商贾还要"旦夕身入其中"，即一身作则，率先垂范。

"知人而善任"，就商业经营管理而言，只有善于认识人的品德和才能，才能最合理地选择适合管事、经理等职位的人。

王茂荫把这几条作为营商成功的经验，无疑是令人信服的。商业管理是这样，其他任何管理亦如此。

物尽其用　人尽其才

管理学的另一基本原理叫"效益原理"，要求投入的人、财、物等资源，能得到充分、合理、有效的利用，以产生最佳的经济效益和社会效益。

咸丰元年以降，清政府为镇压太平天国运动以及随后的捻军起义，军费开支大增，以至军饷无从筹措。咸丰三年，王茂荫给咸丰上了《条陈筹饷事宜片》，建言四条，讲的都是物尽其用：

第一条是"请停各省采办诸物，均归折价也"。之所以要这样做，是因为：

> 各省采办诸物，解贡到京后，书吏讹索，部费甚重。如江苏解颜料、铜、锡需费三千两，飞金需费千余两；江西抬连纸需费五百余两；浙江丝斤需费五千两，油茶需费二千两。

以此推之，各省莫不有采办，即莫不有部费，已不知几万两。又闻福建办抬连纸，一百万张例价约千两，将乐县津贴纸价一千二百余两，水脚三百余两，又津贴委员九百余两，以作川费、部费之用。而委员往返二年，尤赔累不堪。以此推之，各省办解之物，合计津贴不知几万两。各省解运之员，合计赔累又不知几万两。凡此皆民之脂膏也，而徒以供部胥之囊橐，诚为可惜。臣愚以为，京师百货云集，用物随时购办，无虞缺乏。请除滇、黔铜铅外，饬令各省，额解各物，一概停止。其本有例价者，既免开支，其本属例贡者，即令折价。而向来津贴采办、津贴运解之数，均核计声明，全行搭解部库，以备购买各物之用。有需用时，购买有资；无需用时，不致徒费。如此变通办理，部库增多解之款，各物无陈朽之虞，委员免赔累之苦，内外似均有益。①

　　由于有关衙门"书吏讹索"，各省贡品解押到京，环节太多，部费甚巨。这些民脂民膏，都进了一些部胥的私囊。他劝谏咸丰：京师百货云集，除之货币材料黔滇的铜铅，其他都能随时购办。因此必须"变通处理"。这在实质上是用改革的办法来解决管理中的弊端，既有利国家，也有利惩治贪腐，又免去委员"赔累之苦"，可谓一举多得。

　　由于战乱，造币材料滇铜解运困难，为缓解货币危机，王茂荫主张"请拆铜寺，以资铸钱"（第二条建言），"请用兵省份即令铸钱"（第三条建言），"请将抄产珍宝发给变价"（第四条建言），都是为了筹集军饷。王茂荫认为这样做，"似不取于民而可以济用"②。显然，如此物尽其用，符合管理学"效益原理"。

　　咸丰三年九月二十一日，王茂荫给咸丰上了《请官收买庐州米石

　　①［清］王茂荫撰，张新旭等点校：《王侍郎奏议》卷三《条陈筹饷事宜片》，黄山书社1991年版，第38—39页。

　　②［清］王茂荫撰，张新旭等点校：《王侍郎奏议》卷三《条陈筹饷事宜片》，黄山书社1991年版，第40页。

片》，这个奏折虽然只有二百多字，但是反映了疏奏人关心国计民生的品格和善抓商机、物尽其用的管理思想，这个折子全文是：

> 再，臣闻安徽庐州各属，秋收颇称丰稔。其上熟之处，每米一石巢钱仅六七百文，次者亦不过千余文。向来该处余米，专恃江苏销售。现在江路多贼船往来，而商民冒险载运，屡遭掳劫而不止者，以舍此处无销路也。多米之家，有米无从易钱，若以官票加价收买，亦所甚愿，此该处人言如此。请饬户部速发官票十万两，交署安抚试行采买，以给兵食，并免被贼抢劫。倘官票部发不及，即请饬署抚先行出示采买，发给藩库实收，俟官票到日，再行补给。谨附奏。[1]

关于人尽其才的道理，王茂荫讲得最多，他认为人力资源的浪费是最大的损失。他说，"聪明材力误用可惜"。[2]

咸丰二年四月，他上《请饬选募丰北灾民成军备征调折》，主张将停工苏北、无所得食的数十万灾民，除老弱妇女及愚蠢无用者外，选募编队成军，用以抵御太平军。他认为这样做，"国家多一有用之士，即灾区少一生事之人。强而多智者既奋勇于功名之路，愚而无知者自安于穷困之余。消患未萌，转移甚便"[3]。

王茂荫在京城为官三十余载，保举和疏荐各方面的人才半百左右，仅咸丰六年八月上疏《荐举人才折》荐举人才就有十二员，为《王侍郎奏议》作过序的清人易佩绅称王茂荫有"三以"精神，即在"以思格君心为性命，以求苏民困为家事"之同时，"以博采人才为嗜好"[4]。

---

① [清]王茂荫撰，张新旭等点校：《王侍郎奏议》卷一《请官收买庐州米石片》，黄山书社1991年版，第81—82页。

② [清]王茂荫撰，张新旭等点校：《王侍郎奏议》卷一《振兴人才以济实用折》，黄山书社1991年版，第8—9页。

③ [清]王茂荫撰，张新旭等点校：《王侍郎奏议》卷一《请饬选募丰北灾民成军备征调折》，黄山书社1991年版，第15页。

④ [清]王茂荫撰，张新旭等点校：《王侍郎奏议》卷十一《请将革员效力片》，黄山书社1991年版，第171页。

"物尽其用，人尽其才"，关键在"尽"一字，做到做好不容易。为了做到"人尽其才"，王茂荫将自己的人才思想和管理思想都发挥到了极致。咸丰三年五月，他根据巡视北京中城时司坊反映，给咸丰帝上《请将革员效力片》，称已革之员北城副指挥任正训"办事认真，缉捕尤属勤能。到任甫及二年，叠次拿获要案重犯，奉旨赏换六品顶戴，以应升之缺，尽先升用，钦遵在案。嗣因海甸老虎洞劫案，疏防革职，甚为可惜"①。为惜人才起见，王茂荫劝谏说："现在正当用人之际，可否请旨，饬都察院堂官将革员察看，如果臣之所闻不妄，或许奏请发交五城，令其自备资斧效力，协同缉捕。俟缉捕果有成效，再准酌量保奏。"②王茂荫的这一奏请，很快得到咸丰的批准。又如，咸丰三年八月，王茂荫在一个保举人员的奏折中，保举"武艺优长"的道光十八年一甲二名武进士、已革参将佟攀梅，他认为"有用之材，弃置似为可惜"③。咸丰三年十一月，王茂荫上疏保举李鸿章之父、刑部郎中、记名御史李文安（合肥人）与吕贤基之子吕锦文（旌德人）回籍办团练，同时建议准许已革江苏巡抚杨文定（道光十三年进士，定远人）也回乡带勇协剿，李文安、吕锦文得到咸丰的批准，杨文定著不准行。

为了人尽其才，王茂荫甚至不惜直言极谏。江苏宿迁人臧纡青，道光十一年举人，为人豪爽，慷慨有大志，好谈兵，有智略。鸦片战争时期主张抵抗外侮，有"谋士"之称。咸丰三年，太平军席卷江淮，他团练乡勇，自成一队，随同有德望的周天爵进剿捻军。后经清宗室奕经保奏，咸丰诏授以通判留于安徽补用。咸丰三年十一月，王茂荫上疏提出臧"才气甚大，不能谨守绳尺"，授其以安徽通判，"恐犹未足以资得力"，"莫若令其督率练勇，随吕贤基协同剿匪"。他的理由是"吕贤基熟悉其性情才力，自必乐为所用。俟其剿匪大著功绩，再令保奏，请旨破

---

① [清]王茂荫撰，张新旭等点校：《王侍郎奏议》卷十一《请将革员效力片》，黄山书社1991年版，第171页。

② [清]王茂荫撰，张新旭等点校：《王侍郎奏议》卷四《请将叶灿章桂清佟攀梅发交军营差遣片》，黄山书社1991年版，第71页。

③ [清]王茂荫撰，张新旭等点校：《王侍郎奏议》卷五《请将臧纡青随同吕贤基办团折》，黄山书社1991年版，第83页。

格擢用，以过其劳。"王茂荫接着说："方今所患，在无将才。然天下未尝不生才，不在于上，则在于下。凡处乡而能团练数千人唯其所用者，其人皆有将才之人也。以有将才之人，而交与无才之人用，上既不知所以用，而下又不乐为用，则有用亦归于无用矣。"[1]

坚守信用　立法有度

儒家的管理思想以"治国平天下"为终极目标，以管理者的自我修养为管理的前提条件。同时，儒家也有外在的管理规则，这就是"礼"，即所谓"齐之以礼"。"礼"，实际是社会各种活动的规则。讲到"礼"，不能不讲到"信"。儒家的"五常"即"仁、义、礼、智、信"，是一个整体。《三字经》中有"曰仁义，礼智信。此五常，不容紊"。

再说"度"。"度"的基本字义，多有十数种。从管理学上讲，"度"是指事物所达到的境界，如程度、高度，同时也指法则，指应当遵行的标准，如制度、法度。管理学上的"度"，从哲学上说是指一定事物保持自己的质的数量界限。

浸润儒学精神的王茂荫，对"信用"非常注重。他在不同场合都讲到要守"信"。咸丰三年八月初六日，他在《再请宽贷胁从以信恩旨折》中说："夫信，国之宝也，民无信不立。圣人虽至去食、去兵，而终不敢去信。"[2]

他被擢升为户部右侍郎，是在咸丰三年十一月初三日，十八天之后（十一月廿一日），他给咸丰帝上《论行大钱折》，这是一个很著名的折子，正是在这个奏折中，他就信用问题大声疾呼：

　　信为国之宝。现行大钱、钞票，皆属权宜之计，全在持

---

① [清]王茂荫撰，张新旭等点校：《王侍郎奏议》卷四《再请宽贷胁从以信恩旨折》，黄山书社1991年版，第67页。

② [清]王茂荫撰，张新旭等点校：《王侍郎奏议》卷一《论行大钱折》，黄山书社1991年版，第92—93页。

之以信、守而不改，庶几可冀数年之利。今大钱分两式样，甫经奏定，颁行各省，大张晓谕，刊刻成书，未经数月，全行变更。当五十者，较向所见而忽大轻，当一百者，较向之五十而犹见轻。且当五百当千，纷见错出，民情必深惶惑，市肆必形纷扰，而一切皆不敢信行。钱为人人日用所必需，裕国便民，所关甚重，万一如臣所虑，诚恐贻悔。①

孔子在《论语》为政篇中说："人而无信，不知其可也。大车无輗，小车无軏，其何以行之哉？"意思是说，一个人如果不讲信用，那就没有什么可以肯定的了。譬如大车没有輗，小车没有軏，怎么能行动呢？管理者如果言而无信，工作无规章、制度、条例等，其管理必然是混乱的。行业是这样，国家也同样如此。正是在这个意义上，王茂荫引申为"信为国之宝"。

管理说到底是靠法规和制度。但是，无论是立法规，还是定制度，确定事物要达到的标准、境界和质的数量界限，都必须有一个"度"。

王茂荫非常爱惜民力，认为官府从商民百姓处派捐抽取必须有"度"，不可无限盘剥，使民不堪重负。即便对富民，也不可无节制地抽取，以至伤了地方元气；他在主张发行钞币之先，就明确指出："钞之利自不待言，行钞之不能无弊，亦人所尽晓。"②与铸大钱相比，他主张行钞，以为"两利取重、两害取轻计"③，只是财政危机和货币危机极端严重之时，不得不采取的权宜之计，这里就体现了"度"；王茂荫认为铸大钱是对人民的无度掠夺，因此坚持反对。他的币制改革方案中，设定了一个钞币最高发行额，即"极钞之数，以一千万两为限"，这个最高发行额就是"度"，对统治者无度盘剥无疑能起到一定的限制；他之所以建言

① [清]王茂荫撰，张新旭等点校：《王侍郎奏议》卷一《条议钞法折》，黄山书社1991年版，第2页。

② [清]王茂荫撰，张新旭等点校：《王侍郎奏议》卷一《条议钞法折》，黄山书社1991年版，第1页。

③ [清]王茂荫撰，张新旭等点校：《王侍郎奏议》卷一《条议钞法折》，黄山书社1991年版，第3页。

整顿捐局、缓办义仓、禁收漕规费，劝谏咸丰皇帝暂缓临幸圆明园，"躬忧勤节俭"，目的也是节制统治者的贪欲，使商民有喘息之机。

任何法规、制度出台，总是有人生弊，有人违犯，管理者应当怎么办？王茂荫认为很重要的一条是：管理者自己必须以身作则，认真稽查，秉公执法，切不能徇私枉法，或者将法规、制度的出台作为管理的终端。

王茂荫说得好："自来法立弊生，非生于法，实生于人。""保甲（法）、社仓（法），良法具在，苟非良吏，亦终不行，是岂法之过与？州县得人，则商民奉法；督抚得人，则官吏奉法。"①

"有规条而并无稽查"，这是晚清政府行政管理失败的一大症结。咸丰二年七月，王茂荫在《条陈时务折》中就直言不讳地指出这一点，他举例说：

> 如上年通政司使罗惇衍奏崇俭禁奢一折，皇上谕旨亦至肫切矣，礼部颁行规条已经数月矣，问京城奢靡之风，亦少易乎？在礼部以为奉旨颁行规条，但将规条一颁，告示一出，即无余事。在各衙门，不过添一层案牍，多一番转行，于风俗安有整顿？此近在目前者尚如此，况其远且大者乎？臣以为，凡此皆由臣工奉行之不力，于奉旨之初，未尝思能行之法，于不行之后，不更求可行之方。何则？立法必贵能行，有严而不行者，如禁烟之不准讦告而必定斩绞是也；有宽而不行者，如禁奢之但有规条而并无稽察是也。"②

历史的经验告诉我们，立法规、定制度，一定要从实际出发，立信而有度，贵在能实行，同时认真督查，这是管理工作的一条基本经验。

---

①［清］王茂荫撰，张新旭等点校：《王侍郎奏议》卷一《条陈时务折》，黄山书社1991年版，第18—19页。

②［清］王茂荫撰，张新旭等点校：《王侍郎奏议》卷一《条陈时务折》，黄山书社1991年版，第18—19页。

按职论责　赏罚分明

　　管理学中还有一个"责任原理"，指的是在管理工作中，必须在合理分工的基础上明确相关部门和个人应承担的相应责任。显然，合理分工与明确职责，是责任原则的主要内容。

　　王茂荫认为，不同等次的管理者，有着不同的职责。古时，皇帝之下的宰相的职责何在？在前《条陈时务折》中，王茂荫以西汉名相陈平奏对汉文帝和唐太宗交代名相房玄龄、杜如晦的话劝谏咸丰帝，陈平的奏对是："宰相者，上佐天子理阴阳、顺四时，外镇抚四夷，使卿大夫各得任其职。"唐太宗赋予宰相的职责比较具体，即"公为宰相，当须开耳目，求访贤哲。有武艺谋略、才堪抚众者，任以边事；有经明德修、立性明悟者，任以侍臣；有明干清恪、处事公平者，任以剧务；有学通古今、识达政术者，任以治人。此乃宰相之裨益也。"①王茂荫认为，宰相责任重大，"昔之重且大者，责在宰相，而今则在军机大臣。国家特设此任，原以赞襄密勿，参画杭宜，以辅皇上之用人行政。"正因为军机大臣上辅皇帝，下统百官，用人行政，责任重大，王茂荫建言对他们应"责以重大而宽其琐细"。②唐太宗在责房、杜以重任的同时还说过：据说你们还听受词讼，日不暇给，你们哪有时间来辅助我求贤呢？正因如此，王茂荫认为军机大臣管部务，有的还兼管两部者，这实在是分散了精力，他劝谏咸丰对军机大臣"宽其琐细，责以重大"。同治元年，他上的《条陈时务折》中，仍然持这一见解，主张"用人者，必惜人力；用马者，必惜马力""议政王宜专心机务，其余事件，综其大纲而已"③。试想，如果王茂荫对古代行政管理思想精髓理会不透彻，如果没有卓尔不群的

　　① [清]王茂荫撰,张新旭等点校:《王侍郎奏议》卷一《条陈时务折》,黄山书社1991年版,第17页。

　　② [清]王茂荫撰,张新旭等点校:《王侍郎奏议》卷一《条陈时务折》,黄山书社1991年版,第17页。

　　③ [清]王茂荫撰,张新旭等点校:《王侍郎奏议》卷十《条陈时务折》,黄山书社1991年版,第156—157页。

吏治思想和管理思想，他能有这样的见解？能说出这番话吗？不可能的。

　　古时言官也称监官、谏官或台谏，他们的职责是代表君主监察各级官吏，同时对君主的过失直言规劝并使其改正。王茂荫认为对言官务宜优容，优奖谏臣，以便广开言路。他认为，言官切忌"空言塞责，激直沽名"。咸丰六年，他在上给咸丰的《时事危迫请修省折》中，写了这么几句话："齐威王令群臣吏民能面刺过者，受上赏；上书谏者，受中赏；谤讥以闻者，受下赏。诸国闻之皆来朝。"①身为言官，忠君而又匡君的王茂荫，多么希望咸丰帝也能像齐威王这样。

　　就王茂荫的管理思想而言，内外臣工，各级官吏都要在其位、谋其职，忠于职守，保证"令出惟行"，使法令"立见施行"。他说："议法必期于能行，既行必期于能效。如奏行不效，必责令推求。以不效之故，另行筹议。如不效而饰奏有效，一有败露，即严加惩治。"②

　　这段话是王茂荫一个多世纪前说的，非常经典，有很强的现实指导意义。

（未刊稿）

王
茂
荫
的
管
理
思
想

241

---

　　① ［清］王茂荫撰，张新旭等点校：《王侍郎奏议》卷八《时事危迫请修省折》，黄山书社1991年版，第136页。

　　② ［清］王茂荫撰，张新旭等点校：《王侍郎奏议》卷一《条陈时务折》，黄山书社1991年版，第19页。

友谊及其他

对《资本论》（中文版）第一卷第一编
附注 83 中一个译词的考释

马克思在《资本论》第一卷第一编附注83的前半文中，提到我国清朝户部右侍郎王茂荫①因主张钞币兑现而受申斥一事，这是很多人都知道的。马克思这一附注的前四句外文原文是：

Der Finanzmandarin Wan–mao–in ließ sich beigehn, dem Sohn des Himmels ein Projekt zu unterbreiten, welches versteckt auf Verwandlung der Chinesischen Reichs Assignaten in konvertible Banknoten hinzielte. Im Bericht des Assignaten Komitees vom April 1854 erhält er gehörig den Kopf gewaschen.

这四句话，在人民出版社1975年版《资本论》中译本②中作了如下的翻译："清朝户部右侍郎王茂荫向天子上了一个奏折，主张暗将官票宝钞改为可兑现的钞票。在1854年4月的大臣审议报告中，他受到严厉申斥。"③

应当肯定，这四句译文与以往的中译本译文相比，是译得比较精练、

---

① 王茂荫（1798—1865）：字椿年，号子怀，安徽歙县人；清咸丰年间任过户部右侍郎，以建议发行可兑现的钞币而引人注目。

② 1975年版《资本论》中译本，是中共中央马克思、恩格斯、列宁、斯大林著作编译局根据《马克思恩格斯全集》德文版第23卷，并参照俄文版译出。在翻译过程中，还参考了郭大力、王亚南中译本。

③ 郭大力、王亚南合译：《资本论》第一卷，人民出版社1975年版，第146—147页。

比较准确的。但是，其中把 Reichs Assignaten 一词译成"官票宝钞"，还不算是最精确的。对此，笔者特作如下考释：

马克思这里所提到的王茂荫上给天子的"一个奏折"，是指王茂荫在户部右侍郎任内于清咸丰四年三月初五日（公历 1854 年 4 月 2 日）上给咸丰皇帝的《再议钞法折》。王茂荫是有名的"直言敢谏"大臣，他当时之所以要上这个请求"再议钞法"的奏折，那是因为，咸丰元年（1851）九月初二日，他曾给咸丰上过一个主张发行可兑换的钞币的奏折——《条议钞法折》，而清廷于咸丰三年五月发行的以银两为单位的"户部官票"（亦称"银钞""官票""银票"）①和同年底发行的以制钱为单位的"大清宝钞"（亦称"钱钞""宝钞"）②，都是不兑现的纸币，用的皆非王茂荫的原拟之法。正如王茂荫在《再议钞法折》中所言："现行官票、宝钞，虽非臣原拟之法，而言钞实由臣始。"③由于"官票""宝钞"本来就是两种不兑现的纸币，再加上清廷发行过滥，终于造成了剧烈的通货膨胀，这使身任户部右侍郎的王茂荫感到压力很大。为此，他坚定再次上疏，提出自己的"补救"办法。他的"补救"办法即他在《再议钞法折》中所拟的四条：一、"拟令钱钞可取钱"；二、"拟令银票并可取银"；三、"拟令各项店铺用钞可以易银"；四、"拟令典铺出入均准搭钞"。④这四条办法的关键是要把不兑现的"银票""宝钞"改为可兑现的钞币（即钞票）。清廷在国库空虚、银根奇紧的窘况下，对王茂荫的这种兑现的主张，自然是不能接受的。于是，他受到咸丰皇帝的严厉申斥，以至被调离户部去兵部任右侍郎，旋又转左。

由上可见，咸丰三年发行的"官票""宝钞"，是本质相同（都是不兑现的）而形式各异（一是以银两为单位，一是以制钱为单位，票额和票面大小也各不相同）的两种纸币，王茂荫所主张的正是要把这两种不兑现的纸币都改为可兑现的纸币。所以，马克思附注原文中的 Reichs As-

①《清史稿·本纪》卷二〇："咸丰三年五月戌申始制银钞。"

② 王茂荫《再议钞法折》（咸丰四年三月初五日）："自上年议行钞法以来，初用银票，虽未畅行，亦未滋累，至腊月行钱钞，至今日发百数十万。"见王茂荫：《王侍郎奏议》第六卷，第21页。

③ 王茂荫：《王侍郎奏议》第六卷，第25页。

④ 王茂荫：《王侍郎奏议》第六卷，第22—24页。

signaten 在译成中文时，就应当译作"不兑现的户部官票和大清宝钞"或"不兑现的官票、宝钞"，而不应当简单地译作"官票、宝钞"。

Reichs Assignaten 一词，陈启修先生于 1930 年第一次在我国翻译《资本论》时（他只译了第一卷第一编，以《资本论》第一卷第一分册由上海昆仑书店出版），是译作"大清帝国纸币"。这显然是不确切的。1936年，郭沫若写了《〈资本论〉中的王茂荫》一文，第一次对王茂荫的生平著述作了一般的考证，倡议国人研究王茂荫。他在该文中提出，应把 Relchs Assignaten 一词译作"官票、宝钞"。①这与陈启修的译文相比，无疑是前进了一大步，但毕竟不算精确。1937 年，吴晗写了《王茂荫与咸丰时代的币制改革》一文。其中指出：

> 原文中的 Reichsassignaten 日本高畠素之译本第一卷九六页译作帝国纸币，陈启修译本作大清帝国纸币，郭（沫若）译作官票宝钞，都是错的。前两个当时根本无此名称，郭译错了一半，对了一半。因为官票和宝钞是两种东西。Reichsassignaten 指宝钞而言，并非官票。②

吴晗在这里指出了高、陈、郭的错译，并申明"官票和宝钞是两种东西"，这是很正确的，但是他认为 Reichsassignaten 仅仅是指"宝钞"，而并非指"官票"，这却是不完全对的，也是一半对，一半错。1937 年，解放社翻译的《马克思恩格斯论中国》一书中，对马克思在《资本论》中提到王茂荫的附注 83 的翻译，基本上是沿袭了郭沫若的译法（该书1957 年由人民出版社再版时，也没作修改）。1938 年 8 月，上海读书生活出版社出版了郭大力、王亚南合译的《资本论》全书。其中，关于马克思提到王茂荫的附注 83 的前四句话，他们做了这样的翻译：

> 中国理财官王茂荫有一次曾上条陈给天子，要把一切官

---

① 郭沫若:《沫若文集》第十一卷,第 33 页。

② 吴晗:《读史劄记》第 67 页。

票化为可兑现的宝钞。官票管理司，于 1854 年 4 月的报告中，对于他的计划，曾痛加指斥。①

当时，他们把 Reichs Assignaten 译作"一切官票"，把 Banks noten 译作"宝钞"，把 Assignaten Komitees 译作"官票管理司"，都是不确切的。郭、王合译的《资本论》全书从 1953 年以后，曾多次再版，在再版之前，他们对不少译文都做了认真修改，对于附注 83 中的前四句译文，他们改译为：

理财官王茂荫有一次曾上条陈给天子，暗中要把不兑现的钞票，化为可以兑现的银行券。1854 年 4 月大臣审议的报告中，对于他的计划，曾痛加指斥。②

在"不兑现的钞票"之后，他们特地加了一个脚注：

王茂荫咸丰时任户部侍郎。原书用"Chinesischen Reichsasslgnaten""Assignat"是法国大革命时期用土地作担保发行的一种不兑现纸币。——译者。③

这再版时的译文，比初版时的译文是准确得多了。但是，用"不兑现的钞票"来代替原来的"官票"，用"银行券"来代替原来的"宝钞"，这仍然是不准确的。

46 年前，郭沫若在《〈资本论〉中的王茂荫》一文的末尾，曾经这样写道："翻译真不是一件容易的事情，尤其像《资本论》这样伟大的著作，竟连半截注脚，都是须得费一番考证工夫的。"④事实完全证明了这

---

① 郭大力、王亚南合译：《资本论》第一卷，上海读书生活出版社 1938 年版，第 82 页。
② 郭大力、王亚南合译：《资本论》第一卷，人民出版社 1954 年、1956 年版，第 122 页。
③ 郭大力、王亚南合译：《资本论》第一卷，人民出版社 1954 年、1956 年版，第 123 页。
④ 郭沫若：《沫若文集》第十一卷，第 34 页。

一点。从1930年陈启修第一次用中文翻译《资本论》第一卷第一编，到1975年中共中央马克思、恩格斯、列宁、斯大林著作编译局新译的《资本论》全文，前后经历了45年。这45年中，很多人都为《资本论》的翻译作出了贡献，特别是郭大力、王亚南同志。这贡献是不可磨灭的。然而遗憾的是，马克思在《资本论》中提到王茂荫的这一附注中的Reich-sassignaten一词，仍然没有准确地译作"不兑现的户部官票和大清宝钞"或"不兑现的官票、宝钞"。鉴于此，笔者建议，我国今后再版《资本论》时，应当作一更正。

（原文载《厦门大学学报（哲学社会科学版）》1983年第3期）

对《资本论》（中文版）第一卷第一编附注83中一个译词的考释

郭沫若同志治学严谨一例

　　郭沫若同志治学有一个显著的特点，那就是尊重史实，知错则改。这方面的事例很多，他当年考证和研究《资本论》中的王茂荫一事，就是突出的一例。

　　王茂荫（1798—1865），字椿年，号子怀，安徽歙县人。清咸丰年间任过户部右侍郎兼管钱法堂事务，是一个建议发行可兑换的纸币而引人注目的人物。咸丰四年（1854年）三月，他因上疏建议清廷将所发行的不兑换的纸币（"官票"和"宝钞"）改为可兑换的纸币而受到咸丰皇帝的严厉斥责。马克思在《资本论》第一卷第一篇附注83中所提到的就是这件事。1867年，《资本论》第一卷首次发表，可是事隔60多年以后，国人仍不知马克思在《资本论》中提到的唯一的中国人——王茂荫。直到1936年10月，由于郭沫若的考证和研究，王茂荫的名字、生平和主要事迹，才为国人所知晓、重视。郭沫若所撰写的关于王茂荫的文章，共有两篇，一篇题为《〈资本论〉中的王茂荫》，写于1936年10月19日[①]，发表于洪琛、沈起予当年在上海主办的《光明》（半月刊）第二卷第二号上（1936年12月25日出版）；另一篇题为《再谈官票宝钞》，约写于1937年四五月，发表在《光明》（半月刊）第三卷第一号上（1937年6月10日

　　[①] 郭沫若在注明写作时间为"1936年10月19日夜"的《民族的杰作——悼唁鲁迅先生》一文中写道："小病了两个礼拜，今天稍微舒适了一点，从清早起来便执笔起草着一篇短文叫《〈资本论〉中的王茂荫》。写到了上电灯的时分刚好写完，恰巧晚报送来了，便息了一口气，起身去拿晚报看，突然，见到了一个惊人的消息：鲁迅先生于今晨五时二十五分在上海长逝了。"（见《沫若文集》第十一卷，第182页）

出版）。郭沫若的这两篇文章，均为他三十年代流亡日本时所写，后均收入《沫若文集》第十一卷。

　　他写《〈资本论〉中的王茂荫》一文，是因为他在日本重读到陈启修先生（原北平大学经济学教授）1930年翻译的《资本论》第一卷第一分册时，发现陈启修先生把马克思提到的王茂荫的原名Wan-mao-in，姑译作"万卯寅"，并申明他"曾托友人到清史馆查此人的原名""等将来查明时再改正"，而日本的译者河上肇则译为"王猛殷"，高畠素之又译为"王孟尹"，认为他们在很大程度上都是猜测，于是，他便把《东华续录》拿来考查了一下，结果从中查到了咸丰四年（1854年）三月初五日和三月初八日王茂荫受申斥的"二道谕旨"，这样他便把Wan-mao-in正确地还原为王茂荫，从而纠正了以往的错译。他的第一篇关于王茂荫的文章，就是基于这一考证才动笔的。在这篇文章中，他对王茂荫任户部右侍郎期间清廷发行的官票、宝钞、大钱，作了一般的探索，说"官票宝钞……这种不兑换的纸币的发行，本是出于他（王茂荫）的建议"，又说"我疑（咸丰）三年五月铸大钱的办法都是出于他"[1]。他还提出：陈启修先生将Assignatenkomiteegnaten译为"帝国纸币委员会"是不妥当的，应译为"钞法核议会"；陈启修先生将Reichsassignaten一词译为"帝国纸币"，也是不妥当的，应译作"官票、宝钞"；陈启修先生将Banknoten译作"银行兑换券"，也是不妥当的，应译作"可兑现的钱庄钞票"。

　　郭沫若不愧是一个伟大的历史学家。在历史研究中，他十分重视应用马克思主义的理论和方法，同时也很注意史料的搜集、鉴别和整理。因为，不占有史料或占有史料中真伪混杂，那么即便有了正确的历史观点，也得不出正确的结论，这正如郭沫若同志在《十批判书·古代研究的自我批判》中所说的那样："无论做任何研究，材料的鉴别是必要的基础阶段。材料不够固然大成问题；而材料的真伪或时代性如未规定清楚，那比缺乏材料还要更加危险。"郭沫若在写第一篇关于王茂荫的文章时，资料非常缺乏，除了从《东华续录》中查到关于王茂荫受申斥的"二道谕旨"外，其他的资料，特别是关于王茂荫的籍贯、生平、著述等问题，

──────────
　　[1] 郭沫若：《沫若文集》第十一卷，第31页。

他仍然"不能周详"。鉴于这种情况，他在文章中呼吁：希望国内读了他这篇短文的人，尤其是北平的朋友们，顺便到"清史馆"去查一下王茂荫酌拟的发行钞币的章程四条，并且趁早去查。他还说："王茂荫是做了卿贰之职的显宦，他的后人一定也是还在的，关于他的籍贯和生平著作等，能由他的后人从家乘中抄点出来给我们，我看也是很好的近代经济史的资料。"①在这篇文章的末尾，他再次申明：

> 存心写出这篇短文已经有三四个月了。因为手中书籍缺乏，于所悬拟的问题不能周详，故踌躇着不敢写出。现在终于拉杂地把它写了出来，我想藉此以刺激一下研究近世经济史的学徒们，希望他们有资料之便的，多多做点整理的工作。②

郭沫若的第一篇关于王茂荫的文章在国内发表以后，引起了不少学者的重视。从1937年1月到4月，《光明》上又先后发表了张明仁、王璜的三篇关于王茂荫的文章。张明仁，生平不详。王璜，是现代文艺评论家王淑明的侄儿，1933—1934年，曾在王茂荫的家乡任过《徽州日报》副刊编辑，据他自己在文章中说，他是从《光明》上看到郭沫若的文章之后，特地从上海赶到王茂荫的家乡——歙县义成，来搜集关于王茂荫的资料的。由于张、王的文章中提供了郭沫若同志在日本所无法见到的第一手资料，解决了他"悬拟的问题"，所以他读到张、王的文章之后，极为高兴，于是执笔写了第二篇关于王茂荫的文章《再谈官票宝钞》。这篇文章开头两段是这样写的：

> 集体的方法用到研究上来也是怎样有效，关于王茂荫的探索，是一个很好的证明。
>
> 假使那个问题搁在我自己的肚里，要等到我自己有工夫

---

① 郭沫若：《沫若文集》第十一卷，第33页。
② 郭沫若：《沫若文集》第十一卷，第34页。

去找书，并回国跑到歙县的义成"天官第"去访问，那不知道要到什么时候才能弄得水落石出。说不定就等到我成了什么地方的泥土，恐怕都是办不到的。好了，现在得到张明仁和王璜两位先生的努力，在短时期内便把他的生平籍贯和那推行钞票的四条办法都弄清爽了，真真是一件愉快的事。①

这里，郭沫若同志没有以专家权威自居，而是虚怀若谷，高度赞扬了张明仁、王璜两位在收集和介绍王茂荫资料一事上所做的努力，明确告诉人们，有些问题只有通过集体的研究，才能弄得清楚。值得一提的是，以后，他还将张明仁的《我所知道的〈资本论〉中的王茂荫》和王璜的《王茂荫的生平及其官票宝钞章程四条》这两篇文章，同作附录，收进了《沫若文集》第十一卷。他对张、王两位在他的倡议下，搜集和公布有关王茂荫籍贯、生平、著述等方面的史料，是十分感激的。

重视文史资料的收集整理，并根据新发现的资料，随时补充或改正自己旧说，这是一个史学家应当具有的修养和学德。郭沫若同志具有这种修养和学德。他说过："只要有新的材料，我随时再补充我的旧说，改正我的旧说。我常常在打自己的嘴巴，我认为这是应该的。人有错误是经常的事，错误能及时改正，并不是耻辱。"②在《再谈官票宝钞》一文中，他就是这样做的。如，他在前一篇文章中猜疑咸丰三年五月铸大钱的办法，也是出于王茂荫的建议，在后一篇文章中，他通过史料的考证，开诚布公地纠正了自己的说法，指出"我从前的猜测，有些的确是错了。我疑铸大钱的办法也出于王茂荫，那便是猜错了的一项。"③又如，他在前一篇文章中把 Banknoten 一词译为"钱庄钞票"，在后一篇文章中，他也纠正了自己的错译，指出："原话中的 Banknoten 系泛指现代的一般的银行钞票，我前次把它译成了'钱庄钞票'，其实也是错误了的。"④他的

① 郭沫若：《沫若文集》第十一卷，第50页。
② 郭沫若：《关于周代社会的商讨》(1951年6月17日)，见《奴隶制时代》，人民出版社1973年版，第109页。
③ 郭沫若：《沫若文集》第十一卷，第50页。
④ 郭沫若：《沫若文集》第十一卷，第58页。

郭沫若同志治学严谨一例

这种尊重史实、知错则改的治学风格，永远是值得我们学习的。

现在看来，郭沫若同志在其第一篇关于王茂荫的文章中，把马克思提到王茂荫的那个附注中的 Assignaten komitee 一词，译作"钞法核议会"，仍然是不确切的，因为清代并没有这样名称的机构，应译为"大臣审议"；他把 Reichsassgnaten 一词，译为"官票、宝钞"，也欠精确，因为"官票""宝钞"是两种不兑现的纸币，不是同一个东西，应译为"不兑现的户部官票和大清宝钞"或"不兑现的官票、宝钞"；他说官票、宝钞的发行，本出于王茂荫的建议，这一说法也是不妥当的。事实是这样的：王茂荫是清代第一个建议发行钞币的人，但清政府发行的官票、宝钞并非王茂荫的原拟之法，正如王茂荫自己所说的那样："现行官票、宝钞，虽非臣原拟之法，而言钞实由臣始。"[①]可以肯定地说，如果郭沫若同志还健在的话，当有人向他提出这几处不确切的翻译时，他定会本着尊重历史事实的态度，补充或纠正自己的"旧说"。

（原文载安徽《社联通讯》1983 年第 19 期）

① 王茂荫:《王侍郎奏议》第六卷,第25页。

王氏有节母节操坚松筠

——王茂荫祖母的品性行谊及其影响

一

马克思在《资本论》中提到的徽州人王茂荫，不仅是一个了不起的理财家，还是一位以高风亮节著闻的名臣。与他同时代的很多言官都认为王茂荫能"直声高节，震动朝野"①，这与他祖母方太夫人的言传身教是分不开的。桐城派著名学者方宗诚曾说他："立朝清直，有古大臣之风，出处进退一准乎时义之当然，而不苟太夫人之教也。"②他所说的"太夫人"，就是王茂荫的祖母方氏。

方氏系乾隆年间国学生方世滨（歙县磻溪人）次女。她十七岁（1774年）嫁杞梓里王槐康为妻。当时，王槐康十九岁，因家境贫寒，人口多，只好弃儒经商，跟随族人去北京一带做茶叶生意。起初，每年回故乡一趟，后置"森盛茶庄"于通州，店业草创，不能遄返。这时，方氏年二十三岁，膝下二儿一女皆幼。五年后，王槐康突然病死潞河。凶耗传来，方氏痛不欲生，五天五夜，勺饮不入，有殉夫意。其母闻知，谕以姑老子幼诸大节，伯叔、妯娌也一再劝慰。这样，她只得饮泣受命。从此，她既要伺候婆婆，又要养育子女，含辛茹苦，可以想见。她曾撰有数百言的《长恨歌》，痛述夫君客殁之苦及自己遭际之艰，缠绵悱恻，

---

① 吴大廷：《题〈节母赞〉》。

② 方宗诚：《题〈方太夫人行略〉》。

闻者无不泪下。

方氏端庄贤惠、心地善良。她初嫁槐康之年，槐康的祖母高龄八十，常卧床笫，动必需人。方氏服侍老祖母，最为尽心，从搀扶伺候、递水递药到端尿浆洗，几为她一人所包。因此，老祖母最喜欢她。对婆婆，方氏也很孝敬。槐康去世时（1786年），婆婆已年六十，老年丧子，心情是极痛苦的。方氏体谅婆婆的苦衷，对她精心照应，从无半句怨言。当婆婆九十而终时，方氏也将近六十岁了。

封建社会的礼教要求媳妇孝敬公婆，要更胜于孝敬自己的父母，所谓"钦尊姑舅，更胜椿萱"。方氏对公婆、父母一视同仁。她未出嫁时，家中还算殷实，后渐败落，以至父母年老时连衣食都不能自给。而这时的王家，在槐康客死他乡之后，也是"家计方窘，数米而炊，日鹿鹿不得饱"①，因此也无力资助方家。在这种窘况下，方氏只好经常通宵达旦地做针线活，用来换一二升米，遣家人送给父母。如果十天半个月没给父母送吃的，她就寝食不安，吃饭时，嘴里总是念着："我父母正在饿肚子！"言罢，潸然泪下。父母去世时，初殡浅土，几年之后，殡基倾塌，方氏闻之，急忙与兄嫂商议，将父母骨骸另择善地暂厝，以待随后改葬。为此，她还借了一笔钱，这笔钱连本带利，数年之后才还清。她八十岁时，儿子应矩准备给她做寿，孙子王茂荫（时任户部主事）也特地乞假从京城归里省亲。这本是一件高兴的事，可是方氏却愀然不乐地对儿子说："吾亲尚不能葬，何以寿为？"后待儿子集资将外祖父母的骨骸重新安葬，她才稍感慰藉，接受儿孙们的祝寿。

自己克勤克俭，生计再艰难，也不仰人所给，而对亲戚，无论远近，都尽力周恤提携，这也是方氏所具有的美德。夫君初殁时，伯、叔曾邀亲族带二百金券交方氏留执，以资养孤。但方氏始终没有拿这张"金券"去兑钱用。孤子应矩刚刚成年，她就将这张"金券"交还于伯、叔们，并说："藐孤可望成立，无所需此。"伯、叔们一再要举金偿夙愿，然方氏始终婉言谢绝。她有一姐二妹，姐姐嫁阳川（即三阳坑），妹妹一嫁双溪（即昌溪），一嫁定川。她们生活都很贫苦，时常来依附方氏，方氏从

---

① 王应矩：《旌表节孝覃恩驰封太宜人显妣方太宜人行略》。

不生嗔她们，总是量力予以资助。特别是嫁在双溪的妹妹，早年守寡，年老无依托，方氏遂将她接到自己家中生活，相依为命十余年。特别值得一提的是，她有一远房族叔母，也是早年孀居，无儿无女，年八旬时穷得吃不上饭，方氏对她倍加体贴，宁可自己少吃一点，也要天天遣人送饭给她，寒暑无间，历时十二年之久。事后，她儿子王应矩提及先母此类事时说："悯厄穷，拯危难，家虽无余，盖有推自己食以食之者。"①

嘉庆二十二年（1817年），方氏受道光朝旌表，时年六十岁。七十岁时，四方名流贤士凡二百余人作诗文颂扬其德行，共得文数十篇，诗数百首。七十七岁、七十八岁时，连续被道光朝诰封为太宜夫人。

二

方氏的品性操守对王茂荫有很深的影响。王茂荫出生于嘉庆三年（1798年），当时祖母方氏年已四十一岁。对这第一个孙子，她爱之如珍。茂荫虚龄六岁那年，母亲洪氏病逝。从此，祖母对他更加疼爱。年幼时的王茂荫时常生病，祖母急得食不下咽，寝不交睫。一到夏天，总是坐在茂荫身边，不停地挥舞着扇子，驱赶蚊虫。后来，茂荫外出求学，祖母总是思念着，每间隔一个月总要让家人宣茂荫回家给她看一看，方才放心。

常言道"积善之家，必有余庆"。方氏七十四岁那年，孙子王茂荫在北闱考中举人，次年参加京师会试又联捷进士，备官户部。方氏为此十分高兴，但又认为京师距家乡甚远，不能时常见到，而忧闷不乐。王茂荫十分理解祖母的心情，当年（1832）九月他乞假回籍省视老祖母。方氏见到已经步入仕途的孙子，十二分地喜悦，她谆谆告诫孙子说："吾始望汝辈读书识义理，念初不及此，今幸天相余家。汝宜恪恭尽职，毋躁进，毋营财贿。吾与家人守吾家风，不愿汝跻显位、致多金也。"②她不希望当了官的孙子"跻显位，致多金"，而是告诫他要"恪恭尽职"，"毋

① 王应矩：《旌表节孝覃恩驰封太宜人显妣方太宜人行略》。

② 李宗昉：《诰封太宜人王母方太宜人传》。

王氏有节母节操坚松筠

躁进，毋营财贿"，这种思想境界实在是难能可贵的。方氏八十寿辰那年（1837年），王茂荫提前两个月乞假省亲，回到杞梓里老家，祖母告诫他的仍然是先前那番话。

《显考子怀府君行状》中说，王茂荫"自通籍后，携家眷属至京，仅数月，其余月日，皆子身独处宣武门外之歙县会馆"。王茂荫在北京为官三十余年，而携带夫人至京邸却只有几个月时间，这是什么原因呢？对此，王茂荫的同乡鲍康作过说明，他说："王子怀先生……京宦三十年，未尝携眷属。闻夫人仅一至京邸，不数月即归。询其故，则先生幼承大母钟爱，所以春秋高，不获就养，赖夫人居里，佐尊嫜，奉重闱，凡家政米盐琐屑，悉以一身任之，能得堂上欢，俾先生无内顾忧。先生偶一归省，大母暨赠公必戒以王事为重，毋久恋膝下。故先生勤劳鞅掌获尽心职守者，以夫人能代子职耳。"[1]从这段话可以看出，王茂荫当年之所以不带家眷去北京，主要是考虑到祖母年事已高，自己为官京城，不能经常回家省视，为报祖母钟爱、养育之恩，遂将妻室留在故室伺候，这样也可以使自己"恪恭尽职"而无内顾之忧。

王茂荫的儿子们说，府君对于曾祖母之告诫"终身志之不敢忘，盖一生清节有自来矣"[2]。的确是这样。他生性恬淡，寡嗜欲，粗衣粝食，处之晏知，终生自奉俭约。做了三十多年的京官，官届二品，家中并未因其显贵而巧取豪夺一瓦一垅。他也没给后人留下什么财产，他曾告诫后人说："吾以书籍传子孙，胜过良田百亩；吾以德名留后人，胜过黄金万镒。自己不要什么，两袖清风足矣！"[3]又说："凡人坏品行损阴骘，都只在财利上，故做人须从取舍上起……渴不饮盗泉水，热不息恶木阴。"[4]他也具有其祖母"悯厄穷，拯危难"之品格。淳安王子香，是他的启蒙老师，后王先生家道败落，王茂荫遂将王先生之子招到自己寓中，

---

[1] 鲍康：《恭祝诰封一品夫人王母洪夫人寿序》。

[2] 王铭诏、王铭慎《显考子怀府君行状》。

[3] 转引自朱曼华：《王茂荫宅内读书记》，见民国廿六年（1937年）六月十日出版的《光明》（半月刊）第三卷第一号。

[4] 1983年底，王茂荫玄孙王珍将其先祖王经成（王茂荫第三个孙子）恭录的《王茂荫的〈家训和遗言〉》，重新转录和标点，发表于《徽州社联》1984年第1期。

慰劳勉励，每到年终都要寄钱给他们。对于同僚中的孤苦者，他也按时资给，岁以为常。亲友向他借钱，他也竭力以付。家乡葺祠宇、通道路、修堤坝、造桥梁诸事，他总是慷慨捐资，以助其事。凡此总总，说明其祖母的品性行操，对他影响之深。

　　王茂荫对祖母怀有极深的感情。1840年鸦片战争爆发了，当年十月，王茂荫从外地办完公事回京，突然接到家信，得知祖母老景日甚，望云思亲，不能自已，当即作了述怀诗四首。春节前夕，他欲乞假归省，同人劝他暂缓，他没有听从，还是决意南归。当他于次年二月抵家时，知祖母已于正月初八日见背，心情极为悲痛，抚棺长号，自恨归晚。为了表达对祖母永世的怀念，他在守孝期间，濡泪和墨，将祖母一生苦节之事实缀辑成文，并在父亲王应矩的口述下，以父亲的名义撰写了长达二千余字的《旌表节孝覃恩貤封太宜人显妣方太宜人行略》，随后一并带入京师，请当时的闳公巨儒李宗昉作传，又请蔡春帆绘《贞松慈竹图》。一时名流题咏，竟成巨册。后有《节孝录》之刻。

　　　　　　（原文载《屯溪文艺》1983年秋季号，结集时略有修改）

对《清稗类钞》中三则记载王茂荫嘉言懿行逸事的解读

　　《清稗类钞》是晚清举人徐珂仿效南朝宋刘义庆作《世说新语》、明何良俊作《四友斋丛说》《何氏语林》和清初潘永因纂《宋稗类钞》《明稗类钞》，记载清代朝野遗闻以及社会经济、文化、学术事迹、名人逸事的系列丛书。书中辑录逸事一万三千五百余则，分为九十二类，其中"谏诤类"和"正直类"中记载王茂荫嘉言懿行逸事共三则。本文将此三则逸事原本转录并作解读，以飨读者。

王茂荫袁甲三劾权要

　　王侍郎茂荫、袁端敏公甲三为言官时，皆侃侃论列，不避权要。端敏至劾及某郡王暨侍郎书元，虽文宗亦以为太甚，非所宜言，然犹抵某郡王以罚。①

　　这则逸事之主题，是赞赏王茂荫、袁甲三为言官时，能直言敢谏，"侃侃论列，不避权要"。

　　王茂荫的直言敢谏，在清代是出了名的，时人言其"声震朝野""著于中外"。他牢记祖母教诲，无论擢升或谪迁，均以国事为重，恪恭尽职。他立朝三十余年，先后给咸丰、同治二帝上过一百多个奏折，所谏皆为国计民生大事，能言他人所不敢言，亦不能言者。其儿辈们说，"府

---

① 徐珂：《清稗类钞》，中华书局1984年版，第1508—1509页。

君自以受圣朝恩遇之隆，于国计民生政事得失，知无不言，言无不尽，每上封事，一灯屋草，宵分不寐"①。他自己也说过："我之奏疏，词虽不文，然颇费苦心，于时事利弊有切中要害处，存以垂示子孙，使知我居谏垣，蒙圣恩超擢，非自阿谀求荣中来。"他要求子孙后代："他日有入谏垣者，亦不必以利害之见存于心。能尽此心，自邀天鉴，可以望做好官。"②

心底无私天地宽，无私者无畏。"侃侃论列，不避权要"。王茂荫当年为搞活流通、利国利民，主张发行可兑现的钞币和阻止铸造低值的大钱，曾一再上疏，得罪了柄国权臣肃顺和一些反对派，也得罪了有知遇之恩的咸丰皇帝，最后被解除户部右侍郎兼管钱法堂事务。其实，他真正触犯龙颜的还是咸丰五年（1855年）二月二十九日上给咸丰的《请暂缓临幸御园折》。

熟悉晚清史的读者都知道，载垣、端华、肃顺是野心勃勃的"咸丰三奸"。咸丰皇帝是清朝第七代君主，从他继位到病逝于热河，十余年间内忧外患不断。在载垣、端华、肃顺的导惑下，咸丰帝一生耽于逸乐，面临内忧外患，依然纵情声色，不问朝政，不是携嫔妃避暑热河（河北承德），便是游玩圆明园。对此，不少大臣都有意见，但都不敢犯颜直谏。咸丰五年初，内廷传出咸丰帝自热河举行谒陵大典回京后，便要临幸圆明园，并驻为行宫。王茂荫得知这一消息，深为震惊。于是，他给咸丰帝上了《请暂缓临幸御园折》。他说：方今时势如此艰危，太平军席卷东南数省，夷人又常常以此来恐吓。国家财力已告匮乏，度支之绌，筹拨无从，"南北各大营兵勇口粮不能时发，有积至数十万者，往往给以期票"，"各衙门公项，各省概不解到，书吏应领饭食多二三年未给"。皇上只有"躬忧勤节俭"，才能安定人心，否则仍然"临幸如常"就必然导致"士卒生心，或起嗟叹"，从而大失民心，以至不可收拾。③

① ［清］王茂荫撰，张新旭等点校：《王侍郎奏议》附录《显考子怀府君行状》，黄山书社1991年版，第202页。

② 曹天生点校整理：《王茂荫集》，中国档案出版社2005年版，第171页。

③ ［清］王茂荫撰，张新旭等点校：《王侍郎奏议》卷八《请暂缓临幸御园折》，黄山书社1991年版，第129页。

　　咸丰看了这个奏折，恼羞成怒，不仅否认自己有"园居"之意，而且令军机大臣传问王茂荫是从哪里得知这个消息的，他在"上谕"中说："王茂荫奏请暂缓临幸御园一折，现在并未传旨何日临幸圆明园，不知该侍郎闻自何人？令军机大臣传问，王茂荫坚称得自传闻，未能指实，殊属非是。在廷诸臣陈奏事件，如果确有见闻，朕必虚衷采纳。若道路传闻，率行入奏，殊非进言之道。王茂荫身任大员，不当以无据之词登诸奏牍，着交部议处，原折掷还。钦此。"①从此，王茂荫被安排赋闲。与王茂荫同时代的石埭人杨德亨曾评论说，王茂荫"立朝敢言，磊落俊伟，俨如奇男子所为"，歙县清末翰林许承尧一再声称：王茂荫公单凭《请暂缓临幸御园折》，即足以名誉千古！

　　这则遗事中提到的袁甲三，是与王茂荫同朝为官的河南项城人，字午桥，谥端敏。《清史稿·列传二百五》载：

　　袁甲三，字午桥，河南项城人。道光十五年进士，授礼部主事，充军机章京，累迁郎中。三十年，迁御史，给事中，疏劾广西巡抚郑祖琛慈柔酿乱，又劾江西巡抚陈阡贿赂交通，皆罢之。户部复捐例，疏请收回成命。咸丰元年，粤匪起，南河丰北决口，上疏极论时事，皆切中利弊。二年，粤匪窜湖南，疏言："总督程矞采为守土之臣，责无旁贷。若复令赛尚阿持节移军，诚恐诿过争功，互相掣肘。请命赛尚阿回京，专责程矞采便宜行事，如有疏虞，按律定罪。"并言："湖北巡抚龚裕闻贼入境，讬疾乞休，尤宜严惩，以昭炯戒。"又列款奏劾定郡王载铨卖弄横势，擅作威服，及刑部侍郎书元贪鄙险诈诿事载铨状，诏诘载铨所收门生实据，疏请饬呈出所绘《息肩图》，事皆得实。载铨坐罚王俸，夺领侍卫大臣兼官，书元及尚书恒春降调，题图者降谪罚俸有差。于是直声

①[清]王茂荫撰，张新旭等点校：《王侍郎奏议》卷八《请暂缓临幸御园折》，黄山书社1991年版，第130页。

震中外。①

关于袁甲三上疏弹劾定郡王载铨和刑部侍郎书元，《清史稿》中还有一处记载得更为清楚：

> 载铨初封二等辅国将军，三进封辅国公，授御前大臣、工部尚书、步军统领，袭爵。道光末，受顾命。文宗即位，益用事。咸丰二年六月，给事中袁甲三疏劾："载铨营私舞弊，自谓'操进退用人之权'。刑部尚书恒春、侍郎书元潜赴私邸，听其指使。步军统领衙门但准收呈，例不审办；而载铨不识大体，任意颠倒，遇有盗案咨部，乃以武断济其规避。又广收门生，外间传闻有定门四配、十哲、七十二贤之称。"举所绘《息肩图》朝官题咏有师生称谓为证。上谕曰："诸王与在廷臣工不得往来，历圣垂诫周详。恒春、书元因审办案件，趋府私谒，载铨并未拒绝。至拜认师生，例有明禁，而《息肩图》题咏中，载龄、许诵恒均以门生自居，不知远嫌。"罚王俸二年，所领职并罢。②

袁甲三疏劾定郡王载铨及刑部尚书恒春、侍郎书元，这在当时是很不容易的，可谓胆识魄力过人，以至咸丰皇帝都"以为太甚，非所宜言"。王茂荫疏谏的对象竟是咸丰皇帝本人，比之袁端敏公，他是有过之而无不及。

王茂荫不阿肃顺

歙县王子怀，名茂荫。咸丰初，为御史，抗疏直言，于国家大计多所建白。未几，洊升户部侍郎，遇事力持正论，朝贵为之敛迹。时肃顺

① 赵尔巽等：《清史稿》第四十册，中华书局1977年版，第12109—12110页。

② 赵尔巽等：《清史稿》第三十册，中华书局1977年版，第9091—9092页。

柄国，颇忌惮之，遣客通殷勤。王意颇动，订于某日偕谒。客侍于外堂，车驾矣，衣冠而出。过厅事东偏，有巨镜，忽对镜立，瞻顾一周，拈须自语曰："焉有堂堂王子怀，而为权臣屈节者乎！"遂谢客，客还报，肃恚甚，将谋所以中伤之，乃引疾归。比穆宗立，优诏起用，有"直言敢谏，志虑忠纯"之奖，遂复出。时京师粥厂以办理不善，泽不下逮，奏请扩张整顿，风清弊绝，饥民多感颂焉。晚年奉命查案山西，所挈随员有得贿者，为所欺，复奏失实，清望稍减。其所居在京师宣武门外即歙馆。歙人言及王，恒指镜以相告语也。[1]

　　肃顺（1816—1861），满洲镶蓝旗人，爱新觉罗氏，清宗室子弟，字雨亭，郑慎亲王乌尔恭阿第六子。道光中，考封三等辅国将军，授委散秩大臣、奉宸苑卿。咸丰帝继位后，擢内阁学士，兼副都统，护军统领，玺仪使。因为敢于任事，渐响用。咸丰四年，授御前侍卫，迁工部侍郎，历礼、户部。咸丰七年，擢左都御史，理藩院尚书，兼都统。《清史稿·列传一百七十四》"宗室肃顺"条载："时寇乱方炽，外患日深，文宗忧勤。要政多下廷议。肃顺恃恩眷，其兄郑亲王端华及怡亲王载垣相为附和，挤排异己，廷臣咸侧目。"[2]

　　太平天国军兴以后，内忧外患日甚，咸丰帝听信大臣文庆重用汉人之言，相继重用了一大批汉人，王茂荫便是其中之一。这本是明智之举。文庆去世后，肃顺也尊重汉人，力主重用胡林翼、曾国藩、左宗棠，用湘军镇压太平天国运动，但其出发点和归宿还有极自私的一面，那就是拉帮结派，排斥异己，柄国营私。萧一山著《清代通史》中说到这一点，他说：

　　　　故文庆首以重用汉人为言。奕詝颇信其说，胡（林翼）曾（国藩）左（宗棠）李（鸿章）联翩大用，清室之所以能延祚数十年者，此其要键也……及文庆卒，载垣、端华、肃

① 徐珂：《清稗类钞》第七册，中华书局1984年版，第3044页。
② 赵尔巽等：《清史稿》第三十八册，中华书局1977年版，第11699页。

顺相继用事，即后之所谓"咸丰三奸"者也。①

其实，早在咸丰初年，他们三人便开始相互勾结，狼狈为奸。《清稗类钞》"帝德类"之"咸丰三奸伏诛"条载：

> 怡亲王载垣、郑亲王端华皆于咸丰初年袭爵，官宗人府宗正，领侍卫内大臣。而端华同母弟肃顺，方为户部郎中，好狭邪游。惟酒食鹰犬是务。乙卯（咸丰五年即1855年）夏，官军既克冯官屯，剿灭粤寇之北犯者，垣、端渐以声色惑圣聪，荐肃供奉内廷，善迎合上旨。上稍与论天下事，三奸盘结，同干大政，而军机处之权渐移，军机大臣皆拱手听命而已。惟军机大臣大学士柏葰，资望既深，性颇耿直，不甚迁就，三奸畏而恶之。戊午（咸丰八年）科场之狱，置柏大辟，于是朝臣震悚，权势益张矣。②

同军机大臣柏葰一样，王茂荫不仅资望深，而且性亦耿直，遇事敢言，力持正论，以故朝贵为之敛迹，这对柄国的肃顺，自然是个障碍，"颇忌惮之"，既畏而恶。肃顺主动与王茂荫通殷勤，意在拉拢王茂荫上他们的贼船。此事发生在王茂荫擢任户部右侍郎兼管钱法堂事务之后。当时，王茂荫一再上疏建议发行可兑现钞币，同时阻止铸颁当百、当五百、当千等铸币（大钱）。为缓解清政府的财政货币危机，肃顺等人当时极力主张铸大钱，王茂荫一再上疏阻止。咸丰四年二月初二日咸丰帝召见时，又"面陈当百以上大钱之不能行"。肃顺遣客驾马车到宣武门外之歙县会馆来请王茂荫去见面，王茂荫也差点被拉拢，好在临行前照了镜子，有所警悟，自感堂堂王子怀（"子怀"为王茂荫之号）决不可在柄国权臣面前卑躬屈膝，丧失气节，遂遽然谢客，取消了谒见。考虑到肃顺不肯善罢甘休，将要寻机报复自己，王茂荫便决定以疾而退。咸丰八

① 萧一山：《清代通史》第三册，中华书局1986年版，第413页。
② 徐珂：《清稗类钞》第一册，中华书局1984年版，第254页。

年七月初四日，王茂荫给咸丰上了《请开缺调理折》，他在奏折中开门见山地说："微臣病患已深，期难遽瘳，恭折叩乞天恩，赏准开缺，以免误公事"。①奉旨允准后，同年十月，他由歙县会馆移寓于广渠门内之玉清观，次年又移寓潞河，借以养疴。

咸丰十年（1860年），英法联军进攻北京时，肃顺与载垣、端华护送咸丰帝至热河，肃顺以户部尚书、协办大学士，领侍卫内大臣主管行在事务。次年七月十六日，咸丰帝病死于热河，肃顺与怡亲王载垣、郑亲王端华、御前大臣景寿、兵部尚书穆荫、吏部右侍郎匡源、署礼部右侍郎杜翰、太仆寺少卿焦祐瀛等八人为"赞襄政务王大臣"。咸丰十一年（1861年）十月，慈禧太后与议政王奕䜣发动了史称"祺祥政变"，载垣、端华、肃顺伏诛，余党均被革职。

王茂荫在关键时刻拒绝肃顺拉拢，后又以引疾而退为上策，保持了晚节。《清史稿·列传一百七十四》"宗室肃顺"条中说："肃顺日益骄横，睥睨一切"，"大学士祁寯藻、翁心存皆因与意见不合，龂龂不安于位而去，心存且几被重罪"。②肃顺伏诛后，平日与其交结之内监杜双奎、袁添喜等人均被重典，其余被胁从者概免株连。

王茂荫儿辈为其所作"行状"中说：

　　辛酉（指咸丰十一年辛酉）七月，文宗显皇帝驻跸热河，龙驭上宾。府君惊闻遗诏，抚膺号哭，哀痛不能自已。每对人道及先帝特达之知遇，愈格之优容，辄潸然泪下。八月，今上（指同治皇帝载淳）登极。十一月，奉传知至军机处察看，府君沥陈病状，奉上谕："前任兵部侍郎王茂荫志虑忠纯，直言敢谏，特谕议政王军机大臣传至军机处察看。据该侍郎自称精神尚未复原，急切恐难任事，系属实情。若遽令销假，转非所以示体恤。王茂荫着安心调养，一俟病痊，即

----

① ［清］王茂荫撰，张新旭等点校：《王侍郎奏议》卷九《请开缺调理折》，黄山书社1991年版，第153页。

② 赵尔巽等：《清史稿》第三十八册，中华书局1977年版，第11700页。

递折请安，听候简用。钦此。"①

同治元年四月初十日，王茂荫递折请安，销假。次日，奉上谕："都察院左副都御史著王茂荫署理。"五月二十九日，奉命偕兵部尚书爱清恪公查案山西。七月十一日，奉旨补授工部右侍郎兼管钱法堂事务。同治二年二月，又奉旨调吏部右侍郎，这是王茂荫在清廷担任的最后一个职务。

清歙人许承尧著《歙事闲谭》中也有一条题为"王子怀不附肃顺"的记载，兹转录如下，供方家参证研究：

余前在都时，居宣武门外大街歙县会馆。老友鲍良笙为余言，昔王子怀亦居此。子怀于咸丰初以御史敢言事，骤擢户部侍郎。时肃顺方用事，遣人招致之。子怀意动，约明日来往谒。明日客至，坐外室，待同往。子怀命驾车，衣冠出见客，将行矣，过厅事，向客室，厅有大镜，子怀忽对镜立，拈须自视者久之，喟然曰："安有王某而为此者乎？"遽反内室，以病谢客。肃顺闻而衔之。即移疾归。穆宗立，诏起之，有"直言敢谏，志虑忠纯"之褒，乃复出。京师粥厂，以王奏大扩张，贫民感焉。惟晚年奉命查案山西，随员得贿，雍蔽失实，名稍损。上俱鲍丈言。今馆中大镜犹存。子怀名茂荫，南乡义城人。②

王茂荫折瑞常

咸丰戊午京察，时大学士瑞常筦兵部，泾县王茂荫为左侍郎。及过堂，瑞举一等诸员姓名，语尚侍，王起，正色曰："某某特善奔走，非能真办事者。若某某,皆勤于职事,为守兼优,应以一等与之。"瑞怫然曰:"如君言,乃非我所知,请君为我定之。"即以笔授王。王曰:"诚然。中堂事多,不常至署,茂荫终岁在部,察诸司勤惰较详,敬当为中堂定之。"径取笔标识,促其画诺,付胥缮折具奏。瑞大不平,然竟无何也。①

这则记载中的"筦",为"管"字异体字。"泾县"系原始记载笔误,应为"歙县"。"京察"是始于明代的一种考核京官的制度,每六年举行一次。清代沿袭了这一制度,由六年改为三年,按一定标准考核后,分别奖惩,翰林院所属各官京察列一等的,可任知府和道员。

王茂荫于道光十二年(1832年)中进士后,历任道光、咸丰、同治三朝,吏、户、礼、兵、刑、工六部中,除了礼、刑二部没任过职外,其余四个部都先后担任过职务。他在户部供职十多年以后,咸丰三年(1853年)十一月,被擢任为户部右侍郎兼管钱法堂事务。咸丰四年三月初五日因上《再议钞法折》而遭申斥,一周后奉旨调补兵部右侍郎,同年十月又转为兵部左侍郎。咸丰戊午即咸丰八年(1858年)京察时,他仍在兵部左侍郎任上,他所任职的兵部,当时由理藩院尚书兼正蓝旗汉军都统、署步军统领瑞常大学士"分管"。

瑞常,字芝生,石尔德特氏,蒙古镶红旗人,与王茂荫同年进士,为清廷大臣中之佼佼者。《清史稿》瑞常本传中说:"瑞常历事三朝,端谨无过,累司文柄,时称耆硕。"咸丰八年,他在兵部考核时,王茂荫并非与他过不去,有意"折"他,只不过是坚持实事求是,力主正义。这也是他一贯的品性和作风。他非常珍惜人才,立朝三十余年,荐举各类人才不知凡几。他自己恪恭尽职,对"勤于职事,守兼优"的属下,在考核时坚持"应以一等与之",而对那些"特善奔走,非真能办事"的诸员,则不可予评一等,这是理所当然的。王茂荫对官场上的"奔竞之风"深恶痛绝,同治朝重新起用他之先,他在《条陈时务折》中就针对当时有关衙门存在的弊端提请新的君主注意:"奔竞之风,宜杜其渐。"当瑞常授笔王茂荫,要王茂荫为他定考核对象等次时,王茂荫没有推辞,他

① 徐珂:《清稗类钞》第七册,中华书局1984年版,3044—3045页。

说：瑞常中堂（中堂，是清代对大学士的尊称），因事多不能常至署，而茂荫终岁在部，对诸司勤惰观察了解较为详细，敬当为中堂定笺。此话说得礼中有理，掷地有声。王茂荫当场"取笔标识，促其画诺，付胥缮折具奏"，可谓光明磊落，干净利索。

（原文载《徽州社会科学》2013年第9期）

《茂荫公暨后裔藏名家字画谱》考略

　　2013年6月下旬，王茂荫的玄孙王自力先生带来一件从自家故纸堆中发现的祖辈收藏名家字画的记录来示我。这件记录系用毛笔蝇头小楷写在宣纸上的，该宣纸已旧得发黄，宽118厘米，高27厘米，上面写得密密麻麻，没有一点余隙。该字画收藏记录没有标题，为考述方便，我权称其为《茂荫公暨后裔藏名家字画谱》。王自力先生说："书写这件'字画谱'的不是我祖父，就是我伯父。祖传那么多名字画，现只有黄宾虹一幅山水画还在我手头，其余都变卖、遭毁和散佚了。"据我所知，茂荫公长子为铭诏，铭诏生经宇，经宇生桂鎕、桂镛、桂鏊。经宇系自力先生祖父，桂镛是他父亲，桂鎕是他伯父。我花了大力气，终于将《茂荫公暨后裔藏名家字画谱》誊写整理出来。本文第一部分是誊写整理的《茂荫公暨后裔藏名家字画谱》原文，第二部分是我就此所作的考述，于此就教于方家。

一

　　徐蒋文赵王柯赵周赵沈文钟萧吴宏余马李马张胡任吴念叁大名人字画洵可宝也，皆全宋锦裱。

　　四尺中堂字画共念七轴。

　　（密绢底的）

　　宋朝徐崇嗣，金陵人。傅彩浓艳，鲜果坠地画壹幅。

明朝人蒋嵩，号三松。浅着色画山水，尺幅中直，是寸山生雾，勺水生波，云蒸霉变，烟云触目，丘壑之雅逸壹幅。落笔遂臻化境。

明朝人文徵明，初名壁，字衡山，又字徵仲。写小篆中字壹幅。

南唐赵幹，江宁人。设色鲜妍，画山水人物，楼观水村市花鸟壹幅。

宋朝王士元。赋色鲜澄，画人物二人马三匹壹幅。

宋朝柯九思，字敬仲，号丹邱生。重青绿，绘绿竹松树壹幅。

宋朝赵宣。笔画飞白人物山水树草窠壹幅。

宋朝赵令松永年，赋彩鲜泽，画绿竹青萝藤生黄小花袅在绿竹上垂降下来壹幅。

元朝周密，字瑾流，号草窗，寓吴兴弁山，号弁阳啸翁，又号萧斋。写梅竹兰石，自题诗书写于画上壹幅。

明朝沈周，字启南，号石田。墨绘人物山水果树石奔湍飞瀑布溜下壹幅。

明朝文徵明，初名壁，字衡山，又字徵仲。赋色鲜艳，画人物山水草石，书蝇头小楷于画上壹幅。

明朝钟钦礼，号南越人。浅着色，好图画山水人物壹幅。

萧晨，字灵曦，号中素。浅着色画人物山水雪景壹幅。

吴历，字渔山，号墨井道人。赋彩鲜艳，画人物山水飞瀑曲折溜下壹幅。

宏仁，字渐江，又称梅花古衲。浅着色画人物山水，善书诗于画上壹幅。

（夹贡宣纸）

余省，字曾王，号鲁亭。傅彩鲜泽，画竹水仙花蜂蜻壹幅。

李寅白也。赋色鲜明，画桃花垂杨柳壹幅。

马眉，字子白，号雪渔。傅彩鲜妍，画芦雁壹幅。

张绍龄，字度如，号梅谷老人。浅着色绘山水人物，秀逸苍深，有咫尺万里之忱壹幅。

马元驭，字抚曦，号棲霞，又号天虞山人。赋彩鲜明，画没骨花卉水仙花及叶壹幅。

胡恺石公。傅色妍艳，画百种菊花，神妙极点壹幅。

任薰阜长，赋彩鲜明，画人物花卉鲜菓壹幅。

方黄方计四名人字画皆洵可贵，皆全绫裱。

方翼子蜚，海无倦客，歙县人。浅着色画浅红桃花坠入水中，鳜鱼数尾壹幅。

方元鹿，歙县人。竹楼墨写飞白竹石态，书法行于其中，有风晴雨露之妙壹幅。

黄质，宾虹，歙县西乡潭渡人。设色妍冶，画人物山水壹幅。

计芬，初名炜，字小隅，秀水人，家闻溪，自号儋石。傅彩浓艳，精画人物山水，花鸟竹木尤为生动极妙壹幅。

（密绢底的）

明朝吴维翰，号铁翯。傅彩鲜泽，画工人物花卉飞禽翎鸟，孔雀立岩上壹幅。连江人，中岁卜草雪溪，后游吴越齐鲁。

长大条字画共贰拾壹幅。

（夹贡垂笺）

王文治梦楼。写正楷字壹幅。（桃红煮硾笺，重真金纸底的）

祁寯藻春甫。写行楷书壹幅。（珊瑚硾笺洒重真金纸底的）

（密绢底的）

后蜀黄筌，字要叔，成都人。傅彩鲜明，画山水人松树草石，仙鹤禽鸟壹幅。

南唐梅行思。或作再思，设色浓艳，画工人物，斗鸡神绝，号曰"梅家鸡"壹幅。

宋朝裴文睍，开封人。浅着色，工画出泽水牛各有四只，人物四人坐牛背上，手拿横吹笛壹幅，可与戴嵩、历归真二人并称。

唐朝何长寿。傅色妍艳，画山水人物，牛羊犬猫鸡鸭鹅壹幅。

宋朝赵令唆，字景升。赋色妍冶，画人物马骡壹幅。

宋朝巨然，江宁人。浅着色，绘山水树草壹幅。

宋朝易元吉。赋彩浓艳，画花卉蜂蝉壹幅。

宋朝吴九州，燕北人。傅色妍艳，画牛羊鹿马兔各二只共拾只壹幅。

元朝戴仲德，绩溪人，赋色鲜明，画人物两人八骏图壹幅。

金时人任询，字君谟。赋色妍冶，画山水题诗书法二王体，写于画上壹幅。（夹贡宣纸）

明朝程达，歙县人，浅着色，绘人物山水，遒劲秀逸壹幅。

程王金元四名人皆洵可也，皆全宋锦裱。

明朝王孟仁元甫。傅彩浓艳，画人物山水林树草石壹幅，清润有法，冉冉如生。

明朝，钱世庄畏斋。赋色浓艳，画人物骡马色态飞动如生壹幅。

王原祁麓台。浅着色，画山水人物行船树石壹幅。

金农，字寿门，号冬心。写墨梅花千花万蕊壹幅。

（密绢底的）

元朝柏子庭，嘉定人。墨画枯木石岩并与石旁写石菖蒲题句颇多壹幅。

元慧，吴人，善绘水墨梅花，书题句于画上壹幅，与金俊明相仿亦同时也。一大名人，洵可宝也，全绫裱。

戴熙，字醇士，号榆庵，自号鹿床居士，又号井东居士。设色妍冶，画人物山水行船，奔湍曲折，飞瀑溜入河流壹幅。

大条幅字画共贰拾幅

杨鲁汤韩宋赵吴余黄金张金巴朱王方拾六大名人字画皆洵可宝，全宋锦裱。（密绢底的）

明朝杨继盛，字仲芳。善写行草书壹幅。

宋朝鲁宗贵，浙江钱圹人。设色鲜明，写生花卉窠石鸡雏壹幅。

宋朝汤正中，字叔雅，号闲庵。浅着色，画窠石松树水仙兰花，清雅如傅粉之色壹幅。

明朝韩旭荆山。傅彩浓艳，画母鸡壹只领鸡雏拾只壹幅。

明朝宋克仲。温水墨松绘飞白竹，并书隶字与草书于画上壹幅。

（夹贡宣纸）

明朝赵式训夫。傅色浓艳，画人物花卉菊花芙蓉壹幅。

明朝吴令，字信之，号宣远。设色鲜艳，花卉飞禽飞鸟壹幅。

明朝殷思敬，字华泉。傅彩妍艳，画花卉窠石飞鸟壹幅。

余集，字蓉裳，号秋室。赋色浓明，画花卉飞禽飞鸟无不入妙壹幅。

舒远近斋。赋色妍艳，画花卉翎鸟草虫壹幅。

黄鼎，字尊古，号旷亭，又号独往客，晚号净垢老人，常熟布衣人。浅着色，画人物山水行旅，笔下有生气壹幅。

金启，字东屏。赋色妍艳，画人物山水松树飞鸟，晚年苍老深入宋元赏秋奥壹幅。

金莹，字名时，号鹿田，元和人。傅彩妍艳。画山水花鸟壹幅。每花名前贤以获厚资。

张祥河，字元卿，号诗龛，一号鹤在，又号法华山人，松江华亭人。善写二五书法行书字壹幅。

巴慰祖隽堂，歙县南乡渔梁人。善写隶书字壹幅。

王基，字太御，号梅庵。傅彩妍艳，画人物二个马五只壹幅，谓"天闲五马图"。

朱绣，字采章，号箦村，傅色浓艳，画异种花卉壹幅。

（灰贡宣纸）

任伯年，名颐，山阴人。傅彩浓艳，画人物山水花卉飞鸟窠石壹幅，气韵生动逸致。

郑燮，字克柔，号板桥。墨画兰梅菊窠石并石菖蒲壹幅。

（密绢底的）

元朝方崖。画工墨兰竹，淅沥有声，默坐听如有声壹幅。

单条幅字画共拾叁幅

王倪张周孙王任董高九大名人字画洵可宝也，皆宋锦裱。

（密绢底的）

宋朝王阳明，字守仁。善写行草书字壹幅。

明朝倪元璐，字鸿宝。精写行草书如番锦杂奇另一机轴壹幅。

明朝张瑞图，字长公，号二水。善写行草字壹幅。

（夹贡宣纸）

程瑶田，字易田。善写行书字壹幅。

程王黄何四名人字画皆洵可贵，皆全绫裱。

周洽，字再熙，号竹岗，华亭人。赋色鲜妍，画人物山水花鸟虫鱼，写古隶书诗文于画上壹幅。《画征录》作周熙载。

孙献，字都林，雄县人。傅彩浓艳，画人物山水花鸟莫不酷肖壹幅。

（夹贡宣纸）

王元勋，字湘洲，山阴人。设色鲜艳，画工人物花卉飞禽虫，生动欲飞壹幅。

王震旭，字艳初，号宾谷，华亭人。工设色鲜艳，画五色牡丹花壹幅。

（密绢底的）

任熊，字渭长，萧山人。赋色妍冶，画人物山水花卉壹幅。

（夹贡宣纸）

黄埙，字振武，号雨圹，歙人。写墨菊竹石，工写篆书于画上壹幅。

董诰，字西京，号庶林，富阳人。傅彩妍冶，画人物山水行船，写正楷书诗文于画上壹幅。

（密绢底的）

明朝高阳，字秋甫，四明人。赋色浓艳，写生花卉飞鸟，笔意纵横，天真灿烂壹幅，时称名手。

（夹贡宣纸）

明朝何濂，字元洁，休宁人。傅色淹润，画花卉鸟虫，落花娟秀壹幅。

壹丈长大挂屏字画共贰堂

蔡徐商吴赵艾陆童唐万吴李毕金任罗倪王拾捌大名人字画皆洵可宝也，皆全宋锦裱。

（密绢底的）

宋朝蔡襄，字君谟，精写真行草古隶钟鼎八分书拾六幅。

元朝吴太素，字季章，号松斋。傅彩浓艳，画山矾水仙花灵芝拾贰幅。

元朝赵彦正，一作澂。赋色鲜明，画工人物山水，奔湍飞瀑溜下拾貳幅。赵雍从子。

宋朝艾宣，钟陵人。赋彩浓艳，画花卉彩鹭飞鸟，飞动有致拾陆幅。

宋朝陆文通，江南人。设色鲜艳，画山水楼阁重台复阁，笔端有飘飘欲仙之意拾陆幅。

（密绢底的）

明朝童珮，字子阳，号少榆。赋色浓艳，画花卉飞禽翎鸟孔雀立于岩石上拾陆幅。

明清两朝人万寿祺年少，世人称万道人。赋色浓艳，画人物山水树木，写正楷书诗词于画拾陆幅。

吴历，字渔山，号墨井道人。傅彩妍艳，画人物山水行船飞瀑溜下拾陆幅。

（夹贡宣纸）

李流芳，字长蘅，号檀园，浅着色，绘人物山水壹幅。

毕简，字仲白。傅色鲜妍，写人物山水舟船拾贰幅，雄厚之致，长于大幅。

金莹，字名时，号鹿田。傅彩浓艳，画人物山水，红花飞鸟拾贰幅。

任熊，字渭长。傅色鲜艳，画人物树石捌幅。

罗芳筱宜。傅彩浓艳，画博古枯枝花卉插于博古中拾陆幅。

倪文蔚，字豹岑。赋色鲜艳，画人物山水行船松树草石拾陆幅。

王岱，字山长，一字九青石叟，号了庵。傅彩浓艳，画人物山矾水仙花拾贰幅。

凌湖，字仲华，号香泉。傅色鲜明，画花卉飞禽草虫栩栩如生捌幅。

凌朱郑钱四名人画皆洵可贵也，皆全绫裱。

朱熊，字吉甫，号梦泉。赋色鲜艳，画工花卉月季花捌幅。

郑琪，浅着色，画人物山水行船捌幅。

钱维城，字盘，号纫庵，又号稼轩。傅彩鲜艳，画折枝兰菊月季花鲜菓百合拾贰幅。

276

（夹贡宣纸）

查士标，字二瞻，号梅壑散人。书行书字拾贰幅。

查徐明文陈文王赵宋周拾大名人字画皆洵可宝也，皆全宋锦裱。

徐沦，字心潜，号开亭。善写行楷字拾六幅。梁同书山舟见之，叹为不及。

胡长庚，善写铁篆书字拾贰幅。

程瑶田，字易田。善写正楷字拾陆幅。

程祁李廖四名人字画洵可贵也，皆全绫裱。

祁隽藻，字实甫。写行楷字屏拾贰幅。

八尺大挂屏。

（密绢底的）

宋朝人文同，字与可，写飞白墨竹窠石拾贰幅。富潇洒有乐飘飘秀逸迎风而动，不简而成，盖进于妙也。

明朝人文伯仁，字承德，号五峰。浅着色，画人物山水行船树石拾贰幅。

明朝陈括，字沱江。赋色鲜艳，画花卉与杜鹃花拾贰幅。陈道复子。

明朝王孟仁元甫。傅色鲜妍，画人物山水清润有法，大有如生之妙拾陆幅。又有明成化年间金陵人李季昭，善刻扇骨，画人物山水花卉，字行楷隶篆，每把配得王孟仁画扇页，时人称为二妙。

赵尹，字莘子，徽州人，浅着色画山水笔法遒劲之致捌幅。

李希乔，字迁于，号石鹿山人，歙县人。工写墨竹岩石人物拾陆幅。

宋有元，字孚文，号寄轩。傅彩鲜艳，画五彩牡丹、蟠桃、花蝴蝶、草虫拾陆幅。

周灏，字晋瞻，号芷岩。用重石青石绿，画工绿竹青萝藤生黄小花袅于绿竹上垂挂下来拾陆幅。

廖纶，字养泉，傅彩鲜妍，画人物山水树石，层峦叠嶂，苍润自然拾贰幅。

二

从以上《茂荫公暨后裔藏名家字画谱》可知，王家几代人曾先后收藏过从唐代以降至现代黄宾虹凡108名字画名家的552幅作品（其中书法110幅，画作442幅）。

在108名字画名家中，唐代1人即何长寿；五代后蜀1人即黄筌；五代南唐2人即梅行思、赵干；宋代18人：徐崇嗣、王士元、柯九思、周密、赵宣、赵令松、赵令俊、裴文睆、巨然、易元吉、吴九州、鲁中贵、汤正中、王阳明、艾宣、陆文通、文同、蔡襄；元代6人：方崖、吴太素、柏子庭、商琦、赵彦正、戴仲德；明代24人：蒋嵩、文徵明、沈周、钟钦礼、吴维翰、程达、王孟仁、钱世庄、杨继盛、韩旭、赵式、宋克仲、吴令、殷思敬、倪元璐、张瑞国、高阳、何濂、徐渭、童佩、唐寅、文伯仁、陈括、李流芳；清代55人：祁寯藻、郑燮、金农、张祥河、任熊、任薰、任颐、程瑶田、倪文蔚、巴慰祖、查士标、宏仁、凌湖、朱熊、郑琪、钱维城、徐沁、胡长庚、赵尹、李希乔、周灏、廖纶、萧晨、余省、李寅、马眉、张绍龄、马元驭、宋有元、胡慥、方翼、方元鹿、计芬、王文治、王原祁、元慧、戴熙、余集、舒远、黄鼎、金莹、金启、王基、朱绣、罗芳、王岱、周洽、孙献、王元勋、王震旭、黄埙、董诰、万寿祺、吴历、毕简；现代1人即黄宾虹。

在108名字画名家中，徽州人18人，即戴仲德（绩溪人）、程达（歙县人）、何濂（休宁人）、程瑶田（休宁人）、巴慰祖（歙县人）、胡长庚（歙县人，巴慰祖外甥）、查士标（休宁人）、宏仁（即弘仁、浙江，歙县人）、李流芳（歙县人，乔居嘉定）、李希乔（歙县人）、方翼（歙县人）、方元鹿（歙县人）、黄埙（歙县人）、朱绣（休宁人）、罗芳（歙县人）、赵尹（徽州人）、张绍龄（绩溪人）、黄宾虹（歙县人）。

在收藏的552幅字画中，四尺中堂27幅（原文记为"念七轴"，"念"为廿之大写意，轴同幅）；长大条幅20幅（原文记"贰拾壹幅"，有误）；大条幅20幅；单条幅13幅；一丈长大挂屏352幅（原文记"贰堂"）；八尺大挂屏120幅。

历史上的徽州商人贾而好儒，精鉴赏、富收藏者不少，清康乾年间经商扬州的祁门马氏兄弟（马曰琯、马曰璐）便是典型之一。王茂荫出生于徽商之家，其祖父王槐康十九岁成婚后便弃儒从贾，跟从族人去北京一带做茶叶转贩生意，并于六年后（乾隆三十九年即1774年）在通州创办了"森盛茶庄"。王茂荫的父亲王应矩成人后继承父业，是嘉道年间有名的茶商。王茂荫在步入仕途之先，也曾在"森盛茶庄"管理过一年店务，其弟茂茹、茂霭和次子铭慎都曾先后经营过茶庄店务，其孙子经守、经宇也分别在闽、江、浙地区经商。王家收藏这么多名人字画，并且一一精裱造册，这显然不是一人一时所能做到，而是几代人共同收藏的结果。由于资料的缺失，笔者不敢断言王茂荫祖、父辈收藏过字画，但从王自力先生至今仍珍藏的清代名人戈其迈题赠王茂荫的行草横幅①（上有王茂荫书"弟茂荫敬求书法横幅"九字）和清代江苏籍画家程奎画赠王茂荫山水画卷来看②，茂荫公本人是有收藏字画雅好的。前列清代字画家55人中之祁隽藻、张祥河，与王茂荫是同时代人，且同朝为官（前者官至大学士礼部尚书，后者官至工部尚书），茂荫公与他们相交甚笃。茂荫公之玄孙王自珍先生曾告诉笔者，张祥河曾为茂荫公绘过容像。现在人们尚能看到的王茂荫遗容，就是张祥河所绘，由其后人装裱，曾悬挂歙县义成"天官第"故居中堂，1937年初，喜好摄影的方士载先生与王任之先生陪同王璜去"天官第"考察访问时，将悬挂中堂的王茂荫容像拍了照片，后同王璜《王茂荫后裔访问记》一文一起发表于当时上海出刊的《光明》杂志是配。笔者于1982年从《光明》上翻拍了这张珍贵的王茂荫遗容像。

茂荫公生有三子，长子铭诏，次子铭慎，三子铭镇。长子铭诏为歙邑增贡生中书科中书，次子铭慎为己未（1859年）科挑取誊录国史馆议叙盐大使，三子铭镇为国学生。长子铭诏管家，次子铭慎经商，王自力先生为铭诏曾孙。王自力先生告诉笔者，当年王茂荫次子铭慎也曾经商浙江，常驻浙江省中部偏北的诸暨，收藏名人字画甚多。铭慎夫人为浙江乌程人（铭诏、铭慎为先父王茂荫所作《子怀府君行状》中称：铭慎"娶浙江乌程闵原任角斜场大使讳廷楷公女"）。1900年"庚子之乱"

① 见中国徽州文化博物馆主办的《徽州文博》2013年第2期刊载拙文《王茂荫近代世系厘清和新发现与王茂荫有关的四件藏品》。

② 见中国徽州文化博物馆主办的《徽州文博》2013年第2期刊载拙文《王茂荫近代世系厘清和新发现与王茂荫有关的四件藏品》。

时，"森盛茶庄"毁于兵火，茂荫公次子铭慎抱着账簿葬身火海。铭镇去世较早，年仅33岁。铭诏、铭镇是否收藏过字画，现无从考得。

茂荫公有孙男四人，长孙王经守，号善夫，铭镇出；次孙王经宇，铭诏出；三孙王经宬，号寿卿，四孙王经寀，均铭慎出。善夫、寿卿经商福建，经宇经商闽、江、浙，经宇长子桂鎕亦经商，他们在当时商界都颇有名气。清末维新派著名人物、咸丰状元、光绪帝师傅翁同龢（生于1830年，卒于1904年，字叔平，江苏常熟人）曾以书法名于时，他曾书赠王经守一对联曰："琴书自娱绵之日月，松乔协轨宜乎昆仑。"题曰"善夫一兄大人正之"，落款"叔平翁同龢"。该联现藏歙县博物馆。

1982年北京市中国书店据1934年神州国光社影印出版的《中国画家人名大辞典》，出版了《中国画家大辞典》。1991年黄山书社出版了徐卫新、程映珍的《黄山画人录》。根据这两部工具书和其他典籍资料，笔者对《茂荫公暨后裔藏名家字画谱》中所列108名字画家——作了检索、比对和探讨，发现从唐至元的29位名家，籍贯分布大江南北，而在明清两代，情况则发生了微妙的变化：这两代共80位名家（含黄宾虹）中，其籍贯和生平事业中心地点集中在江苏、浙江地区。明代共24名，其中江苏10名，浙江7名，安徽3名（均徽州人），福建2名，省份不详2名。清到现代共56名，其中江苏20名，浙江14名，安徽15名（其中徽州14名，望江1名），江西、山西、四川、湖南、广西各1名，省份不详2名。明代江苏长洲（今吴县）出了三大画家沈周、文徵明与唐寅。沈周，字启南，号石田，晚号白石翁，文徵明是沈周的学生。唐寅，字伯虎，一字子畏，号六如居士、桃花庵主、逃禅仙吏等。沈周与文徵明、唐伯虎、仇英并称"明四家"，其中沈、文、唐三人的字画均曾为王家收藏。文伯仁是文徵明侄子，明代大画家，其画作亦为王家收藏。晚清浙江籍画家任熊（字渭长，号湘浦）与其弟任薰（字阜长，又字舜琴）、弟子任颐（字伯年，绍兴人）合称"三任"，享誉画坛，他们的作品亦曾被王家收藏。清江苏常熟马眉、马元驭父子，浙江元和金莹、金启父子，歙县巴慰祖、胡长庚舅甥，都是名气很大的，他们的字画亦均被王家收藏过。

经济的发展与文化艺术事业的繁荣总是相生相伴的。明清时期长江中下游的江浙地区是徽商经营最为集中的地区，既是经济富庶之地，也是文化艺术繁荣之区，经济与文化相互促进，形成良性循环。

"王家几代人相继收藏这么多名人字画，怎么就几乎散佚殆尽了呢?"笔者特请王自力先生介绍一下他所知道的情况。王自力先生说：我父亲（王桂镛）曾经是歙县徽师第一任国画教师，而在这之前因家道中落，为生计所迫，将祖传名人字画变卖不少，这是一个去向。其二，二十世纪五十年代左右歙县一个专事收藏经营文物的曹某人从王家借走了不少名人字画，说是借看，其实都是有借无还。王自力先生说这个情况是听母亲生前说起才知道，那时也不知道名人字画之珍贵。第三个去向是二十世纪五十年代末，"大跃进""大炼钢铁"年代，不仅砸锅卖铁，家中字画古董也同样损毁很多。

最后谈几句至今仍幸存的黄宾虹大师的一件山水画作。2007年9月24日，北京博润雅文物鉴定中心赵国强总经理、鉴定委员有如下鉴定意见：

黄宾虹　山水 40 cm × 105 cm

该作品，用笔老辣，墨法苍润，鉴定为黄宾虹先生作于一九五〇年的真迹，有很高的收藏价值。

赵国强

2007.9.24

（原文载《徽州社会科学》2014年第1期）

《王侍郎奏议》刊刻史考略

奏议，是古代臣属进呈帝王的文体统称。《王侍郎奏议》是晚清咸丰、同治间在户、兵、工、吏四部都担任过右侍郎等职，以清正廉洁、直言敢谏而震动朝野的安徽歙县人王茂荫的一部遗著，内容均为王氏进呈咸丰帝和同治帝的奏折。《王侍郎奏议》最初编辑于何时，始刻于何时，至今刊刻过几次，何人曾为之序，有何佚闻，本文对此略作梳理考述。

一、王茂荫亲自辑其奏议若干篇汇为四卷

《王侍郎奏议》刊刻之先，王茂荫本人曾亲自"辑其奏议若干篇，汇为四卷，藏诸巾笥，不以示人"①。他只想将自己之奏疏传家垂示子孙，而不欲刊刻行世。

王茂荫任京臣三十余载，长期独居于北京宣武门外之歙县会馆中。咸丰八年（1858年）七月，他因病请求开缺获准后，"由歙县会馆移寓于广渠门内之玉清观"，次年受延请担任潞河书院主讲，又"移寓潞河"。②在养病调理和主讲潞河书院期间，他将自己自咸丰元年以来进呈给咸丰帝的奏折底稿加以编辑，汇为四卷，藏于巾笥。此举是为了传家垂示子

---

① ［清］王茂荫撰，张新旭等点校：《王侍郎奏议》附录《阮陵吴大廷序》，黄山书社1991年版，第206页。

② ［清］王茂荫撰，张新旭等点校：《王侍郎奏议》附录《显考子怀府君行状》，黄山书社1991年版，第197页。

孙，并无刊刻行世之念。他生前作有家训和遗言，其中就说得很明白："我之奏疏，词虽不文，然颇费苦心，于时事利弊实有切中要害处，存以垂示子孙，使知我居谏垣，蒙圣恩超擢，非自阿谀求荣中来。他日有入谏垣者，亦不必以利害之见存于心。能尽此心，自邀天鉴，可望做好官。惟止可传家，不可传世。断断不宜刊刻，切切是嘱。"①他甚至说："刻书是我所恶。无论何人总想要著书传世，将来必有祖龙再出，一举而焚之也。"②

王茂荫当年亲自编辑的用以传家垂示子孙的奏稿底本，其后人曾向访问者出示过。1937年春节期间，在《徽声日报》当过副刊编辑的王瑄专程从上海赶赴歙县，在友人王任之、方士载③陪同下去歙县义成王茂荫故居"天官第"考察访问时，王茂荫的重孙王采南（名桂鋆）先生曾将王茂荫生前亲自编辑的奏折底本四大册向他出示过。事后，王瑄在《王茂荫后裔访问记》中借王采南之口提到这件事，他写道：

> 王老先生学问是很渊博的，他说："《东华录》上曾有过较简的记载，《清史稿》上也有他的传记，但可惜都不详尽。祖上的事迹，我很愿发扬，所以把奏议的木印本送了一部给歙县县志编修人之一许承尧老先生，给他编进县志里去。但家里还有茂荫公的手折，这手折，是奏议的留底，我可以给你们看看。同时也有本行状，这行状是茂荫公死后，由茂荫公的儿子找曾国藩作的，上面叙述茂荫公一生的事迹很是详尽，比《清史稿》中的小传，要详尽得多。这行状我可以借给你们。"④

　　①《王茂荫〈家训和遗言〉》（王茂荫孙王经宬恭录、王经宬孙王自珍点校），见原徽州地区社科联会刊《徽州社联》1984年第1期。

　　②《王茂荫〈家训和遗言〉》（王茂荫孙王经宬恭录、王经宬孙王自珍点校），见原徽州地区社科联会刊《徽州社联》1984年第1期。

　　③ 王任之（1916—1988），名广仁，笔名英子，安徽歙县人，著名中医，曾任安徽省卫生厅副厅长等职。方士载（1913—1990），笔名方言，王任之同乡好友，擅摄影。

　　④ 王瑄《王茂荫后裔访问记》，见民国二十六年四月二十五日出版《光明》第2卷第10号。

王璜接着写道：

> 王采南先生把手折和行状拿给我们看的时候，我是说不
> 出的欢喜。那手折上的字写得很是娟秀。行状是极厚的一本，
> 可以说在行状中是少有的。手折是用红格纸写的，共有四大
> 册。当时我就要求他把这手折借给我用一用，他答应我过几
> 天再决定。因为王茂荫有一个学生，曾把这手折用木板翻印
> 过一次。这翻印本都拿来送给了亲友，城内许承尧老先生那
> 里的一部，他答应等两天可拿回来借给我。①

王采南先生向王璜出示的这"四大册"用"红格纸"抄写的"手
折"，即为王茂荫生前亲自编辑的"汇为四卷"的奏议底稿。1981年2月
21日下午，笔者与友人鲍义来一道造访歙县桂林公社牌头大队农民王芳
烈（王采南孙子）时，王芳烈出示了祖传下来的四册奏议底本，笔者亲
见这四册奏议底本系线装本，封面题"奏稿"二字，内页均为红格纸毛
笔楷书，红格纸上印有"同春"字号。抄写奏疏的毛笔楷书字体大小个
个一样，十分娟秀，虽为人工抄写，但却为木刻翻印所不及。王芳烈先
生一再声称，这四册"奏稿"系先高祖茂荫公亲自誊抄，传到他之手已
是第六代了。经王芳烈先生同意，鲍义来为这四册"奏稿"拍了照作资
料留存。王芳烈先生当年出示的这四册"奏稿"，显然是其祖父王采南早
年间拿出来给来访者王璜等看的那四大册手折。王芳烈先生早已作古，
他手头的四册"奏稿"已不知所终。

二、《王侍郎奏议》首次刊刻于清同治六年，系吴大廷、吴棠作序、编辑并刊刻

《王侍郎奏议》首次刊刻是在清同治六年（1867年），系吴大廷、吴

---

① 王璜《王茂荫后裔访问记》，见民国二十六年四月二十五日出版《光明》第2卷第10号。

棠应王茂荫后人之请，根据王家所藏抄本，作序、编辑并刊刻行世的。

吴大廷（1824—1877），字桐云，号小酉腴山馆主人，湖南沅陵人。咸丰五年举人，先后追随胡林翼、曾国藩、李续宜、左宗棠。他在入曾国藩幕府时，就与王茂荫有过从，相友善，敬仰王氏的直声高节。因李续宜奏荐入皖任职，后又由左宗棠推荐奉旨担任按察使衔分巡台湾兵备道，为清同治间地方大员，是一位"守洁才长，兼通方略"，廉正而有心计与魄力的人物。咸丰后期，王茂荫移寓潞河养病期间，吴大廷因即将来皖任职，特去潞河与王茂荫叙别，王茂荫将其《祖母节孝录》示之，吴大廷事后作《王节母传》，其中有这样两段话：

> 昔南轩张氏谓：无所为而为之为义。夫无所为而为之者，即慎独也。世衰道微，士大夫有所为而为之者，亦罕矣。然以余所敬事如今，歙县致仕兵部左侍郎子怀王公，直声高节，震动朝野。其诸无所为而为之者欤，即读其《祖母节孝录》，乃怃然曰自古名公巨卿之生，其积累而钟毓之者，盖未尝无所自云。①

> 余将有皖营之行，诣公潞河派邸叙别。公为余先父母作家传，甫成，语余曰：子之母劬劳孝亲，何大类吾祖母也。言未半，呜咽不能成声。悲夫，余亦人子也，负母氏教。至求为乡里善，人不可得，今腼颜为节母作传。呜呼！其可敬也夫，其可愧也夫！②

看得出来，吴大廷对王茂荫的直声高节是非常敬仰的。其实，吴大廷也是个孝子，承其所请，王茂荫为其先父母作传。他则不仅为王茂荫祖母方太夫人作传，还为王茂荫的父亲作过《赠资政大夫敬庵王公家传》（该传作于咸丰十一年三月）。吴大廷入皖任职期间，在与王茂荫的过从中得以读到王茂荫亲自编辑的"奏稿"，深为王氏的直言所感动，于咸丰

---

① 吴大廷《王节母传》，见曹天生点校整理：《王茂荫集》，中国档案出版社2005年版，第285页。
② 吴大廷《王节母传》，见曹天生点校整理：《王茂荫集》，中国档案出版社2005年版，第285页。

十一年（1861年）正月十五日，写了一篇"沅陵后学吴大廷序并识"的文字，这便是日后刊刻于世的《王侍郎奏议》的第一篇序言《沅陵吴大廷序》。在序言中，吴大廷盛赞王茂荫：

> 其直声高节，上自公卿，下至工贾隶围，无智愚遐迩，啧啧皆赞其贤。先生既请告，辑其奏议若干篇，汇为四卷，藏诸巾笥，不以示人。而余以菲材，辱从公游，得尽发其覆而遍读焉。①

序言中还有一段话评论王茂荫节操品行和远见卓识的话语，姑录于次：

> 先生孑然一身，清俭朴约，非如世之矫激以沽名者……独抗请疏天子下诏革小楷及括帖之习，而汲汲以设法振兴人才，至于攻守之宜，筹饷之方，与夫选将练兵，解胁从，褒忠义及行钞铸钱诸大政，无不精思熟虑，卓卓可见施行。其尤要者，《临幸御园》《天时人事》两疏，拳拳以格君为心，几乎程朱正心诚意之遗风焉。使果一一能用其言，蠢兹潢池，朽蘗而定之足矣，又何至东南涂炭，使夷狄乘虚而入，骎骎乎成燎原之势哉！惜乎言虽切直而不获见诸设施，不得以引疾以退，而时事遂渐不可支矣。悲夫！②

同治四年（1865年）六月二十二日，王茂荫在籍病逝，身在皖为官的吴大廷送了挽辞，挽辞是他亲自写在白版绫上的，原件纵（宽）42厘米，横（长）116厘米，为先序后诗，自上而下，自右至左书写，共20

---

① ［清］王茂荫撰，张新旭等点校：《王侍郎奏议》附录《阮陵吴大廷序》，黄山书社1991年版，第206页。

② ［清］王茂荫撰，张新旭等点校：《王侍郎奏议》附录《阮陵吴大廷序》，黄山书社1991年版，第206页。

行，每行2至10字不等，落款"吴大廷拜稿"，并钤有两方印：白文"吴大廷印"，红文"桐云"。全辞文曰：

余交公京师，在咸丰戊午，其时公已请告，为录其谏章数十藏之。壬戌，公起再用，以书抵余，访问时事，余就是所知者答之。未至京，而公已谳狱山左，羁滞年余，奉讳捉里。甲子三月，公归自京师，余适赴皖，不期而晤于安庆，执手唏嘘者久之，阅日别去。今年夏犹屡得公书，不谓遽成古人，伤哉！

直声清节似公难，再起东山志未殚。
芒履麻衣悲皖国，青灯烛酒忆长安。
音书断绝绕三月，生死凄凉已万端。
犹有谏章留箧笥，编摩他日怕重伤。

小诗系叙恭挽子怀先生大人灵次
吴大廷拜稿

《王侍郎奏议》首次刊刻的清同治六年（1867年），吴大廷尚在台湾道员任上，十年后，因积劳成疾于江南轮船操练局任上病逝。其挚友两江总督沈葆桢曾奏请光绪皇帝，为其请恤。

再说说第二个为《王侍郎奏议》作序的吴棠。

吴棠（1813—1876），字仲宣，安徽盱眙（今安徽明光市三界镇）人。自幼好学，因家贫不能具膏火，恒读于月光下。道光十五年（1835年）中举，道光二十九年（1849年）以大挑一等知淮安府桃源县（今江苏泗阳县），为政三年，境内大治。咸丰元年（1851年）调任淮安府清河县（今江苏淮阴市），任内严禁苛派，严禁赌博，严禁盗贼。咸丰二年（1852年）任邳州知府，时值水患，岁荒盗炽，吴棠施行"首恶必惩，胁从解散"的政策，亲勘灾情，兴修水利，收养弃婴，并率勇击退山东捻众，地方暂靖，邳民称颂。咸丰三年（1853年）再任清河知县，时值太平军、捻军风起云涌，吴棠带兵征战徐淮间。咸丰十年（1860年）捻军攻克清河县清江浦（今淮阴市区），击毙淮扬道台吴葆晋、副将舒祥等，南河总督庚长等逃往淮安府城，吴棠临危不惧，招集乡勇，抵抗捻军，因守城有功，政绩卓著，同年被擢升徐海道员（四品），次年以江宁布政使（从二品）代理漕运总督，驻扎清江浦。同治二年（1863年）实授漕运总督。同治三年（1864年）署江苏巡抚，次年升两广总督，皆因江淮未戢请留而不果行，仍在漕运总督任上。同治五年（1866年）调任闽浙总督（正二品），七年任四川总督，十年署成都将军。光绪元年（1875年）因病乞归，次年病逝于滁州。李鸿章曾誉吴棠为"天子知名淮海吏"。翰林院编修钱振伦称其"以民慈父，为国重臣。江淮草木知名，天下治平第一人"。由于他勤政为民，清正廉洁，政声卓著，士民称颂，后任漕运总督文彬曾疏请为吴棠建专祠，得到光绪皇帝的批准。早在咸丰初年，河道总督杨以增就上疏保荐过吴棠。咸丰三年（1853年）五月，王茂荫疏荐了一批贤牧守，吴棠是其中之一，皇上传旨将吴棠交杨以增察看①。王茂荫当时是与吴棠"无一面交"的情况下向清廷举荐人才的，完全是出于公心。吴棠日后在为《王侍郎奏议》所作的序中是这么说的：

> 棠之再宰南清河也，与公无一面交，首列荐剡，不胜知己之感。同治三年，公以奉讳返里，道出淮阴，始得一接奉颜色，蔼然深挚，语气呐呐，如不出诸其口，盖信公之不欲仅以言见，而使世人诵公之言，固非公之心也。②

直到同治三年，王茂荫因继母吴太夫人病逝奔丧，道出淮阴，才与已署江苏巡抚但仍请留漕运总督任上的吴棠第一次见面。

---

① 《清国史满汉文武大臣画一列传后编·王茂荫列传》载："（咸丰三年）五月，疏荐马兰镇总兵宗室庆锡、副都统德全、前任福建布政使曾望颜请加察看。又先后疏荐江苏知州吴棠、陕西知县江开、江苏教职陈之琦、湖南知府张实、候选知县黄国光、庶吉士傅寿彤。得旨：吴棠交杨以增察看，江开、陈之琦发往周天爵军营差委，张实、黄国光、傅寿彤发往河南军营差委。"

② ［清］王茂荫撰，张新旭等点校：《王侍郎奏议》附录《盱眙吴棠序》，黄山书社1991年版，第209页。

吴棠在四川总督任上不畏奸权、直言敢谏,上疏弹劾南洋奸商李光召一事,曾震动朝野。事情是这样的:同治年间,福建籍南洋商人李光召(有的资料作李光昭,与太监李莲英关系密切),与清廷内务府有关权贵相互勾结,以重修圆明园的名义,从东南亚等地低价大量收购木材,然后以高价卖给内务府,从中牟取暴利,从而导致大量官银外流,加剧了国库空虚。此事牵涉官员众多,涉及大学士、军机大臣、亲王贝勒等一批重臣和皇亲。不少知情官员为保住自己的前程,均装聋作哑,三缄其口。而吴棠得知此事后,却毅然三次上疏弹劾,请求朝廷严厉追究,严惩大发不义之财的奸商李光召和与之狼狈为奸的贪官污吏,并向慈禧太后力陈此时重修圆明园的弊端。此事发生在同治十年(1871年)。

吴棠为《王侍郎奏议》作序,事在同治五年。这一年,他由漕运总督调任闽浙总督。他在序中说:

> 予怀少宰以清德巍科,历路通显,感激先皇知遇之隆,前后奏疏不下数万言,初无惊奇可喜之论,得至事后核校之,一一如烛照龟灼,寸量而铢计。棠盖反复推究,而后知公之深虑远识,不以空言尝试,而必求于至当之归,其用心尤不可及也。①

吴棠对王茂荫疏言之评论,言简意赅。

吴大廷、吴棠作序,首次刊刻的《王侍郎奏议》共十卷(四册),收入王茂荫奏稿九十六篇,其中包括上给咸丰皇帝的八十六篇(卷一至卷九),上给同治皇帝的十篇(卷十)。上给咸丰皇帝的这八十六篇奏稿,王茂荫生前已作过编辑,卷十所载上给同治皇帝的十篇奏疏,是吴大廷、吴棠编辑时增选的。

---

① [清]王茂荫撰,张新旭等点校:《王侍郎奏议》附录《盱眙吴棠序》,黄山书社1991年版,第208页。

三、《王侍郎奏议》第二次刊刻于光绪十三年，系易佩绅作序、编辑并刊刻

光绪十三年（1887），王茂荫的学生易佩绅为《王侍郎奏议》作序，编辑并第二次刊刻。

易佩绅（1826—1906），字笏山，一字子笏，湖南龙阳人。咸丰八年（1858年）举人。王茂荫因病开缺前后，曾收其为弟子。易佩绅尝从军川陕间，积功授知府，官至四川、江苏布政使（藩司），为清末儒将。性负气，敢任事。曾从郭嵩焘、王闿运游。诗学随园（袁枚），有诗词八百余首，《函楼诗钞》《函楼文钞》二十余卷，记录了他从求知求名到救国救民的心路历程。光绪十三年（1887年）十一月，他为再版《王侍郎奏议》写了一篇序言，并编辑、刊刻先生的遗著。他在序言中简述了刊刻动机和经过，对王茂荫的德望和疏文作了高度评价。他开宗明义地写道："此吾师王子怀先生奏议稿也……，先生但以存于家，非欲传于世；佩绅尝抄而读之，不忍其不传也。"①其编辑、刊刻先师遗著之动机便是这样明确。关于受业王茂荫和编辑、刊刻王茂荫遗著的经过，他这样告诉世人：

佩绅自咸丰六年丙辰，公事入都，于邸抄中读先生奏议，即向往之。戊午春再入都，先生采佩绅名，先下顾，始常过从，欲执弟子礼，以先生在位，避干谒之嫌，迟迟也。是秋，先生引疾去位，乃执礼焉。庚申出都，携所抄先生奏议，止戊午去位以前者。光绪九年癸未，距先生卒十有九年矣，晤先生次子铭慎，乃得其所存先生辛酉起用以后者。前年乙酉，刻于四川藩署，分御史任内为台稿，太仆卿任内为寺稿，侍郎任内为省稿，起用后为续稿，共十卷。刻甫竣，而佩绅移苏，携板以行。适先生长子铭诏来，又得其所存、前抄未尽

290

---

① ［清］王茂荫撰，张新旭等点校：《王侍郎奏议》附录《易佩绅序》，黄山书社1991年版，第210页。

者，刻补遗一卷，合为十一卷也。①

在序言中，他还明确告诉世人，自道光、咸丰以来，所见名公卿众多，为什么"独奉"王茂荫为师，原因就在于王茂荫具有与众不同的精神风格和人格魅力，他说王茂荫"以思格君心为性命，以求苏民困为家事，以博采人才为嗜好"，"其言也，无一非国计民生之言"，"其为学也，皆切于身心国家之学"。

易佩绅所为序署名为"受业门人易佩绅"。这第二次刊刻的《王侍郎奏议》，在首次刊刻十卷本的基础上增加了"补遗"一卷作为第十一卷。第十一卷新增首次刊刻时未收入的咸丰间上书的遗奏议稿七篇，合前十卷收入奏议稿九十六篇，十一卷本《王侍郎奏议》总共收入奏议稿一百零三篇。

四、《王侍郎奏议》第三次刊刻于光绪二十五年，歙人吴锡纯作序

王茂荫有孙男四人，即经守、经宇、经宬、经宷，孙女八人，其中长孙女（王茂荫长子铭诏出）嫁歙县昌溪吴锡维之子吴祖植为妻。第三次刊刻为王茂荫孙辈主事，吴锡维之兄吴锡纯应王茂荫长孙经守（王茂荫三子铭镇出）之请，为第三次刊刻的《王侍郎奏议》作序。

吴锡纯、吴锡维兄弟二人是光绪、民国年间在歙县古村落昌溪的文化名流。锡纯在光绪年间任过江西清江县令，热心地方公益事业。曾重刊乾隆六十年（1795年）熊家骥撰医书《痢疾奇方》，为之作序，更名《治痢慈航》，重新刊刻。他为《王侍郎奏议》作序是在光绪二十五年（1899年），次年，他与弟锡维共同编纂了《太湖吴氏族谱》（叙伦堂木刻本）。吴锡纯见过王茂荫，对王茂荫的事迹耳熟能详。他在序中一开篇就写了这样的话：

291

①［清］王茂荫撰，张新旭等点校：《王侍郎奏议》附录《吴锡纯序》，黄山书社1991年版，第210页。

公之女孙，为纯犹子妇，故得瞻公丰采。粤贼之乱，蔓延十六省，稽讨十三年，迅扫而廓清宇内者，为曾侯文正。而共以百口保文正者，公其一焉。斯时闻而乐之，然但知公有择将之职，而犹不知公有为将之才也。今年纯以卓异朝京师归，留滞豫章，得公长孙邮寄奏议索序，嗣公冢孙来视姐，又言之。①

序文中的"犹子"即侄子，意为茂荫公长孙女嫁于锡纯侄子为妻，以故吴锡纯序署名遂称"姻愚侄"。锡纯见过茂荫公，对茂荫公推荐并协助曾国藩稽讨"长毛"，他在孩提时代就听家乡父老谈及。原来他只知茂荫公有择将之职，而不知"公固有为将之才"，得读茂荫公长孙邮寄给他的奏稿之后，他才知道茂荫公有军事才能，认为"稽讨""粤贼"十三年，"迅扫而廓清宇内"，茂荫公"立功当不在文正下"。吴锡纯在序中，还对王茂荫"作宰三十余年，矢清矢慎矢勤"表示敬佩，认为王茂荫奏疏进言"以格君心、进人才、培气节为务"，有古相臣之风，"他如崇儒、修学、慎刑、理财，虑捻匪之势张，料夷人之情伪诸大端，均疑无不思，知无不言"，"而最关系国体者，和约不可改，举人生员之不可以资进"，②王茂荫之德望品行可谓高山仰止！

第三次刊刻《王侍郎奏议》，收入序言三篇即"三吴"之序（吴大廷序、吴棠序、吴锡钝序），仍设十卷，收入奏稿九十六篇。二十世纪八十年代初，王茂荫玄孙王自燮先生曾将其家藏的十卷本（四册）《王侍郎奏议》借给笔者研读，笔者有幸复印了一部留存。

第三次刊刻时，按常理应将第二次刊刻时增补的咸丰年间的七篇奏稿和易佩绅的序一并收入刻本，甚至将王茂荫在弥留之际口授，由家人记下，卒后由李鸿章代递的那篇"遗折"也一并收入刻本，但编辑却没有这样做，出于何种考虑，现不得而知。

第三次刊刻后的第六年（光绪三十一年即1905年），王茂荫在浙江经

①［清］王茂荫撰，张新旭等点校：《王侍郎奏议》附录《吴锡纯序》，黄山书社1991年版，第212页。
②［清］王茂荫撰，张新旭等点校：《王侍郎奏议》附录《吴锡纯序》，黄山书社1991年版，第212页。

商的孙子王经宇（王茂荫第三个儿子铭镇出），又请时任浙江严州知府桂坫为《王侍郎奏议》作序，准备日后再行刊刻时入著，但从那以后的八十多年间，一直没有再刊刻，因而桂坫的这篇序成了一篇未刊稿。

五、《王侍郎奏议》第四次刊刻于1991年，由安徽古籍办组织点校、黄山书社出版

1991年12月，安徽省古籍整理出版规划委员会办公室组织点校（张新旭、张成权、殷君伯点校，施培毅审订）、黄山书社出版了新版《王侍郎奏议》。这是到目前为止的第四个版本，也是最后一个版本。

《王侍郎奏议》第四个版本以光绪二十五年（1899年）刊本为底本，参校以光绪十三年（1887年）刊本，共设十一卷。第十一卷所收入的七篇奏稿即光绪十三年王茂荫门生易佩绅刊刻时新增的七篇遗稿，并对其中的六篇对照安徽省博物馆所藏抄稿进行了对校。工作可谓认真严谨。该版本将吴大廷、吴棠、易佩绅、吴锡纯所撰之序言全部入集，只是将这四篇序均作为"附录"置于集子之末，则欠妥贴。桂坫所撰之序，在当时竟未被发现入集，以至桂坫撰序过了一个多世纪还是未刊稿，这真是一个不小的遗憾。

王茂荫出生于清嘉庆三年（1798年）。黄山书社新版《王侍郎奏议》所刊"前言"中将王氏生年写作"一七八九年"，目次中"子怀府君行状"也错成"子怀府君引状"，文中错舛之处还有不少，实为美中不足之事。

（原文载《安徽史学》2014年第6期，结集时略有修改）

王茂荫题写"祖德流芳"匾额考

　　2012年9月,文化部命名了第五批国家文化产业示范基地,辽宁省唯一入选的是葫芦岛市的葫芦山庄。该山庄被誉为"中国葫芦文化之乡"和"中国关东民俗文化第一村",极具地域特色。2009年8月21日《辽沈晚报》曾刊发过一条消息:辽宁省葫芦岛市关东民俗博物馆藏有马克思《资本论》中唯一提到的华人王茂荫题写的"祖德流芳"匾额一块,每天都吸引很多游人前往观看。此事虽成旧闻,但对我来说,却是一件新鲜事。

　　二十世纪七十年代中后期,"徽学"和"徽州文化"概念尚未提出,笔者就开始搜集资料,着手研究古徽州的历史经济和人文风物。四十年前笔者在读《资本论》时,就感觉晚清时的徽州人王茂荫是一个很值得深入研究的人物。三十八年来,笔者对王茂荫的研究一直没有中断。王茂荫是一个学有根柢、知识渊博之人,他在官阶上虽然晚达,但在学业上却是早成的。他通经史,擅奏章和文辞,诗也作得好,写得一笔好字,他曾为乡党族人题辞撰联,为乡友著书撰序,这都是有史料可稽考的。他也题写过匾额,但题写得不多。王茂荫究竟是在何种情况下为何人题写"祖德流芳"匾额的?

一

　　据称,如今珍藏于辽宁省葫芦岛市葫芦山庄"关东民俗博物馆中的

"祖德流芳"牌匾，长180厘米，宽70厘米，重约25公斤，右边款自上而下楷书"赐进士出身资政大夫户部右侍郎王茂荫为"十几个字，正中用古朴大方的行楷写了"祖德流芳"四个字，左边落款是"重修家祠王志孝率族众同立 大清咸丰四年岁次甲寅春三月"。此匾是一个叫王国林的人在葫芦岛农村意外发现的。

从牌匾落款看，牌匾为160年前即清咸丰四年（1854年）春三月，王氏家族中之王志孝者率族众重修家祠时同立，由当时在朝廷任户部右侍郎的王茂荫题写匾额。但这个王氏家族是辽宁葫芦岛市农村的王氏家族，还是匾额题写人王茂荫家乡杞梓里的王氏家族或徽州府境内其他的王氏宗族呢？如果是王茂荫家乡的王氏家族的话，为什么155年之后（截至2009年王国林意外发现）却现身于数千里之外的辽宁葫芦岛呢？

由此，笔者不禁联想起一则题为《"顶风"折毁三百年古祠堂，王茂荫曾到此处寻根》的"旧闻"，那是刊发于2007年6月21日《安徽商报》上的一则消息。消息称："2007年6月20日下午，歙县霞坑镇上干村的王姓祠堂在有关部门的叫停声中仍然被拆得面目全非，拆下来的首批木构件已被运出村庄。"

该消息又称："王姓是歙县大姓，被马克思写进《资本论》中的唯一一个中国人王茂荫，其祖籍和霞坑镇上干村的王姓有着渊源。一些老年村民告诉记者，王茂荫曾经到王姓祠堂寻过根，还为祠堂题了字，因为民工始终拒绝开门，记者未能进入祠堂寻找王茂荫的题字。王茂荫是歙县杞梓里镇人，清代咸丰年间的户部右侍郎。不过，杞梓里镇与霞坑镇距离很近。村民称，看着祖宗们建起来的祠堂被拆除，心里也很难受，可是又没法子阻止，非常无奈。"

该消息还透露："文物部门已对此事展开调查，除坚决叫停拆除行为外，将追回被卖掉的木构件。歙县县委政府已对此事件加以重视，表示将严肃查处有关人员。"

消息中提到王茂荫曾经到上干村王姓祠堂寻过根，还为祠堂题了字。王姓祠堂被拆得面目全非，拆下来的首批木构件已运出村庄。这些文字引起笔者强烈的震撼与疑虑。

王茂荫题写『祖德流芳』匾额考

二

王茂荫于道光十一年（1831年）在北京以监生资格应辛卯恩科顺天府乡试，中了第228名举人。次年，参加会试，又联捷成第172名进士。参加殿试以第三甲第四十名被钦点为主事，签分户部广西司，从此步入仕途。王茂荫的"进士"可是正规考得的，与戴东原先生等人的"赐同进士出身"不一样，王茂荫在题款中何必写"赐进士出身"呢？

旧时题写匾额，一般都是请名人大家或肱公巨儒题写。如果匾额中的王志孝是辽宁葫芦岛人，是他率族众重修王氏祠时立匾，能延请的名人大家多得是，为什么偏偏请当朝一位副部级官员（咸丰四年春三月王茂荫正在户部右侍郎兼管钱法堂事务任上）王茂荫题写呢？这在一个半多世纪后的今天确实成了难以破解的谜。沈阳为清代留都，素有"盛京"之称。王茂荫做京官三十多年，办差到过多地，如山西、陕西，辽宁之"盛京"他也去过，而且仅仅去过一次。王茂荫的儿子铭诏、铭慎所作，曾国藩填讳的《子怀府君行状》中有这样一条记载：

> 庚子八月随大司马裕文端公、少司农善公焘，赴盛京凤凰楼、清宁宫、永陵、启运殿查估工程，十月回京，作述怀诗四首，望云思亲，言之悱恻。

这里的"庚子"年即鸦片战争爆发的那一年，即清道光二十年（1840年），中国近代史始于是年。当时，王茂荫举进士步入仕途方九年，身任户部广西司主事，为一般官员。这年八月至十月，他随大司马裕文端、少司农善焘等一行，前赴沈阳查估凤凰楼、清宁宫、永陵、启运殿工程。当时，他在沈阳待了两个月，期间认识异省他乡的同姓宗人，这不是没有可能，只是题写匾额当不在此时，因为牌匾上写明题写匾额是"咸丰四年春三月"，而不是道光二十年庚子。有可能是王茂荫在沈阳办差期间结识了当地或葫芦岛的王氏宗人，十余年后，王茂荫被擢升为户部右侍郎（咸丰三年十一月初二日奉旨补授），王氏宗人重修家祠之际，特来信着人来京请王茂荫题写匾额。

三

王茂荫以"祖德流芳"四字题给王氏家祠作匾额，是非常精到的。他对敦宗睦族，尊祖敬宗，甚为讲究。他生前一再告诫儿孙辈："孝、悌二字，是人家根本，失此二字，其家断不能昌。"他生前对自己的评价是："我之人品，自问只算中等人，存心不敢做坏事，而未免存惧天谴、畏人言之心。"他告诉时人："吾以书籍传子孙，胜过良田百亩；吾以德名留后人，胜过黄金万镒。自己不要什么，两袖清风足矣！"

据考：王姓出于姬姓，周灵王太子晋之子宗敬为周司徒，时人号"王家"，因以为氏。后世居晋阳，著望太原郡，至唐散骑常侍仲舒为江南西道观察使，死于洪州，夫人李氏携七子居宣州船莲塘，因巢乱（唐末黄巢起义）迁居歙黄墩。后人有王希羽者迁泽富（即今歙县王村，有《泽富王氏宗谱》，仲舒四子弘生扬州民曹参军王希翔，迁婺源邑东十里曰武口，号"云谷居士"，是为武口王氏一世祖。歙县杞梓里王氏系从婺源回迁而来。杞梓里王氏始迁祖名胜英（字仲英），为婺源武口王氏第20世。王茂荫为王胜英第14世孙，即武口王氏第34世孙。王仲舒为江南王氏始祖。江南王氏素称太原王氏。

关于王仲舒（？—823），《旧唐书》卷一百九十下有其本传，其中有载：

> 王仲舒，字弘中，太原人。少孤贫，事母以孝闻，嗜学工文，不就乡举，凡与结交，必知名之士与杨琐、梁隶、裴枢为忘形之契。贞元十年，策试贤良方正，能直言极谏等科。仲舒登乙第，超拜右拾遗。裴延龄领度之，矫诞大言，中伤贤良，仲舒上疏极论之，累转尚书郎。

王仲舒为王茂荫远祖，其重孝悌和直言极谏之遗风，王茂荫是完完全全地弘扬光大了。王茂荫的高祖王文选（1693—1763），字遴士，康乾年间人。王茂荫的老师歙县双溪（昌溪）人吴柳山所撰《王静远先生家传》记载：

> （静远先生之父文选）以孝义行于时，幼而失恃，稍长，事其父舜五公，不一日离左右。父殁事季父风歧公如父焉。治家有法，内外数十口，无违教者。及弟壮，悉举田宅器用之美好者推以与弟，又念弟食指繁，复割己产益之。其友爱如此。敦宗睦族，修祠建宇，善劳不伐。好急人之急，暑施浆，寒施衣，饥施食，病施药，有所请，无不立应。

王茂荫的曾祖王德修（1728—1779），字心培，号静远，考名洪烈，雍乾间人。民国《歙县志》记载：

> （德修）少有父风，勇力过人，尝夜过溪桥，马坠，曳其尾上之。中乾隆壬申（1752年）恩科武举人，就兵部试，闻父暴得疾，星夜驰归，设榻卧侧，虽污秽不假手奴婢，十余年未尝一日离侧。及父卒，绝意进取，孝养其母以终天年。

王茂荫的祖父王槐康（1755—1785），字以和，因兄弟多食指繁，弃儒从贾，游贾京师，乾隆庚子（1780年）创"森盛茶庄"于北通州，后因操劳过度而病逝潞河，享年仅三十一岁。槐康病殁后，二十八岁的遗孀方氏上侍两代婆母，下育儿女抚孤守节，苦度生涯，六十岁沐恩旌表，八十岁奉旨建坊，终年八十四。祖母方氏的品性行谊对王茂荫一生清节影响极大。

王茂荫之父王应矩（1776—1848），字方仪，号敬庵，以贫故废学，即任家政，继承先父未竟事业，为晚清贾名儒行的著名茶商。《子怀府君行状》记载：

> 祖敬庵公克承父志，尤笃于追远报本，修祖祠堂，置墓田，敦宗睦族，恤孤怜贫，于造桥、修路、兴水利、施医药诸善举，恒以身任其劳，孜孜不倦。

从以上援引的资料中我们不难看出，王氏祖传优良遗风可谓代代相传，发扬光大。王茂荫以"祖德流芳"四字题匾额，实在是对王氏裔孙和同宗后人的勉励与期望。此匾是王茂荫为家乡的王氏宗人题写的，而今现身于他昔日办差过的"盛京"之域，很有可能是有人从他的家乡"迁徙"去的。愿既迁之则安之，妥为珍藏。相信随着新资料的不断发掘，本文开头所说的谜迟早会得以破解。

（原文连载于 2014 年 6 月 3 日、10 日《黄山晨刊》）

王茂荫题写『祖德流芳』匾额考

《王茂荫奏稿》为歙县档案馆收藏断想

晚清歙县人王茂荫（1798—1865），是以清正廉洁、直言敢谏而名震中外的名臣。他在政治、经济、军事、用人、吏治和管理诸方面的思想观点，都十分丰富，很值得研究。王茂荫的主要著述是《王侍郎奏议》。这是王氏身后由家人和其门生编辑行世的。从清同治四年（1865年）吴大廷、吴棠作序首次刊刻，到1991年安徽省古籍办组织点校出版，前后共刊刻四次。其实，王茂荫晚年因病开缺调理期间，曾亲自"辑其奏议若干篇，汇为四卷，藏诸巾笥，不以示人"。王茂荫亲自编辑的这个本子他自己称为"奏稿"，其后人称"手折"或"底稿"。这"奏稿"系王茂荫的手迹，非常珍贵。

三十四年前，我在王茂荫六世孙王芳烈处见过这部四册的"王茂荫奏稿"。前两年我在撰文中说王芳烈先生作古后，这部"奏稿""不知所终"。最近得知该"奏稿"已于十五年前由安徽省歙县档案局收藏，我为一代名臣的手稿终有所归不致散佚而十分庆幸，同时也生发了一连串的断想。现将断想简括地理成文字。

一

王茂荫这个人，在学业上可以说是早达的，而在官阶上却为晚达。不仅晚达，而且多遭坎坷迭遇挫折。

咸丰年间，王茂荫因上疏建言发行钞币而被擢升为户部右侍郎兼管钱法堂事务，成为清政府主管财政货币事务主要官员之一，后又因上疏主张将钞币改为可兑换（黄金白银）的钞币，而受到咸丰帝的"严行申斥"，改任兵部右侍郎。其遗著有《皖省褒忠录》《王侍郎奏议》等，但并非生前付梓行世，均是其后人和门生编辑付梓的。

我走近王茂荫这个人物，说得远一点，是在四十一年前（1974年）于安徽劳动大学政治系政治经济学专业攻读《资本论》那阵子。

我开始搜集王茂荫籍贯家世、仕途履历、生平著述等方面资料，试作研究，则始于1979年，当时我在徽州地委宣传部理论研究室任理论干事。几十年来，我对这个历史人物的研究虽然没有中断，文稿写了不少，有几十万字，但并没有出什么像样的大成果。将王茂荫称为"马克思《资本论》中提及的唯一的中国人"，始于拙文《王茂荫的货币观点和他的遭遇——谈谈《资本论》中提及的唯一的中国人》，刊发于《江淮论坛》1981年第1期，至今已三十五个年头。

据我所知，关于王茂荫研究的原始资料（包括王氏手札手迹、家乘谱牒、图籍字画和日用文物等），实在散佚得太多，特别是在"文革"时期，许多珍贵的资料都毁于一旦。现在所能见到的资料不及原有的十分之一。

已被付之一炬的资料，不可能复制，再惋惜再牵念，也无济于事。而三十四年前我见过的王茂荫六世孙王芳烈手头保存的那部王茂荫生前亲自编辑的奏折底稿，则是我一直牵肠挂肚的。

黄山市方志办和市方志学会主办的《新安》杂志2013年第2期，刊发了我撰写的《〈王侍郎奏议〉刊刻史考略》，该文后经修改补充又发表于中国人文社科核心期刊《安徽史学》2014年第6期。

在《〈王侍郎奏议〉刊刻史考略》一文的第一节，我介绍了王茂荫当年因病开缺调理期间［咸丰八年（1858年）七月至同治元年（1862年）四月］亲自"辑其奏议若干篇，汇为四卷，藏诸巾笥，不以示人"的情况，特别是着重介绍了1937年春节期间在《徽声日报》当过副刊编辑的王璜在歙县人王任之、方士载陪同下访问王茂荫义成故居时，王茂荫的曾孙王桂鋆（采南）向王璜等人出示"四大册"奏折底稿的情况。

在这篇文稿中，我还第一次披露了1981年2月21日与友人鲍义来一道造访王桂鋆孙子王芳烈，王芳烈出示了祖传下来的四册奏稿的故实。该节最后说"王芳烈先生早已作古，他手头的四册奏稿已不知所终"。

二

今年1月13日下午，我收到中国徽州文化博物馆馆长陈琪先生寄赠《徽州文博》2014年第4期，发现该期刊物发表了安徽省歙县档案局邵宝振先生撰写的《〈王茂荫奏稿〉手抄本的鉴定与考略》一文，该文明确告诉读者一个真实的收藏信息：王茂荫生前亲自编辑藏家、相传五代人的王氏"奏稿"四册并没有因最后一代收藏主人作古而散佚，1990年，它已经安全地转让于安徽省歙县档案局收藏。

我从1970年始就有写日记的习惯。1976年大学毕业分配到徽州地委宣传部工作后将日记改为《事略》，而立之年又改为《自撰年谱》。在1981年2月的"年谱"上，我记有这样的文字：

> 1981年2月21日上午，在歙县与鲍义来访问王茂荫后人王淑芬和她母亲（时年71岁）。据这位71岁老人说：她在义成的旧居还有一些书画和"天官第"的匾，李鸿章题"敦仁堂"匾在王自珍处。据王淑芬说，1979年11月8日，歙县博物馆馆长胡承恩从她处借走四件资料：即吏部为知照示文选一份，奏稿一份，小札记三份，光禄公课稿目录一本。
>
> 同日下午，与鲍义来一道访问歙县桂林公社牌头大队王芳烈（王茂荫六世孙），王芳烈出示了他保存的"奏稿"，共四册，系线装本，手抄，内页书蕊印有"同春号"三字。手抄为蝇头小楷，十分娟秀，为版刻所不及，不知是否为王茂荫手迹。鲍义来将"奏稿"拍了照。王芳烈时年66岁。他

说，其父自厚27岁就去世了，其祖父王采南（王桂鋆）去世时，芳烈30岁。由此推算，王采南逝世于1945年，王芳烈生于1916年，属龙。王采南之父为王经守，号善夫，为王茂荫三子铭镇之子。王采南胞弟为桂培，号丹铭。

三十四年前的事了，而今回忆起来，好像发生在昨天。我与鲍义来访问的王淑芬，是王茂荫第二个儿子铭慎的后代，记得她与我同庚，也出生于1948年，时在歙县五七大学任教。

王家的辈分从王茂荫的高祖文选公开始，按文、德、槐、应、茂、铭、经、桂、自、芳等字排序，王淑芬为自字辈，王芳烈比淑芬低一辈，属芳字辈。淑芬、芳烈家原都居住义成，随后陆续外迁。我与鲍义来寻访王芳烈是各自骑自行车，由鲍义来带路去的。到了牌头大队，向当地农民打听才找到王芳烈。当时他已穷困潦倒，衣衫不整，住地萧条破败，一幢低矮简陋的单进平房里，十分阴暗，可谓家徒四壁。当言及王茂荫家乘牒谱事，他出示了四册王茂荫"奏稿"，是用一块灰褐色的布块包着。他一再声称，这四册"奏稿"是其高祖之父茂荫公的手迹。"奏稿"共四本，其中第一本封面上有"奏稿"二字。经王芳烈同意，鲍义来将灰褐色布块摊在屋前的地上，将四本"奏稿"按不同的摆设放在布块上，分别拍摄了照片作为资料。

<h2 style="text-align:center">三</h2>

王茂荫生有三子，长子铭诏，次子铭慎，三子铭镇，俗称老三房。王茂荫在同治四年（1865年）扶继母灵柩回里安葬时，因杞梓里祖居在兵燹中已成废墟，想在雄村买下曹氏房舍迁居而不得，遂在义成买下朱家旧房稍作修葺作"天官第"而举家迁居。买下的旧房经修葺分作三个独立的单元，三个儿子一家一个单元。三兄弟分家时，每家都有不少王茂荫传下的手稿手札、名人字画、图籍文书和家乘牒谱等文物。其中王

茂荫亲自编辑的四册"奏稿"（初刻《王侍郎奏议》之"留底"）由三子铭镇收藏。

王茂荫有孙男四人，即经守、经宇、经宬、经寀。经守为长孙，系三房铭镇之子。经宇系长房铭诏之子。经宬、经寀系二房铭慎之子。经守，号善夫，约出生于道光二十六年（1846年），不曾经商，善交名流。1985年10月，我与出席全国明史学术讨论会（在汤口汤泉宾馆举办）的部分专家学者赴历史文化名城歙县城里参观考察时，见歙县博物馆内曾挂有清代名儒、光绪皇帝的老师翁同龢题赠王经守的楹联，上联云"琴书自娱绵之日月"，下联云"松乔协轨宜乎昆仑"，题款"善夫大人正之"，落款"叔平翁同龢"。

王璜在其《王茂荫后裔访问记》中提到当时上海时事新报馆的编辑朱曼华家也在义成。朱曼华约出生于1904年，少时在王茂荫宅内读过私塾，王芳烈父亲那一辈（自字辈）曾与他是同学。据朱曼华在《王茂荫宅内读书记》（刊发民国二十六年六月十日出版的《光明》第三卷第一号）一文中透露，民国四五年间（1915—1916），"王茂荫的孙子王善夫还健在，不过下巴已经飘着斑白的胡须……王善夫是一个胖胖的挺着大肚皮的老人，手里老是捏着两个连壳都摩挲红了的胡桃"。当时王经守（善夫）"已近六十"，他的儿子王桂銮（采南）是"三十五六岁的中年人"。朱曼华说那时的王桂銮"完全是一个书生，那双近视的眼睛，却又不戴眼镜，看起人来，眼皮几乎眯成一条缝"。"王善夫和王采南父子俩每天的生活是下棋、看书，在庭院里浇花草"。

我根据对相关资料的考察，光绪二十五年（1899年），《王侍郎奏议》第三次刊刻，王经守请姻亲，时在江西为官的歙县昌溪人吴锡纯作序。

四

1937年春节期间王璜从上海赶回歙县，去义成访问王茂荫后裔，前后去了两次。第一次是他一人去的，由家住朱家村的联保主任汪裕洋带他去义成，去义成的路上汪裕洋介绍了王氏后裔的境况，王璜在事后发表的《王茂荫后裔访问记》（刊发民国二十六年四月二十五日出版的《光明》第二卷第十号）中曾这样写道：

> 汪裕洋先生说：王茂荫先生除了丢下住宅外，什么也没有。因为他是很刚正的，根本没有想到子孙们的事，或图自己的富裕，而剥削平民，所以现在他的后裔们的生活是很艰难的，只靠着卖古董古书生活。不过大、二房的子孙，在外面经商，他们的生活比较富裕点。因为王茂荫有三个儿子，叫铭诏、铭慎、铭镇。铭诏、铭慎的后人，都是在外经商，只有铭镇的后人王采南、王桂培住在义成。

汪裕洋带王璜到了王茂荫故居，接待他们的是王桂鋆和弟弟王桂培。王璜事后在文章中说王桂鋆是个"博学的老头儿"，"看上去恐有六七十岁了，但他的精神却很好，谈风也很健"，"而他的弟弟王桂培却不大说话，只默默地站在那里"。王桂鋆当时将四册"奏稿"拿出来让王璜看了。王桂鋆先生说，这"手折"是《王侍郎奏议》的"留底"。

几天后，在英子①和方言②的陪同下，王璜第二次去义成访问了王氏后裔。这次，方士载先生"替王桂培先生和他的住宅拍了照，也将王茂荫的遗像拍了张四寸半身的"。这几张图片随后均配王璜的《王茂荫后裔访问记》一文发表在《光明》杂志上。

王桂鋆生有三子，长子自厚即芳烈之父。王桂鋆的老境可谓凄凉，王璜当年访问王桂鋆时，他三个儿子只有一个健在，老大和老二都已故。自厚娶妻江氏生下芳烈，仅27岁就去世了。芳烈自幼丧父，生活一向艰辛，是王氏后人同辈中经济最为拮据的一个。他出生于1916年，他娶妻张凤仙，未育有子女这个情况，是我看了邵宝振先生的文章之后才知道。当年我们去牌头大队寻访王芳烈时，没见到他妻子，他也没提起家室。1990年，77岁的王芳烈在贫病交加时，能将先祖王茂荫亲自编辑藏家的

---

① 英子即王任之，名广仁，英子系笔名，歙县人，著名中医，曾任安徽省卫生厅副厅长，已故。

② 方言，原名方士载，歙县人，擅摄影，系黄山市政协原副主席方前先生之父，已作古。

四册"奏稿"移交歙县档案局，这个决断完全正确。

如果芳烈先生还健在，今年恰为百岁之翁。吾权以此文纪念王芳烈先生。

（原文载《新安》2015年第1期）

王茂荫与吴棠故实述略

　　王茂荫（1798—1865），是我国晚清时期以直言敢谏、清正廉洁而声震朝野的名臣。他是歙县杞梓里人，晚年迁居同邑义成村。在咸丰间他曾以倡行钞币而被擢为户部右侍郎兼管钱法堂事务，后又因建言将清政府发行的不兑现的"大清宝钞"和"户部官票"改为可兑现的钞票，而受到"申斥"，此事因被马克思写进《资本论》而使他名播天下。

　　如今，人们对王茂荫可以说是比较熟悉了。而对吴棠则比较陌生。其实，本文提及的这位吴棠，也是中国晚清时期一名宦，他由七品知县一直晋升至官届二品的四川总督、成都将军，成为清代皖东唯一的封疆大吏，中国漕运史上的集权总督，安徽清史上屈指可数的名人。他在咸丰初年就"有声江淮间"。①同治五年，钱振伦②称他为"以民慈父，为国重臣，江淮草木知名，天下治平第一人"③，"天子知名淮海吏"④。在整个同治朝，他一直与直隶总督李鸿章、两江总督曾国藩、陕甘总督左宗棠等疆臣齐名。吴棠仕途通达，主要是他本人坚持勤能为民，实心任事，清政廉明，老成练达，但与杨以增、王茂荫相继疏荐保举也有内在关系。本文对王茂荫与吴棠的若干故旧事予以简述。

----

　　①《清史稿》，卷四百二十五，列传二百十二，《吴棠传》，民国十七年清史馆本。
　　②钱振伦为淮上大儒，崇实书院长老、翰林院编修，翁同龢姐夫。
　　③滁州市地方志编撰委员会编：《滁州市志》（下），方志出版社2013年版，第1860页。
　　④语出李鸿章《再叠前韵赠吴仲宣》诗句"天子知名淮海吏，苍生属望涧阿人"，见时代文艺出版社版1998年版邱迎春主编《李鸿章全集》第12册，第7045页。

一

吴棠，字仲宣，一字仲仙，号棣华，清嘉庆十八年七月廿四日（1813年8月19日）出生于安徽省盱眙县三界市（今安徽明光市三界镇老三界行政村），光绪二年闰五月廿九日（1876年7月20日）病逝于滁州西大街吴公馆。吴棠为唐休宁吴少微公之裔。清同治十三年（1874年），吴棠曾主持重修《盱眙吴氏族谱》，他在《重修吴氏族谱序》中说其祖籍原"宅于休宁之商山村，明代中叶四世祖吴万由徽迁滁，卜居于滁州、定远、盱眙之三界"。吴氏孝敬堂从始迁祖吴万蕃衍至吴棠已有十二代。从其祖父吴钊起，辈分谱以"金水木火土"为偏旁取字，后吴棠又拟十六字为后人命名所依，即克绍至德，继祖扬芳，诗书世守，福寿延长。

吴棠少时家境贫苦，父亲吴洎，字圣基，号北山，课馆为业。母亲程氏，定远县武庠生程夔光之女。因家贫，吴棠与兄吴检从小由父母自教。吴洎原课馆于外戚胡氏，每月俸禄仅钱二三贯，妻程氏以制酒酱佐之。后吴洎授徒家中，同时教吴棠及其兄吴检读书，不足赡养，长子吴检从十三岁起以捻草为缗易钱补贴家用，妻程氏则以水磨做豆腐，由吴检挑入集市易钱。吴检为养家供弟就读，曾置马磨一盘，以磨麦成面粉经营。常常是一灯挂壁，吴检磨面，吴棠则在磨旁就灯夜读，其兄日后言"漏下三鼓弟犹读"[1]。时人亦言吴棠"家奇贫，不能具膏火，读书恒在雪光月明之下"。[2]吴棠早年还曾拜学于盱眙名儒钱坤门下。

吴棠十九岁中秀才，次岁参加江南乡试以第六十二名举人及第。随后，四次应礼部试，均不售。道光二十四年（1844年），三十二岁的吴棠再次赴京参加会试，仍未第。但在此年"大挑"中被评一等，作知县用。道光二十六年（1846年）试用期满，入漕运总督杨殿邦幕学习吏事。次年，因防汛出力，奉旨免借补，以沿河知县补用而摄砀山知县。道光二十九年（1849年），授桃源知县，筑滨卜家湖长堤保护县城，百姓称"吴

---

① 吴炳仁著,吴绍坪编:《约园存稿》(下),2003年10月版,第503页。
② 江苏省地方志编纂委员会编:《江苏省志·人物志》,凤凰出版社2008年版,第495页。

公堤"。咸丰元年（1851年）冬调清河县，任内严禁苛派，严禁赌博，严禁盗贼，因无积狱被百姓称"吴青天"。咸丰二年十月，署邳州知州，时值水患，岁荒盗炽，吴棠施行"首恶必惩，胁从解散"政策，亲勘灾情，兴修水利，收养弃婴，并卒勇击退山东捻众，地方暂靖，邳民称颂。咸丰三年先是奉旨以同知、直隶州知州升用，旋回任清河知县。时值太平军、捻军风起云涌，吴棠带兵征战淮海间。

咸丰三年五月，时任太常寺少卿官届正二品的王茂荫又向咸丰帝保举吴棠，《清史稿·列传二百十二》中提到这件事：

> 太常寺少卿王茂荫疏荐，诏询以增，亦以治绩上，特命以同知直隶州即补，赐花翎。[1]

《清史稿》记载比较简略，《清国史·王茂荫列传》记载则明确具体：

> （咸丰三年）五月，（王茂荫）疏荐马兰镇总兵宗室庆锡、副都统德全、前任福建布政使曾望颜请加察看。又先后疏荐江苏知州吴棠、陕西知县江开、江苏教职陈之琦、湖南知府张实、候选知县黄国光、庶吉士傅寿彤。得旨：吴棠交杨以增察看，江开、陈之琦发往周天爵军营差委，张实、黄国光、傅寿彤发往河南军营差委。[2]

《清史列传》还记载说：

> （咸丰）四年，太常寺少卿王茂荫疏荐人才，称棠捕盗认真。士民称颂，上命杨以增察看。以增称棠实心任事，始终不懈。得旨免补知县，以同知、直隶州即补，并赏戴花翎。[3]

---

① 《清史稿》，卷四百二十五，列传二百十二，《吴棠传》，民国十七年清史馆本。
② 《清国史》大臣画一，列传后编，卷十八，《王茂荫列传》。
③ 王钟翰点校：《清史列传》第14册，中华书局1987年版，第4202页。

王茂荫与吴棠故实述略

王茂荫疏荐吴棠的同年十一月，咸丰皇帝给时任两江总督怡良、江苏巡抚许乃钊降旨垂询：清河知县吴棠团练乡勇，深得民心，若令其带勇击贼，必当得力。咸丰皇帝的嘉许很快使吴棠成为"天子知名淮海吏"。两江总督、江苏巡抚、河道总督、漕运总督等疆臣都看重吴棠。

二

吴棠办事勤能，加上王茂荫鼎力保举后，咸丰皇帝亲下诏令，他便很快得到提拔，由清河知县升任邳州知州，并赏戴花翎，由正七品升为正五品。咸丰四年（1854年）正月，吴棠丁母忧去职，百姓相送，道途为之堵塞。因士民攀留，杨以增疏请夺情，咸丰帝诏命其治丧百日，以墨视事（即佩戴黑纱上班），仍署原职，一年半后才回籍终制。咸丰六年（1856年）二月，吴棠父亲去世，按惯例奉讳里居，回籍倡办团练抵抗太平军、捻军和地方义军。驻安徽凤阳临淮专事剿捻的都察院左副都御史、帮办团练大臣袁甲三又奏请吴棠丁忧夺情，前往临淮大营参与剿捻事宜，这一次未获准允。这一年，李鸿章在老家庐州（合肥）被太平军李秀成部击败，祖坟被掘，曾逃到吴棠府上避难。咸丰九年（1859年），吴棠守制期满即被任用为徐州知府。此后，仕途一直通达，咸丰十年补淮徐道，受命帮办江北团练。咸丰十一年，擢（1861年）江宁布政使，署漕运总督、督办江北粮台。同治二年（1863年）实授漕运总督。三年，加头品顶带，署江苏巡抚。四年，调署两广总督，吴棠疏陈"江境尚未全平，请收回成命，专办清淮防剿"。诏嘉其不避难就易，仍留漕督任。后军事初定，即筹复河运。署两江总督未几又回任。五年调补闽浙总督，授钦差大臣。六年十二月调任四川总督，加都察院右都御史、兵部尚书衔，直至同治十年（1871年）兼署成都大将军等职。从咸丰三年至同治六年首尾十五年内，吴棠由七品知县擢迁为官届二品的四川总督，仕途畅通，在大清一朝绝无仅有。

咸丰元年（1851年）太平天国起兴后，捻军揭竿而起，各地义军纷纷响应，风起云涌，再加上外患，大清江山处于风雨飘摇中。为国家社稷考虑，咸丰登极后一再号召当国大臣举荐贤明，广纳英才。王茂荫疏荐李鸿章之父李文安、马兰镇总兵庆锡、副都统德铨、福建布政使曾望颜以及吴棠等。他前前后后给咸丰、同治上了一百多个奏折，所言皆国计民生大事，对用人理财两件事，念念不忘，知无不言，言无不尽。他上给咸丰的第一个奏折是主张改变币制的《条议钞法折》，第二个奏折就是《振兴人才以济实用折》。他的用人理念有鲜明的时代特征，他曾一再大声疾呼："治平之道，在用人理财二端，而用人尤重。用非其人，财不可得理也。"①特别值得一提的是，王茂荫在保举吴棠之先，与吴棠并不相识，既无私交更无深交，在闻知其德能勤绩而推荐任用，纯属为大清江山社稷考虑而推荐贤能。一个封建社会的官员有此胸怀，有此伯乐之举，实在难能可贵。

同样，在较长时间里，受到提拔重用的吴棠也不认识王茂荫。吴棠虽然早闻王茂荫大名，获悉王氏保举的人员中有他吴棠，有不胜知遇之感，但在战事频仍、时局动荡的境况下，他没有机会去拜见王茂荫。直到王茂荫病逝的前一年即同治三年（1864年）春，王茂荫奔继母吴太夫人丧事由京城沿运河舟行南下，途经淮阴，才与已加头品顶戴、署江苏巡抚但因江淮未戢仍请留漕运总督任上的吴棠第一次见面，吴棠热情接待了他。这是他们第一次谋面也是有生之年的最后一次。此后，他们再也没有见过面。次年六月廿二日，王茂荫在新迁居的义成村病逝。吴棠离世前十年即同治五年（1866年），为王氏遗著《王侍郎奏议》作序，他在序中回忆了与王氏在淮阴相见情景及感触：

> 棠之再宰南清河也，与公无一面交，首列荐剡，不胜知己之感。同治三年，公以奉讳返里，道出淮阴，始得一接奉颜色，蔼然深挚，词气呐呐，如不出诸其口，益信公之不欲仅以言见，而使世之人诵公之言，固非公之心也。棠识性浅

---

① [清]王茂荫:《王侍郎奏议》卷一《振兴人才以济实用折》，清光绪十三年刻本。

陋，于公未能窥见万一，而即公之言以想公之行，公论所在，宇宙至广，必有非棠一人阿好所能掩饰者矣。①

近年有人撰文介绍："后来吴棠得知，王茂荫在歙县义成村守孝期间非常清苦，只能靠到当地书院讲学得些薪水维持生计，于是吴棠决定以余薪助恩师颐养之需，特地委派亲信带了五百金送到王茂荫府上，再次为王茂荫谢绝。王茂荫在回函里说：'保举，公也；涉于私，则不足道也。'吴棠因此深感惭愧，此举是出于一片真心实意，但很容易玷污恩师一世清名，后来再也不敢以钱帛相赠了。"②据笔者所考，同治四年（1865年）二月，王茂荫由江西吴城扶继母灵柩返里，四月抵家，即经营卜葬事。暮岁还乡的他，见兵燹后里闬成墟，亲知族党多半流亡，心情本来就不好，五月间驻扎徽州的清军兵勇又为兵饷滋生闹事，心情更为悲愤，六月中旬旧病复发，不久便告别人世。他没有也不可能去当地书院讲学以"得些薪水维持生计"。至于吴棠派人来看望王茂荫，这倒有可能，凭王茂荫的官德人品，再次谢绝相赠金帛，并讲了掷地作金石声的话语，这也势之必然。他称得上是一个地道的清官。王茂荫作古后，吴棠应王氏后人之请为《王侍郎奏议》撰序，为王氏遗著印行助一臂之力，此事做得甚好，其风可嘉。

三

吴棠出于寒门，有过贫苦经历。居官之后，心系民生，实心办事，正直廉明，始终不懈，上下口碑都很好。同治六年（1867年）十二月，四川总督骆秉章病逝于任上，清廷调吴棠接任四川总督。他在蜀整八年，官声卓著。他因病请求开缺的光绪元年（1875年），四川学政张之洞曾称

---

① ［清］王茂荫撰，张新旭等点校：《王侍郎奏议》附录《盱眙吴棠传》，黄山书社1991年版，第209页。

② 武佩河，贡发芹编著：《中国民间故事·安徽滁州·明光卷》，知识产权出版社2012年版，第241页。

赞吴棠治蜀功德："蜀人八年夜安枕，蜀江三月花如锦……功在江淮德在蜀，年年俯仰饱食粥。巨人长德非空言，岁星所躔国有福。"①吴棠在四川总督任上不畏权奸，上疏弹劾与清廷太监李莲英关系密切的奸商李光昭和谏阻同治皇帝修建圆明园之事，曾在清廷引起不小的震动。说吴棠多少受到王茂荫直言敢谏之风影响并不为过。事情是这样：

同治年间，寄居湖北汉阳的广东嘉应人奸商李光昭与清廷内务府有关权贵相勾结，以重修圆明园的名义，从东南亚等地低价收购大量木材，然后以高价卖给内务府，从中牟取暴利，从而导致大量官银外流，加剧了国库空虚。此事牵涉官员众多，涉及大学士、军机大臣、亲王贝勒等一批重臣和宗室皇亲。不少知情官员为保住自己前程，均装聋作哑，三缄其口。而疆臣吴棠得知此事原委后，却毅然三次上疏弹劾，请求朝廷严厉追究。李光昭后终被惩处。

吴棠谏阻修建圆明园更是非同一般。圆明园为清代著名皇家园林之一。原为康熙帝赐给皇四子胤禛（即后来的雍正帝）的花园。雍正继位后又费资数千万进行了修缮，增建了长春园和绮春园。乾隆间，圆明、长春、绮春三园格局基本形成。嘉庆年间又对绮春园进行了修缮和拓建。道光朝对三园也有修饰。咸丰十年（1860年）十月，英法联军进军北京，圆明园遭侵占、洗劫和焚烧。在咸丰朝十一年和同治朝上半叶，为对付太平军、捻军及其他义军，抵御外夷，国力已衰竭。同治七年（1868年），满洲御史德泰为讨好慈禧太后，曾动议加收税赋用以重修圆明园，因违反了康熙三十八年"永不加赋"的祖训，遭到军机处痛斥，德泰吓得上吊自杀。同治十一年，十六岁的同治皇帝载淳亲政，内务府又为修圆明园蠢蠢欲动，年轻天真的载淳为讨好母亲慈禧，不再干预朝政，便诏谕同意修建，"复回旧制"，并改用"王公以下京外大小官员量力报效捐修"的办法兴工。御史沈准、游百川上疏谏阻，遭同治痛斥被革职，恭亲王奕䜣（同治皇帝叔父）与醇亲王奕譞、大学士文祥、帝师李鸿藻等十名重臣联名疏奏劝阻，认为"宜培养元气，以固根本，不应虚糜帑

① 滁州市地方志编撰委员会编：《滁州市志》（下），方志出版社2013年版，第1860页。

糈，为此不急之务"。结果，年轻气盛的同治皇帝不给面子，严厉申斥，还声称要革去奕䜣议政王之衔。当时朝中军机大臣荣禄、翰林院侍讲翁同龢及六部官员，无一人敢再劝阻。连威望卓著的疆臣李鸿章（直隶总督、北洋大臣）、左宗棠（陕甘总督）、张树声（两江总督）、丁宝桢（山东巡抚）等，也都不敢议论此事。内务府原计划在同治十二年（1873年）底完成修复，以此向慈禧太后四十大寿献礼。可是诏谕颁了三个月，捐银只得四十万两，仅占需要银两的百分之一。各地都在观望，事情陷入僵局。最后打破僵局的还是吴棠。他由四川赴京面谏同治皇帝与慈禧太后，他一再苦谏：国家打了十几二十年的杖，内乱虽然平息，但国库早已空虚。此时，百姓亟待休养生息，恢复元气，切不可大兴土木，劳命伤财。他甚至说：只要停止修圆明园，臣死不足惜。臣一心为皇上着想，为大清江山社稷着想。请皇上三思！慈禧太后母子商议后，终于接受了停修圆明园的劝谏。

咸丰五年（1855年）二月，在国事艰难之际，王茂荫曾犯颜上疏劝谏咸丰皇帝奕詝暂缓临幸圆明园。十七八年后，得到王茂荫保举、咸丰皇帝生前就知其名的"淮海吏"吴棠竟又力谏咸丰之子同治皇帝载淳暂停修建圆明园。他们的出发点和归宿惊人的一致，都是为了国家社稷的长治久安。仅此两件事，足以使他们名垂千古！

光绪元年（1875年）冬，吴棠因病乞归，次年二月病逝于滁县。清廷念其剿贼功勋，备加优恤，特颁诏书，其诏书曰：

前任四川总督吴棠，老成练达，办事勤能。由大挑知县擢升监司，循声卓著。嗣在漕运总督任内，带兵剿贼，保卫地方，历任闽浙、四川总督，克尽厥职。上年冬间，因患病准于开缺，俾得安心调理。兹闻溘逝，轸惜良深。吴棠著加恩照总督例赐恤。任内一切处分，悉予开复。应得恤典，该衙察例具奏。伊子廪生吴炳和，著赏给举人，准其一体会试，用示笃念，苶臣至意。钦此。

慈禧太后闻吴棠去世，特撰祭文，评价吴棠"柱石勋高，栋梁望重""历始终而勤事，为中外所交推"。吴棠卒后，清廷谥号勤惠，并敕建"吴勤惠公祠"于原老三界十字街西北角，祠堂内原供有慈禧太后所书"福"字鎏金匾额。

　　　　　　（原文连载于 2015 年 2 月 3 日、10 日、17 日《黄山晨刊》）

王茂荫与吴大廷交谊钩沉

　　清咸丰朝任过户部右侍郎的王茂荫（字椿年，号子怀），是晚清时期声震朝野的名臣。他于清嘉庆三年三月十一日（1798年4月26日）出生于歙县杞梓里茶商家庭，同治四年六月廿二日（1865年8月13日）病卒于歙县义成"天官第"。他生前曾将自己的一些奏稿加以编辑，汇为四卷，藏于巾笥。他作古后，儿辈请人作序，将其遗著定名《王侍郎奏议》于同治六年（1867年）首次刊刻行世。第一个为《王侍郎奏议》作序的是吴大廷。吴大廷为何许人，他与王茂荫有何交谊，对王茂荫的德行操守及著述有何评述，本文作一介绍。

一

　　吴大廷，字桐云，号小酉腴山馆主人，生于清道光四年（1824年），卒于同治六年（1867年），湖南沅陵人。咸丰五年（1855年）中顺天府乡试举人，后由举人入赀为内阁中书。咸丰十一年（1861年）从安徽巡抚李续宜来皖，次年即同治元年（1862年）受保举补用为员外郎。同治二年从唐训方于临淮，荐改为道员记名，赏戴花翎。后从左宗棠由浙入闽，同治四年荐补福建盐法道。同治五年（1866年）九月，清廷任命左宗棠为陕甘总督，离任前他推荐得力部属吴大廷、刘明灯分任台湾兵备道员与台湾镇总兵，同年十月吴大廷以按察使衔赴台履任，加二品服。同治六年以病免归，卒赠太仆寺卿。吴大廷守洁才长，兼通方略，是一位廉洁而有魄力的人物。著名学者、安徽桐城人吴汝纶在《赠太仆寺卿故福建台湾兵备道吴君墓铭》中说吴大廷"纵学而甚文，警敏有器观"。①廖一中、罗直容《李兴锐日记》言吴大廷"早年有奇才"。②吴大廷在位有政声，工于诗文。著有《小酉腴山馆集》，含《诗集》八卷，《文集》十二卷，《小酉腴山馆主人自著年谱》二卷。

　　不少介绍吴大廷生平的文章均言他平生喜交往，与政界胡林翼、曾国藩、郭嵩焘、左宗棠、李鸿章等有交往，与文士刘熙载、方宗诚、吴廷栋、孙衣言、俞樾有往来。殊不知他与王茂荫的交谊，也是比较密切的。他与王茂荫的交谊始于何时，现在尚未考证准确，但可以肯定的是：他与王茂荫过从甚密是在咸丰八年（1858年）七月王茂荫因病请求开缺获准，十月"由歙县会馆移寓广渠门内之玉清观"，次年受延请担任潞河书院主讲又"移寓潞河"③这段时间。当时他中举后入赀授内阁中书在京，尚未从李续宜来皖谋职。旧时拜某某人为师，从学其门下称从某某游或从某某游学。如王茂荫少时曾从学于名儒吴柳山，其后人所作《子怀府君行状》中则称："（府君）舞勺后，从双溪吴柳山先生游。先生为乾隆丁酉科江南解首，故名宿也，门下多积学之士。"④吴大廷在为《王侍郎奏议》所作的序中说：

　　　少司马歙县子怀先生……既请告，辑其奏议若干篇，汇为四卷，藏诸巾笥，不以示人。而余以菲材，辱从公游，得尽发其覆而遍读焉。⑤

　　这里，吴大廷说他"以菲材，辱从公游"，当然是谦辞。所谓"从公

<hr />

① ［清］吴汝纶编撰：《桐城吴先生诗文集》文集卷一，清光绪刻桐城吴先生全书本。

② 李兴锐著，罗真容、廖一中整理：《李兴锐日记》，中华书局1987年版。

③ ［清］王茂荫撰，张新旭等点校：《王侍郎奏议》附录《显考子怀府君行状》，黄山书社1991年版，第197页。

④ ［清］王茂荫撰，张新旭等点校：《王侍郎奏议》附录《阮陵吴大廷序》，黄山书社1991年版，第186页。

⑤ ［清］王茂荫撰，张新旭等点校：《王侍郎奏议》附录《阮陵吴大廷序》，黄山书社1991年版，第206页。

游"，即从学于王茂荫。王茂荫年长吴大廷二十有六岁，饱学经史，因病获准开缺养病潞河，受延请主讲潞河书院期间，吴大廷将其以长辈、师长目之而从其游学。清廷有规定，官员告退之前不可以接纳门生弟子，告退之后方可以。当时，王茂荫已经因病开缺获准，将吴大廷等接纳为及室弟子，完全是可以的。王茂荫将自己养病期间亲自编辑的四卷奏稿"藏诸巾笥，不以示人"，却让吴大廷"尽发其覆而遍读"，足以说明他对吴大廷的了解与信任，他们之间的心契非同一般。咸丰十年（1860年）秋，王茂荫在潞河寓所接受吴大廷拜谒，当时因旧病未愈，"言辄流涕被面"。这次见面，应吴大廷所请，王茂荫答应为其父母作传，并将自己所作《祖母节孝录》见示于吴大廷，也请吴大廷为先祖母方太夫人和先父应矩公作传。同年冬，吴大廷在随安徽巡抚李续宜来皖谋职前夕，再次去潞河王茂荫寓所叙别。去时，王茂荫为吴大廷先父母作家传刚刚脱稿，他对吴大廷说："子之母劬劳孝亲，何大类吾祖母也。"话还未说一半，竟呜咽不能成声。这次叙别，吴大廷询问王茂荫："上（指咸丰皇帝）不次超擢，其意盖将大用也。何以言不见用如此？"王茂荫当时的作答以及作答时的表情和吴大廷的感受，事后吴大廷为《王侍郎奏议》所作序中写得明白：

> 先生谓以谏临幸御园一疏积忤上意，因称辜负天恩。复俯案泣涕，不能自己。先生已投闲散，而恳款悱恻，犹如疾痛切身，非真忠君爱国，足以质天地而泣鬼神，其能若此乎！①

王茂荫请求开缺养病玉清观时，来看望拜谒他的人士很多。一次，贵州镇远人李文森经友人吴大廷介绍，也来谒见王茂荫。李文森年长于吴大廷，也年长于王茂荫，为嘉庆十五年（1810年）进士，咸丰十年（1860年）复起官于奉天道。后官安徽兵备道，署按察使，在任数年不为

---

① [清]王茂荫撰，张新旭等点校：《王侍郎奏议》附录《阮陵吴大廷序》，黄山书社1991年版，第207页。

私不受贿，严格执法，被百姓誉为"小包公"。同治三年（1864年）甲子，王茂荫自江西吴城扶继母灵柩归里，因家乡不靖暂寓皖城安庆期间，刚刚赴皖履任的李文森又拜见了王茂荫。这两次谒见，李文森均记述在为王茂荫出示的《祖母节孝录》题识中，他写道：

> （茂荫）公时为言官，洊陟卿贰，不得已举行政用人之大，日陈于君父之前，凡有关于国计民生，人所不及言、不敢言者，公力言之……公为哲士，为直臣，或以为天下奇男子……咸丰庚申，文森起复再之奉天道，出都门，因吾友吴子桐云，一谒公于玉清观，蒙公以后进礼见，且荐其才于今相国倭艮峰先生。同治甲子，文森以庐凤道奉命榷皖臬，适公奉继母讳归，侨寓省垣，抵任后首谒公，就问地方利病，且求所以时措之宜者，公一一教诲不倦，无异曩在都时。然后知公虽身在退处，未尝一日忘天下也。今年春，公将旋里治葬事，出是册嘱题……①

二

咸丰十一年（1861年）辛酉正月十五日（元宵节），吴大廷应王茂荫之请，为日后刊行的《王侍郎奏议》作了一篇千余字的序，即《阮陵吴大廷序》。吴大廷一开篇便赞誉王氏"直声高节，上自公卿，下至工贾隶圉，无智愚遐迩，啧啧皆赞其贤"②。他说"先生孑然一身，清俭朴约，非如世之矫激以沽名者"，特别是在太平天国运动已经爆发，望风披靡，海内绎骚的境况下，王茂荫仍坚持"独抗请疏天子下诏，革小楷及括帖之习，而汲汲以设法振兴人才，至于攻守之宜，筹饷之方，与夫选将练

---

① 《王节母方太宜人行略》书后李文森题识，20世纪80年代中期笔者见王茂荫裔孙家藏手抄件。

② [清]王茂荫撰，张新旭等点校：《王侍郎奏议》附录《阮陵吴大廷序》，黄山书社1991年版，第206页。

兵，解胁从、褒忠义及行钞铸钱诸大政，无不精思熟虑，卓卓可见施行"。①吴氏画龙点睛之语还在于接下来的一些话：

> 其（指王茂荫之奏疏）尤要者，《临幸御园》《天时人事》两疏，拳拳以格君为心，几乎程朱正心诚意之遗风焉。使果一一能用其言……又何至东南涂炭，使夷狄乘虚而入，骎骎乎成燎原之势哉！惜乎言虽切直而不获见诸设施，不得已引疾以退，而时事遂渐不可支矣。悲夫！②

吴大廷这里所讲的《临幸御园》《天时人事》两疏，是指王茂荫于咸丰五年二月廿九日、六年四月初三日先后上给咸丰皇帝的《请暂缓临幸御园折》和《时事危迫请修省折》。咸丰皇帝对王茂荫素有知遇之恩，很是器重，不次擢用，但王茂荫因上这两个奏疏，特别是前一个折子，积忤了咸丰，因而被赋闲。王茂荫直声高节，敢于犯颜直谏，独立敢言人所难，殊为难能，实在可贵。歙县清末翰林许承尧曾一再声称：茂荫公单凭此折即足以名留千古！

咸丰十一年春三月，吴大廷还为王茂荫先祖母方太夫人、先父应矩公（字芳仪，号敬庵）分别作传。在为王氏先祖母所作传中，吴大廷一开篇就写了这样一段话：

> 昔南轩张氏谓：无所为而为之，为义；夫无所为而为之者，即慎独也。世衰道微，士大夫有所为而为之者，亦罕矣。然以余所敬事如今，歙县致仕兵部左侍郎子怀王公，直声高节，震动朝野，其诸无所为而为之者欤。③

---

① ［清］王茂荫撰，张新旭等点校：《王侍郎奏议》附录《阮陵吴大廷序》，黄山书社1991年版，第206—207页。

② ［清］王茂荫撰，张新旭等点校：《王侍郎奏议》附录《阮陵吴大廷序》，黄山书社1991年版，第207页。

③ 吴大廷《王节母方太宜人传》，20世纪80年代中期笔者见王茂荫裔孙家藏手抄件，原名《传》，笔者改现名。

又说"古云修德必获报。侍郎为国元老，允甚与司马文正、李忠定相顽，以益光大节母之志"①。吴大廷这里提到的南轩张氏是指南宋著名学者张栻（字敬夫，又字乐斋，号南轩），为学主张"明理居敬"，与朱熹、吕祖谦齐名，时称"东南三贤"；司马文正指曾文正曾国藩，李忠定指李鸿章。吴大廷为王茂荫先父所作传名《赠资政大夫敬庵王公家传》，其中有言"公子茂荫今致仕兵部左侍郎，倜议清操，海内推为巨人"之语。②

潞河叙别后，吴大廷即随安徽巡抚李续宜来皖，但还与王茂荫信札联系。在咸丰十一年八月十四日信函中，他所写"国家大故，我公忠孝出于至性，必深悲恸"一语，指的是该年七月十六日咸丰皇帝病死热河。《子怀府君行状》提到此事就是这么写的："辛酉七月，文宗显皇帝驻跸热河，龙驭上宾。府君惊闻遗诏，抚膺号哭，哀痛不能自已。"在这次信函中他还告诉王茂荫，他来皖之初，"皖抚初因误听小人之言，试（大）廷以委琐之职，嗣经（大）廷两次辞退，坚请还山，皖抚始恍然于人言之诬"③。

同治改元（1862年）之后，清廷起用了一批老臣，王茂荫是其中之一，先是署（代理）都察院左副都御史，很快又授吏部右侍郎，同治四年（1865年）六月在籍病逝。

王茂荫去世之前，曾奉命办案山西，在山西接继母吴氏病死于江西吴城（当时王家避兵祸于此）之讣音，乞假辗转奔丧。其间于同治三年（1864年）在皖省安庆与吴大廷不期而遇。双方不胜唏嘘。次年四月，王茂荫从江西扶继母灵柩回里安葬，六月旧病复发，因医治无效而在新迁居地歙县水南义成村离开人世。吴大廷闻讣音，亲笔在白绫上写了一首系序挽辞送到王家。其挽辞曰：

---

① 吴大廷《王节母方太宜人传》，20世纪80年代中期笔者见王茂荫裔孙家藏手抄件，原名《传》，笔者改现名。

② 吴大廷《赠资政大夫敬庵公家传》，20世纪80年代中期笔者见王茂荫裔孙家藏手抄件。

③ 曹天生点校整理：《王茂荫集》，中国档案出版社2005年版，第262页。

余交公京师，在咸丰戊午，其时公已请告，为录其谏章数十藏之。壬戌公再起用，以书抵余，访问时事。余就所知者答之，未至京，而公已谳狱山左，羁滞年余，奉讳捉里。甲子三月公归自京师，余适赴皖，不期而晤于安庆，执手唏嘘者久之，阅日别去。今年夏犹屡得公书，不谓遽成古人，伤哉！

直声高节似公难，再起东山志未殚。
芒履麻衣悲皖国，青灯浊酒忆长安。
音书断绝绕三月，生死凄凉已万端。
犹有谏章留箧笥，编摩他日怕重看。

小诗系叙恭挽子怀先生大人灵次

吴大廷拜稿

吴大廷还曾任职闽台，但那时王茂荫已不在人世。

（原文连载于 2015 年 4 月 21 日、28 日《黄山晨刊》）

清风高白岳　德名留千古

——纪念清代名臣王茂荫逝世一百五十周年

　　王茂荫是中国清一代以清正廉洁、直言敢谏而声震朝野的名臣。他的老家在歙县旱南杞梓里，因清咸丰末同治初家乡的房舍毁于兵燹成为焦土，晚年只得在歙县水南义成村买下朱姓旧房挈家迁居。同治四年（1865年）四月，他由江西吴城扶继母吴太夫人灵柩回里卜葬后便病入膏肓，于同年六月二十二日（公历8月13日）在义成逝世，终年六十八岁。王茂荫虽官届二品，但家中并未因其显贵而巧取豪夺一瓦一垅。他生前曾平静地告诉时人："吾以书籍传子孙，胜过良田百亩；吾以德名留后世，胜过黄金万镒。自己不要什么，两袖清风足矣！"王茂荫离世以后，关于其德名的记载史不绝书，留在民间的口碑历久不衰。

　　笔者走近王茂荫这个人物，始于二十世纪七十年代中期在安徽劳动大学攻读《资本论》之时，1976年大学毕业回徽州工作后开始搜集资料试做点研究，至今近四十年几乎没有间断。1985年8月13日，《徽州报》发表了拙文《中国近代经济思想史上的一颗明星》（副标题为"纪念王茂荫逝世一百二十周年"），该文不足千字，主要是简评王茂荫的经济思想在中国近代史上的地位。光阴荏苒，三十年弹指一挥间，王氏逝世一百五十周年忌辰又近在眼前。为纪念这位德名留千古的徽州先贤，笔者再次撰文，对王茂荫的家世生平和值得世人钦仰的品性德行作一评介，世人从中或许能多少受到启示。

籍贯家世　生平履历

清嘉庆三年（1798年）三月十一日（公历4月26日），王茂荫出生在歙县一个茶商之家。他原名茂萱，字树之，号蘐甫，又字椿年，号子怀，茂荫之名是三十四岁那年在京师以捐监生资格应京兆试时开始启用的。

王茂荫出生于徽商家庭，生长在一个徽商社会里。他的家乡歙县杞梓里山多田少，村人"十室九商，而商必外出"。王茂荫祖父王槐康，十九岁（1773年）完婚后为家计所迫，便弃儒从商，从族人去北京一带做茶叶生意，于乾隆四十五年（1780年）在北通州创设"森盛茶庄"。他处事精明，本可在商界干一番事业，可惜因操劳过度，三十一岁病死于潞河。王茂荫的父亲王应矩（1776—1848），字方仪，号敬庵，因父亲早逝，年轻时便"以贫故废学，即任家政"，去北通州经营先父创办的茶庄生意，后来成了有名的大茶商。

王茂荫兄弟四人，他居长，生母洪氏；弟茂兰、茂茹、茂蔼，均继母吴氏出。王茂荫虚龄六岁那年，生母洪氏病故，父亲常年经商在外，他是在祖母方太夫人和被他呼为"小姑"后嫁三阳坑巨商洪伯成（字禹功，号梅庵）为妻的王氏（讳柏芝）抚育下成长的。他成人后，对祖母和小姑怀有极深的感情。

同许国、戴震、俞正燮等先贤一样，在学业上，王茂荫也是早达的，但在科场上却屡遇坎坷。他幼时读私塾，晨入暮归，非常用功。后从乾隆丁酉科江南解首、名儒吴柳山先生习经史，学业大进。青年时期，他在南闱乡试多次，均不利，家人和他自己都认为由科场入仕途没指望了。道光十年（1830年），他听从父亲安排，赴北通州协助父亲管理"森盛茶庄"。第二年，值北闱恩科取士，他改用"茂荫"名捐监生应京兆试，不意竟中举人，次年参加会试，又联捷成进士，殿试后被钦点为户部广西司主事，这年他三十五岁。捷报传到家乡，七十五岁的老祖母欣喜万分。当年九月，王茂荫告假南归省视，祖母告诫他说："吾始望汝辈读书识义理，念初不及此，今幸天相余家。汝宜恪恭尽职，毋躁进，毋营财贿。

吾与家人守吾家风，不愿汝跻显位、致多金也。"①对祖母方太夫人的这一告诫，王茂荫终生志之不敢忘。

在官阶上，王茂荫却是晚达的，不仅晚达，而且遭受挫折。他在举进士后长达十五年的时间内，都没有离开户部，只是任"主事"一类微官闲职，还充任过会试收卷官，直到五十岁那年才被升补为户部贵州司员外郎。次年二月，清廷准备擢升他为御史，不料三月父亲去世，按当时的定制，他必须回家守制。待他守制期满回京供职时，道光皇帝已死，咸丰皇帝继位，太平天国运动爆发了。

从咸丰元年至咸丰八年（1851—1858），王茂荫所任职务不少，其中最引人注目的是咸丰三年（1853年）十一月由太仆寺卿擢升为户部右侍郎兼管钱法堂事务，成为清政府主管财政货币事务的要员之一。在任，他提出并坚持自己发行可兑换的钞币的主张，对清政府滥发不兑换的纸币和低值铸币的通货膨胀措施，不断提出异议，结果遭到反对派的攻击和咸丰皇帝的申斥。咸丰四年（1854年）三月他被调任兵部任右侍郎，不久升转兵部左侍郎。咸丰八年（1858年）七月，他以病请求开缺，养病期间曾受聘在潞河书院主讲。咸丰十一年（1861年）七月，咸丰皇帝死于热河，八月，同治皇帝载淳继位，主持朝政的慈禧与议政王奕䜣为安定局面，起用了一批老臣，王茂荫是其中之一。同治元年（1862年）四月，王茂荫受命代理都察院左副都御史。十一月任工部右侍郎兼管钱法堂事务。次年二月，被调任吏部右侍郎，这是他一生中最后一个职务。

同治二年（1863年）六月，办案山西的王茂荫得知为避战乱逃难江西吴城的继母病逝，奏明回京，绕道奔丧，因太平军与清兵激战频仍，时事不靖，道途阻塞，年近古稀的他吃尽苦头，直到同治四年四月，才扶继母灵柩回里安葬。当时，王茂荫家乡歙县杞梓里因遭兵火，一片废墟，亲族乡党多半流亡，暮年还乡的王茂荫目睹此情，深为悲愤。为解决安居问题，只好在歙县义成买下朱姓旧房，挈家迁居。这年六月中旬，他旧病复发，延医服药，终不见效，六月二十一日，弥留之际的王茂荫口授遗折，以国恩未报，亲丧未葬为憾。次日午后申时，在义成村买下

① 王应矩、王茂荫：《旌表节孝覃恩貤封太宜人显妣方太宜人行略》，原件藏于歙县博物馆。

的朱姓旧房告别人间。后人将其安葬在义成村对面岑山渡御史山半山中。王茂荫的遗折由家人委托两江总督李鸿章代奏。

王茂荫生活的那个时代，当上京官的人是可以长期带家眷的。而京官王茂荫却是一个例外，他在京师为官30余年，而其夫人洪氏至京邸探亲只有一回，不过几个月时间，而且去时把纺纱机也带去了，其余月日，他均孑身独处于北京宣武门外之歙县会馆。

货币观点　行钞主张

清咸丰朝实施过两项币制改革，一是行钞，即发行钱钞（也称发行钞币或发行钞票），二是铸大钱。王茂荫是行钞的积极倡导者，铸大钱的坚决反对者。

鸦片战争以后，在户部供职的王茂荫目睹白银外流，银价飞涨，清王朝财政拮据，国库空虚，花了十余年时间考察中国历代货币发行的利弊得失。他儿子在为他所作的《显考子怀府君行状》中明白地提到这一点：府君"见库帑支绌，思所以济国用，乃历考古来圜法利弊，悉心研究，积思十余年"[①]。

咸丰元年（1851年），太平天国运动爆发以后，清政府的财政、货币危机日益加剧。这年九月，身任陕西道监察御史的王茂荫给咸丰上了《条议钞法折》，正式提出了自己改革币制以缓和危机的主张，即有限制地发行可兑换的钞币。为了防止钞币发行中可能出现的弊端，他提出了三条防弊措施：一是钞币只是用以辅助金属币的不足，而不是代替金属币。钞币发行后金属币不但不退出流通，而且要以若干倍于钞币的数量和钞币一道流通；二是钞币不可滥发，必须有个"定数"，他的观点很明确，"钞无定数，则出之不穷，似为大利，不知出愈多，值愈贱"[②]；三是所发行的钞币必须是可以随时能兑取现银、现钱的。

① [清]王茂荫撰，张新旭等点校：《王侍郎奏议》附录《显考子怀府君行状》，黄山书社1991年版，第203页。

② [清]王茂荫撰，张新旭等点校：《王侍郎奏议》卷一《条议钞法折》，黄山书社1991年版，第3页。

王茂荫主张行钞，这本身正中清政府下怀，他被提升为户部右侍郎兼管钱法堂事务。但是，他的方案强调防止通货膨胀，这与清政府搜刮民财的方针相悖，因此他的方案是不会被清政府采纳的。事实上，清政府于咸丰三年发行的"户部官票"与同年底发行的"大清宝钞"，用的并不是王茂荫的原拟方案，发行的都是不兑换的钞币。

王茂荫上任不到二十天，就针对有人提出添铸大钱的主意，上奏了《论行大钱折》，他的观点很鲜明："钞法以实运虚，虽虚可实；大钱以虚作实，似实而虚。"①意思是说，纸币本身虽然没有价值，是虚的，但它如果可以兑换金属币，它就代表了一定的实际价值，因而又是实的。而大钱呢，它本身虽然有一定价值，但因为它是不足值的，所以它的额面价值是虚的。在这个奏折中，王茂荫有力驳斥了国家权力可以任意决定货币价值的偏见，"官能定钱之值，而不能限物之值"，这便是他的至理名言。他历数历史上铸大钱导致的私铸繁兴，物价踊贵，亏国病民的不良后果。可是，咸丰皇帝却听不进这一劝谏，仍准予添铸当百、当千大钱颁行。

本来，不兑换的"户部官票"发行后，民间就已经出现混乱，再加上不兑换的"大清宝钞"和各类大钱的滥发，通货膨胀愈演愈烈。当时的北京城，物价飞涨，民怨沸腾，有人将钞票戏呼为"吵票"。目睹这种局面，关注国计民生的王茂荫焦虑万分，苦苦思量补救之策。

咸丰四年三月初五日，他向咸丰上了《再议钞法折》，这实际上是他关于币制改革的第二个方案。他在奏折中讲了四条补救措施，集中到一点，就是将不兑现的官票、宝钞改为可兑现的钞票。实际上，当时清政府财源枯竭，银根奇紧，根本没有能力准允钞币兑换。王茂荫是企图用兑换的办法挽回钞币的信用，制止通货膨胀。他在奏折中恳切地说：发行钞币是我先提出来的，虽然现行的钞币用的不是我的方案，但是吃了银票、宝钞苦头的人都在责怪我怨恨我。为此，请将我这个户部右侍郎交户部议处，以谢天下而慰人心。

① [清]王茂荫撰,张新旭等点校:《王侍郎奏议》卷六《论行大钱折》,黄山书社1991年版,第92页。

清风高白岳　德名留千古

咸丰皇帝看了这个奏折，大发雷霆，指斥王茂荫专受商人指使，把不便于国家而有利于商人的意见也上奏，真是太不关心国事了，并降旨恭亲王奕䜣、定郡王载铨审议。三月初八日，亲王、大臣们在审议报告中又对王茂荫指责了一通。这样，咸丰便下令对王茂荫"严行申斥"。

同年三月十二日，王茂荫奉旨调补兵部右侍郎。马克思在《资本论》的一个附注中所写的"清朝户部右侍郎王茂荫向天子上了一个奏折，主张暗将官票宝钞改为可兑现的钞票。在1854年4月的大臣审议报告中，他受到严厉申斥，他是否因此受到笞刑，不得而知"，指的就是这件事。马克思《资本论》中提到的各国人物有680多人，其中中国人仅王茂荫一个。马克思对王茂荫的货币观点是表示赞赏的，对他被解除对国家财政、货币问题的发言权表示同情。

直言敢谏　不避权要

王茂荫与同时代的著名言官袁甲三、军机大臣柏葰一样，不仅资望深，而且性耿直，遇事敢言，不避权要，力持正论，有古大臣之风，深得朝野敬仰。

王茂荫终生牢记祖母教诲，无论擢升或谪降，均以国事为重，恪尽职守。他在咸丰、同治两朝前后上了一百多个奏折，讲的都是国计民生大事。能言他人所不能言，所不敢言。他在家训和遗言中说："我之奏疏，词虽不文，然颇费苦心，于时事利弊有切中要害处，存以垂示子孙，使知我居谏垣，蒙圣恩超擢，非自阿谀求荣中来。"他要求子孙后代，"他日有入谏垣者，亦不必以利害之见存于心，能尽此心，自邀天鉴"。[1]

于国计民生政事得失，知无不言，言无不尽，坚持讲真话，以致犯颜直谏，这是一个古大臣应当具备的官风和品格。王茂荫具备这一官风和品格。他因主张发行可兑换的钞币和阻止铸大钱，一再上疏，力持正论，因而得罪了户部尚书花沙纳等反对派，得罪了亲王大臣，直至得罪

---

[1] [清]王茂荫撰，张新旭等点校：《王侍郎奏议》附录《显考子怀府君行状》，黄山书社1991年版，第204页。

了对他有知遇之恩的咸丰皇帝。

其实，王茂荫真正得罪咸丰皇帝，使他龙颜大怒的，还是咸丰五年二月二十九日他上给咸丰的《请暂缓临幸御园折》。在"咸丰三奸"载垣、端华、肃顺的导诱下，咸丰皇帝一生耽于逸乐，纵情声色，面临内忧外患，长期不问朝政，不是携嫔妃避暑热河（河北承德），便是游玩圆明园。对此，不少大臣都有意见，但谁也不敢犯颜直言。咸丰五年初，内廷传出咸丰自热河举行谒陵大典回京后便要临幸圆明园，并驻为行宫。王茂荫听到这一消息，深为震惊，于是给咸丰上了这个奏折。在奏折中，王茂荫说，方今时势如此艰危，太平军席卷东南数省，夷人又常常以此来恐吓。国家财力已匮乏，不仅兵勇口粮不能按期发放，连各级官员的薪俸也无以支给，朝政懈怠，人心惶惶，皇上只有"躬忧勤节俭"，才能安定民心，否则仍然"临幸如常"，就只能导致"士卒生心，或起嗟叹"，从而大失民心，以至不可收拾。咸丰皇帝看了这个奏折，恼羞成怒，不仅否认自己有"园居"之意，而且传问王茂荫是从哪里听到这个消息的，他在奏折上批示说："王茂荫奏请暂缓临幸御园一折，现在并未传旨何日临幸圆明园，不知该侍郎闻自何人……王茂荫身任大员，不当以无据之词登诸奏牍。着交部议处，原折掷还。钦此。"①从此，王茂荫被安排做了闲官。

王茂荫因直言敢谏遭受挫折后，非常平静，宠辱不惊。他的同僚知己和正直的草野之士为此更增添了对他的敬意。湖南沅陵人吴大廷说王茂荫"直声清节，上至公卿，下至工贾隶圉无智愚遐迩，啧啧皆赞其贤"。与王茂荫同时代的名臣何璟说"新安王子怀先生，立朝三十年，謇谔尽诚，著于中外"，石埭人杨德亨称王茂荫"生貌敦朴，呐呐然不能出口，而立朝敢言，俨如奇男子之所为"。歙县清末翰林许承尧先生曾一再声称：王茂荫公单凭《请暂缓临幸御园折》，即足以名留千古！

王茂荫在家乡谢世后，不少名宦大臣给他送来挽联，一致赞誉他清正醇厚，遇事敢言的官品官德。这些挽联写得实在妙绝，代表了朝野多

清风高白岳　德名留千古

---

① [清]王茂荫撰，张新旭等点校：《王侍郎奏议》卷八《请暂缓临幸御园折》，黄山书社1991年版，第128页。

少人的心声。祁寯藻撰送的挽联是："谏草逾万言，每读焚余心事，光明照青史；交情获三益，最伤别后手书，感恻念苍生。"曾国藩撰送的挽联是："七旬耆宿，九列名卿，谁知屋漏操修尚同寒士；四海直声，卅年俭德，足令朝廷悲悼何况吾曹。"宋晋撰送的挽联是："奏议总忧危，叹宠辱能忘独留劲骨；筹防同患难，痛老臣遽逝更少知心。"李鸿章撰送的挽联是："直声誉丹毫，从此朝廷思汲黯；清风高白岳，可堪乡里失袁修。"

王茂荫在同治朝复出之初，有道"上谕"肯定他八个字："志虑忠纯，直言敢谏。"他在弥留之际一再告诫后人，这八个字是"皇上天语"，不可遗忘，要遇事敢言。他去世后，长子王铭诏遵父遗训，选了一方青田冻石，请名家镌刻了题为"直言敢谏之家"的印章，印章外满雕云龙纹。该印章原置放王氏故居王茂荫灵堂之右，以垂示子孙。现该印章藏歙县博物馆。

终身之计　莫如树人

历朝历代有作为的君主和名臣，没有哪一个不重视人才的培养、选拔和任用。王茂荫当然也不例外，他的用人思想十分丰富，实在值得研究与借鉴。

概括地说，王茂荫的用人思想主要有这样一些方面：

一是"治平之道，用人尤重"。王茂荫生活在一个内忧外患的年代，他认为扭转颓势，治国安邦，当务之急是用人和理财。他生平第一回上奏皇上的两个奏折，一个是《条议钞法折》，另一个则是《振兴人才以济实用折》。前者专讲理财，后者专讲用人。他认为"治平之道，在用人、理财二端，而用人尤重。用非其人，财不可得理也"。这与唐太宗李世民"致安之本，惟在得人"，以及魏源"财用不足国非贫，人才不竟之谓贫"的观点完全一致。

二是"天下之大，安得无才"。北宋欧阳修说过，"方今天下之广，不可谓之无人，但朝廷无术以求之耳"。王茂荫当年在奏折中也说过类似的话，他说："聪明材力，世所不乏"，"天下之大，安得无才？亦在地方有司之留心访查耳"。他竭力主张改革旧科举制度，选拔有真才实学之人，尤其要重视在科举之外发现人才。这个观点在今天看来，是平淡无奇的，可是在一个半多世纪前，一个出身旧科举的人，能提出这样的改革意见，实在难能可贵。咸丰六年他在给皇上的《时事危迫请修省折》中把话讲得不能再直白了："天生才以供世用，不在上则在下……唯贤知贤，唯才爱才。"

三是"百年之计，莫如树人"。所谓"树人"即培养人才，这是百年大计。管仲说"终身之计，莫如树人"。在王茂荫看来，治国安邦以人才为本，人才成长以教化为先。有学问者不一定当官，但为官者必须有学问。太平天国运动爆发的第二年，清政府为了增加财政赋税，各种主张都提出来了，其中最下作的要数几个当朝大臣给皇上出馊主意，主张政府实行捐纳举人生员和入赀拜官制度，用今天的话说，就是要国家把文凭、职位公开当作商品出售，以增加财政收入。对此，王茂荫坚决反对，他认为这种办法不仅"无益于目前"，而且"贻讥于后世"，他给皇上上了《驳部议捐纳军功举人生员片》的奏折。

四是"简用才能，不拘资格"。用人不循常格，这是中国古代人才论中的一个精华。包拯就说过"常格不破，大才难得"。王茂荫也主张破格用人。他认为，只要有才能，虽为草野之士，也应该破格擢用。他在上给皇上的奏折中说，用人不可循资格按名位，应该注重真实才能。

五是"简贤任能，得人而任"。在王茂荫看来，仅仅注意识别人才和一般地使用人才，那是不够的。还必须给有才能的人委以重任，让他发挥特长，主管一个部门的工作，那才能人尽其才。他认为，在用人问题上，有三种情况是不幸的：一是将有才之人交于无才之人用，二是一般地使用，而不能破格重用，三是不能虚衷采纳有才者的意见和建议。他的结论是"聪明材力误用可惜"。

坚持将自己的用人观点付诸于实践，"以博采人才为嗜好"，这是王茂荫的一大特点。他在任京官三十余年间，前后向朝廷推荐各类佐国安民人才数十人，均被朝廷考察任用，不少人都为国家社稷作出了贡献，李鸿章的父亲李文安是其中之一。最值得一提的是，由原官七品的清河知县一直晋升为官届二品的四川总督、成都将军、清代皖东唯一的封疆大吏，被誉为"以民慈父，为国重臣，江淮草木知名，天下治平第一人"，与曾国藩、左宗棠、李鸿章齐名的清代安徽盱眙县三界市（今安徽滁州明光市三界镇）人吴棠（祖籍休宁商山），就是王茂荫在只闻其名其事而未谋面的情况下向咸丰帝举荐受到重用的。王茂荫于咸丰三年（1853年）五月就向皇上推荐任用，直到同治三年（1864年）绕道奔丧道过淮阴时才与已加头品顶带、署江苏巡抚但仍留漕运总督任上的吴棠第一次见面。

据传，王茂荫扶继母灵柩回到家乡以后，吴棠曾派属下特地来王氏故里，向王氏赠送五百金，以表荐举之恩，王茂荫没有接受馈赠，很坦然地说："保举，公也；涉于私，则不足道也。"

天性孝友　两袖清风

王茂荫的祖母方太夫人"悯厄穷，拯危难"，是乾隆至道光年间出了名的。父亲王应矩急公好义、乐善好施，在桑梓也留下很多佳话，地方史志和家乘牒谱多有记载。他继承了祖母、父亲遗风，自己生活极为简朴，粗衣粝食，处之晏如，而对亲眷好友中的穷苦者，则尽力资助。淳安王子香先生是他的启蒙老师，后来家道零落，王茂荫将王先生的儿子招来，勉劳勉励，年终寄钱资助。对同僚中的孤苦者，按时资给，习以为常。亲戚朋友向他借钱，竭力借给（王茂荫玄孙王自力先生至今仍收藏一张道光年间家乡亲友向王茂荫借三百两纹银的借条）。宗族修祠宇，家乡通道路、修堤、造桥事，量力捐资。

王茂荫为家乡杞梓里王氏"承庆祠"撰写过这样一副楹联："一脉本同源，强毋凌弱，众毋暴寡，贵毋忘贱，富毋欺贫，但人人痛痒相关，急难相扶，即是敬宗尊相；四民虽异业，仕必登名，农必积粟，工必作巧，商必盈资，苟日日佚游不事，匪癖不由，便为孝子贤孙。"王氏"承庆祠"族人已蕃衍了好几代人，至今他们都不忘这副楹联。

王茂荫天性孝友。道光二十一年（1841年）元旦，他在京接家书，得知祖母老景日盛，恐不久于人世，遂告假归省，二月抵家时闻祖母已于正月初八日去世，他抚棺长号，自恨归晚，哀恸不能自已。由父亲口述，他濡泪和墨，撰写了《方太宜人行略》。入京销假后，又请阊公巨儒李宗昉作传，戴文节、蔡春帆先生绘制《贞松慈竹图》，一时名流题咏成巨册，后有《节孝录》之刻。对父亲与继母，王茂荫也十分孝顺，他在家训中以儿子的称谓告诫道："祖母在堂，叔辈自然孝顺，但汝辈须代我尽孝，以免我罪，才算得我的儿子。叔等在上，汝辈须恭敬，一切要遵教训。"[1]父亲七十岁时，王茂荫一再想辞官归养，但父亲终不许。道光二十八年二月，在京接父亲病信，急忙乞假南回，刚刚踏上故乡的土地，已闻父亲去世讣音，他悲号擗踊，痛不欲生，以不及侍汤药、视饭含为憾。在家守制期间，他奉父亲灵位于堂上，晨夕奉餐上食如平时。三阳坑姑丈、姑母去世时，他因家乡战乱和自己抱病在身，不能回里奔丧探视，但都嘱人送回丧礼和挽辞。洪伯成姑父去世后，王茂荫送的挽联是："忆昔年，居近仁乡，常瞻道范，名至亲，实逾骨肉，慨自备员后，会少遂致离多，南北攸分，不时曾入梦；值今日，身羁帝里，卒奉讣音，伤知己，痛彻肝肠，悔从起服来，生违遽成死别，阴阳相隔，何处可招魂。"姑母丧治期间，王茂荫与三个弟弟联名送的挽词是："姑侄有深情，姑抚侄如儿，侄视姑如母，依依骨肉，何期一旦分离，愚兄弟不堪回首；夫妻原偕老，夫先妻而倡，妻后夫而随，渺渺精灵，处尔两年徂谢，贤子孙何以为情。"[2]

王茂荫在复歙西溪汪宗沂信中说过"青年以守身为大"，这是一句名言。他自己就是这么过来的。他严于责己，宽以待人。人有过，他总是正言规劝，言辞温婉。对儿辈管教甚严，次子铭慎北上省视侍奉，王茂荫辄令其下帷读书，不准干预外事。他在家训和遗言中训诫儿子："孝、悌二字，是人家根本，失此二字，其家断不能昌。"他一再告诫子侄"对乡里事，只可分其劳而不可居其功"[3]。

————————

① 《王茂荫〈家训和遗言〉》，《近代史资料》总107期，第13页。

② 王经一：《王茂荫年谱》，安徽人民出版社2015年版，第378页。

③ 《王茂荫〈家训和遗言〉》，《近代史资料》总107期，第13页。

王茂荫告诫儿辈的另两段话，至今也发人深省："日后子孙非有安邦定国之才，不必出仕，只可读书应试，博取小功名而已"；"凡人坏品行损阴骘，都只在财利上。故做人须从取舍上起。富与贵是人之所欲章，所以从此处说起也。此处得失利害关头，人心安能无动？惟当审之以义，安之以命。……古云：漏脯充饥，鸩酒止渴，非不暂饱，死亦随之。当时时作此想，则自然不妄取。渴不饮盗泉水，热不息恶木阴。有志者须极力持守，方可望将来有好日。"①他还告诫儿孙们："莫看眼前吃亏，能吃亏是大便宜，此语一生守之用不尽。"②

对自己的评价，王茂荫极为低调："我之人品，自问只算中等人，存心不敢做坏事，而未免存惧天谴、畏人言之心。立意要做好事，而实徒抱智术疏、才力薄之恨。非独经济不足言，即在宗族乡党间亦未有甚裨益。圣贤门墙固未望见，即理学诸先儒所言无所为而为善，无所畏而自不为恶，与夫敬事、慎言、明礼、达用，都无一毫功夫。倘他日有议从祀朱夫子及从祀乡贤者，儿等必力行阻止，告以我有遗言，断断不敢从命。我若入此中，必至愧死，儿辈若违此言，以大不孝论。"③王茂荫说他"存心不敢做坏事""立意要做好事"，是因为"存惧天谴、畏人言之心"。一个官居二品的官员，有如此"敬畏"之心，实在难得！

王茂荫离开人世已经一个半世纪，且不说他的货币观点、经济思想和用人理念怎样闪闪发光，即便其天性孝友与清正廉洁、直言敢谏的人品官德也永远值得后人继承发扬。王茂荫的许多话语至今仍然掷地作金石声，振聩发聩，闪烁着真理的光辉！

王公子怀，清风高白岳，德名留千古！

（原文连载于 2015 年 7 月 17 日、24 日、31 日，8 月 7 日、14 日《黄山日报》）

---

① [清]王茂荫撰，张新旭等点校：《王侍郎奏议》附录《显考子怀府君行状》，黄山书社 1991 年版，第 203—204 页。

② [清]王茂荫撰，张新旭等点校：《王侍郎奏议》附录《显考子怀府君行状》，黄山书社 1991 年版，第 203—204 页。

③《王茂荫〈家训和遗言〉》，《近代史资料》总 107 期，第 13 页。

钱币学家鲍康视野中的王茂荫

王茂荫（1798—1865），是晚清时期以清正廉洁、直言敢谏而震动朝野的名臣，他在清咸丰朝以倡行钞币而引人注目，事迹被马克思写进《资本论》。从二十世纪八十年代初以来，人们习惯称王茂荫为"《资本论》中提及的唯一的中国人"①。清人鲍康评论说：王茂荫在被接连擢升为御史和侍郎以后，"封事数十上，动关大计，言人之所不敢言，天下仰望其风采"，又说"先生清风亮节，海内所钦"。说这话的鲍康为何许人？他与王茂荫有无过从？在他的视野中王茂荫是个什么人？知道的人并不多，本文作一介绍。

一

这里所说的鲍康，字子年，号臆园野人，因家有"观古阁"书斋，又自号观古阁主人，是我国晚清时期著名的钱币学家和金石收藏家，他的钱币学著作主要有《观古阁泉说》《观古阁丛稿》《续丛稿》和《大钱图录》等，与钱币学家李佐贤还合著过《续泉汇》十四卷及补遗一卷。王茂荫的老家在歙县旱南杞梓里（晚年迁义成村）。鲍康的老家，则在原歙县岩寺（今属徽州区），他比王茂荫年小十二岁，他们基本属同时代人。

---

① 《江淮论坛》1981年第1期发表余研究王茂荫之处女作《王茂荫的货币观点和他的遭遇》，该文副标题是"谈谈《资本论》中提及的唯一的中国人"。该文后被中国人民大学资料复印中心复印，多家文摘报摘编刊发，从此"《资本论》中提及的唯一的中国人"成了王茂荫的代名词。

鲍康有位叔父叫鲍桂星，字星五（又字觉生），歙县岩寺人，他出生贫寒，少有异禀，年十五补县学生，少时从同县名儒吴定习古诗文，中年师事姚鼐，博学工诗文。曾因家贫，而课徒养亲。嘉庆四年（1799年）举进士，被选庶吉士，授翰林院编修，历任河南和湖北学政、文颖阁总裁、侍读学士、文渊阁直学士、工部右侍郎等职。鲍桂星虽为饱学之士，但仕途并不通达。在嘉庆朝还受过革职留用处分，在道光朝方得重新起用。《清史稿》本传说"桂星性质直，勇于任事"①。

鲍桂星六十三岁去世时，年方二十九岁的王茂荫尚未举进士步入仕途，他们之间有无过从，不见史料有载。而鲍康与王茂荫有过从，且笃于乡谊，则是可以肯定。

鲍康与王茂荫交往，可能始于他在乡试中举后而随叔父鲍桂星寓居京城臆园之后。

鲍康在家乡考上举人是在道光十九年（1839年），当时他已三十虚度，随即跟从叔父鲍桂星居京城臆园，准备继续应礼部试。在科第方面，鲍康同王茂荫一样，很不顺利，他在北京考进士多次均不第，咸丰四年（1854年），已经四十五岁的他再次应礼部试，仍然不第。随后，便任内阁中书，后来还外放地方，做了四川夔州知府。

官场有倾轧，险恶随时有，自古皆然。生性耿介之人，风险往往更多一些，更容易吃亏。鲍康同鲍桂星、王茂荫一样，也是耿直人。他在夔州知府任上因"忤上官而去职"。鲍康自幼酷好古钱币，历大清道光、咸丰、同治、光绪四朝，收藏甚富，且多前人未见之品。他去职之后便退隐北京臆园，从此潜心古钱币与金石收藏研究。人生常在得失间，得到的同时有可能是失去，而失去的同时则有可能是得到。当年的鲍康如果一直在官场上，也许日后不会出名，而他丢官去职以后醉心于钱币金石，他却找回了自己。他退隐后，与钱币学家李佐贤、吕尧仙、刘师培诸同好过从甚密，被尊为"泉师"。后移居西安，流寓秦中时，又与苏兆年、张二铭有往来，与古泉币收藏家刘燕庭晨夕过从。他在失去的同时也得到了很多。

① 赵尔巽等:《清史稿》列传一百六十四"鲍桂星"传,中华书局1986年版,第11579页。

鲍康与王茂荫交往最频繁是在他备官内阁中书时期。农历咸丰十一年（1861年）二月十九日，是王茂荫继配夫人三阳坑中村洪氏六十岁生日，鲍康为表达对乡贤王茂荫及其夫人的敬意，他书写了一首祝寿七律诗，诗云：

> 庭槐德泽著吾乡，喜见璇闺莆禄长。
> 自昔鹿东昭阃范，于今凤诰锡天阊。
> 祥征松柏延龄久，瑞溢芝兰绕砌芳。
> 欲效称觥修阻甚，拈毫试吟介寿章。

落款为"侍生鲍康拜手书"。他还亲撰并书《恭祝诰封一品夫人王母洪夫人寿序》，以为寿礼，他签署的职衔是"诰授朝议大夫钦加四品衔内阁侍读记名道府前义渊阁检阅"。这篇著名的"寿序"一直悬挂在王茂荫义成故居"天官第"大厅中堂，直到十年"文革"前，该"寿序"和同时悬挂中堂的王茂荫容像、名画《贞松慈竹图》以及李鸿章题的"敦仁堂"匾额，都还完好无损①，可惜后来一一不知所终。鲍康在这篇"寿序"中回忆了他在京每每造访王茂荫寓所的见闻，是研究王氏的珍贵资料，其中有两段话，现照录于次：

> 康昔官中书时，每造先生宅，辄跃聆高论。见先生萧然一室，别无长物。公余之暇，手一卷自娱。京官三十年，未尝携眷属。闻夫人仅一至京邸，不数月即归。询其故，则先生幼承大母钟爱，所以春秋高不获就养，赖夫人居里，佐尊嫜，奉重闱，凡家政米盐琐屑，悉以一身任之，能得堂上欢，俾先生无内顾忧。先生偶一归省，大母暨赠公必戒以王事为

① 1937年春，原在《徽声日报》做过副刊编辑的王璜等人第一次到王茂荫义成故居访问王氏后人后，写有《王茂荫后裔访问记》，该访问记发表于1937年4月25日上海出版的《光明》（半月刊）第2卷第10号。王璜在该文中就是这么描述的。王茂荫玄孙王自燮、王自珍、王自力均如是告诉笔者。

重，毋欠恋膝下，故先生勤劳鞅掌获尽心职守者，以夫人能代子职耳。先生清风亮节，海内所钦，亦夫人耐勤苦，崇俭约，实有以赞成之。经手职位，不能谐九变之音，独茧无由，致同功之绩也。军兴以来，一邑一乡率举行团练为固守计，乡有显宦，其子若弟，无不一积劳，登荐牍，遂印累累，绶若若，习以为常故，独先生之教诸子也，但以读书安分，俾奋迹科名，地方公事，分其劳而不可居其功。①

"寿序"中的"康"，是指鲍康自己；"大母"指王茂荫祖母方太夫人；"佐尊嫜，奉重闱"，是指王茂荫继配夫人洪氏在故里既要侍奉公婆（即王茂荫父亲王应矩及继母吴太夫人），还要协助公婆服侍太婆婆（即王茂荫之祖母）；"大母暨赠公"指王茂荫祖母方太夫人及父亲王应矩。王茂荫之勤廉敬业、关心国事，其夫人之深明大义、勤苦贤惠，以及王茂荫身为二品大员对子侄的管教之严，从鲍康的这两段话中都能见一斑而窥全貌。

本文开头所引鲍康的那些话，也是在这篇"寿序"中所写的。他在"寿序"结尾处还写道："康赋性迂拙，然颇蒙先生许所污之操翰为文，亦弗敢以瑰恶之词相阿谀，爰历叙平昔之所闻，并证以德福相因之，宜质言之，以为夫人寿。"

按照清朝规矩，京官是可以长期带家眷的。而王茂荫却是一个例外，他京宦三十余年，长期子身独居歙县会馆而不携带家眷。这是为什么？读鲍康的这篇"寿序"，再参证其他相关史料，我们终于找到了原因：王茂荫六岁丧母，体质屡弱，父亲王应矩常年经商在外，他一直在大母即祖母方太夫人的呵护下成长，因而对祖母怀有极深的感情。高中进士并晋入仕途后，出于秉性，他既要忠君匡君，恪恭尽职，关心国事，又要尽孝道。而"自古忠孝无两全"，怎么办呢？他只好把夫人留在故里，"以夫人代子职耳"，让夫人代他尽孝道。这样，他虽然苦了自己的夫人，

---

① 二十世纪八十年代初期，笔者在歙县博物馆查阅王茂荫资料时，查阅过王茂荫后人抄录的鲍康撰《恭祝诰封一品夫人王母洪夫人寿序》，并全文抄存，重新标点。

但是自己却可以安心勤于王事，保持清正廉洁，而始终"无内顾忧"。清心寡欲的王茂荫同意鲍康为其夫人作"寿序"并能悬挂于故居中堂，正是因为鲍康所作"寿序"中在忠孝问题上诠释了王氏的难言之隐，同时这也是对其夫人应有的安慰。王茂荫与同乡后学鲍康之间的莫逆交情，亦由此可见一斑。

二

在官场上，当有人遭遇不幸时，同情者有之，辨诬者有之，幸灾乐祸者亦有之，更有甚者落井下石。

当年咸丰皇帝对王茂荫是有知遇之恩的，但他晋升为二品的言官之后，并没有因知遇之恩而遇事不敢言、趋炎附势、三缄其口或逆来顺受。相反，他依然坚持直言敢谏，不避权贵，依然"孤忠自许众不语，独立敢言人所难"。鲍康最后一次考进士落第的那一年是咸丰四年（1854年），王茂荫因上《再议钞法折》而遭受"严行申斥"被调任，次年五月又因上《请暂缓临幸御园折》而"积忤"咸丰本人，被降旨"……着交部议处，原折掷还"。这两次疏谏，在当时都曾引起朝野震动，同情的人有，赞誉的人有，讽刺挖苦的人有，更有人幸灾乐祸。这里要申明的是：当时，鲍康对王茂荫因上《再议钞法折》而遭"申斥"一事，虽然在自己的著作《大钱图录》中也作过评述，但那不是"讥刺"。1983年12月，北京出版社出版了北京市社会科学研究所组织编写的《北京史苑》（第一辑），其中有《王茂荫其人其事》一文，该文引述了鲍康《大钱图录》数语，认为他是在"讥刺"，容易使读者把鲍氏也误认为"趋炎附势，见风使舵的小人"。这实在是对鲍氏的曲解或冤枉。[1]

当年在京研究钱币的专家鲍康，是清廷咸丰朝颁发各类大钱和滥发不兑现的"户部官票"（简称官票）和"大清宝钞"（简称宝钞），采取通货膨胀措施残酷搜刮民财，缓解清政府财政金融危机和政治危机的直接

---

[1] 北京市社会科学研究所《北京史苑》编辑部编：《北京史苑》（第一辑），北京出版社1983年版，第197页。

见证人。大钱有当十、当五十、当百、当五百、当千者五种，均为低值铸币。官票、宝钞均为不兑现的纸币。这些货币因无信用可言，开动机器滥铸滥印，随心所欲滥发，在流通中必然受阻，最后在民间成为"吵票"、废纸废物，那是肯定的。

王茂荫对行大钱自始至终反对。他是咸丰朝第一个疏请发行钞币的，但他是主张可随时兑现（银或钱）的钞币，严格控制最高发行额，审慎发行，"行之以渐，限之以制"。他反对通货膨胀，做到"先求无累于民，后求有益于国"。从鲍康《大钱图录》来看，他对咸丰朝的铸颁大钱和滥发不兑现的官票、宝钞，一概表示反对。他认为"大钱乃一时权宜之计，利少弊多"，又说"有本之钞易行，无本之钞难行"。王茂荫上《再议钞法折》是在咸丰四年三月初五日，遭大臣审议指斥和咸丰申斥是在同年三月初八日，改调兵部任右侍郎是同年三月十二日。而这年农历三月十六日，鲍康在《论钞书》中如实记载了当时北京城钞币贬值的现状：

> 凡以钞买物者，或坚执不收，或倍昂其值，或竟以货尽
> 为词。有戏呼为"吵票"者……市肆情形又几于不可终日，
> 商贾皆视钞法为畏途……争端纷起，讼版滋多。①

鲍康的观点与王茂荫完全一致。在《论钞书》中，他也如实记载了咸丰四年三月初五日王茂荫因"复有筹商运发钞本之奏请"，而遭到咸丰皇帝"训斥"一事。至于他在著作中评述王茂荫"乃倡议之人，众怨攸归，其情自迫""自请严议以谢天下，语尤失当"云云，这几句话与其他评述联系起来综述，与其说是对王茂荫的"讥刺"，倒不如说是对清廷通货膨胀时弊的指斥和为乡贤王茂荫的辩白。

鲍康在金石收藏和研究方面也颇有成就。他生前曾裒其金石题跋成《观古阁丛稿》初集、二集、三集若干卷，刊刻刘燕庭遗稿为《海东金石苑》一卷，又辑《论泉绝句》一卷，还为刘师陆刊《虞夏赎金释文》一

---

① 鲍康：《大钱图录》。

卷。鲍康去世后，遗物由侄子恩绶继承，恩绶再传长子鼎臣。可惜的是，鼎臣因生计所迫，将遗物在南昌变卖了。

（原文载《徽州文博》2015 年第 4 期）

钱币学家鲍康视野中的王茂荫

崔敬伯与《资本论》中提到王茂荫的脚注

马克思在《资本论》第一卷第一编第三章中，讲到强制流通的国家纸币有代替金（或银）来执行铸币的职能时，特地作了一个标号83的脚注，其中提到清咸丰朝户部右侍郎王茂荫。这个脚注前半段外文原文是：

Der Finanzmandarin Wan–mao–in ließ sich beigehn, dem Sohn des Himmels ein Projekt zu unterbreiten, welches versteckt auf Verwandlung der chinesischen Reichsassignaten in konvertible Banknoten hinzielte. Im Bericht des Assignaten Komitees vom April 1854 erhält er gehörig den Kopf gewaschen. Ob er auch die obligate Tracht Bambushiebe erhielt, wird nicht gemeldet."Das Komitee", lautet es am Schluß des Berichts, "hat sein Projekt aufmerksam erwogen und findet, daß alles in ihm auf den Vorteil der Kaufleute ausgeht und nichts für die Krone vorteilhaft ist."

（Arbeiten der Kaiserlich Russischen Gesandtschaft zu Peking über China. Aus dem Russischen von Dr. K. Abel und F. A. Mecklenburg. Berlin1858,Bd.I, S.47 ff.）[①]

《资本论》外文版首次发表是在1867年，在当时的中国则是清同治六

---

① 郭沫若著作编辑出版委员会编：《郭沫若全集·历史编·第三卷》，人民出版社1984年版，第318—319页。

年。王茂荫是同治四年（1865年）六月二十二日在歙县义成新迁居的家中病逝的。马克思在《资本论》中提到王茂荫时，王茂荫可能还在世。《资本论》中译本首次在中国出现是在1930年，是当时燕京经济学教授陈启修先生翻译的，但他只翻译了第一卷第一分册。马克思提到王茂荫的那个脚注前半段原文，陈启修先生是这样翻译的：

> 中国的财政官万卯寅暗暗地立了一个计划，想把大清帝国纸币变形为银行兑换券，打算把那个计划，奏请皇帝裁可。他在一八五四年三月的帝国纸币委员会的报告当中，大大地碰了钉子。不过，他到底因此受了照例的笞刑没有，却还没有明白的消息。在那个报告的结末里面，这样说着："本委员会把他的计划详细研究过，才发现这个计划的一切都是以商人的利益为目的的，没有一点为着皇帝的利益的。"（"俄国驻北京的大使馆关于中国的研究"阿泊尔博士并麦克伦堡从俄文翻译的译文，柏林，一八五八年，第一卷四十七页以下。）[①]

马克思是在帝俄驻北京公使馆传到欧洲的材料中知道王茂荫事迹的，与王茂荫神交已有时，并在《资本论》的脚注中提到他。可是到20世纪三十年代，在王茂荫谢世65年之后，国人对他仍然不甚了解，以至把Wan-mao-in译为"万卯寅"，日译本则译为"王猛殷"或"王孟尹"。那么，在中国最先查证王茂荫的事迹，第一次把Wan-mao-in正确地还原为"王茂荫"的是谁呢？正确的回答应当是王思华、侯外庐与崔敬伯。

王思华（1904—1978），又名王慎铭，河北乐亭县人，经济学家、统计学家。曾就读北京大学，经常与李大钊接触。1926年赴法国、英国学习期间，着手翻译马克思的《资本论》。1930年冬，回国应聘北平大学和中法大学，任政治经济学教授，在中共组织的帮助下，与侯外庐合作，

---

① 郭沫若著作编辑出版委员会编：《郭沫若全集·历史编·第三卷》，人民出版社1984年版，第319页。

继续翻译《资本论》。1932年9月，署名王慎铭、侯外庐的中国第一部《资本论》（第一卷）中译本，以"国际学社"名义出版。1938年6月加入中国共产党。

侯外庐（1903—1987），原名兆麟，又名玉枢。因王国维深信"君子三畏"，而以"畏"自戒，将苏东坡"不识庐山真面目"反其意而用之，于1928年自号外庐，以"外"自戒。山西平遥县人，中国历史学家、思想家、教育家。1987年9月病逝于北京。23岁考入北京法政大学和北京高等师范学校，同时攻读法律和历史，24岁结识李大钊，1927年赴法国巴黎大学学习，经成仿吾、章伯韬介绍在巴黎加入中国共产党，主编过周恩来等创办的《赤光报》。1930年经莫斯科回国，先后在哈尔滨法政大学、北平大学、北京师范大学等校任教。与王慎铭共同翻译的《资本论》（第一卷）于1932年出版。新中国诞生后，历任中央人民政府教委会委员、北京师范大学历史系主任、北京大学教授、西北大学校长、中国社科院历史研究所所长、中国哲学史学会名誉会长等职。

对王思华、侯外庐两先生，人们知道的比较多，而对崔敬伯先生，则知道的不多，因中国现代学术史出现断裂，这位二十世纪著名的财政学家几乎被学界，被世人遗忘。幸运的是，2015年出版的三卷本《崔敬伯财政文丛》，使他开始走出尘封的历史，重新进入公众和学术研究者的视野。

崔敬伯（1897—1988），原名翊昆，又名静泊，天津汉沽街人。1927年东渡日本，在东京大学选修财政学等课程，1930年公费留学伦敦政治经济学院，受费边社会主义和工党社会主义思想影响，1932年春为赴国难提前回国，在燕京大学、中法大学、朝阳学院、中国大学、北平大学任教，并任国民政府财政部所得税筹备委员会特邀研究员、北平研究院研究员。1938年辗转到重庆，任重庆大学教授，后任国民政府财政部川康直接税局局长，为政清廉，两袖清风。后对国民党及国民政府失去信心，向往共产党和解放区。1948年积极支持女儿赴解放区参加革命，自己也毅然脱离政界，辞去国民政府立法委员职务，到湖南大学任经济系教授。1949年9月，应华北人民政府副主席杨秀峰邀请，到北京参加新中国建设工作，同年10月参加中国民主建国会，后任民建中央委员，11月，任中华人民共和国财政部税务总局副局长，1955年兼任中央财政干校副校长，中央财政金融学院教授、顾问。崔敬伯勤奋好学，知识渊博。他一生都在不断追求进步。1980年，中国财经出版社出版了他和王子英合著的《中国财政简史》，作为高等财经院校的教材，1987年又出版了他的《财税存稿选》。他九十高龄时，中央财政金融学院为其出版了《静泊诗词选》。

侯外庐在其《韧的追求》一书中回忆他回国后与王思华重译《资本论》过程中得到崔敬伯支持帮助的事，他说：

> 重译过程中，我和王思华请教了研究财政史的崔敬白（伯）先生，崔先生愿意和我们一起查材料，最后才确定，马克思提到的Wan-mao-in是名列《清史稿》列传的户部右侍郎王茂荫。①

侯外庐还回忆说：

> 我记得，崔敬白（伯）先生是一位非常严谨的学者，为了核实王茂荫——这个《资本论》注释中提到的唯一的中国人，他也是穷追不舍的。他和我曾有许多封讨论王茂荫的通信。可惜，历经沧桑，崔先生的来信在我颠沛流离的生活途中失尽。②

显然，在财政史专家崔敬伯的帮助下，王思华、侯外庐是从赵尔巽等所撰《清史稿》王茂荫本传中考证出马克思笔下的Wan-mao-in就是清咸丰朝任过户部右侍郎的歙县人王茂荫的。从此，王茂荫开始进入公众和中国经济史、经济思想史学研究者的视野。

① 侯外庐：《韧的追求》，生活·读书·新知三联书店1985年版，第31—32页。
② 侯外庐：《韧的追求》，生活·读书·新知三联书店1985年版，第32页。

随着时代的进步，在《资本论》问世一个半世纪的今天，马克思提到王茂荫的那个脚注的前半截已经有全新的、比较准确完整的中译了：

清朝户部右侍郎王茂荫向天子上了一个奏折，主张暗将官票宝钞改为可兑现的钞票。在1854年4月的大臣审议报告中，他受到严厉申斥，他是否因此受到笞刑，不得而知。审议报告最后说："臣等详阅所奏……所论专利商而不便国。"①

（原文载《徽州社会科学》2016年第8期，结集时略有修改）

① 马克思：《资本论》第一卷，人民出版社1975年版，第146—147页。

王茂荫入仕前的良师益友

晚清名臣王茂荫，是道光十二年（1832年）高中进士之后入仕的。在这之前，他在问学路上有不少良师益友，在北闱参加科考时，也有多位座师与房师。他从髫龄八岁入塾破蒙，到三十五岁举进士成名的二十八年间，授业之师主要有启蒙老师王子香、塾师潘让斋、塾师程峻山、授教王茂荫以经史的名儒吴柳山；他的良师兼益友主要有吴柳山先生之弟吴枌、曾主讲紫阳书院的钱伯瑜、同窗柯华国、许球、柯华铺兄弟和歙南璜蔚村的胡怀畏、胡怀抱兄弟；他在北闱考举人时座师为李宗昉、宝文庄、卢荫溥，房师宋芸皋；考进士时座师是潘世恩、戴敦元、穆彰阿、朱士彦，房师是池簥庭。本文简略介绍这些名流。

授业之师

王茂荫的蒙师叫王子香，生卒年不详，只知道他是浙江淳安人。清嘉庆年间，他在王茂荫家乡歙南杞梓里设馆授徒，当时王茂荫名王茂萱，字树人，号迈甫，从学于他。长后，王子香先生家道中落，已入仕的王茂荫"招其子来，所以慰劳勉励之甚挚，岁暮必邮金资助之"①。如今的浙江淳安，不知是否还有王子香先生之后。

王茂荫是歙县旱南人，少时还在歙县水南雄村曹氏家塾中读过书，

---

① ［清］王茂荫撰，张新旭等点校：《王侍郎奏议》附录《显考子怀府君行状》，黄山书社1991年版，第203页。

宿于馆中，塾师是潘让斋。家塾中的曹子濖及其弟是他同窗，曹子濖曾引领王茂荫浏览曹府的水口和私家园林"非园"。这"非园"是曹振镛的私家园林，在历史上很是有名，可惜毁于咸丰兵燹。曹振镛之父曹文植曾作有《非园记》，塾师潘让斋生平事迹无考。王茂荫曾为曹子濖亡妻江福宝之遗作《采蘋女史诗钞》作序，称《话茗斋诗集序》，他在序中说：

> 予少时曾过潘让斋前辈塾中，曹子濖昆仲迭从学焉。子濖独与予厚，宿予馆中，并引予游其水口与家园。园乃其先人所造，名其园曰"非园"。[①]

晚清间，歙南竹溪（今水竹坑）柯氏有兄弟五人，长华国，次华校，三华铺，四未详，五华瑾，其中华国、华铺与王茂荫，为少时同窗。柯华铺妻王氏，与王茂荫是本家，柯华瑾是王茂荫二姑母王柏芝的女婿，即王茂荫的姑表妹夫。柯华校为柯庆施先祖。王、柯二家，不仅有同窗之情，而且有姻亲之谊，关系甚为密切。清末翰林歙人许承尧依据柯华辅之子柯钺《竹泉府君行述》，辑有《柯氏诸人诗》，载《歙事闲谭》，其中有言："柯华辅，字翼之，号竹泉，柯钺之父也。柯氏出宋宣和中吏部尚书颖。颖次子渊，官歙县丞，因家歙南水溪。华辅与其兄华国字东旸者，俱出程峻山先生道锐之门。华国，嘉庆丙子举人。道锐为程简敬祖洛之父，曾馆昌溪。许玉叔球、王子怀茂荫及洪孝廉凤诏、杨广文铎，皆其门人。"[②]这条历史信息告诉人们：

据此记载，再参证其时史料可证，王茂荫还有一位恩师叫程道锐，其字峻山，是清道光间做过闽浙总督的歙人程祖洛（字问原，号梓庭，卒谥简敬）的父亲，曾经设馆于歙县昌溪，歙人柯华国、柯华辅、许球、王茂荫、洪凤诏、杨铎等，均为其弟子。程道锐先生生平著述待考。

道光年间，湖北人程怀璟任徽州知府。道光七年（1827年），马步蟾、夏銮主修《徽州府志》，程怀璟作有《重修徽州府志序》，其中说道

---

① 王经一：《王茂荫年谱》，安徽人民出版社2015年版，第224页。
② 许承尧：《歙事闲谭》，黄山书社2001年版，第944页。

光元年（辛巳）他刚调徽州任知府时，"下车后，暇与吾宗峻山先生及其士大夫考逸事、访遗民"。足见，王茂荫的业师程峻山先生是晚清间受朝野崇敬的一位饱学之士。知府程怀璟称程道锐先生为"吾宗"，是因为程怀璟先世系从新安迁湖北，他们都是新安程氏始祖程元谭的后世子孙。如果他有文集传世，定是珍贵的史料。

王茂荫后人曾告诉世人说：

> （府君）舞勺后，从双溪吴柳山先生游。先生为乾隆丁酉科江南解首，故名宿也，门下多积学之士。府君相与观摩，益自刻励，挑灯攻读必至三更方寝，昧爽即披衣起而默诵，溽暑严寒无少间，由是学业大进。[1]

"舞勺"之龄，一般指男孩十三至十五岁的年龄。王茂荫在这个年龄段，学于昌溪（旧名双溪）名儒吴柳山执教的"梯云书屋"。

"书屋"为学院别称，"梯云书屋"原在歙南大洲源岔口，建于清乾隆初年，为歙县著名学府之一。乾隆年间，歙县昌溪人吴潫（1720—?），字瀚甫，号兢斋，邑廪生，乾隆三十三年（1768年）乡试举人，举进士多年不第，乾隆四十五年（1780年）特赐翰林院典簿，名盛一时。他生有六个儿子，依次为永杼、永棹、永杭、永梅、永杲、永梧。长子吴永杼（1748—1820）名樾，永杼为派名，字纬持，号柳山，为府庠生，乾隆四十二年（1777年）丁酉科江南乡试解元，在原江苏江浦县做过训导（一称教谕）。晚年时，王茂荫拜学其门下，主要研习经史。这是王茂荫学问大进的一个时期。

良师兼益友

吴柳山先生的三弟吴永梅，名份，字素芬，号菊君，年长王茂荫十

---

[1][清]王茂荫撰，张新旭等点校：《王侍郎奏议》附录《显考子怀府君行状》，黄山书社1991年版，第186页。

王茂荫入仕前的良师益友

349

九岁，道光二年（1822年）举人（经魁），也很有学问，他不仅是王茂荫的良师，更是益友。吴柳山先生七十三岁离世时，王茂荫年方二十三岁。授学于王茂荫的吴榿、吴枌兄弟有无文集传世，至今未见。据传吴枌著有《梯云书屋试帖》，这当然是很珍贵的史料，不知尚存世否？

《子怀府君行状》中称：王茂荫拜学于吴柳山门下之日，"时太仓钱伯瑜先生主讲紫阳书院，见其文深相奖许，引为契友"[①]。这位钱伯瑜先生，也是王茂荫的良师益友。

据笔者考证，钱伯瑜（1785—1859），名宝琛，字伯瑜，又字楚玉，晚号颐寿老人，又称茧园先生，江苏太仓人，越王钱镠的29世孙，嘉庆二十四年（1819年）进士，改庶吉士，散馆授翰林院编修，道光元年（1821年）提督贵州学政，道光初期主讲歙紫阳书院，他对王茂荫当时所撰文章，"深相奖许，引为契友"。道光十一年，他被授予河南归德府知府。后又任浙江督粮道，捐银三百多两，会同钱泳等人重建先祖钱镠的武肃王墓。继任云南按察使、浙江布政使，道光十七年擢任湖南巡抚，次年改江西巡抚。道光二十一年调任湖北巡抚，他没有赴任，以病归里。他一生严以律己，宽以御众。归里后以诗人提倡后进者垂二十年，留意桑梓事，编辑州志，兴修水利，劝民桑养，为乡里所称。他曾与林则徐在翰林院共过事，私交甚笃。早在林则徐虎门禁烟之先，他在湖南收缴烟具、烟土，其中烟具两千余支，他亲往检视劈毁。林则徐在广东禁烟，他在江西积极响应，他曾在赣粤与赣闽边境捕获万余人的鸦片走私集团，朝野为之震动。鸦片战争爆发后，他以弹药与大炮支援广东、浙江前线。林则徐禁烟失败后，被发配新疆伊犁，途经南昌时，钱伯瑜以现职巡抚身份前往滕王阁码头迎候，一叙衷肠。在湖南任上，处理苗疆因灾歉收问题时，不顾乌纱帽，奏请朝廷借口粮借种子，赈济灾民。禁烟失败后，他托病回故里太仓，在太仓时，他利用南园田地试种桑养蚕，晚清太仓蚕桑业发达，与他的大力提倡分不开。王茂荫与这样的士人结为契友，思想观念与为人行事自然受到很大程度的影响。钱伯瑜著有《存素堂奏

① [清]王茂荫撰，张新旭等点校：《王侍郎奏议》附录《显考子怀府君行状》，黄山书社1991年版，第186页。

疏》4卷、《壬癸人物志稿》28卷、《颐寿老人年谱》2卷、《存素堂文稿》4卷、补遗1卷、《存素堂诗稿》14卷、《钱颐寿中丞全集》。

钱伯瑜生有两子五女，长子钱鼎铭（1824—1875），为道光二十六年（1846年）举人，咸丰年间曾入赀拜官王茂荫长时间供职的户部，任主事，终官河南巡抚，著有《钱敏肃公奏疏》7卷，存素堂刻本，南京图书馆有藏。钱氏父子的著述中很可能有关乎王茂荫研究的资料。

歙县城里人许球，他是王茂荫的同窗学友。许球，字叔玉，生卒年失纪，大约与王茂荫年庚相当。王茂荫在南闱考进士多次，均不第。许球于道光三年（1823年）高中进士，他在官场上也直言敢谏。道光十六年，曾上疏请禁鸦片烟，禁烟主张和措施多为后来的林则徐所采用。次年秋，歙商胡祖祠继承父志，独资修筑歙县三阳坑至叶村的部分石板路及叶村至昱岭关的桥梁"关桥"，当时董其事者为德高望重的王应矩，此人即王茂荫的父亲，他是晚清著名的茶商。修路建桥竣工后，许球写了一篇《重修关桥碑记》，这篇碑记已收入民国《歙县志》。许球后来成了王茂荫的亲戚，因为王茂荫的一个孙女嫁许球长孙许大镛为妻。许球的著述有《西治奏议》《古今体诗》《养云山馆杂著》等，他的著述中说不定有关乎王茂荫研究的资料。

歙南街源璜蔚，是徽州著名的古村落，这里历史悠久，钟灵毓秀，诞生于该村与王茂荫同时代的胡怀畏、胡怀抱兄弟，是王茂荫的"莫逆之交""总角之交"。

胡怀畏（1775—1858），名新祖，字清一，号半塘，为乡村名儒，其弟胡怀抱（1792—1857），名可达，字为治，号舜庭，又号舜琴、睡仙子。为人严气正性，有古直彦风，通六艺，工书法，为文务求高古。怀抱所书匾额碑碣甚多，笔力可比钟繇、王羲之。生平耿直自持，不求闻达，设塾课徒，所出发魁入泮者不知凡几。

道光二年（1822年），璜蔚胡氏以胡怀畏为综理，胡怀抱任主修，纂修《胡氏宗谱》，当时王茂荫年二十五岁，用名"茂萱"（"茂荫"系三十四岁在北闱应京兆试时改考名），受挚友"二胡"所请，为璜蔚人胡鹏程作传一篇，题为《处士胡鹏程先生传》，这是至今所发现的王茂荫最早的一篇文章，是研究王茂荫早期思想的重要资料。当时，为《胡氏宗谱》作序的，是他们的恩师歙县昌溪人吴柳山先生，关于吴柳山先生，本文另节介绍。三十四年之后即清咸丰六年（1856年），胡氏昆仲主持重修璜蔚胡氏支谱，这时吴柳山先生已不在人世，王茂荫年届五十八，在兵部右侍郎任上，胡氏兄弟写信请王茂荫为重修的胡氏支谱作序，王茂荫受请作了《璜蔚胡氏重修支谱又序》。

王茂荫所作《处士胡鹏程先生传》与《璜蔚胡氏重修支谱又序》两篇文献，已刊朱祝新先生所主编的《璜蔚志》，朱先生将资料赠于笔者，笔者已收入《王茂荫佚文诠释解读》（载《徽州社会科学》2015年第1期，已收拙著《王茂荫研究文辑》）。

道光年间，胡怀抱先生还为歙县三阳坑水口学堂编辑过一本很适用的课蒙教材，名为《养蒙必读》，道光三十年仲秋，丁忧在籍的王茂荫为至友编辑的这本《养蒙必读》写了一篇序言。据悉，晚清三阳坑"青云书屋"藏有此书，现王茂荫三阳坑一洪氏亲戚后裔亦藏有此书。据王茂荫在《〈养蒙必读〉序》中所言，胡怀抱还手辑《两关金鉴》一书，王茂荫丁忧家居之日，见该书手稿"备列贪财好色之可为监戒者，喜其足以警人，急为醵金梓之"。"急为醵金梓之"一句，意为急忙凑集资金付梓印刷。王茂荫就是这样见义乐为之人。胡怀抱还著有《两得心知》《传家无价宝》诸书。

座师与房师

"座师"，是明清两代科举考试中举人、进士对主考官的尊称。主考官称总裁或座主。明末清初思想家顾炎武在《生员论中》就有"座师"的称呼："生员之在天下，近或数百千里，远或万里，则有所谓主考官者，谓之座师。"

"房师"，则是明清两代科举考试中举人、进士对荐举本人试卷的同考官的尊称。吴敬梓在《儒林外史》第三回就写道："适才看见题名录，贵房师高要县汤公，就是先祖的门生，我和你是亲切的世弟兄。"

据《显考子怀府君行状》记载，道光十一年（1831年）王茂荫在北京捐监生，以王茂荫之名应京兆试考举人时座师与房师是：

座师户部右侍郎山阳李芝龄先生。李芝龄（1779—1846），名宗昉，江苏山阴人，嘉庆二年进士，一生多任学职和太子属官，先后出任礼、工、户、吏、兵等五部官和都察院左都御史，足迹遍及顺天、贵州、浙江、江西等地，学识渊博，办事勤慎。他不仅为王茂荫考举人时的座师即主考官，而且在离世前两年受请为王茂荫祖母作《诰封太宜人王母太宜人传》。他一生著述颇丰，以"闻妙香室"为斋号，刊有《闻妙香室诗集》12卷、《闻妙香室文集》19卷、《经进集》5卷、词1卷，又以贵州学官任内见闻作《黔记》，惜多未存世。从其文集中发掘有关王茂荫研究资料，极有可能。

座师吏部左侍郎长白宝文庄公。生平事迹不详，待考。

座师大学士德州卢文肃公。即清朝大臣卢荫溥（1760—1839），字霖生，号南石，山东德州人，两淮盐运使卢见曾之孙，与清大臣曹振镛同年（乾隆四十六年即1781年）进士，历任乾隆、嘉庆、道光三朝，任军机大臣、吏户礼兵刑工各部尚书，多次奉诏出使，按事决狱，被授予体仁阁大学士、大学士加太子太保、太子太傅之衔，为官专心职守，殚心竭力，老成练达，为清中期肱股、耳目之臣。卒谥文肃。有何著述待考。

房师京畿道监察御史安顺宋芸皋先生。宋芸皋即宋劻毅，晚清官员，余不详，待考。

另据《显考子怀府君行状》载，道光十二年（1832年）王茂荫在京城参加会试考进士时座师与房师是：

座师大学士吴县潘文恭公。潘文恭即清代名臣潘世恩。潘世恩（1769—1855），初名世辅，小字日麟，字槐堂，一作槐庭，号芝轩，晚号恩补老人，室名真意斋，思补堂、清颂，祖籍歙县，先世经商寓居江苏吴县（今苏州），入吴县籍。乾隆五十八年（1793年）状元，历官乾隆、嘉庆、道光、咸丰四朝，被称为"四朝元老"，迭掌文衡，备叨恩遇，官至东阁大学士、武英殿大学士、上书房总师傅、太子太保等职，与堂兄潘世璜、孙潘祖荫合称"苏州三杰"，谥文恭。潘世恩著有《恩补斋集》，集子中有无王茂荫研究资料，待查阅。

座师刑部尚书开化戴简恪公。戴简恪即清代名臣、著名学者戴敦元。戴敦元（1767—1834），字金溪，号吉旋，浙江开化人，乾隆五十五年进士，官至刑部尚书。历官四十年，居不废职，行无异趣，有诺必践，简而寡营，去世后仅遗几架书籍，几幅画，几间旧房，几亩薄田而已，卒赠太子太保，谥简恪。程恩泽挽戴氏云："贵为尚书，俭若寒士，扬历四十年，其趋公忘寝食，忠矣；幼称神童，老推名宿，横览八千卷，独精算通天人，伟哉！"除算学著述外，还有《古今体诗集》《戴简恪公遗集》，集子中有无王茂荫研究资料，待查考检索。

座师工部尚书长白穆鹤舫先生。穆鹤舫即清代权臣穆彰阿（1782—1856），字子朴，号鹤舫，别号云浆山人郭佳氏，满洲镶蓝旗人，嘉庆十年进士，清朝大臣，当国日久，门生故吏遍布京内外，号称"穆党"，咸丰帝继位后被革职。撰有《澄怀书屋诗草》4卷。道光十五年，为恭祝王茂荫祖母八秩荣寿，与潘世恩联名撰《恭祝旌表节孝敕封太夫人晋封太宜人八旬荣寿》。

座师吏部尚书宝应朱文定公。朱文定即清道光年间任过吏部尚书的朱士彦。朱士彦（1771—1838），字休承，又字郁文，号咏斋，江苏宝应人，嘉庆七年殿赐进士第三人（探花），历官至左都御史，工、吏、兵诸部尚书。多次主持会试及督湖北、浙江、安徽学政。参与编纂《国史·河渠志》，熟悉河工事务。道光十二年以工部尚书出任会试副考官。立朝清介，推诚务实，有不少保荐之人，不知是他保举的。居家孝友。俸禄微薄，从不言贫，遇公益事业如赈济修城垣，首先倡导。年逾花甲，仍四处奔波，风餐露宿，年六十八卒于任上，赠太子太保，谥文定。著有《诗文集》。

房师翰林院编修楚雄池籥庭先生。该池氏即清代著名学者池生春。池生春（1798—1836），字籥庭，别号剑芝，云南楚雄彝族自治州鹿城人，与王茂荫同庚，道光二年进士，为明清楚雄"八大翰林"之一。他出于穷秀才之家，感情与劳动人民接近，供职恭谨为官清廉，道光八年奉旨主持陕西乡试，亲身体验民情风俗，写下《入秦日记》与《直庐记》。道光十二年，被任命为广西提督学政，发现南宁等府土官枉法，索取考生贿赂，致使边僻子弟被拒于学门之外，他向礼部上书，将原由土官任主考改为流官。主持学政期间，锐意改革，重视文教，先后创办书院十余所，经费不足就用自己官俸添补。道光十六年升国子监司业，因积劳成疾，英年早逝。他还著有《池司业遗稿》《池司业遗集》等文集。

深入研究王茂荫，必须深入发掘资料。王茂荫的恩师特别是授业之师一般都有文集，他们的文集中或许有关于王茂荫为学为人为官方面的文字记载，果有发掘，那将是研究王茂荫的珍贵资料。

（原文载《徽州社会科学》2019年第7期）

王茂荫与徐景轼

　　徐景轼，清代末年歙县黄呈降（后改名徐村）人。父亲徐耘叔，生于清乾隆五十五年（1790年），长大后参加科考，十分不顺，屡屡落第。道光六年（1826年），徐耘叔带着继配夫人吴氏离开徐村，以笔墨为生计寄居京城。道光七年（1827年）十二月十九日，徐景轼诞生于京城宣武门外棉花四条胡同寓宅。

　　王茂荫原名茂萱，号子怀，出生于嘉庆三年（1798年），比徐耘叔年少八岁，早年有着与徐耘叔相同的人生经历，在问学上虽然早达，但在参加乡试中却非常不顺，考了多次都没考中。道光十年（1830年），王茂萱决定去北京通州协助父亲管理祖父手上创设的"森盛茶庄"。第二年，北闱恩科开科取士，他便以"茂荫"之名捐监生应京兆试，不料竟考中举人，之后再参加壬辰会试，联捷成进士，从此进入仕途，备官户部。这年他已三十多岁，而出生于北京的小老乡徐景轼，年方四五岁。对徐景轼而言，王茂荫是名副其实的长辈。

　　徐景轼"受知于"王茂荫，始于道光二十六年（1846年）。当时，王茂荫在户部已供职十五年，任云南司主事（正六品），居宣武门外顺治门大街歙县会馆，徐耘叔带妻带子也居歙县会馆。这年，徐耘叔为徐景轼捐监生，应京兆试考举人，场后以试文就正于同乡诸先达，大家看后都认为必能考中，王茂荫"尤所激赏"。然而榜发后徐景轼却名落孙山。发榜前一夕四更，王茂荫以手札致徐耘叔说："街上卖题名录，文郎不售矣，命也。顷寄家书，望将闱作录示一通，将寄与儿辈耳。"①徐景轼在自订年谱中说："先生之不以成败论文，可感也。余之受知于先生自此始。先生讳茂荫，辛卯举人，壬辰进士，后为余丙辰朝考阅卷师。是科荐卷，本房为宗室夫子讳英淳，号琹南，乙未进士，由翰林改官工部。"②"丙辰朝考阅卷师"是指咸丰六年丙辰（1856年）他参加会试，王茂荫是他的阅卷老师之一。

徐耘叔因一再不得志，便纵情诗酒，以致病肺咯血，春季病发特别厉害，终于不起。道光二十七年（1847年）三月二十三日，病逝于歙县会馆，享年五十八岁。为办理老乡的后事，王茂荫跑前跑后，费心尽力。徐景轼在自订年谱中说："经理丧务始终尽力者，王子怀先生也。"③

王茂荫对徐景轼关心关照可谓备至，他尽心协助办完徐耘叔丧事之后，又引导徐景轼受学于自己的挚友、著名学者张穆。徐景轼在自订年谱中称"（张穆）先生以汉学名一时，兼善古文辞，余因是得窥古学门径"④。

咸丰元年（1851年）秋，徐景轼应京兆试，考中举人。同年十二月，王茂荫为媒，徐景轼议婚于嘉庆十九年（1814年）进士云南人李浩之孙女。咸丰二年，徐景轼在准备会试期间，曾"依王子怀居"歙县会馆。同年底，他就婚于李氏，寓京城米市胡同。

同治四年（1865年）六月二十二日，王茂荫病故，享年六十八岁，给他送挽联的朝臣、同僚、好友甚多，时官礼部祠祭司员外郎的徐景轼也送了挽联。

同治十年（1871年）二月十九日，为王茂荫遗孀继配夫人洪氏七十岁生日，徐景轼应王茂荫二子王铭慎之请，亲自撰写了《恭祝诰封一品夫人王师母洪太夫人七旬慈寿》，20名当朝官员联合签名，以为祝寿。

该寿序中有言：

---

① 薛贞芳主编：《清代徽人年谱合刊》（下），黄山书社2006年版，第781页。
② 薛贞芳主编：《清代徽人年谱合刊》（下），黄山书社2006年版，第781页。
③ 薛贞芳主编：《清代徽人年谱合刊》（下），黄山书社2006年版，第782页。
④ 薛贞芳主编：《清代徽人年谱合刊》（下），黄山书社2006年版，第782页。

吾歙处黄山之麓，浙江饶其南，山川灵异所钟，代有伟人。咸丰、同治年间，以直节谠论著于天下者，则惟吾师少宰王公。公由户部员外郎跻谏垣，封事数十上。时值粤匪盗兵，中原多事，所陈奏皆关大计，慷慨无所避忌。不二载，迭擢侍郎，是以受九重特达之知。蒿目时艰，忧劳特甚，益思有以自效，每能言人之所不敢言，正色立朝，四方钦其丰采。①

寿序中还特地提及"公与先大夫为莫逆交，景轼少以文字受知于公，及丁多难，公所以扶口而勖之者，甚至丙辰岁，景轼登第入词馆，公又为朝考阅卷大臣，太夫人之来京师也，曾以通家子之礼拜于堂下，故于公之家事，及太夫人之淑德令范知之最详"②。

（原文载 2019 年 9 月 24 日《黄山日报》）

---

① 曹天生点校整理：《王茂荫集》，中国档案出版社 2005 年版，第 290 页。
② 曹天生点校整理：《王茂荫集》，中国档案出版社 2005 年版，第 291 页。

王茂荫生前梓行的编著《皖省褒忠录》
——兼谈王茂荫与皖籍京官方浚颐、吴焯、林之望

　　《王侍郎奏议》是晚清名臣王茂荫的主要著作。这部著作，他生前曾亲自"辑其奏议若干篇，汇为四卷，藏诸巾笥，不以示人"[①]。他只是想将自己上给咸丰皇帝的奏稿整理出来，垂示子孙，使子孙知道他居谏垣，是承蒙圣恩超擢，并非从阿谀求荣中来。为此，他一再交待后人：他编辑的奏稿"惟止可传家，不可传世。断断不宜刊刻，切切是嘱"[②]。他离世后，儿孙及友好将他编辑过的"奏稿"，以《王侍郎奏议》冠名，刊刻行世，算是遗著。对这部遗著，人们知道比较多，学界研究王茂荫，也多以此为主要材料。至于王茂荫生前亲自辑录并作序行世的《皖省褒忠录》，知道的人却不多。殊不知，王茂荫生前付梓行世的唯一编著正是此书。这部编著是他因病开缺调理期间编辑，同治改元重被启用后行世的。本文谈谈这部编著的主要内容、编辑背景，并对相关历史人物作一介评。

一

　　笔者搜集资料研究王茂荫，始于二十世纪七十年代末。二十世纪八十年代初知道王茂荫不仅著有《王侍郎奏议》，而且还编著有《皖省褒忠录》。

---

　　① [清]王茂荫撰，张新旭等点校：《王侍郎奏议》附录《阮陵吴大廷序》，黄山书社1991年版，第206页。

　　② 曹天生点校整理：《王茂荫集》，中国档案出版社2005年版，第171页。

　　《王侍郎奏议》（十卷）光绪木刻本从王茂荫后人之手借读了。《皖省褒忠录》到哪里去找呢？寻访一再，无从知晓。1982年2月，指导我进行王茂荫研究的安徽省社会科学院的孙树霖先生（屯溪黎阳人）写信告诉我："王茂荫的《皖省褒忠录》，省图书馆藏有，什么时候借出来均可。"孙先生是"文革"前北京大学经济系著名教授赵靖的学生，他长于社会经济史和经济思想史研究。他曾告诉我，要广泛收集关于王茂荫经济思想特别是其货币观点的材料，抓紧进行这方面的研究。他显然见过《皖省褒忠录》。他说过，这本书对研究王氏的货币观点乃至经济思想，价值不大，也容易找到，你抓紧发掘其他方面的资料。因此，查阅研读《皖省褒忠录》暂时搁下了。

　　斗转星移，岁月不居，倏忽三十七年过去。恩师孙树霖先生作古七年。我想无论如何要见到《皖省褒忠录》了。想亲去省图书馆查阅这本书，可是脑中风留下的痼疾，使我力不从心。遂请孙先生女儿孙英在合肥代为查阅，同时请研究王茂荫颇有成就的友人安徽财经大学曹天生教授将他几年前去省图查阅该资料的原始笔录发给我，相互参校。孙英专程去省图书馆查阅了这本书，并将相关资料发给我。曹天生教授也将笔记发给了我。

　　《皖省褒忠录》系线装本，木刻，不分卷。扉页上印"咸丰己未年奏 皖省褒忠录"，咸丰己未年即咸丰九年（1859年），当时王茂荫开缺养病已经一年多，寓居北京城东玉清观。书前有王茂荫所撰《皖省褒忠录序》，落款为"同治元年八月上浣 赐进士出身工部右侍郎古歙王茂荫谨序"，同治元年即1862年，八月上浣即八月中旬，当时王茂荫年六十四，开缺养病三年整刚刚复出，官工部右侍郎兼管钱法堂事务，移居北京潞河寓所。

　　《皖省褒忠录》刊有王茂荫所撰序言、咸丰皇帝四道谕旨、同治皇帝一道谕旨，还有清廷议恤公启、恤典须知、申报议恤宗图式、履历清册式与旌恤条例。书后辑录咸丰九年（1859年）五月奏报的皖省各府州县殉义人员名单、身份，间或附有殉义简况。

　　咸丰皇帝的前三道谕旨，是咸丰九年（1859年）五月初九日，对三个皖籍京官（定远人给事中方浚颐、泾县人御史吴焯、怀远人御史林之望）联衔具奏旌恤皖省军兴以来殉难士民的谕批①，第四道谕旨是同治元年二月十七日同治皇帝对御史卞宝第奉旨办理恤典、清除积弊一折的谕批②，第五道谕旨是咸丰三年十月二十三日咸丰皇帝对王茂荫《殉难士民请旌折》的谕批。

建议清政府对殉难士民予以旌恤，早在皖省军兴咸丰三年（1853年），身任太仆寺卿的王茂荫就向咸丰皇帝上奏提议了。因此，在《皖省褒忠录》中，他将当年的奏折原文以及咸丰的谕批一道刊印。为便于各地请旌请恤，他将咸丰和同治的谕批、清政府的议恤公启③、恤典须知、

---

① 三道谕旨全文分别是：上谕：给事中方浚颐、御史吴焯、林之望联衔具奏，汇请殉难民人等恩赏，分别旌恤一折：安徽省频年被贼滋扰，各府州县官绅士民，或杀贼捐躯，或临难矢志，均堪悯恻。该给事中等籍隶安徽省，见闻真确，所有单开绅士民人男妇三千三百四十四名，著该部查明，除业经给予恤典外，余照例分别旌恤，以慰忠魂，而励名节。钦此。上谕：给事中方浚颐等奏请将殉难在籍给事中议恤等语，安徽歙县在籍给事中方允镶于咸丰五年二月间，贼陷徽郡时，绝粒殉难，情殊可悯，著交部酌量议恤，以慰忠魂。钦此。上谕：给事中方浚颐等奏，访查各省殉难官绅妇女开单，恳请旌恤等语，所有单开之徐应斗在湖北等省临阵捐躯，深明大义，自应给予旌恤六品顶戴。徐应斗、来上达、举人吴乐清、山西临晋县典史高振年、同年振瑞、仆韩姓文生马培之、监生俞升扬、湖北当阳知县署钟祥、县事黄文煜，均著该部照例议恤。马培之之妻王氏并吴乐清之继妻左氏，广东候补从九品吴毓清之妻徐氏、潘仰宝之妻孙氏、媳朱氏、文童程恩之妻张氏、女仆朱佘氏、文童江志钧之妻程氏、女瑞麟，原任东阿同知山东曹县知县章寅之继妻查氏，王永康之女袅祖、平姐，均著该部照例给予恤旌表单并发。钦此。

② 第四道谕旨全文是：上谕：御史卞宝第奉办理恤典请除积弊一折：军兴以来，各省官绅士庶，凡临阵捐躯守义殉难者，一经统兵将帅及时各该地方督抚奏请旌恤，无不立与褒扬，以奖死事，而励忠节乃该部院长及地方各官奉行不善，往往任听胥吏需索把持，致死事被难之家，未能实沾恩泽，积习相沿，实堪痛恨，嗣后阵亡殉难各员子孙，承袭世职，例由于原籍县府，特申督抚验看具题，并应给咨赴部引见者，均著兵部详查应袭世职，行文各该督抚转饬各该州县，将应袭职名迅速查取，经行县报督抚，无庸府司转详，予限半年。汇案具奏，以免繁扰，并由部议定发照限期章程，速行发给执照。应引见者，即速行调取其原籍被兵无可取结者，即由京取具同乡官即结，就近在部呈办，并著兵部于每届年终时，将遗漏及续经赏恤之人汇题查办。如部、院、州、县及内部衙门胥吏延搁不办者，即由该管上司并该管各官查明，分别参处治罪。其殉难官员，应行入祀京师昭宗祠，著礼、工二部及太常寺衙门，将应办事宜速行查办，毋得遗漏行文，并任听胥吏需索使费，侵蚀领款，以致日久延搁，其应入外府昭忠祠者，即著该督抚查明严催，各府详覆办理，其被难各家应须赏恤银两，即由各州县于留支款项内亲行给领，以杜胥吏侵欺，如该管有浮支滥扣情弊，即著计赃加等治罪，至各省被害绅民男妇，未经旌恤者尚多，并著各督抚于被兵省分设局详查，随时奏请旌恤，于各员汇建总坊，以彰节义而维风化，该部知道。钦此。

③ ［清］王茂荫辑：《皖省褒忠录》，安徽省图书馆藏。

旌恤条例，甚至申报文式，都一并刊印。

王茂荫辑撰《皖省褒忠录》的动义，很可能始于皖省军兴之咸丰三年，咸丰九年（1859年）他利用开缺养病之暇，将与同道一起收集并经过核实的资料整理成书稿，亲自撰序梓行则是在同治改元，皖省军务基本告竣，他本人重新复出之后。也就是说，创意成书很可能是在咸丰三年，基本成书稿是在咸丰九年，而作序印行是在同治元年（1862年）。

在《皖省褒忠录序》中，王茂荫开宗明义地对"忠"作了解说。他说："昔周公制《谥法》，危身奉上曰'忠'。欧阳公曰：'士不忘身不为忠，岂不以缘饰经术尚可伪为。惟临大节而不夺，乃足以让扶纲常，砥砺风俗哉。'"①他认为，有清一代二百余年，劝善褒良，深仁厚泽，"皖省素崇气节，自咸丰三年军兴以来，士民倡团杀贼力竭，捐躯无丝发顾虑，即妇女孩提亦知敌忾同仇，舍生取义，于此见民彝之不泯，而我朝培养之泽，感人者深也"②。他在序中告诉人们，他从咸丰三年（1853年）起，便与志同道合者一道，注意收集因抗击太平军而舍生取义者的姓名和事迹，到咸丰九年（1859年），已汇成资料二帙，经诸侍御史覈核，按照咸丰帝曾下过的谕旨，予以褒忠，光耀乡帮。只是因为皖省军事未竣，殉义者的生平事迹审核又需要时间，所以直到同治元年才整理成书，以"约同志捐金"为刊刻费用，梓行于世。他原话是：

> 茂荫自癸丑迄今，偕同人采辑殉义姓名事迹，汇成二帙，经诸侍御先后入告，奉旨褒忠，有光桑梓，顾本省军事未竣，查覈需时，窎远之乡，难通邸报，纶綍未瞻，何以慰孝子慈孙之志，爰约同志捐金，先将赐恤恩旨并原奏及条例刊布，名曰《皖省褒忠录》，俾殉义之家咸知圣天子笃念忠贞，荣及泉壤，且可遵旧式阐发幽光，应钜典不至眈延，而芳行不至湮没。窃愧闻见未周，多所以渗漏，诸同人匡其不逮，续采

① ［清］王茂荫辑：《皖省褒忠录》，安徽省图书馆藏。
② ［清］王茂荫辑：《皖省褒忠录》，安徽省图书馆藏。

成帙，踵而行之。是则，茂荫之厚丰幸也夫。①

二

咸丰皇帝继位之初，太平天国运动就爆发了，并迅速蔓延至东南数省，席卷大半个中国。为"御贼""剿匪"，咸丰虽勤政指挥，不惜倾尽家产，但清军屡战屡败，时局每况愈下，江山岌岌可危。

王茂荫居家尽孝，在位尽忠。太平天国运动伊始，他就主张坚决"剿匪"。他不仅主张镇压，而且主张对因抗击太平军而殉难的士民予以旌表，对其家属予以抚恤，以劝善褒良。咸丰三年（1853年）十月二十三日，身任太仆寺卿的王茂荫，给咸丰上了《殉难士民请旌折》，这个奏折文字不长，《皖省褒忠录》序文之后的第一篇，就是这个折子，咸丰对这个奏折，有较长的谕批，这里将这篇原奏及谕批转录如下：

奏为请旨旌表殉难士民，以彰义烈而励人心事：臣维成仁取义，正气自属常存，致命捐躯，庶人尤称匪易。比来匪徒肆扰，荼毒蒸黎，凡夫死事职官、阵亡兵弁，莫不仰邀赐恤，渥荷恩施。近于九月二十日，复奉谕旨："地方文、武官及绅士人等，被害较烈各员，已经给予恤典者，再行分别酌议，加赠予谥，或入祀昭忠祠。未经奏报各员，著各该省督抚，迅即饬查被害情节，奏请奖恤，等因，钦此。"皇仁所被，至优极渥，洵足作士气而慰贞魂矣。惟思贼匪自离西粤，狂窜南方，稽天讨于三年，煽毒氛于数省，凡被难地方，士庶人等或负义不屈而致戕，或被胁不从而遭害，甚或全家罹难，阖室自焚。虽智愚贵贱之不同，实节义忠贞之无愧，此固国家厚泽深仁之所致，要亦下民敷天率土之真忱。我国家劝善褒良，凡平日节妇义民，无不仰叨钦奖，则此时忠魂毅

---

① ［清］王茂荫辑：《皖省褒忠录》，安徽省图书馆藏。

魄，尤宜上荷旌扬。臣闻向来各省死难士民，恩许建祠合祀，其被害最烈者，或从优另予封表。今殉难士民，忠贞自矢，外省均未查办，日久恐致淹埋，合无仰恳皇上饬下各督抚，悉心详查，于遇贼死节之士民妇女等，有姓氏可查者，悉查明题请旌表，准予祠祀；实系无姓氏可查者，则统书难民总牌祔祀；其中或有蹈节最著、被害尤烈者，另行优请旌恤之处，出自逾格天恩。俾守义不渝者，皆沐褒嘉之典，斯闻风知感者，咸深激励之心，则众志可以成城，而群丑无难殄灭矣。

臣愚昧之见，是否有当，伏乞圣鉴训示。谨奏。

附：

上谕：太仆寺卿王茂荫，奏请旌表殉难士民一折，军兴以来，被贼滋扰地方，文武官绅及兵勇人等，或临阵捐躯，或遇贼被害，经各督抚奏报，无不立沛恩施，给予恤典，并谕令各督抚查被害较烈之员，再行分别酌议加赠予谥，或令入祀昭忠，以励臣节，而慰忠魂。复念被难各省地方士庶人等，或因骂贼致戕，或因御侮遭害，全家罹难，阖室自焚，虽贵贱之不同，实节义之无愧。特恐僻处乡隅，不获上邀旌恤，以致淹没弗彰，朕心恻焉。著各该督抚，通饬所属，迅速查明遇贼死节士民妇女等，除照例题请旌表外，其殉难尤烈者，并准其奏明，请旨分别赐恤。该督抚等，其秉公详核，毋滥毋遗，以副朕励节褒忠之至意。将此通谕知之。钦此。①

《皖省褒忠录》中占大量篇幅的，是方浚颐等三人咸丰九年五月所奏《汇请殉难民人等恳恩旌恤折》后所附《安徽省各府州县阵亡殉难官绅士庶妇女姓名缮具清单》，"清单"中依次列了桐城县、太湖县、歙县、休

① 王茂荫原奏及咸丰谕批均见《皖省褒忠录》，亦刊载于《王侍郎奏议》卷五《殉难士民请旌折》，黄山书社1991年版，第86—87页。

宁县、婺源县、泾县等地殉难官绅士庶妇女名单。笔者以当时徽州一府六县（歙县、休宁、黟县、祁门、绩溪、婺源）的地方志记载和时人笔记（如黄崇惺《凤山笔记》、汪士铎《乙丙日记》及许承尧《歙事闲谭》转录方宗诚《两江忠义录》等）进行考析，感觉殉难人员的名单很不完整。仅以徽州府言，绩溪、黟、祁门三县申报材料不见，歙县一邑当年殉难士民无算，而申报材料只提到"六品军功汪贵三、六品军功洪观直、宋上元、汪春兰、潘顺华、赵观顺、宋观遂以上义勇七名，于咸丰六年八月十日在祁门、休宁随同官兵御贼阵亡"。笔者桑梓在休西大族村，旧属里仁东乡十一都，口口相传高祖五十公于咸丰九年被"长毛"杀害，曾祖姑陈贞被迫跳塘自尽，而休宁的材料中亦不见记载。原为京官，咸丰三年疏请回籍（旌德）办团练的工部侍郎吕贤基，后以死报国，而所附请旌请恤材料中却没有旌德县的。因此，所附这份材料是不详尽的，只能作为研究这场"国殇"时的一个参考。

值得一提的是，方浚颐等三人的疏奏比较详细地记载了道咸年间任过刑科给事中的歙人方允镤①在籍殉难的情况：

> 再臣等闻原任刑科给事中方允镤，安徽歙县人，咸丰二年丁艰回籍，三年，闻贼犯金陵，在该县官绅劝捐团练，该员家极贫寒，所居离城不远，往来城乡，均系自备资斧，绝不用公局一厘。五年正月，贼犯徽郡，该员因病在家，不能出御，二月十二日，闻府县城陷，即绝粒数日，不死，旋吞银指环，又不死，延至三月初三日乃死。该员之死，虽在贼退之后，而立志不食实在城破之初。伏乞恩加旌恤，以慰忠魂，谨附片具奏。②

---

① 方允镤为道光二十年（1840年）与冯桂芬、翁同书同科进士，在士林中以气节称。道光二十三年，著名学者张穆、何绍基倡首在北京报国寺建顾亭林（炎武）祠堂，次年开始设春秋祭与生日祭，道光二十七年九月九日，方允镤第一次参与秋祭，当时王茂荫也参加了。第二年三月二十九日，他们又再次参加。此后，方允镤还参加了八次，咸丰二年四月三日还主持了春祭俎豆仪式。他在太平天国运动中殉难，以前并不知晓，读《皖省褒忠录》之后才知道。

② ［清］王茂荫辑：《皖省褒忠录》，安徽省图书馆藏。

正因为方浚颐等三人在咸丰九年五月初九日的奏折后所附的材料中专门提到方允镶，所以咸丰在第二道谕批中特地提到要将方允镶"交部酌量议恤"。

三

安徽简称"皖"。清康熙六年（1667年），因清代江南省（明代南直隶）东西分置建省，省名取江北安庆府与江南徽州府首字。徽州府辖歙、休宁、祁、黟、绩溪、婺源六邑，是皖省八府五直隶州（安庆府、池州府、六安直隶州、滁州自隶州、庐州府、凤阳府、颍州府、徽州府、宁国府、太平府、广德直隶州、和州自隶州与泗州直隶州）中的一个行政区。

徽州保介山谷，自古鲜见兵甲。可是，从咸丰三年（1853年）起，直到同治四年（1865年），这里成了太平军与清军反复拉锯争夺的战场，士民殉难无算，灾难深重，史无前例。这不仅仅是晚清时期的一段州殇史，更是近代史上的国殇史。对此，安徽旧通志、徽州地方志、徽州人晚清至民国间重修的家乘谱牒序文及人物传，还有时人笔记文牍中，都有具体的记载。

王茂荫去世后，为李鸿章代笔撰写《诰授光禄大夫吏部右侍郎王公神道碑铭》的方宗诚①，同治七年（1868年）作《两江忠义录》十卷，记载太平军屠戮桐城、徽属六邑及高淳等地士民的事实。同治四年（1865年）进士、歙县潭渡人黄崇惺在《凤山笔记》中所揭露的事实，触目惊心。他说："洪杨之难，歙县创巨痛深，至今伤痍未复，为吾县近年一大事。"②其实，徽属其他五邑以及皖省被兵府州，又何尝不是如此。晚清翰林歙人许承尧在《歙事闲谭》中引《两江忠义录》记载云：

---

① 方宗诚（1818—1888），字存之，号桐堂，桐城人，祖籍婺源。桐城派后期名家之一，论学宗程朱，与李鸿章交善。撰有《柏堂全集》等。

② 许承尧：《歙事闲谭》卷十九，黄山书社2001年版，第637页。

按其时死难最烈者，程祖洛之子枚功，率其孙德基带团御贼死。稠墅汪士熙、士勋，率其侄景卿时带团御贼死。棠樾鲍钟铨（鲍文淳侄）率其侄明璆带团御贼死。郡城江同文护母死，其侄学晖、学曦同殉。……上丰宋晋基，集团御贼，全家同死。方汝源及子梓蕃、侄梓萱皆御贼死。江敦伟及弟敦崇、敦彦、侄开量，皆骂贼死。许大奎全家骂贼死。江福日在义团局，以不言团丁居处被焚死。槐塘程国贤，道光癸卯举人，工奕，号国工，以官杭州，城陷巷战死。程昌洛、集团御贼死。许怡衔及弟怡德，率练守丰口，以积劳死。练勇许灶发、许应焕御贼死。许士治佐练总项冬起杀贼死。王家珍杀贼死。槐塘程文毂杀贼死。西溪汪运锦，以谋应宋梦兰死。仰村仰元骂贼死。虹源王霈，以护藏书不屈死。槐塘唐煦……以集团御贼死，弟煠，工篆刻，子均俱殉。郑同庚办团遇贼死。巴荣祖与弟绳祖、张志柯，俱骂贼死。程启耀、程尊三、柯元寿、福寿与族人万妹、有焕、长保，俱杀贼死。段耀廷骂贼死。汪德椿以护祖母棺死。汪隆玙、汪宣楷、汪嗣根、汪昌瑞，俱骂贼死。胡传璜、鲍金桂，杀贼死。方承祉以行乞被胁不屈死。章荣祥以童子代父死。汪文艺以砚石击贼死。①

在作了以上节录后，许承尧写道："上俱见《忠义录》，乃其较章著者耳。其他遗漏何限。妇女死烈则尤多，不可胜记矣。"

王茂荫少时同窗、后成远房亲戚的歙南水竹坑人柯华辅，其夫人王氏与王茂荫同族，咸丰间因骂"长毛"遭杀害，柯华辅之子柯铖扶着母亲灵柩，发誓要报仇雪恨。柯铖后投江南大营为曾国藩幕僚，深受器重。咸丰十年（1860年）四月二十二日，身在皖省省会安庆供职的柯铖有致王茂荫的信函一通，其中告诉王茂荫很不幸的消息："吾徽避乱者多半在

① 许承尧：《歙事闲谭》卷四，黄山书社2001年版，第130—131页。

王茂荫生前梓行的编著《皖省襄忠录》

饶，将来钧麾南旋，亦可先到饶郡。公寓家乡已成焦土。旱南一隅，三月初三以后，邑尊查至苏村以外共死三千余人，近又死数千人，则幸存者仅矣。"①这年八月，对徽州防剿有功的张芾被调离徽州，太平军李世贤部攻下徽歙，到处烧杀抢掠，许多村舍焚毁殆尽，徽郡士民伤亡有史以来最为惨重。王茂荫老家杞梓里承庆祠《太原王氏世系族谱》也有记载："咸同年间（指1851—1864年），粤捻交冲，贼氛遍地，凡在谱牒，悉化劫灰""祠内容（指祖容）悉被遭毁，而家谱悉化劫灰"。②

据王经一先生《王茂荫年谱》记载："长毛"（太平军）首次到歙南三阳坑，是咸丰十年四月二十四日，此后来三阳坑抢劫烧杀百余次，导致三阳村"尸横遍野，秽气难闻，大厦焚，器物毁，死伤掳去之人，不可胜数，地方情景，实为不堪。自宋至清，千有余年，未受其害，莫不哀哉"。据三阳洪氏支谱记载，太平天国败后，三阳逃难在外的人回三阳，见村中大街小巷到处都是白骨。数以百计的三阳人遗骸，后被村人掩埋在新谷坂棠梨山脚下。③

四

王茂荫是一个民本理念深入骨髓、家国情怀贯彻始终之人。在他看来，人心向背决定一切，面临内忧外患，大清政权风雨飘摇，最高统治者和各级官员理应顺应潮流，多做顺民心得民意之事。否则，人心一去，国将不国。他主张褒忠惩奸，扬善抑恶，见贤思齐，以倡世风。皖省从咸丰三年"太平军兴"，至咸丰九年，已经七年，江淮之间死难士民不知凡几，应当对他们予以旌表，对他们的家属予以抚恤，以彰显义烈，激励人心。这是得民心顺民意的事。为此，他在咸丰三年上《殉难士民请旌折》的基础上，事隔七年，与他有相同价值观念的皖省京官方浚颐、吴焯、林之望又联衔上了相关奏折。他辑撰《皖省褒忠录》的宗旨，就

① 王经一：《王茂荫年谱》，安徽人民出版社2015年版，第229页。
② 王经一：《王茂荫年谱》，安徽人民出版社2015年版，第229页。
③ 王经一：《王茂荫年谱》，安徽人民出版社2015年版，第229页。

在于"彰义烈而励人心"。

与王茂荫同时代的皖籍京官方浚颐、吴焯、林之望是什么样的人物？据笔者所知，介绍一二：

方浚颐（1815—1888），字子箴，号梦园，安徽定远人，祖籍休宁流口樟源里。他较王茂荫年少17岁，迟24年离世。道光二十四年（1844年），方浚颐中进士，这年供职户部的王茂荫因祖母方太夫人去世服阕，返京销假，充会试收卷官。方浚颐举进士后，先做翰林院编修，后历任浙江、江西、河南、山东各道御史，又做过两广盐运使兼广东布政使、两淮盐运使，官终四川按察使。他家学渊源深厚，"清白家风六代传"，是一个才学与官品官德官声都很好的人。咸丰九年他在给事中任上，与吴焯、林之望联衔上奏。

方氏是入迁新安（徽州）最早的名族。查定远《重修炉桥方氏家谱》可知：唐大历年间（766—775），歙人方恭叟生子方干（字雄飞），唐贞元间（785—805）中进士，退隐鉴湖，由古歙迁桐庐，生子方严，官弋阳，遂家鹅湖。宋乾德间（963—968），智詠公由鹅湖迁祁门赤桥，宋熙宁辛亥（1071），其后人方遊由祁门赤桥迁休宁漳源（今休宁鹤城乡漳源里），方遊为方浚颐第26世祖。方浚颐六世祖方景蕃于清顺治八年（1651）渡江北上，徙居凤阳府定远县西乡北硖镇（即今炉桥镇）。因此，称方浚颐为王茂荫徽州老乡，丝毫不虚。

论人品、学品与官品，方浚颐与王茂荫有许多惊人的相似之处。王茂荫性狷介，为学淹博严谨，为官清正廉洁，在位直言敢谏，持正不曲，"孤忠自许众不与，独立敢言人所难"，对关乎国计民生之事，他知无不言，言无不尽。方浚颐入仕为官半个多世纪（其中当京官20年，两广为官20年，扬州为官10年，四川为官3年），终生信守"修齐治平"理念，认真履行"居庙堂之高则忧其民，处江湖之远则忧其君"。方浚颐受命任两淮盐运使，是在同治八年，当时王茂荫已离世四年。清政府历经二十多年的内忧外患，财源枯竭。两江总督兼两淮盐政曾国藩当筹措军饷，与方浚颐商议食盐加价，方浚颐从百姓的切身利益考虑，义正辞严地表示反对，他说：江淮地区刚刚初定，北方各省还在作仗，民众生活艰难。

食盐是民众生活必须品，食盐加价，必定拉动其他物品涨价。百姓之望皇恩如久旱之甘霖，这无异于为丛驱雀，为渊驱鱼，为盗贼之巢驱赶百姓，万万使不得。曾国藩认为他讲的很有道理，食盐加价的想法取消了。

方浚颐在四川为官三年后便淡出政界，在扬州创办淮南书局，广揽四方贤士，校刊群籍，并开办梅花、安定两书院，召集学士，校刊经籍。并主讲授课，江南才俊云集两院，桃李满园。他在授课之余著书，又主修《续扬州府志》，还重修了平山堂等诸多名胜古迹。他的著述比较多，有《二知轩诗文集》《忍斋诗文集》《梦园时文》《蜀程日记》《东瀛唱答诗》等传世。

方浚颐既与王茂荫等同仁一起收集资料，联名疏奏刊印《皖省褒忠录》，他熟识王茂荫是无疑的。他的著述中很可能有与王茂荫过从唱和的记载，而笔者至今未见，希望知情的学者披露一二，以利进一步研究。

有清一代，江淮间流传"寿字、怀画、定文章"之说。"寿字"是指寿县的书法，"怀画"是指怀远的绘画，"定文章"则是指定远人的文章，而"定文章"的主要代表人物就是方浚颐与他的堂弟方浚益、胞弟方浚师。此三人，称"炉桥方氏三兄弟"。

再说说吴焯与林之望。他们与方浚颐年庚相当，比王茂荫年轻二十岁左右，是晚清政坛上比较活跃的人物。

吴焯，安徽泾县茂林人，字号及生卒年不详，道光三十年（1850年）进士。王茂荫任兵部左侍郎时，吴焯为帮办东城御史，与王茂荫、周祖培、许乃普、宋晋、何晋等二十余人会奏，主张抵御外夷侵略，有言"该夷猖獗有年，恶贯满盈，神人共愤，沿海各省，无不欲食其肉"。咸丰十一年正月，谕命给事中吴焯等帮办五城团防。同治三年吴焯告假自楚北回里省墓，在安庆与王茂荫相遇。

林之望（1811—1884），字伯颖，又字远村，安徽怀远县人，祖籍福建莆田。明末，其先人为避倭寇之乱，先迁凤阳，继迁怀远。出于数代书香门第，所谓"九龙世泽"。其祖父晋奎公，以萃科官贵州司马，品学兼优，为乡里称颂，文章锦绣，著有《洗蓬仙馆诗·文集》等。林之望自幼聪颖，五岁能作《咏桂》五绝诗。因家道中落，严冬深夜读书，双足时插干麦糠中取暖。道光二十四年（1844年）中江南解元，翌年举进士，二十七年（1847年）入翰林院。同治元年（1862年）代理陕甘总督，在西北治军多年，离任时值大旱，将俸养积蓄大部充当军饷和赈灾之用，百姓遮道泣别。光绪元年（1875年），充任湖北乡试提调、布政使等职，后辞官归里。曾参与重修《安徽通志》，晚年相继主讲于庐阳书院、赓阳书院等。著有《荆居书屋诗集》《荆居书屋文集》《春明馆赋稿》《养蒙金鉴》《觉世经解》等，诗文闻名江淮，与族侄林介弼时有"江左二林"之称。

（原文连载于《徽州社会科学》2019年第8期、第9期）

王茂荫与曾国藩交谊钩沉

曾国藩（1811—1872），初名子城，字伯涵，号涤生，湖南长沙湘乡人。中国晚清时期政治家兼战略家。道光十八年（1838年）进士，入翰林院，为军机大臣穆彰阿门生。累迁内阁学士，礼部侍郎，署兵、工、刑、吏部侍郎。与大学士倭仁、徽宁道何桂珍等为密友，以"实学"相砥砺。组建湘军为统帅，平定太平天国。一生奉行为政以耐烦为第一要义，主张勤俭廉劳，修身律己，以德求官，礼治为先。与胡林翼并称"曾胡"，与李鸿章、左宗棠、张之洞并称"晚清中兴四大名臣"。官至两江总督、直隶总督、武英殿大学士，封一等毅勇侯，谥文正，后世称曾文正。

王茂荫（1798—1865），初名茂萱，字树之，号蔼甫，后改考名茂荫，改字椿年，改号子怀，歙南杞梓里人。他是晚清时期以清正廉洁、直言敢谏而声震朝野的著名人物。其经济（包括货币理论和商业思想）、政治、人才、吏治、军事与管理思想十分丰富、卓尔不群。他是清咸丰朝倡行纸币、主张币制改革的第一人。他是马克思在《资本论》中提及的唯一中国人。他身任京官三十余年，做过监察御史和太仆寺卿等官，又先在户、兵、工、吏四个部任过侍郎，为正二品大员。

王茂荫与曾国藩同为晚清名臣。关于他们的交谊，这里略作钩沉。

据王茂荫自己称，他与曾国藩最初相见，始于太平天国军兴之初，即清咸丰元年（1851年）。当时王茂荫年过"天命"，而曾氏正值不惑。王氏是在咸丰八年（1858年）五月二十九日上给咸丰帝的《请刊发〈海国图志〉并论求人才折》中透露这一信息的。王茂荫一向认为，科举取士是选拔人才的一条重要渠道，但不是唯一的渠道，还有很多人才并非得自科举，要重视从民间隐处求才。他的这个观点与曾国藩是一致的。王茂荫在上述提到的这个奏折中原话是这样说的：

> 试问年来杀贼攻城诸将，如罗泽南、王鑫、朷载福、李续宾等，均非得自科举考试……臣所见知后之鉴，莫如前兵部侍郎曾国藩，当咸丰元年初与见面，论及大才，举当日名重一时者，一一决其无用。臣初未敢深信，后乃悉如所言。至楚省近所出将才，又无非所识拔于庸众中者，此其知人善任，殆非寻常。①

曾国藩治军把选将作为第一要务，他说，"行军之道，择将为先"。王茂荫与其所见略同，他说："三军之命，系于一将。将得其人，则军用命；不得其人，则军不用命，故行军必以选将为先。"胡林翼曾有评论："曾公素有知人之鉴，所识拔多贤将。"②石达开也说"曾国藩虽不以善战名，而能识拔贤将"。薛福成认为"曾国藩知人之鉴，超佚古今"。

王茂荫将曾国藩以伯乐目之，对其识人之鉴深信不疑。他向咸丰皇帝建言过：

> 诚欲急于求才，惟有请饬大小臣工各举所知，均令归曾国藩帐下，俾之一一察看，必能得人济用，则可免无人之患。③

咸丰、同治年间，徽州为清军与太平军反复争夺的军事走廊，战乱频仍，百姓为避战乱，不得不背井离乡。咸丰十一年（1861年），歙南杞

---

① [清]王茂荫：《王侍郎奏议》卷九《请刊发〈海国图志〉并论求人才折》，清光绪十三年刻本。
② [清]王茂荫：《王侍郎奏议》卷四《论怀庆兵事折》，清光绪十三年刻本。
③ [清]王茂荫：《王侍郎奏议》卷九《请刊发〈海国图志〉并论求人才折》，清光绪十三年刻本。

梓里王茂荫的家人曾想趁躲避战乱之机迁徙江西吴城，长途跋涉，风餐露宿，吃尽苦头。在王氏家人背井离乡最艰难的时候，带兵驻扎江南老营祁门的曾国藩派人给他们送去银两慰问。在京的王茂荫事后知道此事，非常感动，同治元年（1862年）端午节后二日，他给曾国藩写了这样一封信：

中堂大公祖阁下：

三月初，奉复一函，谅早已登签掌。顷见各路捷报，狗逆就擒，想见神算独操，指挥若定，天下不足平矣，快甚！快甚！晚适得家书，正值流离之际，荷蒙远锡多金，涸辙之鱼，再生同庆，感激之下，不禁涕零。惟是尊赐可以救急，而兵饷不敢座糜，将来在京有需用之处，务希示知，尽管来取，万勿存客气之见。晚家中虽已焚毁，外间尚有一茶业，舍弟辈勉强支持得来也。且晚前书所恳者，为夫除莠安良，则惠泽所被，敝邑之千万人实戴之，非止为一家而已。专肃申谢。敬请勋安，伏惟垂鉴，不宣。

治晚生王茂荫顿首　端节后二日①

一个多月后（同治元年七月初二日），曾国藩收到此信，印批："应复。筱。"王茂荫年长曾氏十三岁，但他在信中仍称"晚"，其谦虚自持，感恩知报，不占公家便宜的高风亮节，信中反映得真真切切。

据《曾国藩日记》记载：同治三年（1864年）二月十六日，王茂荫的小女婿、江南名儒汪宗沂曾向在安徽省城安庆（宜城）的曾国藩呈送了他所撰著的《礼乐一贯录》。同年二月十九日午时，因奔继母丧暂寓居安庆的王茂荫拜会了曾国藩，次日巳刻，曾氏回访了王茂荫。日后，汪宗沂充曾氏幕僚有好长一段时间。

同治四年四月，王茂荫自江西吴城扶继母吴太夫人灵柩回里安葬后，

① 中国社科院近代史研究所资料室编：《曾国藩未刊往来函稿》，岳麓书社1986年版，第220页。

五月，驻扎徽州府城歙县及休宁的清军兵勇为兵饷滋生闹事。王茂荫于兵燹之后，暮岁还乡，见里闬成墟，亲知族党多半流亡，本来就很悲愤，现又亲见清军兵勇又闹事，百姓不得安宁，心情更为不好。为平息事态，他给曾国藩写了封信，信是写好了，但未寄出。这封信原件现存歙县博物馆：

宫太保侯中堂阁下：

五月初曾上一函，谅邀青览。上年素蒙嘱，必俟今秋以后再行回里，乃荫未深信，因去秋舍妹先归，行至饶州之后，水浅难行，盘费甚大，故于今春水多即行扶柩归来。乃自四月抵里之后，五月即有兵勇滋闹之事，事不得了，非求中堂善筹所以处之，更无他法。鄙意唯有或调或撤或以徽郡所有自然之利归徽作为兵饷，庶几可以弥缝，若靠劝捐则间阎凋敝之余，定属穷迫已极，无可设施，伏惟耐行。恭敬勋安不尽。

治晚生王茂荫稽首

此次哗饷滋事，后由安抚镇守道暨徽州知府刘传祺弥定。

同治四年六月廿二日，王茂荫旧病复发，在新迁居地歙县义成"天官第"离世，享年六十八岁。当时，曾国藩送了挽联，其云：

七旬耆宿，九列名卿，谁知屋漏操修，尚同寒士；
四海直声，卅年俭德，足令朝廷悲悼，何况吾曹。[1]

曾国藩所言王氏"屋漏操修，尚同寒士"，是指王茂荫晚年歙县旱南杞梓里祖居毁于兵燹，只好在歙县水南义成村买下朱姓旧房，挈家迁居；所言"四海直声，卅年俭德"，是称赞二品大员王茂荫直言敢谏，不避权

---

① 曹天生点校整理：《王茂荫集》，中国档案出版社2005年版，第272页。

贵，为京官三十余年，始终未带家眷，只身居住北京宣武门外的歙县会馆，清静寡欲，居官清廉，朝野敬仰。

王茂荫之子王铭诏、王铭慎为先父作《显考子怀府君行状》，曾国藩为之填讳。

（未刊稿）

王茂荫与李文安及其子李鸿章

  马克思《资本论》中提到的唯一的中国人王茂荫，是中国晚清时期以清正廉洁，遇事敢言而声震朝野的名臣，这在当今很多人都已知道。他是安徽歙县人。晚清重臣李鸿章为晚清风云人物，他是安徽合肥人，与曾国藩、张之洞、左宗棠并称"中兴四大名臣"。王茂荫与李鸿章之父李文安，以及李鸿章本人，关系非同一般，知道的人恐怕不是很多。

  李鸿章之父亲名文安，字式和，号玉川，又号玉泉，别号愚荃，榜名文玕。据说，李文安早年读书很刻苦，从小身体很弱。别人家聪明的孩子四岁开始破蒙，而他到八岁才读书，到了十三岁，别人考上秀才的都有，而他才读完《四书》和《毛诗》。三十四岁时以优廪生考中举人，三十八岁与曾国藩同登进士，殿试三甲，朝考以主事用，与林则徐之子林汝舟同年服官刑部。四十一岁会试外廉官，始为部中主管广西、奉天、山西的司员，督理提牢厅兼行秋审处。后为四川主事、云南员外郎，督捕司郎中，记名御史。

  王茂荫与李氏父子过从交谊之具体，限于资料记载，今已难以描述。但身为言官又"以博采人才为嗜好"而闻名的王茂荫，生前曾向最高统治者咸丰帝推荐过"皖省同乡"李文安，这是不争的史实；同治四年（1865年）六月二十二日，王茂荫在籍病逝，李鸿章送了挽联，王氏后人请时署两江总督的李鸿章代递先父遗折，这也是不争的史实。

  咸丰年间太平天国军兴之后，咸丰帝诏令军兴省份办团练，并鼓励

官员回籍回乡办团练，以抵御太平军。咸丰三年十一月初十日，身任太
仆寺卿的王茂荫，给咸丰上了《保本籍人员回省带勇折》，在这个奏折
中，王茂荫向咸丰举荐了李文安、李鸿章父子，原文为：

> 窃臣恭阅日抄，安徽桐城、舒城相继失守，工部侍郎吕
> 贤基殉节，贼氛逼近，庐州情形甚为危急。该郡为南北要冲，
> 关系中原大局。现闻巡抚江忠源在六安抱病，郡城大员唯藩
> 司刘裕珍，余俱未到任。兵饷俱无，待援孔亟。此时急筹防
> 御之法，唯有督率练勇，协力剿防，事或有济。但该处督带
> 练勇，仅翰林院编修李鸿章一员，万难济事。臣同乡刑部郎
> 中、记名御史李文安，即李鸿章之父，老成练达，为守兼优，
> 籍隶合肥，情形甚为熟悉，乡里素所推重。该处团练整齐，
> 皆该员于上年寄信回里，劝谕乡人为思患预防之计。若令回
> 籍督带练勇，呼应必灵。①

呈递此折之前，王茂荫曾带李文安去御前，当面向咸丰推荐过，即
折中所言"带过引见数次"②。上此奏折时，李文安年五十三，官刑部郎
中、记名以御史用；其子李鸿章，正值"而立之年"，以翰林院编修身份
在家乡合肥办团练，尚未出道。为便于李文安回籍办团练，王茂荫在折
中还有三条建言：一是暂时释放此前因镇江失守而被革职的江苏巡抚杨
文定，准其"与李文安一同回籍，带罪自效，协保庐、凤（州）"；二是
准许吕贤基之子吕锦文随李文安回籍办团练；三是为便于李文安奏事，
请赏加御史衔。

对王茂荫的这道奏折，咸丰作了明确批示：

> 王茂荫奏保本籍人员回省带勇防剿一折，刑部郎中李文

---

① [清]王茂荫：《王侍郎奏议》卷五《保本籍人员回省带勇折》，清光绪十三年刻本。
② [清]王茂荫：《王侍郎奏议》卷五《保本籍人员回省带勇折》，清光绪十三年刻本。

安著准其回籍，督率练勇，协力防剿。所请赏加御史衔，准令奏事，殊属非是，著无庸议。吕贤基之子吕锦文，并著回籍，帮同剿贼。至已革江苏巡抚杨文定，因失守地方，拿问治罪，岂得以其在本籍招募壮勇，遽从宽典？所请饬令回籍带勇协剿之处，著不准行。钦此。①

据有关史料记载，李文安居官忠厚正直，以孝友为政，明治狱，尽心职事，政声卓著。咸丰二年（1852年）太平军占领安庆、江宁（南京），两淮农民军四起。他在合肥倡立"淮南乡约，条教精详，里人信从，为日后团练义勇之本"。又订积谷备荒，有很好的名声。因王茂荫举荐，受命回籍协剿，也有绩效。咸丰四年（1854年），李文安得以知府使用，换顶戴，在老家磨店办乡团会。后又在撮镇邑棠寺招募兵马，扩大队伍，并在合肥、巢县设立清湖、保卫两局。咸丰五年，因积劳成疾而病逝于团练公所，以知府军营病故例赐恤，追赠道员。

道光三年（1823年）正月初五日，李鸿章出生在合肥东乡磨店乡（今瑶海区）。家中排行老二，民间称"李二先生"，谱名章铜。他六岁进家馆棣华书屋学习，先后拜堂伯李仿仙和合肥名士徐子苓为师，攻读经史，打下扎实的学问功底。道光二十三年（1843年），在庐州府学被选为优贡。时任京官的父亲望子成龙，函催李鸿章入京，准备来年顺天府的乡试。李鸿章遵父命，毅然北上，并作《入都》诗十首，以抒发胸怀，为世所传诵。他以诗言志，有"一万年来谁著史，三千里外欲封侯"之句。入京后，在父亲引领下，遍访吕贤基、王茂荫、赵畇②等安徽籍京官，得到他们的器重和赏识。李鸿章认识王茂荫，是在这个时候，当时才二十一二岁。

道光二十四年，李鸿章参加顺天府乡试，考中举人，在京住曾国藩

---

① ［清］王茂荫：《王侍郎奏议》卷五《保本籍人员回省带勇折》，清光绪十三年刻本。

② 贤基（1803—1853），字羲音，号鹤田，旌德县人。道光进士，历任编修、监察御史等职。咸丰元年为工部左侍郎。三年春，赴安徽督办团练，抗剿太平军。后太平军克舒城，他投水而死。赵畇（1808—1877），字芸谱，号岵存，晚号遂园、遂翁，太湖县人，晚清大臣，李鸿章岳父。

王茂荫与李文安及其子李鸿章

宅邸，受曾补习教导。道光二十五年入京会试，以年家子身份受业曾国藩门下，学习经世之学。曾氏对他影响很大。

道光二十七年，李鸿章考中进士，朝考后改翰林院庶吉士。道光三十年，翰林院散馆，授翰林院编修，充武英殿编修。当时，高其一辈的王茂荫在户部已供职十八年，身任户部贵州司员外郎，记名以御史用。

李文安受命回乡办团练后，李家父子的团练"整齐皆可用"。李鸿章先后随周天爵、李嘉端、吕贤基、福济等清廷大员在皖中与太平军、捻军作战。李鸿章以书生带兵，既有"专以浪战为能"的记录，也有"翰林变作绿林"的恶名。数年的团练生涯，有褒有贬，誉毁参半，有经验也有教训。咸丰七年（1857年），安徽巡抚福济奏报李鸿章丁忧，为父亲守制，从而结束为时五年的团练生涯。

王茂荫生有铭诏、铭慎、铭镇三子，他们与李鸿章是同辈同时代人。据传，他们与李鸿章的联系比较频繁。李鸿章擅书法。王茂荫五世孙、现年八十一岁的王自力先生透露说：他们家旧时存李鸿章的毛笔字最多，堂前上桌的抽屉里满抽屉都是，二十世纪三四十年代垫茶托的字纸、垫作业本的纸，都是李鸿章的手书。这从侧面说明，李王两家过从曾经是怎样的平常与自然。

咸丰末同治初年（1861—1862），王茂荫老家即歙县旱南杞梓里的屋舍毁于兵火，"里闬成墟"，只好在水南义成买下朱姓商贾的房子，稍予修葺，举家迁居，名其居为"天官第"，中堂号"敦仁堂"。"天官第""敦仁堂"匾额，均由李鸿章题写。"天官第"这个迁居屋舍，王茂荫晚年只居住了很短时间，从同治四年（1865年）二月，由江西吴城扶继母灵柩回籍卜葬，四月抵里，六月就旧病复发不治，于义成弃世，在"天官第"住了两个月左右的时间。他病逝后，当代显宦、名臣、生前友好、乡党、亲旧送来挽联甚多，李鸿章当时署理两江总督，他送的挽联是：

直节誉丹毫，从此朝廷思汲黯；清风高白岳，可堪乡里失衰修。①

王茂荫弥留之际，曾口授遗折，这个遗折，后由家人委托李鸿章代递。一代名臣的这个遗折凡百余字，全文如下：

奏为臣病垂危，伏忱哀鸣，叩请天恩事：

窃臣皖南下士，一介庸愚，遭遇圣明，滥忝科第，由部曹转御史，洊擢卿贰，显荣已臻乎极，报效未尽末涓埃。自丁忧回籍以来，弱植渐形衰朽，比来一病，弥见颓唐，迄今益觉不支。自问万无生理，惟念受恩深重，当永铭诸子子孙孙，瞑目长辞，再矢报于生生世世。所有微臣依恋，感泣愚忱。谨缮遗折，叩请天恩，伏乞皇上圣鉴。②

七月三十日，奉同治皇帝上谕：

李鸿章奏侍郎在籍病故，并代递遗折等语，前任吏部右侍郎王茂荫，由部曹任谏垣，荐跻卿贰，廉静寡营，遇事敢言，忠爱出于至性。于同治二年，在山西差次闻讣，丁忧回籍，方冀服阕来京，重资倚畀，兹闻溘逝，轸惜殊深。王茂荫着加恩照侍郎例赐恤，任内一切处分，悉予开复，应得恤典，著该衙门察例具奏。钦此。③

---

① 茂荫玄孙王自珍二十世纪八十年代中期曾将王茂荫离世时当朝大臣曾国藩、李鸿章等人所送挽联抄录赠予笔者。曹天生点校整理《王茂荫集》收此联（见中国档案出版社 2005 年版《王茂荫集》，第 272 页）。

② 《遗折》为王茂荫后人家藏抄件，王茂荫后人所作《显考子怀府君行状》中提到该遗折由李鸿章代呈。二十世纪八十年代中期，王茂荫玄孙王自珍曾将《遗折》抄赠笔者。曹天生点校整理《王茂荫集》收入（见中国档案出版社 2005 年版《王茂荫集》第 160 页）。

③ ［清］王茂荫撰，张新旭等点校：《王侍郎奏议》附录《显考子怀府君行状》，黄山书社 1991 年版，第 185 页。

李鸿章还受王氏后人之请，撰有《诰授光禄大夫吏部右侍郎王公神道墓碑铭》，这篇铭文约有两千字，铭文中有言："古之遗直，今有王公；清操劲节，百世可风。"[①]据载，该神道碑铭为方宗诚先生代笔，撰写年月失纪。

（未刊稿）

---

① 方宗诚代笔李鸿章署名的《诰授光禄大夫吏部右侍郎王公神道墓碑铭》，王茂荫后裔家有抄本。曹天生点校整理《王茂荫集》收入（见中国档案出版社 2005 年版《王茂荫集》第 252 页）。

王茂荫与李榕

　　王茂荫（1798—1865），是晚清时期以清正廉洁、直言敢谏而声震朝野的名臣，著名的思想家，马克思《资本论》中唯一提及的中国人。王茂荫祖父王槐康（1755—1785），清乾隆间进京业茶的徽商先躯之一，三十一岁病逝潞河。王茂荫祖母方文学（1758—1841），是清乾道间守寡苦节五十六年、受旌表建坊的杰出女性。何绍基曾于咸丰七年（1857年）为王茂荫祖父母撰并书《皇清诰赠资政大夫兵部左侍郎王君暨配钦旌节孝方夫人墓表》，李榕曾为王茂荫祖母作《貤封太宜人晋赠太夫人方夫人墓表》。对何绍基，人们耳熟能详，至少知道他是晚清书法家，他的何体书法很有特色。而对李榕，人们则比较陌生。

　　李榕，四川剑州下寺场何马沟（今四川省剑阁县下寺镇友于村）人，生于嘉庆二十四年（1819年），卒于光绪十六年（1890年）。比王茂荫年小21岁，晚王茂荫25年离世。李榕先世世居四川剑州东南大凉山下（今剑阁樵店乡），曾祖父李苇始迁于剑州东北下寺场河马沟。父亲李时荣，中过举人，曾任广东龙门、吴川等县知县，客死任上。

　　李榕身长玉立，才气过人，为文援笔立就，有圣童之誉。他于道光二十六年（1846年）考中举人，咸丰二年（1852年）成进士，选授翰林院庶吉士，初任礼部主事。后来经郭嵩焘举荐，赴湘军大营追随老师曾国藩，军功不凡，历迁江宁盐运使、湖北按察使、湖南布政使。同治年间遭诬陷罢官归里，修史讲学，先后在剑州兼山书院、江油登龙书院、江油匡山书院担任山长、讲席十八年，以"古德树人"为教育理念，培养了大批人才。他与忠县李士棻、中江李鸿裔合称"蜀中三李"。

我们知道，咸丰四年三月初五日王茂荫因上《再议钞法折》遭咸丰申斥后，由户部右侍郎迁任兵部右侍郎，不久迁兵部左侍郎。咸丰七年夏，王茂荫想到祖父槐康公墓石"黯然无文"，于是请同年（道光十二年）进士何绍基为祖父坟墓撰文并书写了墓表。咸丰八年四月，英法联军侵犯天津，王茂荫受命与内阁学士宋晋在北京办理五城团防。同年六月，京城团防撤局，七月初四日，他因病请求开缺调理。王茂荫在京城为官几十年，一直住在北京宣武门外的歙县会馆中。"缘辞官三月，而终日尚繁杂不可"，不得不移居北京城东玉清观，这里比较清静，有次子铭慎随伺左右，有利于调理。他认识和结交李榕始于何时，不见有文字记载，但从李榕为王茂荫祖母撰写的墓表考析，二者相见频繁是王茂荫移寓玉清观这一时期。

经历相当和志趣相投之人，他们的结交和交心，是不受年庚限制的。他们在一块，总有许多聊不完的话。王茂荫与李榕就是这样。他们在学业上同样早达，而在官阶上一样晚达和历经坎坷。王茂荫原名茂萱，字树之，号迈甫，少年和青年时代学业虽然优秀，但在南闱考进士考了多年却没考上，三十四岁后更名茂荫，取字椿年，改号子怀，以捐监生在北闱应京兆试，于道光十一年（1831年）考中举人，次年联捷成进士，从此步入仕途。李榕的经历大致相当，他原名甲先，字申夫，又字申甫、申凫，入仕后改名榕，字六容、鹿容，为道光二十六年举人，咸丰二年进士。他中进士之年，也三十三岁了。

王茂荫、李榕二人的家教都很严，门风清白。王茂荫的家风曾以重孝敦仁，清廉慎勤而名闻远近，他中进士步入仕途之后，南回省亲，祖母一再告诫："吾始望汝辈读书识义理，念初不及此，今幸天相余家。汝宜恪恭尽职，毋躁进，毋营财贿，吾与家人守吾家风，不愿汝跻显位、致多金也。"李榕先祖本为普通农户，负耒横经，曾留下"启我愚昧，佑我聪明；克勤克俭，且读且耕；不学下流，不堕家声"的祖训。李榕母亲安氏"好礼节俭，贤淑理智"，治家强调"四戒"："力戒耳软任性、偏信和偏疑；力戒弟兄子侄妯娌不和睦；力戒疏慢亲友；力戒骄凌贫贱。"

李榕本人写过多首教育家人的诗词如《示儿》《示内人》《示弟》等，告诫他们继承先辈家风，克勤克俭，自食其力，团结友爱。此外，他的著作《十三峰书屋全集》中的诸多名言警句，如"廉之一字，是我辈铁板注脚，毫无移易处"也被子孙视作家规家训，尊崇至今。

王茂荫、李榕都时刻不忘"忠君报国"，同时他们对晚清时期的吏治腐败又表示深恶痛绝。读王茂荫遗著《王侍郎奏议》可知，从咸丰元年至同治初年，王茂荫先后给咸丰、同治上奏折102个，对关乎国计民生的大事，他直言敢谏，"孤忠自许众不与，独立敢言人所难"。他是既忠君又匡君。晚清时期的官场，贪腐已病入膏肓。王茂荫身在官场，洞若观火。太平天国军兴以后，皇上诏谕各地"劝捐"办团练，即动员社会各界捐款组建地方防御武装。国家有难，社会各界帮助渡过难关，这本无可厚非，问题在于有人假劝捐之名中饱私囊，这就是腐败了，是必须严肃查处的。他在几个奏折中都就这个问题大声疾呼。

李榕也是如此。据《清稗类钞》记载，李榕在湖南布政使任上发现捐输局名为"勤捐济饷"，实则敲诈勒索老百姓。便申奏朝廷，断然将省外捐输局全部撤去，明令"豁免下户，着重上户，使不得巧避"。这些措施，打击了豪门大族，有利小民百姓，因而激起豪门巨族猛烈反对，他们罗织各种罪名，诬告李榕"贪赃枉法"，同治八年（1869年）五月，李榕被罢官，从此退出官场。这时，王茂荫已离世四年。

王茂荫因病辞官移寓玉清观以后，李榕多次造访。李榕为王茂荫祖母所作墓表，撰于咸丰九年（1859年）二月二十二日。该墓表透露，"侍郎称疾，寓所玉清道士观，榕每相见，各道其乡土风俗，田家力作之状，与夫人生仕宦显晦出处进退之大"，并且提道：王茂荫自幼丧母，由祖母带大，尤得爱抚。王茂荫每每念及先人坟墓没经营好，因为战乱，徽州、宁国两府社会治安不靖，不能南归，因而只好暂时偃蹇淹滞于此。

李榕所作墓表中说"今将与侍郎远别，因读太夫人行状，为揭其大者，表而书之"。

他所说的"远别"，是指他在礼部供职七年之后，因郭嵩焘保荐，从咸丰九年二月始，要去江西南昌湘军大营追随曾国藩，协助办理军务，从此开始戎马生涯。谒别之际，他从王茂荫处拜读了方太夫人行状，慨然为作墓表。他所说的"太夫人行状"，全名《旌表节孝覃恩貤封太宜人显妣方太宜人行略》，是王茂荫祖母过世那年（道光二十一年即1841年），王茂荫在父亲应矩公口述下，濡泪和墨写成，以父亲的名义署名的。从此，他将该行略随身携带，请名公钜卿题记，多年后，名流题咏竟成巨册，曾有《节孝录》之刻。

据有关资料介绍，李榕精通诗文工书法，治学严谨，著有《十三峰书屋全集》传世。

王茂荫国学功底深厚，尤精于经史，著有《皖省褒忠录》《王侍郎奏议》等，佚文颇多。王氏兼有诗作，惜大部分已佚。他生前曾交待后人："所存诗文、试帖都无足观，日后有将此等诗文混行刊刻者，以不孝论。"其书法，堪称一流，尤精小楷。

附：

貤封太宜人晋赠太夫人方太夫人墓表

李榕

歙县方太夫人，前兵部侍郎王公茂荫之祖母也。太夫人年二十八守节，事祖姑及姑，皆年至八九十岁。家贫，外家尤贫。太夫人纺绩得赀，并事父母，以养以葬。太夫人寿七十，远方士大夫及徽人士为诗文以表其节孝者，凡二百余人。卒年八十有四。咸丰八年夏四月，英夷犯天津、侍郎奉命团防京城。六月，抚议成。未几，侍郎称疾，寓玉清道士观。榕每相见，各道其乡土风俗，田家力作之状，与夫人生仕宦显晦，出处进退之大。侍郎辄念其先人庐墓，徒以徽、宁糜烂，不能归去，顾乃偃蹇淹滞于此。初，侍郎生褓褓中，甫绝乳，母氏洪卒，太夫人尤爱抚之。侍郎成进士，自京师归，太夫人戒之曰："吾始望汝辈读书，识义理，念不及此，今幸天相我家，汝宜恪尽乃职，毋营财贿，愿汝无忝先人，不愿汝跻显位、致多金也。"当侍郎为御史时，海内兵事方起，侍郎以人才为急，有所知必疏于朝，或致书大吏，征辟其人。又尝请别开经学、将才二科，以待天下士议，虽不果行，然上方锐意用侍郎。不三年，擢至卿贰。侍郎终未尝畏缩胆顾，挫抑其初志。今将与侍郎远别，因读太夫人行状，为揭其大者，表而书之。时咸丰九年二月廿二日也。

赐进士出身前翰林院庶吉士礼部主事李榕谨撰。①

（未刊稿）

王
茂
荫
与
李
榕

---

① 曹天生点校整理：《王茂荫集》，中国档案出版社 2005 年版，第 282 页。

附录　王茂荫年谱

【谱序】

王茂荫为婺源武口迁歙南杞梓里王氏第十五世①。

王茂荫高祖之祖名道韬，字六涵，生明崇祯辛未（1631年）六月初十日，清康熙乙未（1715年）三月初九日卒。娶歙齐武方氏，生崇祯丙子（1636年）五月十七日，康熙乙亥（1695年）四月十九日卒。生子二，长国慕，次国运。

王茂荫高祖之父名国慕，字舜五，授赐赠武略骑尉，生康熙甲辰（1664年）十月二十四日，雍正戊申（1728年）三月二十三日卒。娶歙北岸吴氏，赐赠安人，生康熙丙午（1666年）六月十六日，康熙壬午（1702年）三月二十一日卒。生子二，长文选，次文庆。

王茂荫高祖名文选，字遴士，授赐赠武略骑尉，生康熙癸酉（1693年）八月二十二日，"以孝义行于时。幼而失恃，稍长，事其父舜五公，不一日离左右，父殁。事季父凤歧公如父焉。治家有法，内外数十口，无违教者。及弟壮，悉举田宅器用之美好者，推以与弟，又念弟食指繁复，割己产益之。其友爱如此，敦宗睦族，修祠建宇，善劳不伐，好急

---

① 据《由婺源武口迁居歙南杞梓里王承庆祠世谱》载，婺源武口迁杞梓里始祖王胜英（名仲英）为武口王氏第二十世。王茂荫为王胜英之十五世（武口王氏第三十四世）。《新安文献志》王姓"婺源武口"条载："王姓出姬姓，周灵王太子晋之子宗敬为周司徒，时人号王家，因以为氏。后世居晋阳，著望太原郡，至唐散骑常侍仲舒为江南西道观察使，死于洪州，夫人李氏携七子居宣州船莲塘，因巢乱，居歙黄墩。艮子初生秘阁校正希羽，迁泽富（泽富即今王村），四子弘生扬州民曹参军希翔，迁婺源邑东十里曰武口，号云谷居士，是为武口王氏一世祖。"

人之急。暑施浆，寒施衣，饥施食，病施药，有所请，无不立应。"①乾隆癸未（1763年）八月初九日卒。娶北岸吴氏，貤赠安人，生康熙丙子（1696年）七月初一日，乾隆甲辰（1784年）二月初二日卒。

王茂荫曾祖名德修，字心培，号静远，考名洪烈，为王文选独生子，生雍正戊申（1728年）十月二十九日，乾隆己亥（1779年）四月初一日卒。德修"少有父风，勇力过人，尝夜过溪桥，马坠，曳其尾上之。中乾隆壬申（1752年）恩科武举人，就兵部试，闻父暴得疾，星夜驰归，设榻卧侧，虽污秽不假手奴婢，十余年未尝一日离侧。及父卒，绝意进取，孝养其母以终天年"②。配妻歙磻溪方氏，诰赠太夫人，生雍正丁未（1727年）十月十九日，嘉庆丙子（1816年）正月二十五日卒。生子四，长槐庭、次槐康、三槐广、四槐序。

王茂荫祖父王槐康，字以和，诰赠光禄大夫，生乾隆乙亥（1755年）十月初二日。兄弟四人原均习举子业，后迫于食指繁，遂弃儒从贾，从族人游贾京师，乾隆庚子（1780年）创森盛茶庄于北通州。配妻磻溪方氏名文学，为国学生方世滨次女，诰赠一品太夫人，生乾隆戊寅（1758年）三月初二日，十七岁归于王门。槐康因操劳过度，于乾隆乙巳（1785）五月十八日客殁潞河，时年三十一，妻方氏年二十八，遗孤二儿一女皆幼（长子应矩；次子应绵八岁殇；女儿顺福十余岁又殇）。槐康卒后，遗孀方氏上侍重闱，下育儿女，抚孤守节，克勤克俭，苦度生涯，尝自撰《长恨歌》，痛述夫君客殁之苦及遭际之艰，并养姑教子各情，缠绵悱恻，往复数百言，闻者无不泪下。六十岁沐恩旌表，八十岁奉旨建坊。道光辛丑（1841年）正月初八日谢世，终年八十四。

王茂荫之父王应矩，字方仪，号敬庵，捐授从九品，诰赠光禄大夫，生乾隆丙申（1776年）八月二十五日，道光戊申（1848年）三月十八日卒。幼失怙，"以贫故废学，即任家政"③，继承先父未竟事业，为晚清著名茶商。其孙辈云："祖敬庵公，克承父志，尤笃于追远报本，修祖

<hr>

① 曹天生点校整理：《王茂荫集》，中国档案出版社2005年版，第279页。

② 民国《歙县志》卷八。

③ 曹天生点校整理：《王茂荫集》，中国档案出版社2005年版，第353页。

祠，置墓田，敦宗睦族，恤孤怜贫，于造桥、修路、兴水利、施医药诸善举，恒以身任其劳，孜孜不倦。"①为乐善好施、贾名儒行之徽商典型。应矩原配娶歙三阳坑洪氏，诰封一品太夫人，生乾隆乙亥（1755年）二月初十日，嘉庆癸亥（1803年）五月初二日卒；继配娶北岸吴氏，诰封一品太夫人，生乾隆丙午（1786年）四月十一日，同治癸亥（1863年）三月十二日卒。应矩生子四，长子茂荫（生母洪氏），次子茂兰（生母吴氏，过继槐庭长子应炬为嗣）、三子茂茹、四子茂蔼均继配吴氏出。

【谱文】

【戊午】嘉庆三年（1798年），一岁。

三月十一日（公历4月26日）申时，生于徽州府歙县南乡杞梓里，生母歙南三阳坑洪氏。外祖父洪伯阶（伯阶之兄伯禄，伯禄之孙承烈武功精湛，曾经商京城，一度做过王茂荫仆从。洪承烈女洪多云为柯庆施继母），外祖母王氏。此前，洪氏初生一子殇，嗣生二女（小女因幼失母亦殇，大女将嫁而卒）。茂荫出生之后，乳名茂萱，字树之，号遒甫（取《诗》"硕人之遒"意）。又字椿年，号子怀。"茂荫"为考名，三十四岁时所取。茂萱出生之年，胞姐四岁，曾祖母方太夫人七十一岁，祖母方太夫人四十一岁，父应矩二十三岁，母洪氏二十四岁，他们对茂萱爱之如珍。

同年，原户部尚书歙人曹文埴在籍去世，享年六十四岁，谥文敏。

【己未】嘉庆四年（1799年），二岁

正月初三日，清高宗（乾隆皇帝）弘历崩，嘉庆皇帝颙琰亲政。大学士和珅及尚书福长安获罪下狱。和珅赐死，福长安论斩。

同年，歙籍著名画家、"扬州八怪"之一罗聘去世，享年六十七岁。

【庚申】嘉庆五年（1800年），三岁

王应矩之母方太夫人对幼孙茂萱钟爱有加，"甫断乳即抱同卧起"②。

【辛酉】嘉庆六年（1801年），四岁

---

① ［清］王茂荫撰，张新旭等点校：《王侍郎奏议》附录《显考子怀府君行状》，黄山书社1991年版，第186页。

② 王应矩《旌表节孝覃恩驰封太宜人显妣方太宜人行略》，著者于二十世纪八十年代初在歙县博物馆查阅手抄件并全文照录。

【壬戌】嘉庆七年（1802年），五岁

【癸亥】嘉庆八年（1803年），六岁

五月初二日申时，茂萱生母洪氏病逝，享年二十九岁。

王应矩回忆："为不孝娶妇洪氏，初生一子殇，嗣生二女一子，而洪氏妇又逝。两女幼者失母后遂殇，长者将嫁而卒。子即茂荫，母固珍爱，甫断乳即抱同卧起，即以妇丧故，益顾复劬劳，殚竭心力。荫儿幼多病，母昼夜焦劳，至于食不下咽，寝不交睫。当暑而不握扇驱虫者，无岁无之。"①

王茂荫祖父王槐康客殁时遗下二子一女，次子应绵和小女顺福相继夭折，遗孀方氏极为伤心，槐康之嫂槐庭妻遂命亲生女柏芝以婶娘方氏为母，该女生乾隆壬寅（1782年）十月初七日，自幼与应矩一起由方氏抚育成长，与应矩"亲爱如同胞"②，茂萱出生时，她年十七岁，尚未出嫁，伊呀学语的茂萱昵称其为"小姑"，她则天天抱着幼侄玩耍，对幼侄极为疼爱。柏芝后嫁歙三阳坑巨商洪伯成。③当嫂嫂病逝，哥哥远在北通州经商茶业之际，柏芝出嫁后对幼侄茂萱依然关爱牵挂如故，放心不下，一度将茂萱带到距母家杞梓里有二十里的夫家抚育，视同己出。茂萱在三阳坑受到良好的学前教育。

【乙丑】嘉庆十年（1805年），八岁

入私塾，从淳安王子香先生读蒙。④"髫龄入塾，晨入暮归，或起稍

---

① 王应矩：《旌表节孝覃恩弛封太宜人显妣方太宜人行略》，著者于二十世纪八十年代初在歙县博物馆查阅手抄件并全文照录。

② 王茂荫于咸丰元年作《恭祝例授儒林郎弛封奉直大夫梅庵姑丈大人列封安人弛封宜人从洪门二姑母大人七旬双寿序》，其中云："茂荫幼受姑母之爱，有若慈母，长奉姑丈之教，如侍良师。"又云："姑母幼敏惠，奉祖命，以先祖母为母，先祖母亦子之，与先大夫亲爱如同胞。先大夫夜读书，姑母在侧，恒举所读与讲解，辄能通其意且记之不忘，以故明大义识大体。"（见友人徐卫新二十世纪九十年代初从民间发现并收购送于笔者珍藏之王茂荫撰并书"梅庵翁寿序"条屏。）

③ 字禹功，号梅庵，国学生，敕封儒林郎光禄寺署正，弛封奉直大夫，户部贵州司员外郎，覃恩诰封资政大夫议叙道加四级，其慷慨之怀，为世所稀，生乾隆壬寅（1782年）九月二十二日，卒于咸丰戊午（1858年）七月初。

④《显考子怀府君行状》中云："（府君）平生笃于师谊，淳安王子香先生，幼时业师也，后其家零落，府君招其子来，所以勉励之甚挚，岁暮必邮金资助之。"

迟，同学有先入塾者，府君必哭泣自责，塾师以是深器之。"①

【丙寅】嘉庆十一年（1806年），九岁

十一月初七日（按：指农历月日，下同），王茂荫继母吴氏生茂兰。茂兰为茂荫大弟。茂兰，字瑞芬，号穆斋，后授职员，咸丰五年（1855年）加捐国子监典籍衔。茂兰出嗣伯祖父槐庭长子应炳承祧。

【丁卯】嘉庆十二年（1807年），十岁

著名徽商歙人鲍漱芳去世，享年四十五岁。

【己巳】嘉庆十四年（1809年），十二岁

歙籍著名学者洪亮吉、凌廷堪去世，分别享年六十四、五十四岁。

【庚午】嘉庆十五年（1810年），十三岁

《显考子怀府君行状》云："（府君）稍长就外传，曾大母时思念不置，每月必召归一见。"茂荫少时外出就学多处。乾道间饱学之士歙人程道锐（字峻山，号退斋，程祖洛之父）曾坐馆歙南昌溪吴大致家，王茂荫与同乡柯华国、柯华辅、许球、洪凤诏、杨铎等从其学（据许承尧《歙事闲谭·柯氏诸人诗》）。王茂荫晚年在《采蘩女史诗钞序》中言："予少时曾过潘让斋前辈塾中，曹子蘅昆仲适从学焉。子蘅独与予厚，宿予馆中，并引予游其水口与家园。园乃先人所造，名其园曰：'非园'。"②曹子蘅为歙水南雄村人，王茂荫少时同窗，潘让斋曾坐馆雄村曹家。足见，王茂荫少时不仅曾就读过昌溪，而且就读过雄村。

同年，晚清钱币学家兼金石学家歙县岩镇人鲍康（1810—1881）出生。鲍康，字子年，自号观古阁主人，又号臆园野人，好收藏。

【壬申】嘉庆十七年（1812年），十五岁

始往歙南岔口"梯云书屋"从吴柳山先生习经史。吴柳山（1748—1820），名樌，又名永杼，字维持，歙县昌溪吴氏始迁祖吴一之的第二十二世孙，少时曾随父亲吴滫课馆杞梓里，吴滫与茂荫曾祖父文选公友善。吴柳山为乾隆丁酉（1777年）科江南解首，门下多积学之士。茂荫从学

---

① ［清］王茂荫撰，张新旭等点校：《王侍郎奏议》附录《显考子怀府君行状》，黄山书社1991年版，第186页。

② 曹天生点校整理：《王茂荫集》，中国档案出版社2005年版，第280页。

于吴柳山时，吴柳山作有《王静远先生家传》（王静远即王茂荫曾祖父），其传末有言："柳山氏曰：余儿时随先君子假馆杞梓里，时公年在疆仕，与先君子齿相若，道相友，晨夕过从，因得侍左右，心窃敬而慕之。先君子每讲学至孝弟之章，必举公家行以为的自是，迄今六十年，及见其子及孙且曾孙也，皆孝友相继。今其曾孙茂荫以世好从余游，敦厚盖其家性也。吾闻孝友累世，其后无不逮者。茂荫敦厚而能文章，才气秀发，天将大兴王氏也。与虽老矣，犹将拭目俟之。"①

八月十七日，王茂荫原配夫人洪氏卒，享年仅十七岁。洪氏为歙南三阳坑国学生洪伯炜女。伯炜又名伯烇，字融光，号晴村，生于乾隆丁亥（1767年）正月，卒于道光丁亥（1827年）八月，配杞梓里王氏，生子二即本坤、本坚，生女一即茂荫原配洪氏。洪氏曾祖父名运锦，郑燮（1693—1765）曾作《洪运锦传》，洪氏祖父名兆澍，祖母胡氏为胡宗宪第七代孙女。（据三阳《梅溪洪氏支谱》等）

八月二十二日，王茂荫继母吴氏生茂茹。茂茹为茂荫二弟，字彙吉，号贞甫，长后授国学生。

【癸酉】嘉庆十八年（1813年），十六岁

从学吴柳山先生期间，"相与观摩，益自刻励，挑灯攻读必至三更方寝，昧爽即披衣而默诵，溽暑严寒无少间，由是学业大进。时太仓钱伯瑜先生主讲紫阳书院，见其文深相奖许，引为契友"②。

王茂荫子铭诏、铭慎所作《显考子怀府君行状》云：府君"迨稍长就外传，曾大母时思念不置，间月必召归一见"③。

歙籍数学家汪莱卒，享年四十六岁。

【甲戌】嘉庆十九年（1814年），十七岁

著名学者歙人程瑶田以长子卒后心丧未除而不受九十贺寿，旋卒于家。著名学者藏书家歙人鲍廷博亦卒是年，享年七十七岁。

---

① 曹天生点校整理：《王茂荫集》，中国档案出版社 2005 年版，第 280 页。

② ［清］王茂荫撰，张新旭等点校：《王侍郎奏议》附录《显考子怀府君行状》，黄山书社 1991 年版，第 186 页。

③ 王应矩：《旌表节孝覃恩驰封太宜人显妣方太宜人行略》，著者于二十世纪八十年代初在歙县博物馆查阅手抄件并全文照录。

侍讲学士蔡之定（浙江德清县人）奏请行钞，受到嘉庆皇帝严厉申斥。

【丙子】嘉庆二十一年（1816年），十九岁

十二月十九日，王茂荫继母吴氏生茂蔼，为茂荫三弟，原名恒春，字季容，号蔼人，成人后娶歙大埠潘氏，再娶歙唐模姚氏，生子锡麟。（据《王茂荫家谱》）

【丁丑】嘉庆二十二年（1817年），二十岁

茂荫祖母方太夫人在苦节三十二年之后值花甲之龄受旌表。清人何绍基为撰《皇清诰赠资政大夫兵部左侍郎王君暨配钦旌节孝方夫人墓表》，云："岁丁丑旌表命下，母曰：吾数十年苦志，初不知有此等事，但惧一念差忒，它日不得为神耳。"①

【戊寅】嘉庆二十三年（1818年），二十一岁

二月十九日，茂荫配妻吴氏病逝。吴氏为歙岔口人，生于嘉庆庚申（1800年）六月。吴氏父亲吴大霞（1762—？）为吴柳山从侄，王茂荫实为恩师吴柳山从孙女婿。（据《王茂荫家谱》）

【庚辰】嘉庆二十五年（1820年），二十三岁

七月，嘉庆皇帝崩于避暑山庄。八月，道光皇帝旻宁继位，以明年为道光元年。

是年，王茂荫恩师双溪吴柳山先生去世，终年七十三岁。吴柳山少时曾跟随家父课馆杞梓里，后与弟枌先后授学予王茂荫。（据歙县《昌溪太湖吴氏宗谱》）

【辛巳】道光元年（1821年），二十四岁

入读县庠。（据《王茂荫家谱》）

【壬午】道光二年（1822年），二十五岁。

夏六月，赴歙县岔口吴鞠君先生开设的"梯云草堂"，请教学问。吴鞠君即歙昌溪人吴枌（1759—？），为吴柳山先生之弟，为备举子业，曾留寓京师十余年，嘉庆十五年因"文战不胜，束装归里"，开设"梯云草堂"课徒。王茂荫拜谒请学的这一年，年已六十四的吴枌考中举人，他

---

① 曹天生点校整理：《王茂荫集》，中国档案出版社2005年版，第281页。

著有《梯云书屋试贴》传世。

王茂荫"游吴鞠君师门"时，邂逅好友璜蔚人胡怀畏（1775—1858）以重修璜蔚胡氏家谱来请吴鞠君为序。时王茂荫仍以"茂萱"为名。遂以"王茂萱"署名，为胡怀畏、胡怀抱家族修《璜蔚胡氏家谱》作《处士胡鹏程先生传》。胡鹏程，谱名汝签，名社九，字鹏程，又号隐樵子，明正统间处士，弃儒经商，业木吴越成巨富。《处士胡鹏程先生传》是目前发现的以"王茂萱"之名存世的唯一一文，也是迄今所能见到的王氏最早之文。

十月二十五日，王茂荫继配妻洪氏生子明诏。明诏又名祥麟，字宪三，号竹岩，考名铭诏，配娶歙县方村方承诰女。王茂荫继配妻洪氏为歙县三阳中村洪观政女，生于嘉庆壬戌（1802年）二月十九日，卒于光绪戊寅（1878年）八月十三日。洪氏与王茂荫婚配时间失纪。

【癸未】道光三年（1823年），二十六岁

夏五月，徽歙大水，王茂荫家乡杞梓里以东二十里许叶村之关桥[1]被洪水冲毁。

是年，"红顶巨贾"绩溪人胡雪岩出生。

【甲申】道光四年（1824年），二十七岁

嘉庆二十四年（1819年）进士、江苏太仓人钱伯瑜先生主讲古紫阳书院。钱伯瑜（1785—1859），名宝琛，伯瑜其字，一字楚玉，晚号颐寿老人，又称茧园先生。《显考子怀府君行状》云：钱氏主讲紫阳书院期间，见王茂荫所为文，"深相奖许，引为契友"。

是年，应甲申科试，以一等第四名补廪膳生。

【乙酉】道光五年（1825年），二十八岁

四月初七日，继配洪氏生长女王氏。该大女儿后适歙三阳坑洪承基（1827—1895）。承基，字洪甫，小名大隆，五品衔，布政司理问。承基之父名本佳，为王茂荫二姑父洪伯成之侄子。王茂荫长女无子，以夫弟承炜子惟敬继嗣。王氏视继子惟敬如己出，惟敬子洪谦（1909—1992），

---

① 关桥位于歙县三阳乡叶村东二里昌源河上，为明清时期徽商从昌徽古道出入江浙必经之要冲。

谱名宝瑜，又名潜，号瘦石，著名哲学家（据三阳《梅溪洪氏支谱》）。

八月，乡试不售。

【丙戌】道光六年（1826年），二十九岁

王茂荫父亲王应矩为来年之春母亲七十诞辰作《乞寿言略》。

三月十九日，前工部右侍郎歙县岩镇人鲍桂星病卒，享年六十三岁。

【丁亥】道光七年（1827年），三十岁

祖母寿届七十，"远方士大夫及徽人士为诗文表其节孝者，凡二百余人"[1]。

酌增例廪生，捐训导，未赴任。事后，姑表弟洪本淮（三阳坑二姑母之子）在《恭祝封翁母舅大人六秩荣寿并为诸表兄志庆》文中云："大表兄（按指王茂荫）由廪贡选教职未赴任，应辛卯壬辰乡会联捷，点户部广西司主政。"[2]

十一月初六日，王茂荫继配洪氏生次子明治。明治又名钟灵，字安丞，又字致丞，号密斋，捐南北监，后更考名铭慎。由国史馆誊录议叙盐大使，娶浙江乌程闵廷楷女（闵廷楷原任江苏东台县东南角斜场盐大使），王闵氏生同年元月初十日。王闵氏生子二：经戍、经宷（据《太原王氏世系族谱》）。

著名徽商歙县昌溪人吴炽甫、黟县人李宗煝、绩溪人汪立政出生。

魏源《皇朝经世文编》刊行。

【戊子】道光八年（1828年），三十一岁

五月，歙发大水成灾。

是年，江苏吴县人王鎏（1786—1843）著《钱币刍言》（后更名《钞币刍言》），主张铸大钱、行纸币和禁白银。

【庚寅】道光十年（1830年），三十三岁

在南闱报考进士多次均不第，以为仕途无望，打算弃儒从贾，于是年由家乡赴北通州经营祖父创办、父亲克志经营的"森盛茶庄"。

同年，寄籍吴县的歙县大阜人，后历任侍讲学士、国子祭酒、左副

---

[1] 曹天生点校整理：《王茂荫集》，中国档案出版社2005年版，第282页。
[2] 曹天生点校整理：《王茂荫集》，中国档案出版社2005年版，第310页。

都御史、工部尚书、军机大臣、充国史馆总裁，兼理顺天府尹的潘祖荫出生。

【辛卯】道光十一年（1831年），三十四岁

捐监生，应顺天府乡试，中第228名举人。《显考子怀府君行状》云："岁辛卯去京师，恭值恩科，以监生应京兆试，中式举人，座师为户部右侍郎山阳李芝龄先生、吏部左侍郎长白宝文庄公、大学士德州卢文肃公，房师为京畿道监察御史安顺宋芸皋先生。"①

【壬辰】道光十二年（1832年），三十五岁

参加会试，中第172名进士，殿试为第三甲第四十名，钦点主事签分户部广西司。《显考子怀府君行状》云："明年壬辰，会试联捷成进士，座师为大学士吴县潘文恭公、刑部尚书开化戴简恪公、工部尚书长白穆鹤舫先生、吏部尚书宝应朱文定公，房师为翰林院编修楚雄池簅庭先生。引见后授主事，签分户部广西司行走。"②

王茂荫辛卯、壬辰联捷后，刻"辛壬联捷进士"印章一方以纪念。

五月，到户部供职，寓居北京宣武门外歙县会馆。"自为司员时，见库帑支绌，思所以济国用，乃历考古来圜法利弊，悉心研究，积思十余年。"③

茂荫中进士备官户部的捷报传到家乡，老祖母欣喜万分，但又认为京师距家太远，不能常见，忧闷不乐。同年闰九月，乞假归省，祖母谆谆告诫孙子："吾始望汝辈读书识义理，念初不及此，今幸天相余家。汝宜恪恭尽职，毋躁进，毋营财贿，吾与家人守吾家风，不愿汝跻显位、致多金也。"④《显考子怀府君行状》中亦言：（府君举进士）"至是成名，为之一喜，恒戒府君曰：'吾家虽寒素，粗足自给，愿汝善守身，不愿汝

① [清]王茂荫撰，张新旭等点校：《王侍郎奏议》附录《显考府子怀府君行状》，黄山书社1991年版，第186页。

② [清]王茂荫撰，张新旭等点校：《王侍郎奏议》附录《显考府子怀府君行状》，黄山书社1991年版，第186—187页。

③ [清]王茂荫撰，张新旭等点校：《王侍郎奏议》附录《显考府子怀府君行状》，黄山书社1991年版，第203页。

④ 李宗昉：《诰封太宜人方宜人传》，著者于二十世纪八十年代初在歙县博物馆查阅手抄件并全文照录。

积多金也.' 府君终生志之不敢忘，盖一生清节，有自来矣。"[1]

【癸巳】道光十三年（1833年），三十六岁

四月，到京供职。

八月十九日，继配洪氏生三子明训。明训又名毓麟，字迪丞，又字定藩，号敏斋，后取考名铭镇，国学生，授职员。娶歙县潭头村人、道光十一年辛卯科江南解元、后任来安县教谕汪立权之女为妻，汪氏生于道光辛卯（1831年），卒于咸丰甲寅（1854年），继娶杞梓里陈诗女。陈氏"早岁丧夫，守节以终"（据《王茂荫家谱》《显考子怀府君行状》和民国《歙县志》等）。

【甲午】道光十四年（1834年），三十七岁

五月二十四日，王茂荫嫁在三阳坑之二姑妈王柏芝公爹洪源授弃世，享年八十岁，王茂荫为其撰传志碑表。洪源授（1755—1834），字颂南，与同邑曹振镛同庚，乐善好施，称"一乡善士"。生有五子二女，第三子洪伯成为王茂荫二姑丈。二女均适杞梓里王氏，其一嫁王茂荫堂叔王应孔为妻。

【乙未】道光十五年（1835年），三十八岁

为祖母请晋封，又以准备祖母八秩荣寿，奉父命，先期称觞京邸，请四方名士大夫及在京徽籍名士为序，潘世恩[2]、穆彰阿[3]联名撰《恭祝旌表节孝敕封太夫人晋封太宜人八旬荣寿》，金让恩、汪桂、汪湛恩、潘元琼、汪立权、方允镶联名撰《敕封太安人诰封太宜人旌表节孝王老伯

---

① ［清］王茂荫撰，张新旭等点校：《王侍郎奏议》附录《显考子怀府君行状》，黄山书社1991年版，第187页。

② 潘世恩（1769—1854），字芝轩，祖籍歙县，先人经商寓江苏吴县（今苏州），遂入吴县籍。乾隆五十八年状元，授修撰，嘉庆二年大考一等，擢侍读，历事乾隆、嘉庆、道光、咸丰四朝，迭掌文衡，备叨恩遇。历仕侍讲学士、内阁学士、礼部侍郎、兵部侍郎、户部侍郎、工部尚书、户部尚书、左都御史、吏部尚书、体仁阁大学士、翰林院掌院学士、东阁大学士、武英殿大学士、上书房总师傅、太子太保等职，谥文恭。《清史稿》有传。

③ 穆彰阿（1782—1856），字鹤舫，郭佳氏，满洲镶蓝旗人。嘉庆十年进士，授检讨。受道光皇帝的信任，任军机大臣二十八年，包庇鸦片走私商和受贿的官吏，阻挠禁烟，鸦片战争中卖国投降，对力主禁止鸦片和抗击英国侵略军的林则徐、邓廷桢进行诬害，支持琦善对英军求和，又支持耆英与英、美、法签订不平等条约。当国日久，门生故吏遍布京内外，号称"穆党"。咸丰帝继位后被革职。

母方太宜人八十寿序》，刘泽、周铭恩联名撰《旌表节孝敕封太安人晋封太宜人王母方太宜人八十寿序》等。

同年，寄籍吴县的歙人吴大澂出生；曹文埴之子曹振镛去世，享年八十一岁。

【丙申】道光十六年（1836年），三十九岁

恩科会试，充收卷官。十一月初六日，奉堂派兼户部贵州司行走。

【丁酉】道光十七年（1837年），四十岁

三月，祖母受封为太宜人，奉旨建坊。值八旬寿辰，正月乞假省视，回到家乡，祖母告诫他的仍然是先前那番话。旌表牌坊在杞梓里始建。坊甫建，祖母病，茂荫父王应矩担忧母亲等不及坊建成，遂"泣祷于神，母病竟愈，人以为诚孝所感云"。（据吴大廷《赠资政大夫敬庵王公家传》）

七月二十八日卯时，次女出生。

八月，离家返京销假。父应矩董工劝募修筑的叶村关桥动工。修建费用由歙县七贤村茶商胡祖裡独资捐助，王应矩董工。胡珍、胡祖裡营商上海，富甲一方。

十二月，江苏海州（今江苏东海）人程奎（字春生，官巡检，工画山水，为休宁籍寓居扬州画家罗克昭弟子），仿宋画家赵大年作品意蕴为茂荫作山水画卷一幅。画卷高134厘米，宽48厘米，精装裱，画卷沉郁苍秀（该画卷现由茂荫玄孙王自力先生珍藏）。画卷上方有题款，全文是："丁酉冬月拟赵大年意于吴山寄云山馆 请子怀大兄大人教正 春生弟程奎。"

是年，为歙县三十三都汪家店白云庵撰书匾额"蒲池精舍"。（据民国《歙县志》）

同年，歙县西溪人、后成为江南大儒、王茂荫次女婿的汪宗沂出生；曾任工部、户部侍郎兼管钱法堂事务的歙县绍廉人程恩泽病卒，享年五十三岁。

【戊戌】道光十八年（1838年），四十一岁

十一月十五日，道光皇帝命林则徐为钦差大臣，赴广东查办鸦片

事件。

是年，著名茶商、歙县漕溪人谢正安出生。

【己亥】道光十九年（1839年），四十二岁

王茂荫父亲王应矩劝募与董工重建的叶村关桥历时三年于是年二月竣工，许球作《重修关桥碑记》。许球，字玉叔，歙县县城人，道光三年进士，擢为河南监察御史，弹劾漕运总督贵庆，又上疏建议修浙海塘，旋转京畿道，升任兵科给事中，主张禁鸦片。王茂荫孙女王氏嫁许球长孙许大镛为妻。

清代，歙北仰村出了一对远近闻名的父子孝子，父仰文焻（1650—1734），字含光，号志善，顺治、雍正年间人；子仰际嵘（1689—1761），字次山，号素凝，康熙、乾隆年间人。道光十九年（1839年），他们受到旌表，准允建坊，其后人在仰村建"世孝坊"，名流纷纷题刻，王茂荫为题"世孝维风"。①

寄籍钱塘（杭州）的休宁汪村人、后历任侍读、内阁学士兼礼部侍郎衔，光绪间与翁同龢同日奉旨在总理衙门行走的汪鸣銮出生；清末状元歙人洪钧出生。

【庚子】道光二十年（1840年），四十三岁

年初，王应矩劝捐董工的关桥至昱岭关近三十里石板路竣工，并于春二月在关桥廊内立《重修横山路记》石碑记其事。为捐资修横山路，王应矩堂妹夫即王茂荫二姑父洪伯成（梅庵）捐资八百两，三阳坑"洪灵椿堂"（为洪氏五兄弟共同拥有的商铺及资产堂号，其中开设在南通的洪立大茶庄，为徽商著名商号，亦为南通市著名的十大百年老牌店号之一）捐银四百两。

五月二十九日，英舰封锁广州，第一次鸦片战争爆发。

八月，随大司马即兵部尚书裕文瑞、少司农即户部右侍郎善焘，赴盛京凤凰楼、清宁宫、永陵、启运殿查估工程。十月回京，作述怀诗四首，望云思亲，言之悱恻，其中有题《潞河待渡口占》者，全诗云："垂

---

① 王茂荫为歙北仰村仰氏父子孝子"世孝坊"题字"世孝维风"，见光绪《新安古歙仰村仰氏重修支谱·祖里纪源》。

杨两岸绿毶毶，几处停舟不挂帆。满地斜阳人待渡，思归遮莫到江南。（原注：十九日发孙家庄，数里有河而无渡，土人引浅处带马而济。余幸过，而同行者阻于岸不得上。因骖以援之）"。①

同年，著名学者黟县人俞正燮去世，享年六十六岁。

【辛丑】道光二十一年（1841年），四十四岁

元旦，忽心动，遍告同人，欲乞假归省，同人咸劝暂缓，以为不可，亟促装南旋。二月抵家，知祖母于正月初八日见背，抚棺长号，自恨归晚，哀恸不已。王应矩撰《旌表节孝覃恩貤封太宜人显妣方太宜人行略》。丁祖母忧在籍守制。

同年，胡适之父胡传出生；婺源冲田人、任过县令与知府，官声卓著，博学多艺的齐彦槐去世，享年六十八岁。

【壬寅】道光二十二年（1842年），四十五岁

丁祖母忧在籍。

七月，道光帝批准不平等的中英《南京条约》，答应割地、赔款、五口通商，第一次鸦片战争结束，从此中国由封建社会逐步沦为半殖民地半封建社会。

十月初七日，乡友吴櫬山立借据称贷纹银叁佰两，借据云："立借据吴櫬山，今借到子怀先生处京平松江纹银叁佰两整，按月一分五厘起息，期至来年五月底，本利一并归缴不误。此照。见借人王灼卿。道光二十二年十月初七吴櫬山亲笔。"②

是年，歙西溪南汪畹腴六十大寿，王茂荫奉上寿联一副，高丽参十根，并致信祝寿。汪畹腴为王茂荫小女婿汪宗沂之叔祖父。畹腴名绍埙，畹腴其字，号筱斋，不拘小节，为人倜傥，自幼不屑科举，讲真话，言人之不敢言，士林称"有国士风"。

同年，占籍浙江平湖，任过左副都御史、兵部左侍郎、顺天府尹等职，以清操著名的休宁月潭人朱为弼去世，享年七十岁。

---

① 转引自原徽州地区徽学研究会编印《徽学》1986年第1期。

② 该借据用浅黄色纸，以毛笔自右至左竖式书写，高23厘米，宽12厘米。现由王茂荫玄孙王自力先生收藏。称贷人吴櫬山有可能是歙县昌溪人，王茂荫少时业师吴柳山之族人。见借人王灼卿可能是杞梓里王姓族人，具体身份不详。

附录 王茂荫年谱

401

【癸卯】道光二十三年（1843年），四十六岁

丁祖母忧在籍期间，将歙县志书所载自唐代以来计八千余名孝贞节烈妇女详细汇总，报请旌表。

同年，歙县南溪南人，后撰《徽商便览》的著名徽商吴日法出生。

同年十一月，著名学者、近代爱国思想家，山西人张穆与湖南人何绍基倡议的"顾亭林祠"在北京广安门内报国寺旁建成。

【甲辰】道光二十四年（1844年），四十七岁

丁祖母忧服阕，返京销假，充会试收卷官。

请名臣大宗伯江苏山阳人李宗昉（芝龄）先生为先祖母作《诰封太宜人王母太宜人传》，又请道光十一年进士、官员、山水大画家浙江钱塘人戴熙、同年进士翰林院编修画家广东顺德人蔡锦泉（春帆）绘《贞松慈竹图》，名流题咏成巨册，遂有《节孝录》之刻。

是年，小王茂荫十岁、在王茂荫曾祖母及祖母家乡歙县磻溪两番课馆的绩溪人邵辅（初名伯营，行名开壹，字清斋、仁叔，又字吉壶，小字十一，号雪巢、否庵）在南闱中举。

九月九日，与叶志诜、苗夔、陈庆镛、马沅、潘曾玮等，参与顾亭林祠秋祭。

是年，著名学者安徽泾县人包世臣将《管情三义》《齐民四术》《中衢一勺》《艺舟双楫》，合刻为《安吴四种》。

【乙巳】道光二十五年（1845年），四十八岁

春，邵辅赴京应礼部试，从此客京师，"经纪绩溪会馆事"，开始与供职户部而独居歙县会馆、悉心研究古来圜法利弊的乡贤王茂荫相过从。邵氏后人所作《清斋府君年谱》中有云："公居京师……所与过从者歙南王子怀先生（茂荫），同年怀远林远村先生、六安涂海南三先生，及方石卿、汪葆卿诸上舍为多。"邵辅"为子怀先生作行钞议陈利害十事凡万余言"。

五月二十八日，与魏源、陈庆镛、何绍基、徐鼐、翁同书、边浴礼、冯桂芬等，参与顾祠生日祭。

九月九日，与徐鼐、边浴礼、冯桂芬、杨尚志、张曜荣等，参与顾

祠秋祭。

同年，嘉庆进士、先后任过礼部尚书、户部尚书的歙县西溪南人吴椿去世。

值父亲年七十、继母年六十，屡禀请归养尽孝，不许。（据《显考子怀府君行状》）

【丙午】道光二十六年（1846年），四十九岁

二月二十五日，与苗夔、陈庆镛、何绍基、张穆、翁同书、汪延儒等，参与顾祠春祭。

六月，补授户部云南司主事（正六品）。（据《显考子怀府君行状》）

秋，为歙县昌溪吴怡园夫妇七旬双寿题写"林下清风"匾额。吴怡园（1780—1858），名大楠，字君让，号怡园，为王茂荫配妻父亲吴大霞族弟。吴怡园性淡泊，不乐仕进，以教子读书为务，在家乡昌溪建"杏花书屋"。

九月二十一日，与叶志诜、郑复光、张穆、赵振祚、庄受祺、潘曾玮、冯志沂、何秋涛、祝坚、何绍基、杨尚志参与顾祠秋祭。

【丁未】道光二十七年（1847年），五十岁

春三月十一日，值五十诞辰，身在京城供职，家乡亲友送生日贺礼至杞梓里故里，所送贺礼有金蹄、红烛、吉鱼、生鸡、鸭蛋、寿糕、寿包等等。送寿礼的有歙县"潭石头"的亲友某某（潭石头今名潭石，在歙县桂林镇）；有"毓麟鞋两双"，"毓麟"即王茂荫二子铭慎；有杞梓里"洪灵椿堂"的"本耀甥"和"大伦孙婿"（本耀即三阳坑洪本耀，字亮采，号肖梅，王茂荫二姑父之子。大伦为王茂荫长女婿三阳坑洪承基，字洪甫，小名大隆，隆与伦谐音。"洪灵椿堂"为王茂荫二姑父家族厅堂名）；有"潘履芬兄"；有"方村书五兄"（即歙县北岸方村方书五，王茂荫长子王铭诏岳父）；有"七贤胡耘甫甥"等等。"礼单"在登记收到某某亲友送来某某礼物的同时，还有"回金蹄、山粉""回喜酒、奚（鸡）子""请吃喜酒""回云片糕""回喜酒、鸭子、山粉""回新茶"等记载。该"礼单"现由王茂荫玄孙王自力先生收藏。据传，该"礼单"为王茂荫父亲应矩公手迹，系蝇头行草写于棉纸上，自右至左竖写。起始书写：

"道光二十七年丁未岁春三月十一日谷旦茂荫五十诞辰 亲友贺仪预行辞谢仍有数家送来礼物列左。"①

三月二十三日，出于贫寒之家，刻苦力学登第入仕的歙县徐村人徐景轼（1828—?）之父在北京歙县会馆去世，王茂荫始终尽力经理其丧事，徐景轼在自订年谱中有云"王子怀先生导余从平定张石州先生穆受学"。②

三月二十六日，参与顾祠春祭。

五月二十八日，参与顾祠生日祭。

八月二十八日，升补户部贵州司员外郎。

九月九日，参与顾祠秋祭。

【戊申】道光二十八年（1848年），五十一岁

二月三十日，奉旨记名以御史（从五品）用（据《显考子怀府君行状》《王茂荫列传》）。

三月二十八日，接父病信，急乞假归，甫抵里门，已闻凶耗，知父已于三月十八日亥时病逝，乃悲号擗踊，痛不欲生。（据《王茂荫家谱》《显考子怀府君行状》）

三月二十九日，与何绍基、方允镶、潘曾玮、冯志沂、何秋涛参与顾祠春祭。

丁父忧在籍期间，撰《歙邑利弊各事宜》等文，还为家庙"承庆祠"撰写76字长联："一脉本同源，强勿凌弱，众勿暴寡，贵勿忘贱，富勿欺贫，但人人痛痒相关，急难相扶，即是敬宗尊祖；四民虽异业，仕必登名，农必积粟，工必作巧，商必盈资，苟日日侈游不事，匪僻不由，便是孝子贤孙。"又会同地方官及缙绅将道光二十三年已汇总报请旌表但尚未造祠建坊者造祠建坊。

【己酉】道光二十九年（1849年），五十二岁

丁父忧在籍。嘉庆进士、历任内阁侍读学士、江西按察使、湖南布

---

① 该"礼单"及前述程奎为茂荫所作山水画卷，著者均已撰文《王茂荫近代世系厘清和新发现与王茂荫有关的四件藏品》，发表于中国徽州文化博物馆、黄山市博物馆协会主办的《徽州文博》2013年第2期。

② 徐景轼：《草心阁自订年谱》，载黄山书社2006年版《清代徽人年谱合刊》。

政使等职，官至闽浙总督的歙县人程祖洛去世。程祖洛之父程道锐为名儒，王茂荫幼年之师。著名学者、绩溪人胡培翚亦于同年去世，享年六十八岁。

十月九日，友人、爱国思想家，与何绍基在北京报国寺旁倡建"顾亭林祠"的张穆病逝。

【庚戌】道光三十年（1850年），五十三岁

八月，服阕。仲秋，为同邑胡为治（舜庭）辑、洪文翰（次芬）、洪祖诒（梅孙）同校的《养蒙必读》作序。《养蒙必读》曾作为三阳坑水口学堂（村义塾）训蒙教材。

因父亲逝世，三子铭镇婚事延迟。服阕后，亲自给铭慎岳丈歙县桂林潭石头村汪立权（衡甫）"老亲翁"写《请期书》。①

原拟十二月十八日起程返京，因继母病，延期。

【辛亥】咸丰元年（1851年），五十四岁。

三月，继母病愈，家人王升撰《报呈家主王茂荫即将赴都》，呈明事由，延期回京。

六月，到部供职。作家训和遗言②三则：

> 我此番来京，因曾经记名御史，欲得补实，将胸中向来想说的略行陈奏，坐以二年为期即行告归，既不想京察，亦不愿截取，并无贪恋名位之心。不意自上年来贼氛日炽，时事日艰。临难而避，实所深耻，遂立意不告归。孟子有言：继而有师命，不可以请。孟子在商为客卿尚且如此，况我当大一统之时，通籍食禄已廿余年，而敢于军书旁午之时，作抽身而退之计乎，义无可逃，非忘记初愿也。
>
> 祖母在堂，叔辈自然孝顺，但汝等须代我尽孝，以免我

---

① 该请期书底稿现藏王茂荫玄孙王自力处。

② 1983年，著者主编《徽州社联》双月刊（徽州地区社科联会刊）时，王茂荫玄孙王自珍曾将其祖父王经成恭录的《王茂荫〈家训和遗言〉》转抄标点，并附说明在《徽州社联》发表，著者将其编发于1984年第1期《徽州社联》，是为该项资料首次发表。

罪，才算得我的儿子。叔等在上，汝辈须恭敬，一切要遵教训。孝、悌二字，是人家根本，失此二字，其家断不能昌。切勿因争多论寡，致失子侄之礼。莫看眼前吃亏，能吃亏是大便宜，此语一生守之用不尽。不独家庭宜然，凡与人交皆宜如此，而他日分居时尤宜切记。

凡人坏品行损阴骘，都只在财利上，故做人须从取舍上起。富与贵是人之所欲章，所以从此说起也。此处得失利害关头，人心安得无动？惟当审之以义，安之以命。我命中有时，即不取非义亦有，命里无时，即取尽非义，终归于无。看着当下取来虽见为有，不知非灾横祸出而消耗之必且过于所取。须以当下之不取为消将来之横祸，则此心自放得下。古云："漏脯充饥，鸩酒止渴，非不暂饱，死亦随之。"当时时作此想，则自然不敢妄取。渴不饮盗泉水，热不息恶木阴。有志者须极力持守，方可望将来有好日。恐此后汝辈家产薄、家口多，衣食难度，遂至见利而不能思义，故切切言此，务各紧记为要。

七月十一日，补授户部江西司员外郎。八月初四日补授陕西道监察御史（从五品）。

九月初二日，奏《条议钞法折》。九月十九日咸丰皇帝朱批："大学士会同户部议奏。钦此。"二十日，奏《振兴人才以济实用折》。上谕："御史王茂荫奏请振兴人才，酌拟五条呈览。其请造宗室、八旗人才，历陈近来积习，自系实在情形。我朝人才蔚起，宗室、八旗文武谋略，超越代，良由习尚淳朴，不尚浮华，以清语、骑射为本务。登进之途，原不必尽由科甲。盖学为有用之学，斯才皆有用之才。近来文风日盛，留心经济者固不乏人，第恐沾染时习，以文章风雅自诩，不思讲求本务，殊非崇实黜华之道。迭经朕申谕谆谆，我宗室、八旗、大小臣工，谅必咸谕朕意。嗣后益当奋勉砥砺，求为有用之学，以备国家腹心干城之选。

该管王大臣等，尤当因材造就，俾文事武备各尽其长，毋负朕培养教诲之至意。余著礼部议奏。钦此。"二十二日，洪梅庵姑丈七十诞辰。茂荫身在京城供职，心系故乡亲人，特撰并书《恭祝例授儒林郎驰封宜人从洪门二姑母大人七旬双寿序》，以为寿礼，请人南回歙县三阳坑，送交姑丈姑母。"双寿序"中有言："茂荫幼受姑母之爱，有若慈母，长奉姑丈之教，如侍良师，极知性情不喜浮靡。窃愿以质实之意，进不文之词焉……茂荫年前在里，曾以所官恭请驰封，今兹值恭庆辰，以供职在都，不获弟子奉觞上寿，谨以自幼至今见闻而心识者著其概，以见致寿之有由，载福之有基，而不敢为世俗之颂祷焉。"（据《王侍郎奏议》）

十月，派帮办北城饭厂。（据《显考子怀府君行状》）当时"京师粥厂，以王奏大扩张，贫民感焉"。（据许承尧《歙事闲谭·王子怀不附肃顺》）

仲冬，歙县坑口瀹岭坞村张士祐（号自天）八十荣寿，遵友人之托，王茂荫为张士祐题写"渭水耆贤"寿匾。

十二月二十日，奏《请查办军营功赏虚冒片》。

【壬子】咸丰二年（1852年），五十五岁

三月初八日，父母受咸丰皇帝册封[①]。

四月二十二日，奏《请选募丰北灾民成军备征折》《请饬周天爵先行召募片》。

七月，兼署福建道监察御史。十四日，奏《条陈时务折》。

八月，署山西道监察御史，又署礼科掌印给事中、兵科给事中。

八月十七日丑时，长孙联生出生，谱名经守，号善夫。同月二十七日丑时，次孙经宇（朴生）出生。经宇娶方、鲍氏，生子三：桂鑰、桂镛、桂钧。（据《太原王氏世系族谱》）

九月初二日，奏《秋审拟缓人犯情罪未协折》。上谕："御史王茂荫奏，秋审册内，拟缓人犯情罪未协等语，陕西秋审册内绞犯拜双汶一案，刑部拟以缓决，据该侍郎指驳，情节颇为详细。着九卿会同详核定拟具奏。钦此。"同日奏《驳部议捐纳军功举人生员片》。上谕："前据户部奏

---

① 册封王氏父母诰命满汉文原件现藏中国徽州文化博物馆。

请捐纳军功举人生员一折，着不行。钦此。"

九月初三日，与苗夔、何绍基、陈庆镛、潘曾玮、冯志沂等，参与顾祠秋祭。

十月初九日，奏《筹备安徽防剿事宜折》。

十一月，钦命巡视中城。十二日，奏《请严防岳州以固荆武折》。十九日，奏《筹备湖北水陆防堵事宜折》《请饬周天爵赴安庆帮办防堵片》。

十二月十四日，奏《条陈军务事宜折》《请严守小孤山片》。

【癸丑】咸丰三年（1853年），五十六岁

正月初八日，奏《条奏部议银票银号难行折》。朱批："户部议奏。钦此。"同日又奏《条陈筹饷事宜片》《请将钞法前奏详议片》《请将筑堡御贼疏坚壁清野议饬下仿行片》《请饬沈棣辉帮办向荣军务片》。《条陈筹饷事宜片》奉朱批："户部议奏。钦此。"《请将钞法前奏详议片》奉朱批："户部议奏。钦此。"十九日，奉上谕："户部奏请派员会筹试行钞法一折，着派左都御史花沙纳、陕西道监察御史王茂荫会同户部堂官速议章程，奏明办理。钦此。"（据《王茂荫年谱》）二十九日，奏《请重刑赏以固人心折》。又奏疏："荐已革知县谢绍业、刑部主事刘存厚、前任广西州同杨培塈、在籍编修林汝舟，请备用，从之。"①

二月十二日，奏《选将练兵折》。十七日咸丰皇帝召见并应对。问："官票可以行否？"奏："现拟章程有收有放，似当可行。"问："现进票样较你前奏小些？"奏："臣之初意不独京银号各商欲令立一总局，以期上下流通，并欲令各省都会银号均立总局，以期往来流通。现在时势所阻，臣之意已不能行，各条章程皆系户部所定，不过收放之间稍有参酌。"问："现在钱店纷纷关闭，可是为要行官票？"奏："此事似与官票无干。部库放项多搭官俸，收项多属常捐，于钱店本无所碍"等语。二十五日，奏《请速剿捻匪折》《请饬专主剿片》。

三月六日，署湖广道监察御史。二十五日，奏《安徽改置省城再宜详议折》《请筹通商以安民业折》。奉上谕："御史王茂荫奏，近日京城银钱帐局，立意收本，不肯借贷，以致各项店铺歇业居多。又典铺多不收

①《王茂荫列传》，原载《清国史》大臣画一·列传后编·卷一八。

当，贫民益难谋生等语。京师根本重地，必得商贾流通，方足以安民业。著步军统领、顺天府、五城剀切晓谕，凡挟资经运之人，均各照常出纳，毋得故意刁难，致使贫民失业。至开典铺，原以便民。应如何设法开导，令其照常交易之处，妥筹办理。将此谕令知之。钦此。"

四月初六日，奏《部议呈缴铜器无济实用折》《解散胁从片》。奉上谕："御史王茂荫奏，部议呈缴铜器无济局用一折，着户部再行妥议具奏。钦此。"四月十一日，奉旨补太常侍少卿（正四品），旋奉旨稽察左翼觉罗学。二十三日，奏《请饬江忠源、瞿腾龙赴滁凤协剿折》《论滁州兵事片》《请饬浙抚无庸守昱岭关片》。

五月初三日，奏《关闭钱铺请展追限折》《请将革员效力片》。奉上谕："太常寺少卿王茂荫奏，关闭钱铺，请暂展追限一折，着步军统领衙门、巡城御史体察情形，酌核办理。钦此。"五月，"疏荐马兰镇总兵宗室庆锡、副都统德全、前任福建布政使曾望颜请加察看。又先后疏荐江苏知州吴棠、陕西知县江开、江苏教职陈之琦、湖南知府张实、候选知县黄国光、庶吉士傅寿彤。得旨：吴棠交杨以增察看，江开、陈之琦发往周天爵军营差委，张实、黄国光、傅寿彤发往河南军营差委"①。

续作家训和遗言一则：

> 余以一介乡曲庸人，遭逢圣世，窃取科第，由户曹转御史，蒙上恩超擢太常寺少卿，一身之宠荣至矣！自道光十五年来，叠沐覃恩赠封祖父母、父母、伯祖父母、三、四叔祖父母，一家之宠荣亦至矣！现在逆贼肆乱，我国家列圣深仁厚泽，沦浃人心。今上圣明英武，自当指日荡平。然在事诸臣多不足恃。自揣不能出力杀贼，万一或有他虞，惟有以身报国，诚知不足塞责，然才力有限，舍此则恐有辱国辱身之患，故不能作他想也。身后茫茫，惟听弟辈儿辈自行努力，以期光前裕后，亦复何言。然有恐以不言致误者，随笔略书于后。

---

①《王茂荫列传》，原载《清国史》大臣画一·列传后编·卷一八。

六月初一日，御门奉旨，补授太仆寺卿（从三品）。初二日，谢恩，咸丰皇帝召见，问年龄及家中人口并京寓地方甚悉。又问："你是哪年回家的？"奏："道光廿八年春间接家信知父亲有病，告假归省，到籍即经丁艰。"问："在家几年？做过什么事？"奏："臣在家，因臣县自唐宋元明以来，孝贞节烈妇女载在县志未经请旌者八千余名，道光廿三年汇详题请奉旨予旌，而数年未建祠立坊，臣会同邑绅造祠建坊。"茂荫自人官京都，携眷属至京仅几个月时间，其余月日皆孑身独处宣武门外之歙县会馆。咸丰皇帝对此已有所闻，故垂询如此。初五日，与给事中雷维翰会奏《请饬夏家泰赴近畿办团折》，又奏《请将叶灿华邹培经交兼尹派委片》。奉上谕："太仆寺卿王茂荫、给事中雷维翰奏京员熟悉团练，请饬赴近畿，以资防御一折，吏部候补主事夏家泰、举人夏家鼎、内阁中书叶灿华，均着发往直隶，交桂良差遣委用。夏家泰所呈团练各条，并着桂良体察地方情形酌办。直隶臣巨鹿知县邹培经，着来京交顺天府差委。钦此。"初七日，上《折片误字自请议处折》。朱批："王茂荫等著照例议处，该部知道。钦此。"三十日，奏《论刑威好恶折》《请饬察看发往军营各员片》。奉上谕："太仆寺卿王茂荫'奏发往军营各员请饬察看、以别去留'等语。自军兴以来，内外臣工保奏各员，迭经降旨，发往各军营差遣委用，惟该员等能否得力，自须从实甄别，以免滥竽。着各省统兵大臣于各员到营后，随时察看，凡已经著有劳绩及才具可用、实有裨益者，自应留营差委；其于军务不甚得力者，或者有别项劣迹者，即着奏明，分别撤回查办，不得以特旨发往之员，稍事姑容。钦此。"三十日还奏《请将张凯嵩发往营差委片》，奉上谕："太仆寺卿王茂荫奏请将丁忧在籍之广西知县、候升知州张凯嵩发往军营差委等语，张凯嵩着湖北巡抚查明，饬令前往江南交向荣军营差遣委用。钦此。"

七月二十日，奏《论怀庆兵事折》。二十八日，奏《请宽贷贼中逃出难民折》《申论怀庆兵事折》。

八月初六日，奏《再请宽贷胁从以信恩旨折》《论扬州兵事折》《请将叶灿章桂清佟攀梅发交军营差遣片》《请将察哈尔调到兵马资送回牧片》。

八月十七日，接家信，得知歙县昱岭关七月初九日发生土匪抢劫事件，为情迫乡里，激切上陈，于八月二十二日奏《请饬拿办昱岭关等处土匪折》，同日还上《请饬徽州知府驰赴婺源防堵片》《请饬山陕统兵各员逼剿片》《请饬广东选派师船入江会剿片》。

九月，奉命与宋光禄晋、何观察桂珍、会议大学士贾、大司空翁、大中丞朱所奏城守事宜六条。疏呈福建教授林昌彝所著军务十六条，命交巡防大臣采择。十六日，奏《请将郭维键交巡防军营差委片》《请催杨熙赴江忠源军营片》《劝谕京城铺户联络保护片》。奉上谕："太仆寺卿王茂荫奏，保举军营人员一折，拣发湖北知州郭维键，仍著前赴湖北原省。毋庸交巡防王大臣差遣。钦此。"又奉上谕："太仆寺卿王茂荫奏，福建举人候选教授林昌彝所著《军务备采十六条》并绘图式，呈览等语，著交巡防王大臣阅看，以备采择。钦此。"二十一日，奏《请催僧格林沁迅速赴剿片》《请官收买庐州米石片》《论李嘉端及庐州团练片》。《请官收买庐州米石片》奉上谕："王茂荫奏请饬部发给官票，交安徽省采办米石等语，著户部速议具奏。钦此。"《论李嘉端及庐州团练片》奉上谕："太仆寺卿王茂荫奏参已革庐州知府胡元炜贪污狼藉，将蠹役徐淮收作门生，倚势扰害，经周天爵奏参革审，李家端辄将该员仍留署任；署怀远县知县杨昌拔贪鄙婪赃，遇贼潜逃，并任听县差王成等肆行抢掠，李家端虽将该县撤任，仍复委用等语。似此贪劣之员，若不严行惩办，何以整饬吏治而服民心！着刘裕钤即将该员劣款逐一确查，从严参办。并提同徐淮、王成等严审确情，按律惩办。至合肥办理团练之廪生唐会衢、翰林院庶吉士黄先瑜、监生郭有训、吴毓芬、姚恩祺、举人周沛霖、赵凤举、副贡生司玛、廪贡生龚永孚、文生蒯德模、李鹤章，所办团练具有成效，着该署抚传谕该绅耆等，加以奖勉，令其实力董率保卫乡间，并查明各属绅士捐资出力，能杀贼立功者，即行奏请鼓励，候朕施恩。钦此。"

十月初二日，奏《请将臧纡青随同吕贤基办团折》《请将黄元吉李登州治罪片》。十二日，奏《条陈兵事折》。二十三日，奏《殉难士民请旌折》《请禁收漕规费片》。奉上谕："太仆寺卿王茂荫奏请旌表殉难士民一折，军兴以来，被贼滋扰地方，文武官绅及兵勇人等，或临阵捐躯，或遇贼被害，经各督抚奏报，无不立沛恩施，给与恤典，并谕令各督抚查被害较烈之员，再行分别酌议加赠予谥，或令入祀昭忠，以励臣节，而慰忠魂。复念被难各省地方士庶人等，或因骂贼致戕，或因御侮遭害，全家罹难，阖室自焚，虽贵残之不同，实节义之无愧，特恐僻处乡隅，不获上邀旌恤，以至湮没弗彰，朕心恻焉。著各该督抚，通饬所属，迅速查明遇贼死节士民妇女等，除照例题请旌表外，其殉难尤烈者，并准其奏明，请旨分别赐恤。该督抚等，其秉公详核，毋滥毋遗，以副朕励节褒忠之至意，特此通谕知之。钦此。"①

十一月初二日，奉旨补授户部右侍郎兼管钱法堂事务（正二品）。初三日，奏《户部侍郎谢恩折》，自陈才力不及，恳求辞职。奉上谕："昨将王茂荫简放户部右侍郎，本日据该侍郎奏称，现因办理保甲事宜，户部事繁，势难兼及等语。王茂荫系户部司员出身，于户部事务较为熟悉，是以特旨超擢。该侍郎惟当勉图报称，以副委任，毋得畏难辞让，徒涉虚文。其现在所办保甲事宜，仍著与宋晋等兼筹妥办。钦此。"②初四日召见，复碰头自陈才力不及，仍不获许。上谕："汝在部多年，各事熟悉。"初十日，奏《保本籍人员回省带勇折》。奉上谕："王茂荫奏保本籍人员回省带勇防剿一折，刑部郎中李文安著准其回籍，督率练勇，协力防剿。所请赏加御史衔，准令奏事，殊属非是，著无庸议。吕贤基之子吕锦文，并著回籍，帮同剿贼。至已革江苏巡抚杨文定，因失守地方，拿问治罪，岂得以其在本籍招募壮勇，遽从宽典？所请饬令回籍带勇协剿之处，著不准行。钦此。"③初十日，又奉旨派考国子监恩监生，同被命者，宗室载鹤峰少司空、毓瑞青詹，十四日，覆命。二十一日，奏《论行大钱折》，极言当百、当五百、当千三种大钱折当太重，分量悬殊，种类过繁，市肆纷扰。

十二月初二日，咸丰皇帝召见，又陈当百以上大钱之不能行。是年，京官普行捐输。奉旨："交部议叙。"初五日，奏《保荐直隶才任剿贼人

---

① ［清］王茂荫撰：《王侍郎奏议》卷五《殉难士民请旌折》，清光绪十三年，刻本。
② ［清］王茂荫撰：《王侍郎奏议》卷六《户部侍郎谢恩折》，清光绪十三年刻本。
③ ［清］王茂荫撰：《王侍郎奏议》卷五《保本籍人员回省带勇折》，清光绪十三年刻本。

员折》。十八日，奏《请宽裹胁以破贼计折》。岁暮，蒙颁赏野鸡、奶饼、鱼、哈蜜瓜诸贡品。嗣后，每居岁暮，颁赏如例。

【甲寅】咸丰四年（1854年），五十七岁

正月十二日，奏《再论加铸大钱折》，复奏大钱私铸繁兴，亏国病民，恳请停止。

二月初八日，经筵侍班，赐坐赐茶。十二日，奏《庐风练勇请发口粮折》《拿获伪钞追出来应请省释片》。

三月初五日，奏《再议钞法折》。奏折中云："抑臣更有请者，现行官票、宝钞，虽非臣原拟之法，而言钞实由臣始，今兵丁之领钞而难行使者多怨臣，商民之因钞而致受累者多恨臣，凡论钞之弊而视为患害者莫不归咎于臣，凡论钞之利而迫欲畅行者又莫不责望于臣，而臣蒙恩擢任户部业经数月，一无筹措，上负天恩，下辜民望，夙夜愧悚，实切难安，相应请旨。将臣交部严加议处，以谢天下，而慰人心，庶几浮言稍息。臣虽废黜，不敢怨悔。"[1]初八日，恭亲王奕䜣和定郡王载铨在受旨审议《再议钞法折》的报告中指责王茂荫"以倡议行钞之人，为止阻塞钞路之言"，"所论专利商而不便于国"[2]，咸丰皇帝遂下令"严行申斥"[3]。十二日，奉旨补兵部右侍郎。

同年三月，为杞梓里家庙承庆祠题写"祖德流芳"匾额[4]。

四月初六日，奏《请将徽州暂隶浙江折》。

五月二十一日，奏《再论胁从可矜折》。

六月十三日，奏《论徽州续捐局扰害折》。

七月，派专司马馆事务。闰七月初九日，奏《论胜保折》《请保护徽宁以固苏杭折》。二十九日，咸丰皇帝召见并问衙门事务及家乡情形。七

---

[1] ［清］王茂荫：《王侍郎奏议》卷六《再议钞法折》，清光绪十三年刻本。

[2] 咸丰四年三月初八日《军机户部折》，见《中国近代货币史资料》第一辑（上册），第394页。

[3] 马克思在《资本论》第一卷第一编第三章标号83脚注中提及的"清朝户部右侍郎王茂荫向天子上了一个奏折，主张暗将官票宝钞改为可兑现的钞票。在1854年4月的大臣审议报告中，他受到严厉申斥，他是否因此受到笞刑，不得而知。审议报告最后说：臣等详阅所奏……所论专利商而不便于国"，指的正是这件事。见人民出版社1975年版《资本论》第146—147页。

[4] 此匾现由辽宁省葫芦岛市葫芦山庄关东民俗博物馆收藏。

月二十五日，三儿媳王汪氏（汪立权女）去世，享年仅二十四岁。后铭镇继娶杞梓里陈氏①。

九月二十六日，奏《应给打仗受伤官兵俸粮例文各异折》。上谕："王茂荫奏官员兵丁打仗受伤应给粮俸，例文各异，奏明请旨一折，著兵部议奏。王茂荫于本部事宜并不会同各堂官商议具奏，辄自单衔请旨，殊实不合。王茂荫著交部察议。钦此。"

十月，奉旨转补兵部左侍郎。十月初六日，兵部议复奏，奉上谕："前因侍郎王茂荫奏官员兵丁打仗受伤应给粮俸，例文互异，当降旨交兵部议奏。兹据该部酌议，奏请分晰给俸，并明定例文，以防冒滥各等语，嗣后除受伤不及三处、尚未残废，仍不准给俸外，如伤虽一处而实系残废者，著各路统兵大臣及各旗营大臣并各省督抚确切查明，取具结册送部，该部即援照受伤三处可否给予半俸之例，奏明请旨。余依议。钦此。"②

十一月，祁寯藻致仕。

十二月初四日，奏《论贵州土匪情事折》。

是年，又奏《江南北捐局积弊折》，未注上奏月日。

是年，鲍康在京著《大钱图录》（亦称《大泉图录》），称王茂荫为"敝邑先达"，言及王茂荫"有筹商运发钞本之奏"之事。鲍康与王茂荫乡谊甚笃。

【乙卯】咸丰五年（1855年），五十八岁

正月二十九日，奏《收买铜斤济用折》。

二月二十二日，奏《论长江形势请急图九江片》《请饬张芾在徽宁一路防堵片》。二十九日，奏《请暂缓临幸御园折》。上谕："王茂荫奏请暂缓临幸御园一折，现在并未传旨于何日临幸圆明园，不知该侍郎闻自何人？令军机大臣传问，王茂荫坚称得自传闻，未能指实，殊属非是。在廷诸臣陈奏事件，如果确有见闻，朕必虚衷采纳。若道路传闻，率行入

---

① 民国《歙县志·人物志·烈女》载：王茂荫三儿子"铭镇继妻陈氏，杞梓里人，早岁丧夫，守节以终"。

② ［清］王茂荫：《王侍郎奏议》卷七《应给打仗受伤官兵俸粮例文各异折》，清光绪十三年刻本。

奏，殊非进言之道。王茂荫身任大员，不当以无据之词登诸奏牍，着交部议处，原折掷还。钦此。"①

四月，奉著名画家戴熙与蔡春帆为绘《贞松慈竹图》以及汇刻各方文士所题而成的《节孝录》，请祁寯藻题辞，祁寯藻有诗并序，其曰：

> 《贞松慈竹图》为王子怀侍郎茂荫题并序
>
> 子怀奉其大母方太夫人《节孝录》并图属题，图为钱唐（塘）戴侍郎熙所作。吾乡张石州穆曾赋诗纪事，未及书而卒。越数岁，其嗣子孝瞻发箧得之，持还怀翁，不胜喜慰，因为记其颠末。咸丰五年四月。
>
> 侍郎忠直秉天性，与我同官夙所敬。嘉谟谠论日敷陈，退食萧然尘满甑。军兴五载筹饟艰，君以一心百虑并。苍松翠竹坚多节，中有所得非外竞。读君手录展君画，乃知阴德有余庆。重闻慈训出贞孝，百尺孙枝耸清劲。良由根本久盘郁，不共群芳斗妍靓。此图传自大戴笔，义取筼心作诠证。张仲亦称孝友士，惜哉赋诗题未竟。缄藏几载复归璧，光采重新如发镜。得毋神灵为呵获，岂独流传付歌咏。嗟余弱质等蒲柳，瞻仰高风迫衰病。愿君葆此岁寒姿，如竹之苞如松盛。②

诗中提到的张仲是指近代爱国思想家、地理学家、诗人和书法家山西人张穆。张穆，字石舟、穆之，又字石州，号殷斋，祖籍山西平定，后迁太阳泉村，其祖父张佩芳乾隆间做过歙县令，纂修过《歙县志》《黄山志》。张穆小王茂荫七龄，也是王茂荫的契友，有感于王茂荫祖母坚贞守节，曾赋诗纪其事，惜未及将赋诗题于《贞松慈竹图》上，便于道光二十九年（1849年）遽成古人。

四月十一日，继母吴太夫人七十诞辰，孟夏月谷旦，朱风标、花沙

① ［清］王茂荫：《王侍郎奏议》卷八《清暂缓临幸御园折》，清光绪十三年刻本。

② ［清］祁寯藻：《祁寯藻集》（之二），三晋出版社2011年版。

附录　王茂荫年谱

415

纳、瑞常等十四人联名撰《恭祝诰封太夫人王年伯母吴太夫人七旬寿序》。

五月，张芾（1814—1862）受命来徽池筹办徽池两府防务。张芾直到咸丰十年回京供职。（笔者注：张氏对徽州防务有贡献，他在陕省平定"回乱"殉难后，徽州府城里建有张芾庙纪念他。）

六月十四日寅时，王茂荫第三个孙子经宬出生，次子铭慎出。经宬为谱名，小名绛生。（笔者注：经宬长后娶方氏，生子三：桂昌、桂堡、桂荣。）（据《太原王氏世系族谱》）

六月二十八日，奏《论徽州练局积弊折》《论荐博铭唐宝昌江长贵片》。

七月，奉派贡院搜检。

八月二十五日，值父亲应矩公八十诞辰，作《寿父》文一篇，其中有云："于乎！吾父今日，正届八旬。忆七旬在日，方杖履之随身，群奉觞以上寿，祝耄耋之递臻。倘今日而犹在，岂不披一品衣，抱九仙骨，而共庆乎良辰？乃自古稀庆后，曾不三年，而遽为蓬岛之归真，使不肖等徒追摹夫色笑，终莫得而亲承，恨劬劳之欲报，而竟长为无怙之人。"①

十月，奉派覆勘咸丰三年考前列试卷。张祥河为王茂荫先祖母作《王母方太夫人节孝传记》。

是年，在京的王茂荫从徐景轼处得知寓居京师谋生的歙人凌溥，因穷困所迫，鬻其二女为人婢，遂与徐景轼、汪承元、吴燮夫等奔走同邑官、商之在京人士间，集资数百千，赎回凌氏二女。（据徐景轼《草心阁自订年谱》）

【丙辰】咸丰六年（1856年），五十九岁

二月初十日，经筵侍班。是科会试及各省举人覆试，均派贡院搜检。

四月初三日，奏《时事危迫请修省折》。奉上谕："朕总理庶务，恪遵列圣成宪，无日不兢兢业业，以敬天爱民为心。因思知人安民，垂于古训。凡文武各员，如果才猷素裕，著有成效者，未尝不破格录用。即

---

① 曹天生点校整理：《王茂荫集》，中国档案出版社2005年版，第172页。

大小臣工条奏事件，苟有益于国计民生，亦无不虚心采择，见诸施行。所冀嘉言罔伏，野无遗贤，庶可以渐臻上理。况近年以来，粤匪未平，河流未复，各省地方并间有偏灾，赤子何辜，遭此惨毒。朕恫瘝在抱，轸念民依，忧勤惕厉之衷，谅中外臣民所当共喻。本日据侍郎王茂荫奏称：天时人事，危迫日深，致力之方，惟在求天心之早转。又谓民之视听，一在省己，一在用人，二者本于一心，而其枢则系乎听言等语。持论切当，与朕心适相符合。当此时势多艰，力图补救，朕惟省躬克己，于用人行政之间，慎益加慎，以期默邀天眷，海宇敉安。中外臣工亦当夙夜靖共，交相儆惕，以副朕孜孜求治之心，实有厚望焉。钦此。"①二十五日，翁心存在扬州旅馆为王应矩《节母传》题"王氏有节母，节操坚松筠"词。②三十日，派充进士朝考阅卷大臣。

夏，在京应乡友歙县璜蔚村胡舜琴书请，为作《璜蔚续修支谱又序》③。

八月，疏荐大兴县知县胡启文等。上谕曰："王茂荫保奏胡启文等各员，或得知传闻，或自加评骘，虽不纯系虚声，其平日才具官声是否与该侍郎所奏相符，著该督府尹确查，如有才能出众堪膺简用者，据实保奏，再降谕旨。"④十七日，奏《荐举人才折》。奉上谕："王茂荫奏，保举循声素著之府县等官一折，前因军务省分委用需人，谕令督抚于属员中察其才具官声堪胜道府之任者，据实保奏，原因各督抚身任封圻，于属员之贤否必能灼见真知，并非从前通谕部院大臣保举人才之比。今据王茂荫奏胡启文等各员，其所列事迹或得自传闻，或自加评骘，虽不纯系虚声，亦未必尽能确实。惟既据该侍郎胪列入奏，亦自应详加访察，以备采择。所有折内开列之告病大兴县知县胡启文、河南光州知州郑元

---

① [清]王茂荫：《王侍郎奏议》卷八《时事危迫请修省折》，清光绪十三年刻本。

② "节母"指王茂荫祖母，《节母传》系指王茂荫以父亲王应矩名义所作《旌表节孝覃恩封大宜人显妣方太宜人行略》，二十世纪八十年代初在歙县博物馆见有手抄稿，为《节母传》题词的名士巨儒及各方人士甚多，一时成巨册。曾有《节孝录》之刻，惜已散佚。

③ 该"又序"后遭咸同年间兵燹摧残而散佚，同治四年（1865年）夏，王茂荫送继母吴氏灵柩回里安葬，胡舜琴后人胡世纲面见王茂荫述及序之失也，王茂荫慨然"录副以畀"。

④ 《王茂荫列传》，原载《清国史》大臣画一·列传后编·卷一八。

善、四川黔江县知县孙濂、广西平南县知县李载文、前任山东单县知县卢朝安、前任陕西西乡县知县田福谦、山东济宁州知州黄良楷、湖北候补知县葛致远、陕西华阴县知县倪印垣、山西知县傅猷著、贵州候补知府韩超、浙江兰溪县训导林鹗十二员，有业经各督抚保举者，有未经保奏者，其平日才具官声，是否与该侍郎所奏相符，均著该督抚秉公确查，如有才能出众堪膺简用者，即行据实保奏。钦此。"①

是年，继配妻三阳中村洪氏探亲到京，居不数月，便回故里。（据徐景轼等同治九年撰《恭祝诰封一品夫人王师母洪太夫人七旬慈寿》）

九月初四日，武会试，派充宿字围较射大臣。

冬，幸逢覃恩三代，均请二品封典。王茂荫二姑丈洪伯成与二姑母王柏芝亦应王茂荫请封，分别被覃恩驰封为"奉直大夫""太宜人"。

十一月初三日，清廷颁圣旨：王茂荫二姑丈洪伯成之父洪源授（即王茂荫亲家洪本佳祖父）及洪伯成兄弟洪伯钁（洪本佳之父）、洪伯㜅、洪伯海（洪本佳叔父）及妻配分别被咸丰帝授赠"资政大夫"和"夫人"。

【丁巳】咸丰七年（1858年），六十岁

二月初十日，经筵侍班。经筵，始于宋，是为皇帝讲解经传史鉴而特设的讲席。是日，轮到王茂荫给咸丰皇帝讲解经传史鉴。

三月初一日（公历3月26日），魏源卒于杭州东园，享年六十三岁。

六十寿辰之际，长子铭诏的亲家许长怡（歙县县城人，许球长孙，咸丰三年进士）撰《恭祝王茂荫六十大寿》诗文祝寿。

因先祖父槐康公墓石"黯然无文，以属同年生道州何绍基谨濡笔而表之"，何绍基于是年夏月撰并书《皇清诰赠资政大夫兵部左侍郎王君暨配钦旌节孝方夫人墓表》。

九月，奏《论浦口防兵不宜调动折》《请酌量变通钱法片》。

十一月二十九日，上谕："著加恩在紫禁城内骑马。钦此。"（据《显考子怀府君行状》）

是年，俄文版《帝俄驻北京布道团人员论著集刊》第三卷出版，《内

418

---

① ［清］王茂荫：《王侍郎奏议》卷九《荐举人才折》，清光绪十三年刻本。

阁关于纸币的奏折》一文载于本卷。

【戊午】咸丰八年（1858年），六十一岁

三月初八日，奏《请密筹防备折》。

四月，派与内阁学士宋晋①办理五城团防事宜。"是时，海氛不靖，府君愤激特甚，日夕筹思，屡陈封事，并上守备策四条。由是肝气上冲，心烦不寐，腰足作痛，精神疲倦。"②十八日，奏《条陈夷警事宜折》。二十五日，奏《办理团防广求人才折》《论夷战水不如陆片》。是月，英法联军攻占天津大沽炮台。

五月二十九日，奏《请刊发〈海国图志〉并论求人才折》。

是月，续作家训和遗言数则：

（咸丰三年）六月初一又蒙恩擢太仆寺卿，益感惭无地矣！十一月又升侍郎，六年冬又逢覃恩三代，均请二品封典。

今又忽来外夷之患，事出非常，身任侍郎又奉命为团防事，宜更何所逃，惟有益坚此志而已。

日后子孙非有安邦定国之才，不必出仕，只可读书应试，博取小功名而已。

戒色是等一义，万恶淫为首，汝辈似乎未犯，然当谨终身，且垂示子孙。

祖父风水我未经营妥当，祖母在堂我未事奉送老（笔者注：此处系用儿子称谓，"祖父"指茂荫之父应矩公，"祖母"指茂荫继母吴太夫人），我之不孝大矣！此二大恨何时可补！天乎！天乎！

我之胞姐，仁孝性成，未嫁而殁。祖父、祖母尝为痛心，

---

① 宋晋（？—1874），字锡蕃，江苏溧阳人。道光二十四年进士，授编修，二十七年大考二等，擢中允。二十九年，典河南乡试，因命题错误议处，谕不得更与考试差。咸丰三年，大考二等，擢侍读学士，迁光禄寺卿。三年，命会同王茂荫等办京城团防保甲，署礼部侍郎。五年，迁宗人府丞。《宣宗实录》告成叙劳，擢内阁学士，选署户、工部侍郎，八年，授工部侍郎。同治元年，调仓场侍郎，六年，左迁内阁学士。十二年，迁户部侍郎。十三年卒。

② 曹天生点校整理：《王茂荫集》，中国档案出版社2005年版，第245页。

恒言必要做一风水合在身旁，以便子孙无忘祭祀。此愿切记不可忘。

行状不必做。我之行事，尔辈不得知，亦做不来，且天下自有公论，国史亦必有传，无庸作此无物也！谨记。

方书五亲家处存有纹银千余两，本意坐为退归养老之资，身过则以此项作为四房子孙读书膏火之费。日后当买作淳安田，每年租息所入，凡我兄弟四房后人，自幼学发蒙，酌给若干；初学作文以至应小试、乡会试，各酌给若干。应俟日后看租息多少，读书子弟多少再定。

诸子都已成家，此后各自努力成人，我亦管不了许多。即我在，儿辈不遵教训，亦属无益。若知无爹自责志，思我遗言，听好话，行好事，交好友，则如我在一般也。

我之遗累，只一少女。汝辈当留心访一中等人家，虽填房亦可，切勿存不填房之见。则年纪已大，便难访人家。祖母与汝母（笔者注：此处系用儿子称谓，"祖母"指王茂荫继母吴太夫人，"汝母"指王茂荫继配洪夫人）皆是填房，何为不可？惟人家要正派，郎才要学好。尽他身上所有送出门，便算完我心事。铺内（笔者注：指北通州之森盛茶庄）有蓝田玉数十金，亦是做此用的。

此愿已了，今更无累。八年加批。（笔者注："此愿已了，今更无累"八字，为咸丰八年下半年小女出嫁后的文头加批，王茂荫小女嫁歙县西溪汪宗沂，为徽州著名画家汪采白祖父）。

孟夏，复歙西溪汪仲尹（即汪宗沂）书，时汪仲尹二十二岁，王茂荫在信中告诉汪仲尹"青年以守身为大，愿益自调护为幸"，谈论了青年应读什么书，怎么读，应如何掌握有用之学。此信札所谈比较集中反映王茂荫的治学原则、立场、观点与方法。信札大部分内容被近代文献学家刘声木（1878—1959）以《王茂荫尺牍》为题，保留在他的《苌楚斋随笔》中。王氏复宗沂此书时，他们之间的翁婿关系可能还没有确定。

六月，京城团防撤局，始请病假。

七月初四日，奏《请开缺调理折》。奉上谕："王茂荫奏病难遽痊，恳请开缺一折，王茂荫著准其开缺调理。钦此。"接家书知洪梅庵姑丈于是年七月初六日病逝，悲痛万分，肝肠寸断，濡泪和墨书撰挽联一副，着人回籍送到三阳坑，挽联上款为"覃恩诰封资政大夫梅庵姑丈大人灵次"，挽联上联为："忆昔年，居近仁乡，常瞻道范，名至亲，实逾骨肉，慨自备员后，会少遂致离多，南北攸分，不时曾入梦"，下联为："值今日，身羁帝里，卒奉讣音，伤知己，痛彻肝肠，悔从起服来，生违遽成死别，阴阳相隔，何处可招魂。"挽联落款："兵部左侍郎愚内侄王茂荫稽首拜挽。"王茂荫兄弟四人联合送的挽辞是："恭挽覃恩诰封资政大夫梅庵姑丈大人仙逝 俭音孔昭 愚内侄王茂荫偕弟茂兰茂茹茂蔼同顿首拜。"（参见王经一《王茂荫传略》，载 2003 年 8 月 11 日《黄山日报》；王经一《王茂荫视姑如母》，载 2004 年 3 月 8 日《黄山日报》）

获准开缺调理养病后，续作家训和遗言数则：

> 我之人品，自问只算中等人，存心不敢做坏事，而未免存惧天谴、畏人言之心。立意要想做好事，而实徒抱智术疏、才力薄之恨。非独经济不足言，即在宗族乡党间亦未有甚裨益。圣贤门前固未望见，即理学诸先儒所言无所为而为善，无所畏而自不为恶，与夫敬事、慎言、明礼、达用，都无一毫功夫。倘他日有议从祀朱夫子及从祀乡贤者，儿等必力行阻止，告以我有遗言，断断不敢从命。我若入此中，必至愧死，儿辈若违此言，以大不孝论。
>
> 我自幼多病失学，舞勺后又自不好学，喜看杂书，致荒正业。弱冠后，即日从事制义，于学问二字毫无根底，动笔辄自惭。所存诗文、试帖都无足观，日后有将此等诗文混行

刊刻者，以不孝论。

是年秋，张祥河为王茂荫作小像，并有《松菊图寄意》题句："在官言事都先见，言后朝廷允荐员（原注：君所保诸贤，余与东抚皆奏请录用）。紫禁期君来并马（余与君先后蒙恩赏紫禁城骑马），漫因松菊便归田。"诗题《光禄公小像题句》，题款为："子怀仁兄少司马大人于戊午秋请假养疴，偶写小像，嘱为松菊图寄意，谨缀数言，并请大教。法华山人张祥河。"①

十月上旬某日，在家书中云："爕夫等行后，我拟移居东城玉清观，即任老五所办放粥处，以避西方之酬应。缘辞官虽已三月，而终日尚繁杂不可也。家信虽寄会馆不碍，当告知门役收存。我数日必打发人到西头一走也。"②爕夫，姓吴，名元爕，字茂才，为王茂荫恩师吴柳山先生侄子。

十月十二日，致弟辈信，信全文为："昨日初七日寄廿五号安报，谅先送到。兹因爕夫、仲芬出京，特书数行，并将胡季临家信报本寄出，顺可以看。另寄季临信，即言存项未得对会（兑汇），倘度支急需，惟有在我暂移之说。弟等看如可行，即将此信全寄去；如不能行，即将我信留下，不寄可也。都中无他，惟科场闹事未了耳。此达敬请母亲大人福安！并问诸弟全好！"落款"小春十二日椿年手书"。信中"仲芬"指闵仲芬，王茂荫妹夫。"胡季临"为绩溪城内人，名肇智，字季临，号霁林、砚畲，胡培翚之侄。王胡两家关系密切，有经济往来。

写了上信后，王茂荫即由歙县会馆迁移东城玉清观，次子铭慎随侍。移寓玉清观后，与赐进士出身前翰林院庶吉士礼部主事李榕每相见，"各道其乡土风俗，田家力作之状，与夫人生仕宦显晦，出处进退之大"，"辄念其先人庐墓，徒以徽、宁糜烂，不能归去，顾乃偃蹇淹滞于此"③。

① 曹天生：《新发现王茂荫往来函件5通》之（一），安徽《古籍研究》2001年第2期。
② 曹天生点校整理：《王茂荫集》，中国档案出版社2005年版，第163页。
③ 李榕：《貤封太宜人晋赠太夫人方太夫人墓表》，曹天生点校整理《王茂荫集》，中国档案出版社2005年版，第282页。

王茂荫请病移居城东玉清观后，祁寯藻有信札致王茂荫，作有《王子怀侍郎请病移居城东道观奉简》七律诗，云："廉直谟猷重帝廷，沈潜学识本穷经。朝簪谢后思犹恋，谏草焚余色不形。比德圭璋元自洁，忧时编简为谁青。同寮已是同衰疾，更望银湾隔曙星。"①

与同僚友好王拯等也有诗词唱和。王拯（1815—1876），初名锡振，字定甫，号少鹤，别署忏甫、忏庵、茂陵秋雨词人，又号龙壁山人，广西马平人，道光二十一年进士。曾官户部主事，充军机章京。咸丰间升任太常寺卿，同治间迁太常寺卿，署左副都御史，擢通政使。多次上疏议政，以直言见忌，被降职告老还乡，主讲于桂林榕湖经舍，为桐城派古文广西五家之一，兼善诗词、书画。祁寯藻《王定甫与子怀先生近有唱和，次韵述怀》载："奇绘吾方读楚骚，寒镫风影扑窗高。忽闻琼玖传新什，却顾龙钟对俊髦。书到眼花常误勘，诗如头垢欲频搔。韩公荐士心仍壮，莫便青氈拥败袍。"②

是年春，易佩绅入都与王茂荫常过从，欲执弟子礼，以王茂荫尚在位，避干谒之嫌而迟迟未提。王茂荫因病开缺之同年秋，易佩绅方执弟子礼。同年，卡尔·阿伯尔博士与阿·梅克伦堡编译德文版《帝俄驻北京公使馆关于中国的著述》于柏林出版。

是年，次女嫁适歙西溪汪宗沂（具体完婚日期待考），时年二十二岁，与宗沂同庚。

【己未】咸丰九年（1859年），六十二岁

二月廿二日，李榕在远别前，读公出示先祖母方太夫人行略，表并书《貤封太宜人晋赠太夫人方太夫人墓表》。

三月十日，与祁寯藻、孟星槎、李竹朋、何白英、吴冠英等游览慈仁寺。祁氏有诗："著书君笑长卿渴，招客吾思匡鼎来。忽枉新篇争入眼，更呼浊酒为添杯。看花莫惜三春过，坦径还闻二仲陪。病退便须谋后约，南堂早晚药栏开。"③慈仁寺，始称报国寺，建于元代，以后多次

---

① 见［清］祁寯藻：《祁寯藻集》(之二)，三晋出版社2011年版。
② 见［清］祁寯藻：《祁寯藻集》(之二)，三晋出版社2011年版。
③ 见［清］祁寯藻：《祁寯藻集》(之二)，三晋出版社2011年版。

修复。今称报国寺，位于北京广安门大街之北。清初，这里是一个综合性的人文聚集地。在康熙帝实施"文治"的背景下，不少汉族官员及博学之士经常在慈仁寺聚集，形成了有助于人文交流的良好环境与氛围。道咸时期，这里仍然比较兴盛。

季春之月，祁寯藻作《王子怀侍郎〈松菊小像〉》（张诗舲少宰补图）七律诗相赠："眉间远色在天涯，襟上新痕托酒怀。丛菊经秋知晚节，双松垂老得同侪。焚余谏草心犹壮，题到诗翁兴转佳。倚石沉吟为何事，故园蓬径隔江淮。子怀大兄大人正句 岁在己未季春之月 弟祁寯藻。"[①]

九月九日重阳节。应同僚友人王拯之邀，与祁寯藻、杨湘筠（宝臣）、宪懿、林颖叔、莫子偲等，雅集慈仁寺。事后，祁寯藻作有《九日王定甫招同王子怀、杨湘筠宝臣、孔绣山、玉双宪懿、林颖叔、莫子偲慈仁寺雅集，即简定甫》诗："重阳无雨菊无花，有酒相招有客嘉。荒径那嫌秋寂寞，旧题犹如字欹斜。蜀山石阙思炎汉，禹迹江声问白沙。临眺自来多古意，醉乡何处是天涯。"[②]

十月九日，值张穆生日，亦张穆离世十周年，与祁寯藻同去顾祠缅怀。事后，祁寯藻有诗系叙。叙云："十月九日，故人张石州生日也，与王子怀祀于顾祠，归饮小斋，七叠前韵。"诗曰："雨后重寻九日花，拾遗况得伴王嘉。酒从东郭携来便，山到西台尽处斜。叹息故交存俎豆，摩挲陈简出麻沙。（笔者注：与子怀共校《毛诗》郑笺疑字）苍松偃蹇工看客，应笑吾生也有涯。"[③]

嗣后，王茂荫与次子铭慎受观察延请，主讲潞河书院。旋"得恍惚之症，觉言语都不自由，问答时形乖舛，延医诊视，谓由思虑过度，心血亏损所致，投以参剂，始渐瘳，自是语言微蹇滞，同年，锡子受观察延清，主讲潞河书院，遂移寓潞河，籍以养疴。"[④]当时，皖省借浙闱开科，王茂荫命次子铭慎回南赴试，铭慎以侍奉无人辞，王茂荫不许。

---

① 见［清］祁寯藻：《祁寯藻集》（之二），三晋出版社2011年版。
② 见［清］祁寯藻：《祁寯藻集》（之二），三晋出版社2011年版。
③ 见［清］祁寯藻：《祁寯藻集》（之二），三晋出版社2011年版。
④ 曹天生点校整理：《王茂荫集》，中国档案出版社2005年版，第245页。

十一月二十三日，二姑母王柏芝在三阳坑病逝，享寿七十八岁。因家乡战乱不靖，自己又有病在身，不能回里奔丧。丧治期间，王茂荫撰挽辞、挽联悼念，第一副挽辞为"慈云望霭"，第二副挽辞为"同声一哭"，以缌服身份偕弟侄辈同为悼念，并与弟茂兰、茂茹、茂蔼联名送挽联，联云："姑侄有深情，姑抚侄如儿，侄视姑如母，依依骨肉，何期一旦分离，愚兄弟不堪回首；夫妻原偕老，夫先妻而倡，妻后夫而随，渺渺精灵，处尔两年徂谢，贤子孙何以为情。"（参证王经一《王茂荫传略》《王茂荫视姑如母》）

冬月，过访祁寯藻，祁寯藻作《子怀侍郎昨惠珍羞，顷复过访草堂，留饮赠句》相赠。诗云："送老一茅屋，为君三径开。天寒岁云暮，旧雨几人来。雪意苍茫问，春光荏苒催。盘飧魄疏薄，衰鬓且衔杯。"①

【庚申】咸丰十年（1860年），六十三岁

四月二十二日，柯钺在致王茂荫信中称："公寓家乡已成焦土。"

八月，张芾调离徽州，太平军李世贤部攻下徽歙，到处掳掠杀戮，村舍焚烧殆尽，徽郡民众伤亡有史以来最为惨重。

秋，夷祸日炽。吴大廷谒于潞河寓所，因病未痊愈，言辄流涕被面，将《祖母节孝录》示之，并答应为其父母作传。

冬，吴大廷"将有皖营之行，诣公，潞河派邸叙别"，时茂荫为吴大廷父母作家传甫成，语吴曰："子之母劬劳孝亲何大类吾祖母也。言未半，呜咽不能成声。"吴大廷问询："（皇）上不次超擢，其意盖将大用也，何以言不见用如此，公谓以谏临幸御园一疏积忤上意，因称辜负天恩，复俯案泣涕，不能自已。"吴大廷事后在为《王侍郎奏议》所作序中评论曰："先生已投闲散，而恳款悱恻，犹如疾痛切身，非真忠君爱国，足以质天地而泣鬼神，其能若此乎！"②

是年，因吴大廷引荐，在玉清观寓所会见贵州镇远李文森，并将其德才向时任文华殿学士的倭仁推荐。

---

① 见［清］祁寯藻：《祁寯藻集》（之二），三晋出版社2011年版。

② ［清］王茂荫撰，张新旭等点校：《王侍郎奏议》附录《阮陵吴大廷序》，黄山书社1991年版，第207页。

同年，寄籍钱塘的黟县人、黎元洪任大总统时任国务总理兼财政总长的汪大燮出生。

【辛酉】咸丰十一年（1861年），六十四岁

正月十五日（上元即元宵节），吴大廷读王茂荫因病开缺后亲自"辑其奏议若干篇，汇为四卷，藏诸巾笥"的奏稿后，撰"拜序并识"文稿一篇，即日后刊行的《王侍郎奏议》第一篇序《阮陵吴大廷序》。

续完家训和遗言，其曰：

> 我之奏疏，词虽不文，然颇费苦心，于时事利弊实有切中要害处，存以垂示子孙，使知我居谏垣，蒙圣恩超擢非自阿谀求荣中来。他日有入谏垣者，亦不必以利害之见存于心。能尽此心，自邀天鉴，可望做好官，惟止可传家，不可传世。断断不宜刊刻，切切是嘱。
>
> 刻书是我所恶，无论何人总想要著书传世，将来必有祖龙再出，一举而焚之也。

二月十九日，王茂荫继配三阳中村洪氏六十诞辰，鲍康作《恭祝诰封一品夫人王母洪夫人寿序》。鲍康在该"寿序"中说："吾邑少宰王子怀先生淑配诰封一品夫人尤卓卓可称述者，先生受（道光咸丰）两朝特达之知，由甲科入农部，擢御史甫两载，即授侍郎，封事数十上，动关大计，言人之所不敢言，天下仰望其风采。"他特别提道："康昔官中书时，每造先生宅，辄跃聆高论，见先生萧然一室，别无长物。公余之暇，手一卷自娱。京宦三十年，未尝携眷属。闻夫人仅一至京邸，不数月即归。询其故，则先生幼承大母钟爱，所以春秋高不获就养，赖夫人居里，佐尊嫜，奉重闱，凡家政米盐琐屑，悉以一身任之，能得堂上欢，俾先生无内顾忧。先生偶一归省，大母暨赠公必戒以王事为重，毋久恋膝下，故先生勤劳鞅掌获尽心职守者，以夫人能代子职耳。先生清风亮节，海内所钦，亦夫人耐勤苦，崇俭约，实有赞成之。"鲍氏还说王茂荫居常，

"教诸子也，但以读书安分，俾奋迹科名，地方公事，分其劳而不可居其功"。

春三月，沅陵吴大廷撰《资政大夫敬庵王公家传》。

六月初二日，二女儿汪王氏卒于随夫逃难中，享年仅二十五岁，葬休宁东乡瑶原。二女汪王氏卒时，幼子（即王茂荫外孙）汪福熙（原名复本，字吉修）仅半岁余。汪福熙生咸丰十年十二月十三日。（据《汪世清谈徽州文化·谈西溪人文》）

七月十六日，咸丰皇帝奕詝立载淳为皇太子，命怡亲王载垣、郑亲王端华、协办大学士肃顺、御前大臣景春、军机大臣穆荫、匡源、杜翰、焦祐瀛等八人为"赞襄政务王大臣"。次日，咸丰皇帝病死热河。茂荫闻遗诏，抚膺号哭，哀痛不能自已，每对人言及先帝特达之知遇，逾格优容，潸然泪下。

八月，同治皇帝载淳登基，年号祺祥。

九月三十日，慈禧太后与恭亲王奕䜣合谋政变，命八大臣即行解职，废大臣辅政。

十月初一日，授奕䜣为议政大臣，在军机处行走。初五日改年号"祺祥"为同治，以明年为同治元年。初六日，斩肃顺，赐载垣、端华自尽。此即"辛酉政变"，亦称"祺祥政变"。后，慈安、慈禧两宫皇太后垂帘听政。

十一月，有多位大臣谏请起用老臣，王茂荫为其一。疏请起用王茂荫的有潘世恩之孙武英殿大学士潘祖荫，有名臣祁寯藻。祁寯藻在奏疏中说科尔亲王僧格林沁"忠朴勇直，始终如一""前兵部侍郎王茂荫遇事敢言，不避权贵"（据《清史列传》）。二十九日，奉传至军机处察看，沥陈病状。二十九日奉上谕："前任兵部侍郎王茂荫，志虑忠纯，直言敢谏，特谕议政王军机大臣传至军机处察看。据该侍郎自称，精神尚未复原，急切恐难任事，系属实情，若遽令销假，转非所以示体恤。王茂荫著安心调理，一俟病痊，即递折请安，听候简用。钦此。"①

十二月初三日，奏《蒙存问谢恩折》。

---

① ［清］王茂荫：《王侍郎奏议》卷十《蒙存问谢恩折》，清光绪十三年刻本。

【壬戌】同治元年（1862年），六十五岁

二月，同治皇帝读书于弘德殿，祁寯藻、翁心存授读。

三月初八日，奏《条陈事务折》。奏折开头言："窃臣以衰朽之资，荷蒙恩旨，衷心感激，寝食难安。数月以来，极力调理，气体虽经少愈，而言语仍形蹇滞，自揣尚未复原，因思报国惟有进言。臣无力以效犬马之劳，而臣言或可为刍荛之献。"①奉上谕三道："王茂荫奏天象示警、急宜修省等语，所奏甚是。朕以冲龄，寅绍丕基，兢业罔敢怠荒。乃自正月以来，日星垂象，雨泽愆期，昨虽得有时雨，农田尚未沾足，此皆由修省未至，弗克感召和甘。所幸天心仁爱，悬象示警，深切著明。因思感应之机，捷如影响。我两宫皇太后，朝乾夕惕，惟日孜孜，朕尤当益加寅畏恐惧修省，以承天眷。其议政王以及各部院大臣，亦当交相策勉，如有政事缺失，必应随时匡弼，直陈无隐，俾得庶政修明，用副应天以实不以文至意。钦此。""王茂荫奏请饬议政王专心机务、事总大纲等语。朕奉两宫皇太后亲政以来，因念时事殷繁，特授恭亲王为议政王，在军机处行走，原期事总大纲，用资匡助。近闻各部院于应办事件，往往窥探意指，先期向议政王就商。在议政王向以公事为重，自不肯以一人之见擅行裁定，而各部院大臣皆出自特简，庶绩厘凝，全赖该大臣献替可否，以臻妥协，即举措或有未协，亦当力争匡救，用辅不逮，方合古大臣忠亮之义。其一切应办事件，各有专司，只宜斟酌例案，断不准多所揣摩，借口禀承，致负委任。其议政王所管各衙门随同办事之大臣，亦均身列卿贰，遇有意见不同者，不妨独抒己见，与议政王公同妥商。岂可依唯画诺，稍存推诿之心！议政王于一切政务，当综其大纲，如有各部院办理未协者，并著尽心纠参，用副寅亮天工，庶官无旷之至意。钦此。""王茂荫奏言官宜从优容等语。我两宫皇太后亲裁大政，言路宏开，虚心采纳，乐闻谠言。前因御史曹登庸于会议定陵规制，众论金同之事，先自陈奏，不知大体，并于派办工程司员，率以无据之词，牵涉彭蕴章、绵森等，恐启揣摩尝试、撼拾暧昧之渐，于世道人心甚有关系，特降补员外郎，用端习尚。其余如博桂所奏，词意庞杂，无裨政治，仅将原折

---

① [清]王茂荫：《王侍郎奏议》卷十《条陈时务折》，清光绪十三年刻本。

掷还，亦未加谴责。本年御史刘庆奏请饬正奏疏体裁，所言殊属非是，且意近迎合。伊古名臣奏议，无非以国计民生重大诸务为经纬，该御史既为言官，茫昧无知，率请饬正体裁，岂言官建白，必有故套可循，亦将其原折留中，以示优容。至纠劾劣员、条陈时政者，无不立予施行，即或事有窒碍，言涉浮泛者，亦各节取所长，以宏达聪明目之意。嗣后该科道等官，于一切政务确有所见，足以裨益时政者，仍著据实直陈，无稍徇隐。朝廷将细察其才识言论，破格优奖，以作敢言之气，用旌直臣而收成效。将此谕知科道等官知之，刘庆折并著交内阁发抄。钦此。"

四月初二、初五、十七、十八、十九、二十、二十四、二十六、二十八、二十九日共记有十则军务日志。

四月初十日，奏《尼山祠庙被毁请饬修理折》《和约不可改字片》《病痊销假片》。十一日，奉上谕："都察院左副都御史着王茂荫署理。钦此。"十二日，奏《署副都御史谢恩折》。二十日，奏《请饬潘铎办理陕西军务折》。二十八日，奏《请止调南苑兵赴陕折》。在《请饬潘铎办理陕西军务折》中，向清廷举荐了几个有将帅之才的人，其中有时任陕省陇州知州的徽州绩溪人邵辅、有时任陕省富平县知县的安徽庐江人江开。（邵辅后又得胜保、瑛棨保举，诏赐"冠孔翎，以知府先用"。同治元年十二月，在甘肃赤延镇平息"回乱"中殉职。）

五月初二、初八、十一、十五、十六、十八、二十六、二十九日共八天继续记有军务日志。五月端午节后二日，致信曾国藩，信文如下：

中堂大公祖阁下：

三月初，奉复一函，谅已早登签掌。项见各路捷报，狗逆就擒，想见神算独操，指挥若定，天下不足平矣，快甚！快甚！晚适得家书，正值流离之际，荷蒙远锡多金，涸辙之鱼，再生同庆，感激之下，不禁涕零。惟是尊赐可以救急，而兵饷不敢虚糜，将来有需用之处，务希示知，尽管来取，万勿存客气之见。晚家中虽已焚毁，外间尚有一茶业，舍弟

辈勉强支持得来也。且晚前书所恳者，为夫除莠安良，则惠
泽所被，敝邑之千万人实戴之，非止为一家而已。专肃申谢。
敬请勋安，伏惟垂鉴，不宣。

治晚生王茂荫顿首　端节后二日①

五月初八日，奏《论成明不可赴军营请用宝山折》《附陈陕西军事
片》。十四日午时，茂荫三弟茂蔼去世，享年四十七岁，茂蔼生一子锡
麟；二十日，茂荫二弟茂茹去世，享年五十一岁，茂茹生一子明焘。（据
《王茂荫家谱》）二十九日，奉命偕兵部尚书爱清恪驰驿前赴山西查办
事件。

七月初四日，抵山西省。十一日，奉旨补授工部右侍郎兼管钱法堂
事务。

八月十五日，奏查办山西事件完竣，"查明臬司瑞昌等贪劣各款，分
别虚实拟结"。②十六日，启行赴陕西。

九月十六日，抵坡底镇，值潼关吃紧，驿路不通，旋奉旨折回山西。

十一月二十四日，末孙（即第四个孙子）经案出生，二子铭慎出。
（据《太原王氏世系族谱》）

【癸亥】同治二年（1863年），六十六岁

二月，奉旨调吏部右侍郎。

咸丰末同治初，家乡不靖，长子铭诏等奉祖母吴太夫人寓居江西饶
州避战乱。同治二年三月间饶州又有警，铭诏等随侍祖母，雇舟迁避，
时吴太夫人已抱病。三月十二日，舟行江西南昌府新建县樵舍，吴太夫
人在舟次病逝。

六月，在山西差次，接继母吴太夫人讣音，即恳尚书爱公、巡抚英
公奏明，奔回京师，在途昼夜哀号，因道途阻塞，绕道奔丧。

九月，友人贾臻撰五言长诗颂赞。诗称王茂荫"朝廷诸大政，侃侃

---

① 中国社会科学院近代史研究所资料室编：《曾国藩未刊往来函稿》，岳麓书社1986年版，第
220页。

②《王茂荫传》，见《清国史》大臣画一·列传后编·卷一八。

言无私。尤以人才者，世运之所资……是古大臣风，庶几今见之"。贾臻
（1809—1868），字退崖，号运生，故城县人，与王茂荫同年进士，曾任
安徽布政使、安徽巡抚署理。

十二月二十五日，在京于同邑昌溪巨贾吴珥彤所设店铺存银叁佰两，
吴珥彤出具存银收据："凭票收到子怀先生旭平松江银叁佰两整，每月捌
厘行息，任便支取，银清票缴。此照。同治二年十二月二十五日　立票
人吴珥彤。"该收据为黄色暗花凸纹纸，为毛笔自右至左竖书，高23厘
米，宽12厘米，现由茂荫公玄孙王自力先生收藏。吴珥彤（1815—
1870），谱名亦炜，号小渔，歙县昌溪太湖吴氏第26世孙。珥彤高祖永评
与堂兄永煇为乾隆间徽人在京城营茶先驱之一，"吴记永和"茶庄最为著
名，经济实力雄厚。王茂荫叁佰两银子存此茶庄生息。珥彤长子世昌
（字炽甫）为清末民国间著名实业家，珥彤四子世型（字仁甫）之小女爱
珍嫁于王茂荫曾孙桂堡为妻。

王茂荫从山西绕道奔丧回京之后，两次复信姑表弟洪本耀。

【甲子】同治三年（1864年），六十七岁

春，为奔继母丧由京城沿运河舟行南下（妹夫闵仲芬与随从吴元燮
陪同），途经淮阴，与咸丰三年疏荐过但一直未曾谋面的吴棠见面，受到
已加头品顶带、署江苏巡抚但因江淮未载仍留漕运总督任上的吴棠热情
接待。此为他们生平第一次见面，也是最后一次见面。吴棠在为《王侍
郎奏议》所作的《盱眙吴棠序》中回忆了这次见面的情景与感触："棠之
再宰南清河也，与公无一面交，首列荐剡，不胜知己之感。同治三年，
公以奉讳返里，道出淮阴，始得一接奉颜色，蔼然深挚，词气呐呐，如
不出诸其口，益信公之不欲仅以言见，而使世人之诵公之言，固非公之
心也。"[1]

二月十六日，婿汪宗沂向在安庆（宜城）的曾国藩呈所作《礼乐一
贯录》。二月十九日午时，王茂荫拜访了时在安庆的曾国藩。二十日巳
时，曾国藩出安庆（宜城）回访王茂荫（据《曾国藩日记》）。

---

[1]［清］王茂荫撰，张新旭等点校：《王侍郎奏议》附录《盱眙吴棠序》，黄山书社1991年版，第
209页。

三月下旬，奔抵江西吴城，瞻拜灵帏，号恸欲绝。未几，江西戒严，
挈家来皖省省会安庆。（笔者注：当时徽州因战乱不靖，王茂荫与家人只
好暂时寓居安庆省垣）。侨寓期间，会见了供职省城的刑部司官、同乡兼
亲戚柯钺，并与时在安庆的各方知名人士何璟、孙衣言、方宗诚、李文
森、马恩溥、杨德亨、吴焯等相见，将先祖母行略见示请题识。

何璟题识中有言：

新安王子怀先生，立朝三十年，謇谔尽诚，著于中外。
余官谏垣时，屡以后辈礼谒，见接讽议。每及国家大政、生
民利病所关，辄剀切为余尽言，忠爱之忱，溢于辞表。所谓
王臣謇謇者矣。同治三年，先生以继母忧，归寓皖城，适予
陈臬是邦，复相过从。一日，出其大母方太夫人守志事略，
俾予读之，益知先生志节有本也……①

孙衣言题识中有言：

今年夏，予奉命出守安庆，始与歙王子怀侍郎相识滨行。
侍郎以其先祖慈节孝方夫人行略见示，属为叙述……侍郎由
甲科升为曹郎，即著清节，至为谏官，历卿贰，言室切挚，
常以国事成败，人才进退为己忧，既而自知终不见用，奉身
而退，无所系念，可谓始终，无恨无愧夫人之子孙……②

方宗诚题识中有言：

侍郎登第归，太夫人色喜曰：吾始望若读书，念不及此
终。愿汝识义理，恪共乃职，以无忝先人。若跻显位、致多

---

① 何璟：《王节母颂文》，见曹天生点校整理：《王茂荫集》，中国档案出版社2005年版，第302页。
② 孙衣言：《方夫人颂文》，见曹天生点校整理：《王茂荫集》，中国档案出版社2005年版，第
304—305页。

金，非吾愿也。以故侍郎立朝清直，有古大臣风，出处进退，一准乎时义之当然，而不苟夫人之教也。①

李文森题识中有言：

公时为言官，涍陟卿贰，不得已举行政用人之大，日陈于君父之前，凡有关国计民生，人所不及言、不敢言者，公力言之，虽赖先帝仁圣，时加优容，而公言之不已。人无不为公危惧，迨其事之既效，则又以公为哲士，为直臣，或以为天下奇男子……咸丰庚申，文森起复再之奉天道，出都门，因吾友吴子桐云，一谒公于玉清观，蒙公以后进礼见，且荐其才于今相国倭艮峰先生。同治甲子，文森以庐凤道奉命榷皖臬，适公奉继母讳归，侨寓省垣。抵任后首谒公，就问地方列病，且求所以为时措之宜者，公一一教诲不倦，无异曩在都时，然后知公虽身在退处，未尝一日忘天下也。②

马恩溥题识中有言：

侨居皖城，会少宰王公子怀，奉讳归里，得相过从，暇日出其尊大母方太夫人行状见示，且属题。敬读之余，想见太夫人之节孝，即太夫人之贤淑，有高出诸节义上者，尤感叹景仰而不能已。夫慷慨赴义，从容全义，难易固有分矣……少宰公嗣历台垣至卿贰，言论风采卓然不愧于古之名臣，固足以显彰懿美，永永弗柯矣……。③

---

① 方宗诚：《节母方太夫人颂文》，见曹天生点校整理：《王茂荫集》，中国档案出版社2005年版，第303—304页。

② 李文森：《方太夫人行略》，见曹天生点校整理：《王茂荫集》，中国档案出版社2005年版，第342—343页。

③ 马恩溥：《方太夫人行略》，见曹天生点校整理：《王茂荫集》，中国档案出版社2005年版，第345页。

杨德亨题识中有言:

　　曩读书尚志居,闻先生直声著谏垣,心向慕之,自侨寓安庆,适先生奉讳归里,暂驻会垣,因获亲炙德辉,幸慰宿愿。先生貌敦朴,呐呐然若不能出口,而立朝敢言,磊落俊伟,俨如奇男子之所为。吾友桐城方存之录其奏疏四册,每与语及,辄为击节。德亨取读之,其间所陈论,太抵皆国家兴衰治乱之要,人所不敢言,亦人所不能言……不有太夫人,何以有先生哉?后之读行略者,请先读奏疏,益信行略皆实录也。①

吴焯题识中有言:

　　焯与子怀先生有师道焉。盖未通籍时,读其章疏而已,向往之,释褐后,历谏垣,滥竽十四载,先生跻卿贰,兼摄院事,因得备炙其光仪,挹其言论风采,观其出处进退。不肖如焯亦时荷其陶镕,同治岁甲子,焯自楚北乞假展茔,先生奉讳寓皖,示以大母太夫人节孝事,乃知先生立朝三十年如一日,一禀太夫人训也。盖先生成进士归省,太夫人之训曰:读书以明理,吾愿不及此,亦毋躁进,毋营财贿。尔毋忝尔先人,吾愿也。尔躁进而位高营财贿,而多金,非吾愿也。平昔之懿训可知已。②

　　七月中旬,为柯钺病故于安庆而"哭之恸,即觉困惫,旋发热,作呃逆,如是十余日,几殆。服药月余,始复旧。"(据《显考子怀府君行状》)

---

　　① 杨德亨:《方太夫人行略》,见曹天生点校整理:《王茂荫集》,中国档案出版社2005年版,第346页。
　　② 吴焯:《方太夫人行略》,见曹天生点校整理:《王茂荫集》,中国档案出版社2005年版,第346页。

【乙丑】同治四年（1865年），六十八岁

二月，由江西吴城扶继母吴太夫人灵柩回里。

四月抵家后，经营卜葬事和迁居。因兵燹所被，祖居地杞梓里房舍在咸丰末同治初已成废墟。回籍后遂生由歙旱南迁水南之念。原先选址雄村，拟购买曹府都堂公太太的梳妆厅，即原歙县博物馆曹益臣先生上代住房，因曹益丞祖母不同意而作罢。后乃购得义成朱姓旧房经修葺名为"天官第"，举家迁居。

五月，驻扎徽州府城及休宁清军兵勇为兵饷滋生闹事。王茂荫于兵燹之后，暮岁还乡，见里闬成墟，亲知族党多半流亡，本来就很悲愤，现见清军兵勇又闹事，百姓不得安宁，心情更为不好。为平息事态，他提笔给曾国藩写了一封信，信已写好，但未寄出。①此次哗饷滋事后由安抚镇守道暨徽州知府刘传祺弥定。

旧病复发前某日，到歙县雄村访少时同窗曹荣（字子蒲，曹文埴后人），提议曹荣将亡妻江福宝咏曹府著名私家花园"非园"的诗稿结集付梓，并承诺为之作序，事后作《采蘩女史诗钞序》，又名《话茗斋诗集》。

六月中旬，旧病复发，兼感暑热，延医服药，终不见效，然犹能力疾起立。二十一日，身体益惫，自知不起即口授遗折②，命儿辈敬谨缮写，以国恩未报，亲丧未葬为憾。二十二日午后，药饵不能下咽，延至申刻，在籍逝世。临终，嘱后人勿忘皇上天语"志虑忠纯，直言敢谏"，要遇事敢言，不可从阿谀中求荣。长子铭诏遵父遗训，乃选青田冻石，请名手镌"直言敢谏之家"大印，满雕云龙纹，置于灵右，垂示子孙，

---

① 王茂荫这封写给曾国藩但未寄出的信函现存歙县博物馆，信全文是，宫太保侯中堂阁下：五月初曾上一函，谅邀青览。上年素蒙嘱，必俟今秋以后再行回里，乃荫未深信，因去秋舍妹先归，行至饶州之后，水浅难行，盘费甚大，故于今春水多即行扶柩归来，乃自四月抵里之后，五月即有兵勇滋闹之事，事不得了，非求中堂善筹所以处之，更无他法。鄙意唯有或调或撤以徽郡所有自然之利归徽作为兵饷，庶几可以弥缝，若靠劝捐则闾阎凋敝之余，定属穷迫已极，无可设施，伏惟耐行，恭敬勋安不尽。治晚生王茂荫稽首。

② 遗折全文如下，奏为臣病垂危，伏忧哀鸣，叩请天恩事：窃臣皖南下士，一介庸愚，遭遇圣明，滥忝科第，由部曹转御史，洊擢卿贰，显荣已臻乎极，报效未尽未涓埃。自丁忧回籍以来，弱植渐形衰朽，比来一病，弥见颓唐，迄今益觉不支。自问万无生理，惟念受恩深重，当永铭诸子子孙孙，瞑目长辞，再矢报于生生世世。所有微臣依恋，感泣愚忱。谨缮遗折，叩请天恩，伏乞皇上圣鉴。（见曹天生点校整理《王茂荫集》第160页）

永以为训。①二十三日，儿辈将先父遗折专丁赍送两江总督李鸿章代奏。

七月三十日奉上谕：

李鸿章奏侍郎在籍病故，并代递遗折等语。前任吏部右侍郎王茂荫，由部曹历任谏垣，荐跻卿贰，廉静寡营，遇事敢言，忠爱出于至性。于同治二年，在山西差次闻讣，丁忧回籍，方冀服阕来京，重资倚畀，兹闻溘逝，轸惜殊深。王茂荫着加恩照侍郎例赐恤，任内一切处分，悉予开复，应得恤典，着该衙门察例具奏。钦此。②

嗣后，礼部具恤典题奏，恩赐祭葬。朝臣、生前友好和乡贤送来挽联：

祁寯藻：谏草逾万言，每读焚余心事，光明照清史；交情获三益，最伤别后手书，感恻念苍生。

曾国藩：七旬耆宿，九列名卿，谁知屋漏操修，尚同寒士；四海直声，卅年俭德，足令朝廷悲悼，何况吾曹。

李鸿章：直节誉丹毫，从此朝廷思汲黯；清风高白岳，可堪乡里失袁修。

宋晋：奏议总忧危，叹宠辱能忘，独留劲骨；筹防同患难，痛老成遽逝，更少知心。

马恩溥：人重典型，竟叹王公清德；我读谏草，犹终陆子如生。

胡季临：恩遇荷三朝，东山复起，亮节早符天下望；德

---

① 王茂荫曾孙王桂鋆(采南)后将此印章转让给雄村曹益臣。"文革"期间,曹将此印章上交雄村公社,1979年转到歙县博物馆。二十世纪八十年代初,著者在歙县博物馆查阅资料时见过此印章。

② [清]王茂荫撰,张新旭等点校:《王侍郎奏议》附录《显考子怀府君行状》,黄山书社1991年版,第186页。

容睽五载，西归不返，悲怀难遣故人情。

程恭寿：三朝知遇，七秩居忧，可怜謇谔孤忠，临去尚怀筹国策。

卅载论交，两年永别，但看艰难大局，何人更与剪灯谈。

吴筱晴：天语表忠纯，在我公不激不随，矢志特完分内事；乡评尊齿德，幸后进为模为荡，伤心顿失老成人。

柯受丹：德望重铨衡，痛老成又丧斯人，肯构谋诒思燕翼；典型垂杞梓，记训悔不遗后辈，故园月落听猿哀。

洪亮采：以忠纯结主知，以宽和孚物望，三十载忘身奉上，立朝抗疏，行部平冤，溯毕生亮节清操，直令仗马威伸，治日光华乡月朗；于劻勷微戚谊，于砥砺获师资，数千里久别重逢，慰我輖饥，悲群衔恤，计此后加餐顺变，谁料慈乌泪尽，乡云黯淡大星沉。①

吴大廷挽诗系序全文：

余交公京师，在咸丰戊午，其时公已请告，为录其谏章数十藏之。壬戌公再起用，以书抵余，访问时事。余就所知者答之，未至京，而公已谢狱山左，羁滞年余，奉讳捉里。甲子三月公归自京师，余适赴皖，不期而晤于安庆，执手欷嘘者久之，阅日别去。今年夏犹屡得公书，不谓遽成古人，伤哉！

直声高节似公难，再起东山志未殚。

芒履麻衣悲皖国，青灯浊酒忆长安。

吾书断绝绕三月，生死凄凉已万端。

犹有谏章留篚笥，编摩他日怕重看。②

----

① 以上挽联均为王茂荫玄孙王自珍先生生前抄录赠送笔者。

② 吴大廷挽王茂荫诗并序后钤印二方，一为吴大廷（白文），一为桐云印（朱文），全文书于白色版绫上，现藏歙县博物馆。

王茂荫墓葬歙县岑山渡村后面名为御史山之半山中。

王茂荫第三子铭镇亦故于同年，享寿仅三十三岁。（据《显考子怀府君行状》）

【谱尾】

【丙寅】同治五年（1866年），王茂荫逝世第二年

盱眙吴棠为即将刊行的《王侍郎奏议》撰序。

【丁卯】同治六年（1867年），王茂荫逝世第三年

德文版《资本论》第一卷在德国汉堡出版。王茂荫（德文Wan-mao-in）为马克思《资本论》中所提及的唯一中国人。

是年，吴大廷、吴棠协助王茂荫后人，将王氏生前亲自编辑藏于家的奏稿再次编辑，定名《王侍郎奏议》刊刻行世。此为王氏遗著首次刊行。首次刊行的《王侍郎奏议》共十卷（四册），收入奏稿96篇，其中咸丰朝上奏86篇，同治朝上奏10篇。同治朝上奏的这10篇奏稿系刊刻时增补。

【己巳】同治八年（1869年），王茂荫逝世第五年

王茂荫作序的《养蒙必读》再版，王茂荫二姑母之子洪本耀为该书撰跋。

【辛未】同治十年（1871年），王茂荫逝世第七年

值王茂荫继配三阳中村洪氏七十荣寿，应王茂荫二子铭慎之请，徐景轼等当朝官员联名撰送《恭祝诰封一品夫人王师母洪太夫人七旬慈寿》。

【丙子】光绪二年（1876年），王茂荫逝世第十二年

王茂荫第二个孙子经宇、从侄分别考入县庠、郡庠。

十一月二十六日未时，曾孙桂昌出生，为经成长子。桂昌娶口氏生子二：自达、自淮。（据《太原王氏世系族谱》）

【戊寅】光绪四年（1878年），王茂荫逝世第十四年

八月初三日，王茂荫继配三阳中村洪氏去世，享年七十七岁。（据《太原王氏世系族谱》）。

【己卯】光绪五年（1879年），王茂荫逝世第十五年

九月二十二日，王茂荫大儿媳即铭诏妻方氏（歙县方村廪贡生方承诰之女）去世（方氏生于道光二年三月十五日，生子一经宇）。

【癸未】光绪十年（1883年），王茂荫逝世第十九年

三月初八日戌时，曾孙桂鑰出生，为二孙经宇之长子。（后桂鑰生子名自垣）（据《太原王氏世系族谱》）。

【丁亥】光绪十三年（1887年），王茂荫逝世第二十三年

元月十五日申时，曾孙桂堡出生，为三孙经戒次子。（据《太原王氏世系族谱》）桂堡娶昌溪吴世型（仁甫）女爱珍为室。

《王侍郎奏议》第二次刊刻行世。是年冬十一月，曾受业于王茂荫的门人易佩绅为《王侍郎奏议》撰序。这第二次刊刻的《王侍郎奏议》为十一卷，其中的第十一卷为"补遗"，增补前钞未尽的奏稿7篇，共计103篇。

【戊子】光绪十四年（1888年），王茂荫逝世第二十四年

六月初七日，王茂荫孙女许王氏去世，时年三十九岁。许王氏为铭诏女，年十二许歙城已故原陕西道监察御史许球长孙、浙江候补知府许长怡之子许大镛为室，未嫁而夫亡，女时年十九，闻讣痛不欲生，矢志不贰，许家挽族亲迎女，并为立嗣计。许王氏于归后，菇素颂经，早夜侍母，足不出户，乡里称贤。后病卒。民国《歙县志·烈女》有文字记载，但与史实有出入。

【庚寅】光绪十六年（1890年），王茂荫逝世第二十六年

元月二十一日丑时，曾孙桂荣出生。（据《太源王氏世系族谱》）

【癸巳】光绪十九年（1893年），王茂荫逝世第二十九年

六月十六日丑时，曾孙桂镛出生，为经宇次子。（据《太原王氏世系族谱》）

【丙申】光绪二十二年（1896年），王茂荫逝世第三十二年

汪宗沂序洪文翰（字应昌，号筱图，别号寄樵）主编《梅溪洪氏支谱》。

十一月十八日，曾孙桂钧出生，为经宇第三子。（据《太原王氏世系族谱》）

【己亥】光绪二十五年（1899年），王茂荫逝世第三十五年

《王侍郎奏议》第三次刊刻（在江西木刻）行世。是年秋，为官江西的歙县昌溪人吴锡纯受王茂荫长孙王经守之请为《王侍郎奏议》撰序。因王茂荫长孙女适吴锡纯之侄吴祖植（吴锡纯胞兄吴锡维之子）为妻，故是序落款称"姻愚侄吴锡纯拜序"。

【庚子】光绪二十六年（1900年），王茂荫逝世第三十六年

八月，八国联军攻占通州，烧杀抢掠，盘踞日久，通州官署民居遭焚毁，城内街巷尽空，殉难者五千余人，王茂荫祖父王槐康创业于乾隆四十五年庚子（1780年）座落通州的"森盛茶庄"，经过几代人克志经营，见证过两个"庚子"年以后，终逃脱不了第三个"庚子"劫难，被八国联军焚毁，经纪茶庄的王茂荫次子铭慎抱着账簿葬身火窟。

【乙巳】光绪三十一年（1905年），王茂荫逝世四十周年

王茂荫第二个孙子王经宇经商浙江时，在藤川与时任浙江严州知府的桂坫相遇，将《王侍郎奏议》十卷见示桂坫并请序，准备日后再版先祖遗著时入书，但从那以后，王氏遗著长时间没有再版，桂序遂成未刊稿。桂坫（1867—1958），字南屏，广东南海县人，名儒桂文灿之子，曾任国史馆撰修、广东通志馆总纂。

【丁巳】民国六年（1917年），王茂荫逝世第五十三年

杞梓里承庆祠《太原王氏世系族谱》（手钞本）由王茂恭、王明基相继重修、续修而成。

【丙子】民国二十五年（1936年），王茂荫逝世第七十二年

中国学者研究王茂荫的第一篇文稿问世，作者是当时流亡日本国的郭沫若，文稿题目为《〈资本论〉中的王茂荫》，发表于1936年12月25日出版的《光明》（半月刊）第二卷第二号。

【丁丑】民国二十六年（1937年），王茂荫逝世第七十三年

1937年1月25日出版的《光明》杂志第二卷第四号发表中国学者张明仁《我所知道的〈资本论〉中的王茂荫》一文。

2月，王瓒读到郭沫若的文章后，响应郭沫若的吁请，从上海匆匆赶到歙县，对王茂荫的义成故居作首次实地考察后，在歙人王任之（英子）

与方士载（方言）陪同下作第二次考察，成文《王茂荫的生平及其官票宝钞章程四条》与《王茂荫后裔访问记》，先后发表于1937年4月10日出版的《光明》第二卷第九号、1937年4月25日出版的《光明》第二卷第十号。

3月，吴晗《王茂荫与咸丰时代的新币制》刊载《中国社会经济史集刊》。

6月10日出版的《光明》杂志第三卷第一号发表郭沫若《再谈官票宝钞》一文，同时发表歙县义成人朱曼华《王茂荫宅内读书记》一文。

（原文连载于《新安》杂志2015年第1、2期和2016年第1期）

跋

　　《王茂荫研究》是我自 1981 年发表研究王茂荫的处女作以来，集近四十年研究的一本文论精编，共选文稿 40 余篇。现在就要付梓印刷，多年心愿了结，实在欣喜不已！

　　中国的改革开放，是以 1978 年 12 月召开的党的十一届三中全会为里程碑的。我忝为改革开放以后学界重启王茂荫研究第一人。在纪念改革开放四十周年之际，拙著《王茂荫研究》与此前内部出版的编著《王茂荫研究文辑》，一并交由安徽师范大学出版社正式出版。

　　首先，我要感谢徽州文化研究的先驱者之一孙树霖先生，他是指导我撰写王茂荫相关文章的徽州先贤与恩师。尽管他谢世已经多年，但他永远在我心里！

　　其次，我要感谢给我提供研究资料的王茂荫后人和有关同仁，以及几十年来编发过我研究文稿的新闻界、理论界、文化界的各位朋友，感谢他们的支持、欣赏和鼓励！

　　再次，我要感谢我原工作单位黄山市社科联的领导和新老同仁，他（她）们在我染病之后给予我太多的关爱和帮助，在我编著《王茂荫研究文辑》和《王茂荫研究》之时，又给予我太多的支持和鼓励。

　　最后，我要感谢我的家人和亲属，尤其是我的糠妻和儿子儿媳，如果没有他们的关心、关爱和支持，我不仅无法继续耕耘这"数亩山田"，使之荒芜，而且很可能葬我之坟堆已长满了青草。

　　我还要特别说一下：为出版这个集子与《王茂荫研究文辑》，我曾委托中国徽州文化博物馆原馆长陈琪先生与安徽师范大学出版社审读室主任黄成林先生联系。黄先生向出版社领导汇报了我的意向后，2017年除夕前一周（2018年2月8日），社长张奇才、总编辑侯宏堂、审读室主任黄成林及编辑孙新文等一行，专程从芜湖来屯溪，审看书稿，商谈出版事宜。他们对王茂荫研究成果的关注，对中国优秀传统文化研究的重视，令我感动万分，我从内心深处感谢他们！

王茂荫是一个杰出的思想家，他的政治、经济、人才、军事、吏治和管理思想十分丰富，卓尔不群。在这些方面，我的研究还是初步的，希望世间同好和后人继续深入研究。

真理是一种力量，人格也是一种力量。在我看来，王茂荫的人格是完善的，是一个忠孝两全之人。诚如李鸿章当年为王茂荫所作的神道碑铭中所云：古之遗直，今有王公；清操劲节，百世可风！

限于能力和学术水平，《王茂荫研究》一定存在不尽如人意之处或舛误，欢迎各界读者不吝指正。

陈平民

2019年10月于屯溪徽州公馆寓所